北大社·普通高等教育"十二五"规划教材
21世纪高等院校市场营销类规划教材

商 品 学

（第二版）

主　编　刘增田
副主编　钟绵章　付淑文　范伟军
主　审　白世贞

内 容 简 介

本书是高等职业院校市场营销、连锁经营管理、物流管理、国际贸易、国际商务等专业的"商品学"课程教材。全书共九章,分为概论和分论两大部分。概论部分中对商品学的研究对象和任务、商品质量、商品标准、商品检验、商品分类、商品包装、商品的基本性质等商品学基础知识作了概括性的介绍。分论部分中重点介绍了与人们日常生活关系密切的重点商品,主要包括酒、茶叶、乳制品、皮革制品、洗涤用品、化妆品、塑料制品、玻璃制品、陶瓷制品、纺织品、服装、家用电器等,对每类商品的类别及品种划分、原料及生产工艺、化学组成、性能特点、质量要求及质量检验、储存保管方法、使用方法及注意事项等作了较为系统的介绍。本书结构严谨,内容准确、简明,特别注重对学生实践技能的培养,具有非常高的实用性。

图书在版编目(CIP)数据

商品学/刘增田主编.—2 版.—北京:北京大学出版社,2013.3
(21 世纪全国高等院校市场营销类规划教材)
ISBN 978-7-301-21183-0

Ⅰ.商… Ⅱ.刘… Ⅲ.商品学—高等学校—教材 Ⅳ.F76

中国版本图书馆 CIP 数据核字(2012)第 210353 号

书 名:	商品学(第二版)
著作责任者:	刘增田 主编
执 行 编 辑:	桂 春
责 任 编 辑:	傅 莉
标 准 书 号:	ISBN 978-7-301-21183-0/F·3323
出 版 发 行:	北京大学出版社
地 址:	北京市海淀区成府路 205 号 100871
网 址:	http://www.pup.cn 新浪官方微博:@北京大学出版社
电 子 信 箱:	zyjy@pup.cn
电 话:	邮购部 62752015 发行部 62750672 编辑部 62754934 出版部 62754962
印 刷 者:	北京虎彩文化传播有限公司
经 销 者:	新华书店
	787 毫米×1092 毫米 16 开本 19.75 印张 456 千字
	2010 年 8 月第 1 版
	2013 年 3 月第 2 版 2021 年 1 月第 6 次印刷
定 价:	39.00 元

未经许可,不得以任何方式复制或抄袭本书之部分或全部内容。
版权所有,侵权必究
举报电话:(010)62752024 电子信箱:fd@pup.pku.edu.cn

前　言

本书第一版自2010年8月出版以来，作为国内高等职业院校市场营销、连锁经营管理、物流管理、国际贸易、国际商务等专业的商品学课程教材，得到了社会的广泛肯定和好评。由于其体系严谨，结构合理，内容新颖，尤其是特别注重对学生实践技能的培养，因而深得广大商品学任课教师的喜爱，被许多的高等职业院校选作商品学课程教材。在此我们表示衷心感谢！但由于本书第一版的编写时间紧，导致了一些纰漏和瑕疵。在这两年多的教学实践中，本书的编者团队逐渐认识到了这些不足，为了更好地服务于喜爱本书的商品学课程教师和广大读者，我们对其进行了修订。

本书第二版仍然采用第一版的结构体系：尽量简化概论部分，将侧重点向分论部分倾斜；分论部分中商品类别的选择着重于与日常生活关系密切，经营量大，经营范围广，并有利于学生毕业后创业的产品；分论部分中商品类别的选择涵盖副食品、日用工业品、纺织品和家用电器，尽管这样加大了课程体系，但有利于不同学校、不同专业根据自己的课程培养目标选择相应的教学内容；知识点的选择强调实用性和技能性，使之更加符合高职教育的要求。

本书第二版与第一版相比，其主要变化有以下五点。

（1）更加强调知识的实用性和技能性，诸如"目的"、"原则"、"意义"之类的内容做了进一步的删减。例如，第二版中不再介绍"商品分类的原则和意义"等类似的知识。

（2）进一步理顺了一些容易混淆的知识点。例如，第二版中我们对"商品代码、商品条码、商品分类目录"部分进行了重新编审，使结构更合理，层次更清晰，更容易阅读和理解。

（3）内容力求紧密反映、追踪与学科内容相关的最新成果。例如，商品分类部分中补充了全球贸易项目代码（GTIN）和条码体系，介绍了《国际贸易标准分类》（SITC）的最新版本——第四次修订版（SITC Rev.4）。

（4）分论部分力求紧密追踪最新修订的产品标准。近几年来，商品标准的修订非常频繁，许多产品标准进行了升级，本书第二版中所涉及的产品均以最新版产品标准为依据对产品进行介绍。

（5）力求追踪带有趋势性的商品消费热点。例如，在酒类商品部分中，增加了葡萄酒的生产及法国葡萄酒等知识的介绍。

本书第二版也存在着一些遗憾，例如，受该书篇幅的限制，不能对人们普遍感兴趣的商品（如中国十大名茶、白兰地葡萄酒等）进行系统的介绍。在此请各位读者谅解。

本书第一版由山东经贸职业学院刘增田、钟绵章老师和日照职业技术学院付淑文、范伟军老师编撰。本次修订是在原编写人员的相互协助下，主要由刘增田老师修订、编撰。

在本书的修订过程中，我们参考了大量的文献资料，对各位作者给予的帮助，在此表示衷心感谢。

由于编者水平有限，书中错误和不足之处在所难免，敬请读者斧正。

编 者
2012 年 6 月

目　　录

第一章　商品学概论 ………………………………………………………… (1)
　第一节　商品学研究的对象和任务 ……………………………………… (1)
　　一、商品 ………………………………………………………………… (1)
　　二、商品学研究的对象 ………………………………………………… (2)
　　三、商品学研究的任务 ………………………………………………… (2)
　第二节　商品质量 ………………………………………………………… (3)
　　一、商品质量的概念 …………………………………………………… (3)
　　二、对商品质量的基本要求 …………………………………………… (4)
　　三、影响商品质量的因素 ……………………………………………… (8)
　第三节　商品标准 ………………………………………………………… (10)
　　一、标准及商品标准的含义 …………………………………………… (10)
　　二、商品标准的分类 …………………………………………………… (11)
　　三、商品标准的分级和编号 …………………………………………… (11)
　　四、商品标准的结构与基本内容 ……………………………………… (16)
　第四节　商品检验 ………………………………………………………… (19)
　　一、商品检验的含义 …………………………………………………… (19)
　　二、商品检验的类型 …………………………………………………… (19)
　　三、商品检验的抽样方法 ……………………………………………… (20)
　　四、商品检验的方法 …………………………………………………… (21)
　　五、商品质量认证 ……………………………………………………… (27)
　第五节　商品分类 ………………………………………………………… (33)
　　一、商品分类的含义 …………………………………………………… (33)
　　二、商品分类的标志 …………………………………………………… (34)
　　三、商品分类的方法 …………………………………………………… (35)
　　四、商品代码 …………………………………………………………… (37)
　　五、商品条形码 ………………………………………………………… (41)
　　六、商品分类目录 ……………………………………………………… (45)
　第六节　商品包装 ………………………………………………………… (48)
　　一、商品包装的概念及作用 …………………………………………… (48)
　　二、商品包装的种类 …………………………………………………… (50)
　　三、商品包装标志 ……………………………………………………… (54)
　第七节　食品的营养成分与食品卫生 …………………………………… (59)
　　一、食品的营养成分 …………………………………………………… (59)

二、食品中的有毒有害物质 ……………………………………………………………… (70)
第二章　副食品商品 …………………………………………………………………………… (76)
　第一节　酒 …………………………………………………………………………………… (76)
　　一、酒的分类 ……………………………………………………………………………… (76)
　　二、白酒 …………………………………………………………………………………… (77)
　　三、啤酒 …………………………………………………………………………………… (83)
　　四、葡萄酒 ………………………………………………………………………………… (87)
　　五、黄酒 …………………………………………………………………………………… (93)
　第二节　茶叶 ………………………………………………………………………………… (96)
　　一、茶叶的主要化学组成 ………………………………………………………………… (96)
　　二、茶叶的生产 …………………………………………………………………………… (97)
　　三、茶叶的分类 …………………………………………………………………………… (101)
　　四、茶叶的质量评定 ……………………………………………………………………… (107)
　　五、茶叶的储存和保管 …………………………………………………………………… (110)
　第三节　乳及乳制品 ………………………………………………………………………… (111)
　　一、乳的化学组成 ………………………………………………………………………… (111)
　　二、乳制品的分类 ………………………………………………………………………… (113)
　　三、灭菌牛乳 ……………………………………………………………………………… (114)
　　四、乳粉（奶粉） …………………………………………………………………………… (115)
　　五、其他乳制品 …………………………………………………………………………… (116)
第三章　皮革制品 ……………………………………………………………………………… (119)
　第一节　皮革的原料与生产 ………………………………………………………………… (119)
　　一、皮革的含义 …………………………………………………………………………… (119)
　　二、制革原料皮 …………………………………………………………………………… (119)
　　三、皮革的生产 …………………………………………………………………………… (121)
　第二节　成品革 ……………………………………………………………………………… (126)
　　一、成品革的分类 ………………………………………………………………………… (126)
　　二、四大成品革的外观特征 ……………………………………………………………… (128)
　　三、成品革的外观疵点 …………………………………………………………………… (129)
　第三节　皮鞋 ………………………………………………………………………………… (131)
　　一、皮鞋的分类 …………………………………………………………………………… (131)
　　二、鞋号 …………………………………………………………………………………… (132)
　　三、皮鞋的结构 …………………………………………………………………………… (132)
　　四、皮鞋的选购 …………………………………………………………………………… (134)
　　五、天然皮革与人造革、合成革的简易鉴别 …………………………………………… (135)
第四章　日用化学商品 ………………………………………………………………………… (137)
　第一节　肥皂 ………………………………………………………………………………… (137)
　　一、皂的概念及使用特点 ………………………………………………………………… (137)
　　二、皂的原料与生产 ……………………………………………………………………… (138)

三、皂的品种及质量要求 …………………………………… (140)
　第二节　合成洗涤剂 ……………………………………………… (144)
　　一、洗涤剂的去污原理 …………………………………… (144)
　　二、合成洗涤剂的分类 …………………………………… (145)
　　三、洗衣粉 ………………………………………………… (147)
　第三节　化妆品 …………………………………………………… (149)
　　一、化妆品的分类 ………………………………………… (150)
　　二、化妆品的主要品种 …………………………………… (151)
　第四节　牙膏 ……………………………………………………… (157)
　　一、牙膏的分类 …………………………………………… (157)
　　二、牙膏的原料 …………………………………………… (159)
　　三、牙膏的质量要求 ……………………………………… (161)

第五章　玻璃、陶瓷制品 …………………………………………… (163)
　第一节　玻璃制品 ………………………………………………… (163)
　　一、玻璃的分类 …………………………………………… (163)
　　二、玻璃的性质 …………………………………………… (166)
　　三、玻璃的原料 …………………………………………… (167)
　　四、玻璃制品的生产 ……………………………………… (168)
　　五、日用保温容器 ………………………………………… (172)
　　六、玻璃器皿 ……………………………………………… (175)
　第二节　陶瓷制品 ………………………………………………… (176)
　　一、陶瓷制品的分类 ……………………………………… (177)
　　二、日用陶瓷的主要品种 ………………………………… (179)
　　三、陶瓷制品的选购 ……………………………………… (183)

第六章　塑料制品 …………………………………………………… (186)
　第一节　塑料概述 ………………………………………………… (186)
　　一、塑料及塑料的基本特点 ……………………………… (186)
　　二、塑料的化学组成 ……………………………………… (188)
　　三、塑料的分类 …………………………………………… (190)
　　四、塑料的用途 …………………………………………… (191)
　第二节　日常生活中常用的合成树脂 …………………………… (191)
　　一、聚乙烯(PE) …………………………………………… (191)
　　二、聚氯乙烯(PVC) ……………………………………… (193)
　　三、聚丙烯(PP) …………………………………………… (195)
　　四、聚苯乙烯(PS)及改性聚苯乙烯 ……………………… (195)
　　五、聚甲基丙烯酸甲酯(PMMA) ………………………… (197)
　　六、聚酯树脂 ……………………………………………… (197)
　　七、聚碳酸酯(PC) ………………………………………… (198)

　　　　八、聚酰胺(PA) ……………………………………………………………………………… (199)
　　　　九、聚氨酯树脂(PU) ……………………………………………………………………… (200)
　　　　十、氨基树脂 ……………………………………………………………………………… (200)
　　第三节　塑料制品及检验 …………………………………………………………………… (201)
　　　　一、塑料制品 ……………………………………………………………………………… (201)
　　　　二、塑料的品种鉴别 ……………………………………………………………………… (207)
第七章　纺织纤维 ……………………………………………………………………………… (210)
　　第一节　纺织纤维的分类 …………………………………………………………………… (210)
　　　　一、纺织纤维的分类 ……………………………………………………………………… (210)
　　　　二、新型纺织纤维 ………………………………………………………………………… (211)
　　第二节　棉纤维 ……………………………………………………………………………… (214)
　　　　一、棉纤维的品种 ………………………………………………………………………… (214)
　　　　二、棉纤维的形成和结构 ………………………………………………………………… (215)
　　　　三、棉纤维的性质 ………………………………………………………………………… (215)
　　　　四、棉纤维的质量指标 …………………………………………………………………… (216)
　　第三节　麻纤维 ……………………………………………………………………………… (219)
　　　　一、麻纤维的种类 ………………………………………………………………………… (219)
　　　　二、麻纤维的性质 ………………………………………………………………………… (220)
　　第四节　天然丝纤维 ………………………………………………………………………… (221)
　　　　一、天然丝纤维的种类 …………………………………………………………………… (221)
　　　　二、桑蚕丝 ………………………………………………………………………………… (221)
　　第五节　毛纤维 ……………………………………………………………………………… (224)
　　　　一、毛纤维的种类 ………………………………………………………………………… (224)
　　　　二、绵羊毛 ………………………………………………………………………………… (225)
　　第六节　化学纤维 …………………………………………………………………………… (230)
　　　　一、化学纤维的分类 ……………………………………………………………………… (230)
　　　　二、化学纤维的主要品种 ………………………………………………………………… (232)
　　第七节　纺织纤维的品种鉴别 ……………………………………………………………… (236)
　　　　一、感官鉴别 ……………………………………………………………………………… (237)
　　　　二、燃烧鉴别 ……………………………………………………………………………… (238)
　　　　三、显微镜鉴别 …………………………………………………………………………… (239)
　　　　四、化学溶解鉴别 ………………………………………………………………………… (240)
第八章　纱线、织物与服装 …………………………………………………………………… (242)
　　第一节　纱线 ………………………………………………………………………………… (242)
　　　　一、纱线的生产 …………………………………………………………………………… (242)
　　　　二、纱线的分类 …………………………………………………………………………… (244)
　　　　三、纱线的质量指标 ……………………………………………………………………… (245)

  第二节 织物 …………………………………………………………………… (248)
    一、织物与织物组织 ………………………………………………………… (248)
    二、织物的分类 ……………………………………………………………… (249)
    三、棉织物 …………………………………………………………………… (251)
    四、毛织物 …………………………………………………………………… (251)
    五、丝织物 …………………………………………………………………… (253)
    六、织物的性质及品质评价指标 …………………………………………… (257)
  第三节 服装 …………………………………………………………………… (261)
    一、服装的分类 ……………………………………………………………… (261)
    二、服装号型 ………………………………………………………………… (264)
    三、服装的使用说明 ………………………………………………………… (265)
    四、服装质量及安全认证 …………………………………………………… (269)
    五、西服质量要求 …………………………………………………………… (272)
    六、服装的选购 ……………………………………………………………… (275)
第九章 家用电器 ……………………………………………………………………… (278)
  第一节 电视机 ………………………………………………………………… (278)
    一、电视基础知识 …………………………………………………………… (278)
    二、彩色电视机的基本结构与工作原理 …………………………………… (279)
    三、彩色电视机的选购 ……………………………………………………… (280)
    四、电视机的使用和维护 …………………………………………………… (281)
    五、新型电视机 ……………………………………………………………… (282)
  第二节 电冰箱 ………………………………………………………………… (283)
    一、电冰箱的分类 …………………………………………………………… (283)
    二、电机压缩式电冰箱的结构与工作原理 ………………………………… (284)
    三、电冰箱的选购和使用 …………………………………………………… (286)
  第三节 空调器 ………………………………………………………………… (288)
    一、空调器的分类 …………………………………………………………… (288)
    二、空调器基本结构与工作原理 …………………………………………… (289)
    三、空调器的选购和使用 …………………………………………………… (290)
  第四节 微波炉 ………………………………………………………………… (292)
    一、微波炉的分类 …………………………………………………………… (292)
    二、微波炉的结构与工作原理 ……………………………………………… (293)
    三、微波炉的选购和使用 …………………………………………………… (296)
  第五节 洗衣机 ………………………………………………………………… (298)
    一、洗衣机洗衣原理 ………………………………………………………… (298)
    二、洗衣机的分类 …………………………………………………………… (298)
    三、洗衣机的选购和使用 …………………………………………………… (300)
参考文献 …………………………………………………………………………………… (303)

第一章 商品学概论

 **本章学习目的**

> 通过本章的学习，读者应该了解商品学研究的内容；了解对日用工业品、食品、纺织品质量的基本要求和影响商品质量的因素；掌握商品标准是如何分级的，编号是如何规定的，商品标准的内容有哪些；了解商品检验的抽样方法，掌握商品检验的基本方法；了解商品质量认证的基本知识；掌握商品分类的标志和方法，掌握商品代码、商品条码的相关知识；了解商品包装的种类，掌握商品的包装标志；了解食品中的营养成分和有毒有害物质，能提出合理膳食的建议。

第一节 商品学研究的对象和任务

一、商品

（一）商品的概念

商品是指用来交换，并能满足人们某种需要的劳动生产品。商品是人类社会生产力发展到一定历史阶段的产物。商品具有使用价值和价值两重属性，是使用价值和价值的统一体。

在商品经济高度发展的现代社会中，绝大多数的工农业生产活动中使用的生产资料和人们日常生活中使用的生活资料多属于商品范畴。随着人类社会的不断发展和进步，商品的范畴和形态也在逐渐扩大，只要是通过市场交换，能够满足人们某种需要的所有形态（如知识、服务、资金、实物等）的劳动产品都是商品。随着现代社会的高度商品化和技术进步的加速，商品的发展呈现出知识化、软件化、服务化等趋势和特点。商品已不满足于"需求"与"经济"相结合的形式，开始向"技术"与"文化"相结合的方向发展。

在我国，商品学学科中所研究的商品仍侧重于物质形态的商品，如一般的生活资料商品和生产资料商品。

（二）现代商品的整体概念

现代商品的整体概念包含如下三方面的内容。

1. 核心商品

核心商品是商品所具有的能够满足特定用途的功能主体。例如，电冰箱是一个具有制冷功能，能够冷冻、冷藏食品，在一定期限范围内能够防止食品腐败，具有保鲜功能，由制冷系统、控制系统、箱体系统组合而成的功能实体。

核心商品是人们通过带有目的性的有效的劳动投入（如市场调查、规划设计、加工生产等）创造出来的产物。

商品是通过功能来满足使用者需要的。功能是商品能够满足人们需要的各种特征与特性。商品具备哪些功能，是由商品体的化学组成、形态结构等决定的。商品的有用性是以商品功能为基础的，因此，核心商品是商品整体概念中最基本和最主要的部分。

2. 有形附加物

商品的有形附加物包括商品包装、装潢、商标及品牌、专利、质量标志、商品使用说明标签或标识、检验合格证、使用说明书、维修卡（保修单）、购货发票等。商品的有形附加物是满足商品的流通（运输、装卸、储存、销售等）、使用、环境保护等需要所不可缺少的。其中，包装、商标等本身也是商品，它们既有使用价值，也有价值。

3. 无形附加物

商品的无形附加物是指人们购买有形商品时所获得的各种服务和附加利益。例如，卖方提供消费信贷、送货上门、售后保修服务、免费安装调试服务及有关财产保险等。善于开发和利用合法的商品无形附加物，不仅有利于充分满足消费者的综合需要，为消费者提供更多的实际利益，而且有利于提高企业形象，使企业在激烈的市场竞争中立于不败之地。

二、商品学研究的对象

商品学是研究商品使用价值及变化规律的科学。

商品学作为一门独立的科学，有它特定的研究对象和范畴。从广泛意义上讲，商品学研究的对象就是商品，而商品具有价值和使用价值两种属性。其中，商品的价值属于政治经济学研究的对象和范畴。显而易见，商品学研究的对象主要是商品的使用价值。

商品的使用价值体现在商品本身的自然属性和某些社会属性（如商品美学、流行性等）两个方面。商品的自然属性构成了商品使用价值的物质基础，是商品使用价值形成和实现的重要依据和必要条件。商品的社会属性（除商品价值之外）构成了商品使用价值的社会基础，是社会需要和市场交换必不可少的组成部分，也是商品使用价值实现的必要条件。

商品的自然属性主要包括商品的功能、性能特点、原料、化学组成、结构，商品质量及质量评价，商品分类，商品包装、使用方法、储存养护方法等。

商品学研究的商品的社会属性主要包括商品的时代性、美学特性、文化特性、流行性、民族性、区域性、环境友好性、可持续发展性等。

三、商品学研究的任务

从商品学的发展历史来看，商品学产生于商品交换的实践，反过来又为发展生产、促进商品流通和保护消费者利益服务。所以，商品学研究的任务可以概括为：促进生产企业生产使用价值更高的商品；维护流通领域中商品的使用价值；指导消费促进商品使用价值的实现；推动市场经济的发展和进步。商品学研究的具体任务如下。

（一）指导商品使用价值的形成

通过商品资源和商品需求的研究，为政府部门实施商品（产品）结构调整、商品科学分类、商品的进出口管理、商品质量监督与管理、商品的环境管理等制定商品标准、政策法规、商品发展规划等提供科学的决策依据，指导企业向市场提供能够满足商品质量要求和使用功能的商品，指导商品质量改进、功能改善和新产品的开发，提高经营管理水平，保证市场商品物美价廉、适销对路。

（二）评价商品使用价值的高低

通过商品检验与鉴定手段，保证商品质量符合规定的标准或合同，维护正常的市场竞争秩序，保护买卖双方的合法权益，创造公平、公正的商品交换环境。

（三）防止商品使用价值的降低

通过确定适宜的商品包装、运输、保管的条件和方法，防止商品质量发生不良变化而造成损失。

（四）促进商品使用价值的实现

通过普及商品知识，使消费者认识和了解商品，学会科学地选购、使用商品，掌握正确的消费方式和方法，促进商品使用价值的实现。

第二节　商　品　质　量

一、商品质量的概念

商品质量是指商品满足规定或潜在要求（或需要）的特征和特性的总和。这里，"规定"是指有关国际组织、国家、有关部门制定的相关法律、法规、质量标准，买卖双方的合同要求等方面的人为界定；"潜在要求（或需要）"是指人们（社会）对商品的适用性、时代性、美学特性、文化性、流行性、民族性、卫生性、经济性等方面的人为期望；"特征"是指用来区分同类商品不同品种的特别显著的标志，如电风扇的落地式、壁挂式、台式、吊式的区分标志；"特性"是指与商品的适用性、坚固耐用性、安全性、卫生性、环境友好性等密切相关的特有的性质，即品质特性，如服装的耐摩擦强度、色牢度、吸水性、透气性、甲醛含量，肥皂的去污力、游离碱含量，空调器的制冷（制热）效能、绝缘强度等。

随着社会的发展和进步，商品质量的含义也在不断地拓展变化中。在商品生产尚不发达、商品供不应求的社会经济条件下，人们的物质需求呈主导地位，此时人们的商品质量观的主体内容是商品的基本特性，例如，衣着的保暖性、耐用性，日用工业品的适用性、安全性等。随着社会经济的发展，人们生活水平的不断提高，人们已不再满足于最基本的物质需要，而产生了更高层次的文化、精神等方面的需要。除了注重商品的实用性、坚固耐用性、安全性等之外，人们开始越来越重视商品的美学特性、服用性、卫生性及环境友好特性等。

二、对商品质量的基本要求

对商品质量的要求是依据商品的用途、性能特点、使用方法等提出的。一方面，不同的消费者，由于消费目的不同，对商品质量有着不同的要求；另一方面，政府相关部门为维护市场秩序，保护市场参与各方的利益，尤其是消费者的利益，对绝大多数商品均制定了具体的质量要求（商品标准），这些对某种商品的具体质量要求，在商品学分论部分中会具体研究。在此，要讨论的是对用途相近的一类商品的基本质量要求。

（一）对日用工业品商品质量的基本要求

日用工业品是指人们日常生活中使用的工业产品。它和人们日常生活的关系非常密切，人们刷牙使用的牙膏、喝水使用的各种水杯、吃饭使用的各式餐具均属于该类商品。日用工业品的用途极其广泛，品种也很多，通常根据生产原料不同分为玻璃制品、陶瓷制品、金属制品、日用化学商品、塑料制品、皮革制品等若干类别。该类商品不仅要求能满足人们某种使用上的需要，而且，还应起着美化生活的作用。对日用工业品来讲，应满足以下五个方面的基本要求。

1. 适用性

适用性即商品的有用性，是指商品满足其主要用途所必须具备的性能。适用性是构成日用工业品使用价值的基本条件。例如，保温瓶必须具备保温性能；电视接收机必须能够清晰地还原发射端发送的图像和声音信号，满足收视、收听的要求。一件丧失了适用性的日用工业品将失去任何意义。

2. 坚固耐用性

坚固耐用性是指日用工业品在储存和使用的过程中，抵抗各种外界因素对其破坏的性能。它反映了日用工业品的耐用程度和使用寿命。日用工业品应该具有良好的坚固耐用性，一方面保护了消费者的利益，另一方面节约了社会资源，使商品生产和消费活动尽可能地做到对环境友好。对于不同类别的日用工业品，其坚固耐用性的表示方法是有所不同的。例如，家用电器的坚固耐用性通常用使用寿命来衡量，使用寿命是指商品在规定的使用条件下，保持正常使用性能的工作总时间；对于化妆品等商品，其坚固耐用性通常用储存寿命（保质期）来衡量，储存寿命是指在规定条件下使用性能不失效的储存总时间；对于在力作用下使用的商品，通常用商品的力学指标来衡量其坚固耐用性，如皮鞋通常用鞋底的耐磨强度和抗弯强度、鞋帮的抗弯强度和抗张强度、鞋底与鞋帮之间的剥离强度等指标衡量其坚固耐用性。日用工业品的坚固耐用性是衡量商品使用价值的标志之一，也是评价商品质量的重要依据。

3. 安全卫生性

安全卫生性是指商品在流通和使用的过程中保证人身安全和健康不受伤害的能力。例如，家用电器必须有良好的绝缘强度和自动安全防护装置，以保证使用者的人身安全；啤酒瓶必须具有良好的防爆性能，以免意外爆炸对人身造成伤害；化妆品中重金属等有害物质的含量应在标准规定的限量以下；食品中残留农药等有毒有害物质的含量及微生物含量必须符合国家食品卫生的标准规定；陶瓷餐具中的重金属含量不能超出国家相关标准中的规定含量。

4. 环境友好性

环境友好性是指商品在生产、流通、消费、废弃的整个生命周期内对自然生态环境和人身健康的危害尽可能减至最低程度，并最大限度地节约能源、资源的能力。随着人们对环境保护意识的不断加强，环境友好性越来越得到人们的重视。目前，许多国家在制定（修订）商品标准时，已将环境友好性评价指标纳入商品质量评价体系中，人们也在努力开发环境友好型商品。当前，生态环境日趋恶化，环境保护应得到高度重视，日用工业品的环境友好性应成为商品基本质量要求的一个重要方面。

5. 外观与结构的合理性

日用工业品的外观主要包括两方面的内容，一方面是指商品的外观疵点、缺陷等，另一方面是指商品表面的色彩、款式、花色、造型等。

日用工业品的外观疵点、缺陷不仅严重破坏了商品的美观，而且有些疵点、缺陷还直接影响商品的内在品质。商品具有精美的外观及色彩，会明显提高商品的艺术性、装饰性、时尚性。在商品经营活动中，由于商品的外观造型不够时尚，式样不够新颖，花纹图案不够美观，即使它们的适用性和耐用性都很好，也很难受到消费者的欢迎。

日用工业品的结构包括其外形结构和内部结构两个方面，主要是指其外观造型、体积大小、内部设计、零部件的组装等。对所有的日用工业品都要求具有合理的结构，结构不合理会影响商品的外观、适用性和坚固耐用性。商品结构不合理，主要是由于产品设计不恰当，或生产工艺控制不合理造成的。商品的结构还与商品的时代性、地域市场要求有一定关系。

（二）对食品质量的基本要求

食品与人们的关系更为密切，是人们天天离不开的日常生活必需品，其质量的高低直接关系着人民的身体健康，甚至生命安全。对食品质量的基本要求主要体现在以下三个方面。

1. 具有良好的营养价值

食品的营养价值通常由营养成分含量、可消化率、发热量等指标衡量。

人体生长发育需要多种多样的营养物质，这些营养物质主要通过食品获取。如果某种营养物质在摄取食品中的含量不足，就会影响人体的正常生长发育，甚至会导致疾病的发生。人体生长发育需要的营养物质按分子结构和生理功能不同分为糖、蛋白质、脂类物质、矿物质、维生素和水六类。如果某种食品中前五类营养物质的含量与比例与人体生长发育需要的量与比例相同，这样的食品称为全价食品，这也是最理想的食品，但这样的食品在日常生活中是很少存在的。一般来讲，不同食品中营养物质的含量相差很大，例如，动物性食品中蛋白质的含量较高，糖的含量却偏低；水果、蔬菜中维生素、矿物质的含量较高，蛋白质的含量却偏低。

可消化率是指食品在食用后，人体所能消化吸收的程度（百分率）。这对于食品营养价值的最终实现是非常重要的。食品中所含的营养物质，除了水、无机盐和某些维生素能够直接被人体吸收外，蛋白质、脂肪、多糖等必须在消化道内进行分解，将其转变成结构简单的小分子物质，才能被人体吸收利用。食品中还有一部分物质，如植物性食品中的粗纤维、不溶性果胶、木质素等，是不能被人体消化、吸收的物质，但它们对消化道管壁有一定的刺激作用，能引起管壁的收缩蠕动，促进消化液分泌，有利于食物的消化。不同食品的可消化率是不同的，一般来说，动物性食品的可消化率要高于植物性食品。

发热量是指食品中的某些营养成分（如糖、脂肪等）经人体消化吸收后产生的热能。例如，1 g 葡萄糖在体内氧化产生约 41 kcal 的热能；1 g 脂肪氧化能产生 93 kcal 的热能。食品提供的热量是人体进行生命活动的能量来源。

一般来说，营养物质和可消化率高，产热量大，营养价值就高。但也并非完全如此，如粮食加工精度越高，营养成分损失越大，但可消化率却提高了。因此，食品中营养成分的种类和数量，只能从功能上表明食品营养价值的高低，而生理上营养价值的高低却要取决于人体对各种不同成分的需要程度和消化吸收程度。

2. 食品的卫生性和无毒无害性

食品的卫生性和无毒无害性是食品类商品的一个极其重要的质量要求。食品的卫生性和无毒无害性直接关系人身健康和生命安全。甚至食品中的某些有害物质，可以通过母体作用于胚胎，导致胎儿发育畸形等不良后果，影响子孙后代的健康。

食品的卫生性是通过食品中所含的有害微生物（如大肠杆菌、金黄色葡萄球菌、绿脓杆菌等）的种类和数量来衡量的。在食品质量标准中，对有害微生物的种类和数量均制定了严格的上限要求或不允许检出标准。

食品的无毒无害性是通过食品中所含的有毒有害物质的种类和数量来衡量的。食品中所含的有毒有害物质的种类很多，根据来源不同，大致可分为残留农药、重金属、工业有机污染物、不合理的食品添加剂、微生物毒素等若干类。这些毒素在食品中过量存在的原因也是多方面的，例如，农业生产中大量化学农药的不合理使用，工业"三废"的大量排放造成的空气、水体、农田污染，食品添加剂的滥用，食品及食品原料保管不善造成的霉变、腐败等。

3. 良好的色、香、味、形

食品的色泽、香气、滋味和外观形态，不仅是评定食品的新鲜程度、成熟度、加工精度、品质的重要指标，而且也反映了食品的质量变化情况，同时也影响人们对食品的喜爱程度。良好的色、香、味、形能充分激发人们的食欲。

（三）对纺织品质量的基本要求

纺织品也是人们天天离不开的日常生活必需品，起着遮体、御寒的基本功能，并装点、美化着生活，陶醉着人们的心灵。对纺织品质量的基本要求主要体现在服用性、耐用性、卫生安全性、审美性等方面。

1. 服用性

纺织品的服用性是指其能够遮体、御寒且穿着舒适的性能。一般要求纺织品在满足遮体、御寒的基本功能基础之上，应尽可能做到穿着舒适。

纺织品的穿着舒适性与其弹性、柔性、丰满性、透气性、吸水性、尺寸稳定性、保暖性、抗起毛起球性等性能等指标密切相关。

纺织品的舒适性表现在触觉舒适性、热湿舒适性和运动舒适性等多个方面。触觉舒适性主要反映在织品和皮肤接触时的爽滑、粗糙、搔痒、温暖、凉爽等触觉感受上。热湿舒适性是指纺织品能够调节人体表面的湿、热平衡，使身体感到舒适的性能。人体自身调节热平衡的能力是有限的，需要通过穿着适当的服装来进行调节，使衣服内层空间形成舒适的小气候。纺织品的热湿舒适性是由其保温性、透气性、透湿性、吸水性等因素决定的。运动舒适性是指由于人体运动的多方向、多角度和大弯曲性，要求织品有一定的弹性、柔性和延展性，能较自由地依顺人体活动，而不致产生较强的阻碍。纺织品的舒适性主要受纤维原料的种类、组织结构等因素影响，例如，棉纤维的吸水性、透气性、柔性好，故穿着的舒适性好，所以通常用于加工内衣和床上用品。

2. 耐用性

耐用性是指纺织品在穿着和使用过程中能够抵抗外界各种破坏因素破坏的能力。它决定了衣着类商品的使用寿命。纺织品的耐用性通常用其各项力学指标（拉伸强度、撕裂强度、耐磨强度、剪切强度等）、耐日光稳定性、染色牢度等指标衡量。

3. 卫生安全性

纺织品的卫生安全性是指纺织品保证人体健康和人身生命安全所应具备的性质，主要体现在纺织品的卫生性、无害性、阻燃性、抗静电性等方面。

对日用纺织纤维来说，无论是天然纤维，还是化学纤维，都没有发现对人体皮肤有明显的刺激作用。但纺织品在染整过程中，要使用多种化学物质（如染料、防缩剂、防皱剂、柔软剂、增白剂等），这些物质可能会造成对皮肤的刺激和人体的伤害。例如，偶氮类染料尽管其色谱齐全，色彩鲜艳，色牢度高，但由于具有诱发皮肤癌的危险，目前已在世界范围内禁止用于纺织品的染色。

纺织品必须具有良好的透气性、透湿性和吸水性，这些性质直接影响织品的卫生属性。

在日用纺织纤维中，除氯纶、氨纶、动物毛、天然丝等纤维的阻燃性较好以外，大多数纤维都不具有良好的阻燃性能。目前，国内外由衣着商品引起火灾伤亡的事件不断增加，因此，各国都非常重视纺织品和服装的阻燃性能标准的制定，许多国家对儿童和老年人服装都有强制的阻燃性要求。

4. 审美性

纺织品的审美性即其美观艺术性。对于服装商品来讲，人们的购买目的已不是单纯地为了遮体、御寒，更主要的是为了美的享受，满足消费者的美学需要，达到一种精神与物质的融汇，生活与艺术的结合。随着时代的发展，审美性已成为广大消费者购买服装的首选特性。服装的审美性，主要是指纺织品所呈现的外观特征，在色泽、花纹、图案、色彩、款式、风格等方面应具有时代的艺术特色，体现现代开放式的生动、活泼、舒畅的生活风貌；适合于季节变化、人们的年龄差异、个性特点、文化素养等。服装的审美性不仅能使人们的生活丰富多彩，而且能体现人们的精神风貌，充分反映时代的气息。

三、影响商品质量的因素

商品质量受很多因素的影响，这些因素贯穿于商品生产、流通和消费（使用）的全过程中。

（一）生产过程中影响商品质量的因素

商品质量形成于商品的生产过程中，因此，商品生产环节的控制和管理就成为决定商品质量的根本因素。生产过程中影响商品质量的因素很多，主要有产品的开发设计、原材料、生产工艺和设备、质量控制、商品包装及质量检验等方面。

1. 产品的开发设计

在商品质量形成过程中，产品的设计具有决定性的意义。只有设计合理，才有可能生产出高质量的商品。如果产品在设计时存在某些本质性缺陷，就不可能生产出高质量的商品。例如，一辆设计存在缺陷的汽车，就有可能在使用过程中出现车架变形、铆钉断裂、刹车失灵等严重缺陷，影响驾乘者的生命安全。这些年来，世界范围内所发生的一系列汽车召回案件，充分说明了产品设计对产品质量的影响。

2. 原材料

原材料是构成商品的物质基础，其品种、质量是决定商品质量的重要因素。在其他生产条件相同的情况下，原材料质量的优劣直接影响制成品的质量和等级。

不同的原材料在化学组成、性能特点、结构等方面是不同的，其生产出的商品在性能、特点、用途等方面就会有所差别。例如，用棉纤维加工成的内衣及床上用品要优于合成纤维制品，因为棉纤维与合成纤维相比，具有更好的服用性和卫生性，更适合于加工该类产品。

同一种原材料，由于品质的不同，其生产的产品在质量上也会有较大的差别。例如，葡萄酒的质量七分取决于葡萄的质量，三分取决于酿酒工艺，有些年份由于温度、光照、降水量等气候因素非常适合于葡萄生长，能够产出高质量的葡萄，故该年份的葡萄酒品质特好，所以，葡萄酒有"年份酒"之说。再如，二氧化硅含量高、铁等氧化物含量低的高品质石英砂（岩）能够加工出高品质的水晶玻璃制品，相反，低品位的石英砂（岩）则无论如何都不能加工出高品质的水晶玻璃制品。

3. 生产工艺和设备

生产工艺对商品质量同样具有决定性影响。同样的原材料，加工成同一种产品，在不同的工艺路线下可形成不同的商品质量。例如，采用挤出吹塑工艺得到的PVC吹塑膜与采用压延工艺得到的PVC压延膜，其感官特性、内在质量指标及用途均有着明显的差别，尽管两者均采用同一种高分子树脂，产品的形式也都是薄膜。又如，从茶树上采得的鲜叶，采用不同的工艺加工，可得到红茶、绿茶、青茶、白茶、黄茶和黑茶等具有不同风格特点的茶叶品种。

随着科学技术的发展和进步，商品质量也发生了质的飞跃，这种变化在很大程度上依赖于生产工艺的改进和生产装备水平的提高。

4. 质量控制

质量控制是指在商品生产阶段为保证商品质量所采取的一系列质量管理措施。质量控制包括从原材料到制成品整个制造过程的质量控制，如原材料质量控制，设备和工具的质量控制，工艺条件和工作质量控制等。这就要求在投入生产前必须对所有原材料、元器件进行检验，保证其符合质量标准；对于生产设备、工具等也应保证其完好，且工作性能稳定。对于工艺过程中的控制主要是保证各项工艺参数的稳定。质量控制的目的在于及时消除不正常因素对商品品质造成的影响，以保证商品的制造质量达到设计质量的要求。

5. 商品包装

商品包装是商品生产的继续，也是商品生产的最后一道工序。包装质量也是构成商品质量的重要因素，正确的包装方法和合理的包装材料可以减少和防止外界因素对商品质量的影响，避免商品质量的降低。此外，商品包装还能装饰、美化商品，便于商品的储运、销售和使用。

6. 质量检验

质量检验是保证商品质量的重要手段之一。检验总是对既定成果而言的，具有事后把关的意义；但在质量形成过程中，每个环节的检验对于下一个环节又是事先的控制，因而它又具有事先预防的作用。在商品生产和经营管理活动中，科学、合理、规范的质量检验，对于掌握产品质量状况和变化规律，进而改进设计、强化管理、提高质量具有重要的作用。

（二）流通过程中影响商品质量的因素

流通过程是指商品离开生产领域到进入消费领域前的全部过程，这个过程包括商品的运输、贮藏保管、销售等环节。在流通的各个环节中同样存在影响商品质量的各种因素，由于这些因素的作用，会影响商品的质量。

商品在装卸、运输过程中，会受到冲击、挤压、振动等机械力作用，同时还会受到风吹、日晒、雨淋等气候条件的影响。这些因素均会导致商品质量的下降。

商品储存是商品流通的一个重要环节。在储存期间，由于商品本身的性质和储存的外部环境的影响，商品质量会发生相应的改变。商品在储存期间的质量变化与商品自身的特点、储存场所的环境条件、养护技术与措施、储存期的长短等因素有关。在商品的生产经营活动中，可通过一定的养护技术和措施来控制合适的储存环境，以减缓外界因素对仓储商品质量的不良影响。

销售是商品由流通领域进入消费领域的过渡环节，销售服务的质量也是影响消费者所购商品质量的因素。随着社会的发展和进步，商品的技术含量越来越高，结构越来越复杂，技术咨询已成为指导消费者正确使用商品的重要措施，这有利于减少甚至消除消费者在使用过程中因操作使用不当而引起的商品质量问题。当前，良好的商品售前、售中、售后服务，已逐渐被视为商品质量的重要组成部分。

（三）消费过程中影响商品质量的因素

在消费过程中，商品的使用范围和条件、商品的使用方法以及维护保养等都会影响商

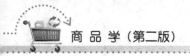

品质量。

任何商品都有一定的使用范围和条件,在使用过程中只有遵守其使用范围和使用条件,才能发挥商品的正常功能,否则就会对商品质量造成不良影响。例如,燃气热水器要区分气源类别,电脑要注意工作场所的温度、湿度等。

正确的安装(组装)也是保证商品质量的因素之一。例如,家用电冰箱应安装在通风良好、远离热源、避免阳光直射的地方,且箱体四周离墙壁的距离最好大于 15 cm,否则会影响其使用寿命。

商品的正确使用、维护和保养也是保证商品质量、延长商品寿命的前提。消费者在使用商品中应了解商品的结构、性能特点,掌握正确的使用方法,并应具备一定的商品日常维护保养知识。例如,电器类商品应保持清洁;皮革服装穿用时要避免与坚硬物质摩擦或被坚硬物划破,收藏时宜放于干燥处悬挂存放,避免折叠、重压,注意防霉等;奶粉应放在干燥、阴凉处等。对商品生产者来讲,应认真地编制使用(食用)和养护说明书,使消费者能很容易地掌握商品的使用(食用)方法和养护方法,以便在使用过程中更好地保护商品质量。

第三节 商品标准

一、标准及商品标准的含义

(一)标准

在《标准化工作指南 第 1 部分:标准化和相关活动的通用词汇》(GB/T 20000.1—2002)中对"标准"作了如下的定义:"为了在一定的范围内获得最佳秩序,经协商一致制定并由公认机构批准,共同使用的和重复使用的一种规范性文件。"

标准定义揭示了如下内涵。

(1)标准的本质是统一。当某项技术或事物的发展需要某种协调统一时,就有必要制定一个标准,用以协调和统一与之相关的各方利益和行为。

(2)标准制定的基础是科学、技术和实践经验的综合成果。标准的制定既要吸收和体现科学技术的先进成果,从而促进社会的进步,又要顾及当下的生产实践,充分听取利益相关方意见。

(3)标准制定的目的是为了获得最佳秩序和最佳效益。

(4)标准是相关各方在充分协商的基础上制定的。标准要体现与之相关的各方的利益和意志。

(5)标准的制定、发布、实施有一套严格的标准化程序,标准文件也有自己的一套特定格式和规范。

(二)商品标准

商品标准是为保证商品满足需要或要求而对商品的结构、成分、规格、质量、等级、检验、包装、储存、运输、使用以及生产技术等方面所作的技术规定。商品标准是一定时期、一定范围内具有约束力的产品技术规范，是商品生产、检验、监督、使用、维护和贸易洽谈的技术依据，是评定商品质量的准则。商品标准对于保证和提高产品质量，扩大社会生产经营，提高经济效益，满足消费需求，都具有重要的意义。

二、商品标准的分类

（一）按标准的表现形式分类

按标准的表现形式不同，可将标准分为文件标准和实物标准两类。

文件标准是指用特定的规范格式，通过文字、数据、表格、图样等形式，表述商品的规格、技术要求、检验、包装等有关技术内容的统一规定。它是商品标准的一种主要形式。

实物标准也称之为标准样品，它是文件标准的补充。当一些商品的质量要求难以用文字、数据、图样等准确表达时，标准监督管理机构或标准制定领导小组就会组织有关专家用实物制成与文件标准规定的质量要求完全或部分相同的标准样品，用以进行商品质量的评定。例如，现行的棉花、粮食、茶叶、羊毛等商品标准，都有与之对应的标准样品，以便在生产、经营、政府监管等活动中更准确地对这类商品进行评等分级。

（二）按标准的约束力分类

按标准的约束力不同，可将标准分为强制性标准和推荐性标准两类。

强制性标准是指由法律、行政法规规定，要强制实行的标准。此类标准一旦颁布、实施，其利益相关方必须贯彻执行，否则会受到政府监督管理机构的制裁，并承担由此产生的一切责任。《中华人民共和国标准化法》（以下简称《标准化法》）规定，凡涉及保障人体健康、人身财产安全的标准及法律、行政法规规定强制执行的标准均发布强制性标准，如药品标准、食品卫生方面的标准、商品及商品生产、贮运和使用过程中的安全标准等。强制性标准必须严格执行，凡不符合强制性标准的商品，禁止生产、销售，对造成严重后果的，要对直接责任人追究法律责任。

推荐性标准又称自愿性标准，是指利益相关方可自愿确定是否采用的一类标准。这类标准没有强制约束力。在市场经济体制完善的国家中，大多数标准是推荐性标准。它们不属于法规范畴，没有强制性，由企业自愿采用。事实上，绝大多数企业为了生存发展和贸易竞争的需要，往往自愿采用这类标准。

三、商品标准的分级和编号

为了便于标准的管理和使用，通常根据其适用范围和领域不同，将标准分为不同的级别；每个级别都有其特定的代号，每一个标准又有与之唯一对应的编号。

（一）我国商品标准的分级

根据1989年颁布的《标准化法》规定，我国的商品标准划分为国家标准、行业标准、地方标准和企业标准四级。

1. 国家标准

国家标准是指由国家标准化主管机构批准发布，对国家经济、技术发展有重大意义，在全国范围内统一实施的标准。我国国家标准主要包括：重要的工农业产品标准；基本原料、材料、燃料标准；通用的零件、部件、元件、器件、构件、配件和工具、量具标准；通用的试验和检验方法标准；广泛使用的基础标准；有关安全、卫生、健康和环境保护标准；有关互换、配合通用技术术语标准等。

我国的国家标准分为强制性国家标准和推荐性国家标准。

我国国家标准的编号由国家标准代号、标准顺序号和发布的年代号构成。国家标准的代号用大写的汉语拼音字母表示，强制性国家标准的代号为"GB"，推荐性国家标准的代号为"GB/T"。标准顺序号和发布的年代号分别用阿拉伯数字表示。例如，"GB 18101—2000《难燃胶合板》"，是指2000年发布的18101号标准，为强制性国家标准；"GB/T 18103—2000《实木复合地板》"，是指2000年发布的18103号标准，为推荐性国家标准。

为适应市场经济和国际贸易的需要，《标准化法》规定，国家鼓励采用国际标准和国外先进标准。采用国际标准和国外先进标准，能够更好地促进我国的技术进步和经济发展，使生产更加便利，更容易了解市场实际需要，打破贸易技术壁垒，使我国商品更容易进入国际市场。

国外先进标准包括：未经ISO确认并公布的其他国际组织发布的标准；发达国家的国家标准；重要区域性组织发布的标准；国际上权威的团体标准和企业（公司）标准等。如欧洲标准（EN）、日本工业标准（JIS）、美国材料与试验协会标准（ASTM）、美国国际商业机器公司（IBM）标准等。从技术来看，国外先进标准代表着世界最先进水平。

2. 行业标准

我国的行业标准是指在没有国家标准的情况下，在行业范围内统一制定和实施的标准。行业标准由国务院有关行政主管部门（即行业主管机构）或行业协会制定，并报国家质量监督检验检疫总局备案和发布。行业标准一般包括：行业范围内的主要产品标准；通用零部件、配件标准；设备、工具和原料标准；工艺规程标准；通用的术语、符号、规则、方法等基础标准。

行业标准不能与有关的国家标准相抵触。已有的行业标准在相应的国家标准发布实施后自行废止。

行业标准编号由行业标准代号（参见表1.1）、标准顺序号和标准发布的年代号构成。行业标准也有强制性标准和推荐性标准之分。若在行业标准代号后加上"/T"则组成推荐性行业标准的代号。例如，"FZ/T 73001—2008《袜子》"表示2008年发布的73001号纺织行业推荐性标准。

表 1.1　行业标准代号

序　号	行业标准名称	行业标准代号	序　号	行业标准名称	行业标准代号
1	农业	NY	30	劳动和劳动安全	LD
2	水产	SC	31	电子	SJ
3	水利	SL	32	通信	YD
4	林业	LY	33	广播电影电视	GY
5	轻工	QB	34	电力	DL
6	纺织	FZ	35	金融	JR
7	医药	YY	36	海洋	HY
8	民政	MZ	37	档案	DA
9	教育	JY	38	商检	SN
10	烟草	YC	39	文化	WH
11	黑色冶金	YB	40	体育	TY
12	有色冶金	YS	41	商业	SB
13	石油天然气	SY	42	物资管理	WB
14	化工	HG	43	环境保护	HJ
15	石油化工	SH	44	稀土	XB
16	建材	JC	45	城镇建设	CJ
17	地质矿产	DZ	46	建筑工业	JG
18	土地管理	TD	47	新闻出版	CY
19	测绘	CH	48	煤炭	MT
20	机械	JB	49	卫生	WS
21	汽车	QC	50	公共安全	GA
22	民用航空	MH	51	包装	BB
23	兵工民品	WJ	52	地震	DB
24	船舶	CB	53	旅游	LB
25	航空	HB	54	气象	QX
26	航天	QJ	55	供销合作	GH
27	核工业	EJ	56	海关	HS
28	铁路运输	TB	57	邮政	YZ
29	交通	JT			

3．地方标准

地方标准是指对没有国家标准和行业标准，又需要在省、自治区、直辖市范围内统一的工农业产品的技术、安全、卫生等制定的标准。地方标准由省、自治区、直辖市质量技术监督管理部门组织制定、审批和发布，并报国家质量监督检验检疫总局和国务院有关行业主管部门备案。地方标准的制定、实施，对于因地制宜地发展地方经济，满足地方需求及贸易的需求，保障消费者安全等方面有着重要的意义。但地方标准的发布和实施不能造成地方保护和市场分割。

地方标准的编号由地方标准代号、标准顺序号和发布的年代号构成。强制性地方标准代号为："DB"＋地区代码（参见表 1.2）＋"/"，推荐性地方标准代号为："DB"＋地区代码＋"/T"。例如，"DB12/112—1999《无公害蔬菜质量标准》"为 1999 年发布并实施的天津市强制性地方标准;"DB12/T 114—1999《无公害叶菜蔬菜生产技术规程》"为1999年发布并实施的天津市推荐性地方标准。

表1.2 地区代码表

地　区	代　号	地　区	代　号
北京市	11	湖北省	42
天津市	12	湖南省	43
河北省	13	广东省	44
山西省	14	广西壮族自治区	45
内蒙古自治区	15	海南省	46
辽宁省	21	重庆市	50
吉林省	22	四川省	51
黑龙江省	23	贵州省	52
上海市	31	云南省	53
江苏省	32	西藏藏族自治区	54
浙江省	33	陕西省	61
安徽省	34	甘肃省	62
福建省	35	青海省	63
江西省	36	宁夏回族自治区	64
山东省	37	新疆维吾尔自治区	65
河南省	41	台湾地区	71

4. 企业标准

企业标准是指由企业制定发布,在该企业范围内统一使用的标准。企业标准的制定和实施一般限于下列两种情况。一种情况是企业生产的产品尚没有国家标准、行业标准和地方标准可以遵守,为了约束企业内部的生产,确保产品的品质,一般应制定企业标准。另一种情况是企业所生产的产品有相应的国家标准、行业标准或地方标准,为了确保产品的质量,在国家标准、行业标准或地方标准基础之上,对某些容易出现问题的指标进行加严,用这样的加严标准约束企业内部的生产,确保产品质量合格。企业标准的起草、制定、批准和发布的全过程均由企业自行安排,并按省、自治区、直辖市人民政府的相关规定备案。

企业标准的编号由企业标准代号"Q"、企业代号、标准顺序号和标准发布的年号构成,企业标准代号"Q"与企业代号之间用"/"间隔。由省、自治区、直辖市发布的企业标准,还要在其企业标准代号"Q"前加上本省、自治区、直辖市的简称,如"京Q/"、"鲁Q/"等。中央所属企业由国务院有关行政主管部门规定企业代号,地方企业由省、直辖市、自治区政府标准化主管部门规定企业代号,企业代号一般用企业名称的汉语拼音字头的前三个字母表示。例如"Q/MDL 024—2005",其中"MDL"是企业代号,表示"麦当劳",024是企业内标准的顺序号,2005是年号。

企业标准不得与有关法律、法规或上一级标准相抵触。

(二) 世界商品标准的分级

从世界范围来看,商品标准通常分为国际标准、区域标准、国家标准、行业或专业团体标准四个不同的级别。

1. 国际标准

国际标准是指由国际标准化组织(ISO)、国际电工委员会(IEC)、国际电信联盟(ITU)所制定的标准,以及由国际标准化组织认可并收集到《国际标准题录索引》中加以公布的其他国际组织所制定的标准。

目前被国际标准化组织确认并公布的其他国际组织主要有国际计量局(BIPM)、国际合成纤维标准化局(BISF)、食品法典委员会(CAC)、国际照明委员会(CIE)、国际牙科联盟会(FDI)、国际信息与文献联合会(FID)、国际原子能机构(IAEA)、国际航空运输协会(IATA)、国际民航组织(ICAO)、国际谷类加工食品科学技术协会(ICC)、国际辐射防护委员会(ICRP)、国际辐射单位和测试委员会(ICRU)、国际乳制品业联合会(IDF)、国际图书馆协会与学会联合会(IFTA)、国际煤气工业联合会(IGU)、国际制冷学会(IIR)、国际劳工组织(ILO)、国际海事组织(IMO)、国际种子检验协会(ISTA)、国际电信联盟(ITU)、国际毛纺组织(IWTO)、国际动物流行病防治局(OIE)、国际法制计量组织(OIML)、国际葡萄与葡萄酒局(IWO)、材料与结构研究实验所国际联合会(RILEM)、贸易信息交流促进委员会(TarFIX)、国际铁路联盟(UIC)、联合国教科文组织(UNESCO)、国际海关组织(WCO)、国际卫生组织(WHO)、世界知识产权组织(WIPO)、世界气象组织(WMO)、国际羊毛局(IWS)、联合国粮农组织(UNFAO)、关税合作理事会(CCC)等。

国际标准的编号由国际标准代号、标准序号、发布年代号构成。国际标准代号多为发布该标准的国际组织的英文简称(如ISO、IEC等),标准序号与发布年代号之间用":"间隔,如ISO14000:1996。

国际标准的制定和实施,可促进国际的科技交流和专业化协作,有利于世界贸易的发展和经济全球化进程的加快。国际标准不存在强制性标准和推荐性标准之分,但由于它具有较高的权威性、科学性和先进性,故为大多数国家的企业所自愿采用,而且这已成为世界性的发展趋势。目前,我国正积极采用国际标准,并积极参与国际标准的制定。

2. 区域标准

区域标准是指由世界某一区域性标准化组织制定的,在本区域范围内实施的标准。目前,国际上比较重要的区域标准有:欧洲标准化委员会(CEN)制定的欧洲标准(EN);欧洲电工标准化委员会(CENELEC)制定的标准;亚洲标准咨询委员会(ASAC)制定的标准、泛美技术标准委员会(COPANT)制定的标准等。

目前,世界区域化的进程正在不断加速,尤以经济区域一体化走得最远。例如,欧盟正全力以赴实现内部无边界统一市场的建设,作为统一市场管理工具的欧盟标准,必须走在欧盟统一大市场的前面。当前,欧盟正加紧制定和实施统一的欧洲标准,各国进入欧盟市场的商品必须符合欧洲标准的要求。在世界范围内区域经济集团化发展不断加快的背景下,区域标准将不断增多,其作用也将得到强化。

3. 国家标准

国家标准是指由世界上各主权国家制定、发布的标准,该标准在该国主权区域范围内使用。目前,最为重要的国家标准有美国国家标准(ANSI)、英国国家标准(BS)、德国国家标准(DIN)、日本国家标准(JIS)、法国国家标准(NF)等。

4. 行业或专业团体标准

世界上一些国家的专业团体也发布一些标准,其中有些标准也是国际上公认的权威标准,它们为行业提供了很好的技术规范,并被各国广泛采用。目前,较为重要的行业或专业团体标准有美国石油学会标准(API)、美国机械工程师协会标准(ASME)、美国试验与材料协会标准(ASTM)、美国食品与药物管理局标准(FDA)、美国机动车工程师协会标准(SAE)、德国电气工程师协会标准(SAE)等。

四、商品标准的结构与基本内容

根据 GB/T 1.1—2009《标准化工作导则 第1部分:标准的结构和编写》的规定,我国商品标准主要由资料性概述要素、规范性一般要素、规范性技术要素、资料性补充要素四部分构成(如图1.1所示)。

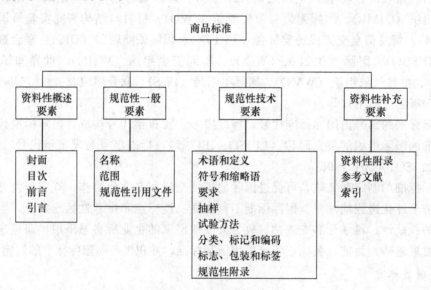

图1.1 商品标准的构成

(一)封面

封面是标准必备要素,每一项标准都应有封面。封面的作用十分重要,因为封面上有着识别标准的重要信息。

标准封面的主要内容应包括:标准的类别;标准的标志(代号);标准的编号;被代替标准的编号;国际标准分类号(ICS号);中国标准文献分类号;备案号(国家标准除外);

标准的中文名称；中文名称对应的英文名称（企业标准不要求）；与国际标准一致性程度的标志；标准的发布和实施日期；标准发布的部门或单位。

（二）名称

名称是标准的必备要素，标准名称是对标准主题最集中、最简单的概括，也是向标准的使用者传递标准的特征、范围的重要信息。

（三）前言

前言是标准的必备要素。前言应视情况依次给出下列内容：标准结构的说明；标准编制所依据的起草规则；标准代替的全部或部分其他文件的说明；与国内、国外文件关系的说明；有关专利的说明；标准的提出信息或归口信息；标准的起草单位和主要起草人；标准所代替的历次版本发布情况。

（四）引言

引言是可选要素。如果需要引言时，引言可以给出下列信息：促使编制该标准的原因；有关标准技术内容的特殊信息或说明；标准中如果涉及专利，则应在引言中给出有关专利的说明。

采用国际标准时，国际标准的引言应转化为国内标准的引言。

（五）范围

范围是标准的必备要素。每一项标准都应当有范围，并且应位于每项标准正文的起始位置，也就是标准的第1章。

范围的内容分为两部分：一部分是本标准中"有什么"；另一部分是本标准"干什么用"。

（六）规范性引用文件

规范性引用文件在标准中是可选要素，也是规范性一般要素。

一般来讲，引用文件有两种性质的引用，一种是"规范性引用"，一种是"资料性引用"。所谓"规范性引用"，是指标准中引用了文件或文件的条款后，这些文件或条款即构成了标准整体不可分割的一部分，所引用的文件或文件条款与本标准的规范性要素具有同等的效力。资料性引用则是对标准理解的附加信息。

（七）术语和定义

术语和定义在标准中是可选要素。如果在标准中以"术语和定义"为题单独设置一章，则其为规范性技术要素。它对标准中使用到的不易理解的术语进行了准确的定义。

（八）符号、代号和缩略语

符号、代号和缩略语是可选要素。如果在标准中作为专门一章，则它们为规范性技术要素。它对本标准中使用的符号、代号和缩略语的含义作了准确的界定。

（九）要求

要求是商品标准技术要素的重要组成部分，之前，常称为"技术要求"或"质量要求"。它是为保证产品的使用性能而对制造质量所作的规定，是指导生产、使用及对产品质量进行检验的依据。其主要内容包括外观要求、性能要求、材料要求、服务要求、卫生要求等若干方面。列入标准要求的指标，应是对产品质量有重大影响，而且必须是可以测定或鉴定的关键性指标。

（十）抽样

抽样是可选要素，其内容包括抽样（取样、采样）的条件、方法、数量以及样品保管方法等技术性内容。

（十一）试验方法

试验方法是对产品的制造质量是否符合标准而进行检测的方法、程序和手段所作的统一规定。其基本内容应根据技术要求确定。试验方法通常包括以下内容：原理；试剂盒材料；装置、试样或试件的制备条件和保管；程序；结果的表述，包括计算方法及测试结果的精密度；试验报告等。

（十二）分类、标记和编码

分类、标记和编码是重要的技术要素。它为该标准界定范围内的商品建立了一个分类、标记和编码体系，一般包括下列内容：商品的品种、规格、形式（型号）的划分及其系列；商品的代号（标记、编码）。

（十三）标志、标签

标志、标签是对产品标志和外包装标志的内容、标志位置以及标签或使用说明书等方面的内容的规定。

（十四）包装、运输、贮存

包装、运输、贮存是为确保商品在流通领域中的安全，不致受到损失所作的规定。包装是为保证商品在运输、贮存过程中不受损失所作的要求，包括包装材料、包装容器、包装方式及包装数量、重量、体积等方面的要求。运输和贮存主要是规定该商品在运输和贮存时的特殊要求，例如，对运输工具、条件和注意事项的特殊要求；对贮存地点、条件、放置方法、贮存期限及贮存中应检查项目等方面的要求等。

（十五）标准的附录

标准的附录是和标准的正文紧密联系在一起的。标准的附录分为两种，一种是规范性附录，一种是资料性附录。规范性附录是标准正文的附加条款，附录的内容是构成标准整体内容不可分割的一部分，在标准中的作用与标准正文相同。资料性附录是对标准理解的附加信息。

第四节 商品检验

一、商品检验的含义

商品检验是指根据商品标准（或合同、有关法律法规）的各项质量要求，运用一定的检验方法和技术，对商品的品质、规格、重量、数量、包装、安全及卫生等方面进行检查，综合评定商品质量的优劣，确定商品品级的活动。

商品检验对维护市场秩序，保护买卖双方合法权益，避免或解决由产品质量造成的纠纷，便于商品交易和结算等都具有重要的意义。

二、商品检验的类型

（一）按检验目的分类

按检验目的不同，商品检验通常可分为生产检验、验收检验和第三方检验三种类型。

生产检验又称第一方检验或卖方检验，是由企业内部的检验部门对库存原材料、半成品、成品进行的自检活动。生产检验的目的是及时发现不合格产品，保证产品质量，维护企业信誉。

验收检验又称第二方检验或买方检验，是由商品的买方为了维护自身及其顾客利益，保证所购商品符合标准或合同要求所进行的检验活动。

第三方检验又称公正检验或法定检验，是由处于买卖双方利益之外的第三方（如政府质量监督检验机构、专业检验机构等），以公正、权威的非当事人身份，根据有关法律、标准、合同约定所进行的商品检验活动，如公证鉴定、仲裁检验、国家质量监督检验等。第三方检验的目的是维护买卖各方的合法权益和国家权益，调解矛盾和纠纷，确保商品交易活动的有序进行。

（二）按检验商品的数量分类

按检验商品的数量不同，商品检验可分为全数检验和抽样检验两种类型。

全数检验是指对整批商品逐个（件）进行全部检验。全数检验对整批商品质量的了解比较全面，商品质量有充分保证，但工作量大。对于贵重商品（如珠宝等）、精密仪器及设备等商品的检验多采用全数检验。

抽样检验是指按照已确定的抽样方案，从整批商品中随机抽取一定量的检验样品（样本），对检验样品进行全数检验，用样本的检验结果代表整批商品的质量状况的检验。抽样检验具有节约检验资源的优点，检验结果的准确性较好，是比较经济的一种检验方式。但抽样检验结果相对于整批商品实际质量水平总会有一定误差。抽样检验样本占整批产品的比例越大，检验结果的误差越小。

三、商品检验的抽样方法

在商品生产、经营、管理等活动中,对商品进行检验时主要采用抽样检验。这就要求所抽取的检验样本能够尽可能地代表整批商品的品质,而不能出现过大的偏差。要解决这一问题,检验样本的抽取方法就必须科学、合理,因此,采用科学、合理的抽样方法就成了商品检验的关键环节。

商品检验的抽样是根据技术标准和抽样操作规范所规定的抽样方法和抽样工具,从整批商品中抽取一小部分在质量特性上能够代表整批商品的样品,通过对该批样品的检验,据此对整批商品的质量做出评定。

商品检验的抽样主要采用随机抽样。随机抽样又称概率抽样,是以概率论和数理统计为基础,基于随机的原则,从总体中抽取检验样本的一种抽样方法。在随机抽样中,总体中的每一个样本被选中的概率相等,能够较好地保证样本对总体的代表性。因为随机抽样能够很好地按总体内在结构中所蕴含的各种随机事件的概率来构成样本,使样本成为总体的缩影,故该方法在商品检验中得到了广泛的应用。

随机抽样按抽样的组织形式不同,有简单随机抽样、分层随机抽样、等距随机抽样等多种不同的方法。

(一)简单随机抽样

简单随机抽样是指对总体不加任何分组、划类、排队等,从中不加任何挑选(完全随机)地抽取检验样本的方法。其基本特点是总体中的每个单位被抽中的概率完全相等,样本的每个单位完全独立,彼此之间无一定的关联性和排斥性。简单随机抽样是其他各种随机抽样方法的基础,通常在总体单位之间差异程度较小或批量的数目较少时采用。

(二)分层随机抽样

分层随机抽样又称分组随机抽样,是指将总体按其属性特征不同分成若干层(组),然后对每层(组)采用简单随机的方法抽取样本,各组所抽取样本的和为最终的检验样本。分层随机抽样的主要特点是通过划类或分组,增大了各层(组)内单位间的共同性,使层(组)内单位的均匀性更好,更容易抽出具有代表性的检验样本。该方法适用于批量较大,总体情况复杂,个体之间差异较大的情况。

(三)等距随机抽样

等距随机抽样又称系统性随机抽样或百分比随机抽样,是指首先将总体中各单位随机编排成一个序列(次序),即排队,再随机选取一个样本作为起始样本,然后按相等的距离(或间隔)抽取检验样本的抽样方法。例如,某皮鞋厂某批次皮鞋的数量是1000双,现在要从中抽取10双(总量的1‰)作为检验样本,如果采用等距随机抽样法抽样,就可以这样操作:首先对整批(共1000双)皮鞋编号,这样每双皮鞋都有了一个唯一的三位代码,从000到999,且这些代码都是连续的;再画一张10行10列的表格(每单元格大小一致),从第1行第1列的第1个单元格开始,在每个单元格中按从小到大的顺序写上00至99这100个阿拉伯数字;然后,蒙住双眼,用笔在该数码表格中随机点画,假设点中的数字是 72，则只要代码尾数为 72 的鞋子均为检验样本。

等距随机抽样的前提条件是：总体中个体的排列对于研究的变量来说应是随机的，即不存在某种与研究变量相关的规则分布。如果研究变量在总体中的分布呈某种循环性规律，则将会造成很大的检验误差。

四、商品检验的方法

商品检验的方法很多，通常根据检验内容和使用的仪器不同，分为感官检验、理化检验、生物学检验三类。

（一）感官检验

感官检验是指借助检验者感觉器官的功能和实践经验对商品质量进行检验的一种检验方法。也就是利用人的眼、鼻、口、耳、手等感觉器官作为检验工具，结合平时积累的实践经验，对商品的外形结构、外观疵点、色泽、声音、气味、滋味等感官指标进行评判，从而判定商品质量的优劣，并对商品的类别、品种、规格、性能等进行识别。

感官检验在商品检验中是不可或缺的一个方面，尤其是在消费者的日常消费活动中，感官检验尤为重要。感官检验的优点主要体现在以下四点：

（1）感官检验方法简单、快捷、成本低廉；

（2）感官检验不需要复杂、特殊的仪器设备和试剂，也很少受检验场所、条件的限制，具有较好的适应性和灵活性；

（3）对嗜好性商品（如茶、酒、香烟等）的质量检验很难用仪器取代，目前，只能采用感官检验法进行检验；

（4）感官检验一般不会损坏被检商品。

但感官检验法也具有显而易见的局限性：

（1）感官检验不能对商品的内在质量指标实施准确的测量；

（2）检验的结果不精确，不能对产品的品质实施定量测量，仅是一种定性检验方法，结果只能用专业术语或记分法表示商品质量的高低；

（3）检验结果易带有主观片面性，并受检验人员知识、技术水平、工作经验、感官的敏锐程度等因素的影响，再加之检验者审美观不同以及检验时心理状态的变化，会对检验结果产生明显的影响，使检验的结果有时带有一定的主观性。

感官检验又根据检验时所用感觉器官的不同，分为视觉检验、听觉检验、触觉检验、味觉检验和嗅觉检验。

1. 视觉检验

视觉检验是指利用人的视觉器官（眼睛），对商品的外观、造型、结构、款式、表面色彩、表面光泽、外观疵点、包装等在视觉范围内能够体现出来的品质特征进行的检验。例如，在选购电视机时，首先应检查一下包装是否完好，是否发生过严重的碰撞，是否曾开启过；然后打开包装，检查电视机外壳是否存在破损、变形，表面色泽是否均一、光洁，屏幕色泽是否均一，屏幕上是否存在气泡、麻点等疵点；最后接通电源，将频道选择开关打在一个有图像的频道上，观察图像是否清晰，色彩是否逼真，屏幕亮度、对比度、色饱和度、色温等是否舒适等。再如，在购买纺织品时，人们总要对其色彩、表面光泽、组织结构、质地、外观疵点等进行认真的观察，从而初步确定商品品质。

2. 听觉检验

听觉检验是指利用人的听觉器官（耳朵），对能体现商品质量属性的商品所发出（产生）的声音的音质、音量、音色、噪声等指标进行的检验。听觉检验主要应用于电子音像产品、脆性材料加工制成的商品的质量检验。例如，在选购电视机时，接通电源后，将频道选择开关调到一个有图像的频道上，打开静音开关（或将音量开关调到最小），扬声器中不能发出电视伴音，此时，电视机产生的噪声应尽可能的低，并不得有异常声音和明显的器件（线路）震荡声。关闭静音开关，将音量开关逐渐调高，伴音音量应从小到大逐渐平滑增大，当音量开关调到最大时，音量应足够大，此时，不得有明显的伴音失真现象。再如，在选购玻璃杯时，可轻轻碰击（敲击）杯壁，若发出的声音清脆，有金属般的敲击声，则该玻璃杯是使用高档玻璃加工制成的，品质较好。

3. 触觉检验

触觉检验是指利用人的触觉器官（手），对商品的表面硬度、弹性、柔性、手感丰满性、手感温度、质感等指标进行的检验。触觉检验适应的商品非常广泛，在选购纺织品、大多数的日用工业品时均可采用触觉检验。例如，在购买纺织品时，人们总要用手摸一摸，感觉一下织品的弹性、柔性和手感丰满性等。对于内衣，其手感一定要柔软、丰满、爽滑；对于外衣，其手感弹性和挺括性一定要好。再如，选购牙膏时，可将少许牙膏挤在拇指的手指肚上，用食指和拇指轻轻揉捻，如果感觉顺滑，无摩擦感，则表明膏体细腻；如果有较强的摩擦感，甚至有颗粒存在，则表明品质较差。

4. 味觉检验

味觉检验是指利用人的味觉器官（嘴），对能体现商品质量属性的滋味、口感等指标进行的检验。味觉检验主要用于农副产品、副食品等商品的质量检验。例如，在购买水果、糖果、糕点时，人们会亲口尝一尝，然后再决定是否购买。又如，对茶叶、酒等嗜好性商品进行质量评定时，滋味的评审是评审活动中必不可缺少的重要项目。

5. 嗅觉检验

嗅觉检验是指利用人的嗅觉器官（鼻子），对能体现商品质量属性的气味、香型等指标进行的检验。嗅觉检验主要用于农副产品、副食品、具有某种气味的日用工业品等商品的质量检验。例如，在购买甜瓜、芒果等瓜果时，人们会闻一闻，通过香气的浓淡判定其成熟度和品质。又如，对茶叶、酒等嗜好性商品进行质量评定时，气味（香气）的评审是评审活动中必不可缺少的重要项目。

（二）理化检验

理化检验又称内在质量检验，是指在实验室条件下，借助于特定的仪器、设备、试剂，运用物理、化学等方法，通过检测商品的内在质量指标，评价商品质量的一类检验方法。

理化检验法的特点：

（1）检验结果精确，可对产品质量进行定量评价；
（2）检验结果准确、客观，一般不受检验人员的主观意志的影响；
（3）能深入地分析商品成分、内部结构和性质，能准确反映商品的内在品质。

理化检验法的局限性：
（1）需要一定仪器设备和场所，成本较高，要求条件严格；
（2）对商品实施的测量往往是破坏性的，需要破坏被检测商品；
（3）某些检验项目需要较长时间；
（4）要求检验人员具备扎实的基础理论知识和熟练的操作技术。

理化检验根据检验内容不同，常分为基本物理量测量、力学检验、吸水性检验、化学检验、热学检验、光学检验、电学检验等。

1. 基本物理量测量

在商品检验活动中，基本物理量（如重量、容量、体积、容积、面积、长度、厚度、比重、密度、平方米重量等）的测量是最基本的检验项目。一方面，这些物理量（如重量、体积等）是买卖双方所达成的贸易合同中的约定指标（内容）；另一方面，其中的某些物理量（如净重、容量、厚度、比重、密度、平方米重量等）是区分商品规格的依据。

2. 力学检验

力学检验是指针对商品的力学性质进行的检验。商品的力学性质是指商品在力作用下所发生的性能改变。力学检验的对象主要是在使用过程中要受外力作用的商品，如皮鞋、服装等。在商品检验活动中，商品的力学指标主要用于衡量商品的坚固耐用性。由于力的作用方式有多种，故反映商品力学性质的指标也不止一个。

（1）拉伸强度。

拉伸强度是指材料（商品）在拉伸力作用下断裂时，单位初始横截面积上所承受的拉伸负荷，其单位是 N/cm^2、MPa（$1\ MPa = 100\ N/cm^2$）。拉伸力是一种普遍存在的作用力形式，它是导致材料（商品）损坏的一种主要作用力。材料（商品）的拉伸强度测定是在拉伸强度试验机（仪）上完成的，测试件要按标准要求制作，试验方法也必须按照相关标准规定进行。

（2）断裂伸长率。

任何材料（商品）在外力作用下都会发生变形。断裂伸长率是指在拉伸力作用下，试样断裂时，标线间距离的增加量与初始标线间距离的百分比。断裂伸长率是衡量材料（商品）变形能力强弱的一个重要指标，它可以反映材料（商品）的弹性、柔性的好坏。一般来讲，断裂伸长率越高，材料（商品）的弹性和柔性越好。例如，氨纶纤维的断裂伸长率可达 800%，其织品的弹性、保形性明显高于其他纤维织品，通常用于加工弹力衫、袜子等产品。

材料（商品）的断裂伸长率测定也是在拉伸强度试验机（仪）上完成的。

（3）弹性恢复率。

弹性恢复率是指在定伸长条件下，当外力去除后，变形恢复量与变形总量的百分比。弹性恢复率是衡量纺织品保形性好坏的重要指标。例如，绵羊毛在 3% 定伸长时的弹性恢复率高达 95%～99%，与涤纶近似，明显高于除氨纶之外的其他日用纺织纤维，因此，西装等高档外衣，通常用绵羊毛、氨纶、涤纶等纤维的纯纺或混纺面料加工制成。

（4）弯曲强度。

某些材料（商品）在使用过程中，要承受频繁的弯曲力作用，如皮鞋，每走一步，大底和中帮都要发生一次弯曲。材料（商品）在弯曲力作用下，内部不同界面上的纤维（分子团）会受到程度不同的拉伸、挤压、扭曲等多种力的作用。在这些力的共同作用下，材料（商品）发生疲劳，导致这些材料（商品）发生破坏，丧失其使用价值。

材料（商品）抵抗弯曲力作用的能力通常用弯曲强度表示。弯曲强度是指在弯曲力作用下，材料（商品）产生破坏或断裂时，单位初始横截面积上所承受的弯曲应力。弯曲强度的单位为 MPa 等。

（5）冲击强度。

对于脆性材料（玻璃、陶瓷、硬质塑料等）商品，往往是在冲击力作用下被破坏的，故材料（商品）抵抗冲击力作用的能力就成为衡量其坚固耐用性的重要指标。材料（商品）抵抗冲击力作用的能力通常用冲击强度来衡量。冲击强度是指材料（商品）在冲击力作用下被破坏时，单位初始横截面积上所承受的冲击力（消耗的能量），单位为 MPa、MJ/m^2 等。

冲击强度常用于评价材料的脆性和韧性。冲击强度根据试验设备不同，分为简支梁冲击强度和悬臂梁冲击强度；根据试样有无缺口，分为无缺口冲击强度和缺口冲击强度。

（6）耐磨强度。

许多商品在使用过程中，要承受频繁的摩擦力作用。例如，人们每走一步，鞋底要和地面发生一次摩擦；服装在使用过程中要和皮肤及周围所接触的物体发生摩擦。在摩擦力作用下，商品会逐步发生破坏，最终导致其使用价值的丧失。因此，商品抵抗摩擦力作用的能力就成为衡量其坚固耐用性的重要指标。商品的耐摩擦性能通常用耐磨强度描述。

对于以塑料、橡胶、金属、皮革等为原料加工制成的商品，其耐磨强度通常用磨损率表示。磨损率的表示方法有若干种，常用的有以下四种：

① 在规定摩擦条件下，摩擦单位时间试样的失重表示，单位为 g/min；

② 在规定摩擦条件下，摩擦规定转数（如 1000 转）试样的失重表示，单位为 g/kr；

③ 在规定摩擦条件下，达到规定磨耗（试样的重量损失或厚度损失）时，摩擦的次数（转数）表示；

④ 在规定摩擦条件下，试样表面产生的磨痕宽度表示，单位为 mm。

对于纺织品，其耐磨强度通常用在规定摩擦条件下，达到规定磨损状态（如试样表面出现了第一根纱线断裂）时，摩擦的次数表示。对纺织品的耐磨强度而言，按照织物试样磨损时的状态特征不同，分为平磨、曲磨、折边磨等。平磨是对织物试样按一定的运动形式作平面摩擦，它模拟衣袖、臀部、袜底等处的磨损状态。曲磨是对织物试样在弯曲状态下进行摩擦，它模拟肘部、膝盖部位等处的磨损状态。折边磨是将试样对折后，对试样的对折边缘进行的磨损，它模拟领口、袖口等处的磨损状态。

耐磨强度的测量是在耐磨强度仪上完成的。

3. 吸水性检验

商品的吸水性是指商品吸收或放出水的能力。商品吸水性能的好坏与商品的用途、性能特点密切相关。例如，纺织纤维应具有良好的吸水性，吸水性良好的织品，其服用性、卫生性会更加优越。

商品吸水性的好坏通常用含水率或回潮率描述。含水率是指商品中所含的水分重量与商品重量（原重）的百分比。回潮率是指商品中所含的水分重量与商品干燥重量的百分比。对于一个特定的检验样本，商品的回潮率与其含水量之间成正比关系，因此，回潮率更能准确反映商品吸水性的高低。

商品的吸水性一方面取决于商品自身的性质，例如在相同的空气条件下，棉纤维的含水率要明显高于涤纶的含水率；另一方面与环境密切相关，例如棉纤维在20℃、65%相对湿度时的回潮率是7%，而在20℃、95%相对湿度时的回潮率会高达24%～27%。通常，我们将商品在标准大气状态下的回潮率称为公定回潮率。这一标准大气状态的规定国际上是统一的，只是允许误差略有不同。我国规定的标准大气状态为：气压为1大气压，相对湿度65%±3%，温度（20±3）℃。公定回潮率是一个很有用的指标。一方面，按重量计价的商品（如棉花、粮食等）由于其含水量会显著影响商品重量，所以买卖双方通常约定以公定回潮状态下的重量为计价的标准重量；另一方面，对于一种特定的商品，由于其公定回潮率是一个定值，所以，通常用公定回潮率为标准来比较商品吸水性的高低，如棉纤维与涤纶谁的吸水性更好，可以看它们的公定回潮率的高低。

商品含水率（或回潮率）的测定方法有多种，在商品检验中应用最普遍的是烘干法。

4. 化学检验

化学检验是理化检验的重要内容，其检验项目很多，可根据检验项目的内容不同，分为原料及化学组成分析、化学稳定性检验两个方面。

（1）原料及化学组成分析。

任何商品都有其特定的原料和化学组成，商品的原料及化学组成是决定商品性能、特点、用途的重要因素之一。不同原料加工成的商品的性能、特点和用途往往是不同的，价格也有一定的差别。在商品检验中，对构成商品的原料、化学组成进行分析是商品检验的重要内容。例如，在纺织品检验中，要鉴定构成织品的纤维种类，对混纺织品还要确定纤维的混纺比；在粮食（如小麦、玉米等）检验中，要测定其中的残留农药含量和重金属含量；在奶制品的质量检验中，要测定其中的蛋白质含量等。

对商品进行原料及化学组成分析，通常采用分析化学的一系列方法实现，如滴定法、红外分光光度法、紫外分光光度法、气相层析法等。例如，小麦中的重金属含量可采用原子吸收光谱法测定，混纺织品的混纺比分析可采用溶剂溶解法测定。

（2）化学稳定性检验。

商品的化学稳定性是指商品抵抗化学介质作用的能力。由于化学介质的种类很多（如酸、碱、盐、水、氧化物、有机溶剂等），且商品在不同的介质中被破坏的程度也不相同，因此，商品的化学稳定性又分为耐水稳定性、耐酸稳定性、耐碱稳定性、耐盐稳定性、耐氧化剂稳定性、耐有机溶剂稳定性等多个指标。例如，自行车电镀件是否容易发生锈蚀，可对其进行盐雾试验，测定其耐盐稳定性，通过该指标的高低说明其耐锈蚀性的好坏；纺织纤维都应具有一定的耐水稳定性、耐酸稳定性和耐碱稳定性，以满足日常穿着、洗涤的要求；保温瓶瓶胆应具有良好的耐水稳定性，以保证在使用过程中不会被水浸蚀。

5. 热学检验

热学检验是对材料（商品）的热学性能进行的检测，通常包括热稳定性检验和燃烧性检验。

（1）热稳定性检验。

热稳定性检验主要包括热尺寸稳定性测定、负荷热变形温度测定、维卡软化点测定、马丁耐热温度测定、线膨胀系数测定、耐急变温度差测定等。其中，热尺寸稳定性是指高分子材料商品在使用或储存过程中，由于热作用所发生的形态改变的程度，通常用尺寸变化率表示；耐急变温度差是用于衡量玻璃、陶瓷等商品耐热性的指标，是指玻璃、陶瓷等商品所能承受的急剧温度变化的最大差值。

（2）燃烧性检验。

某些商品的燃烧性是衡量其安全性的重要指标，例如，儿童服装、家庭装饰材料等商品，在其质量标准中对可燃性指标均有明确的要求。燃烧性试验的方法很多，包括着火性试验方法、表面火焰传播试验方法、发热量试验方法、发烟性试验方法、耐火性试验方法、燃烧分解气体的分析试验方法等。在众多的燃烧试验方法中，最具代表性的、应用最为广泛的方法为水平燃烧法和垂直燃烧法，这两种方法都属于表面火焰传播试验方法。

6. 光学检验

光学检验是对商品的光学性能进行的检测，通常包括光学指标测量和光稳定性检验两个方面。

（1）光学指标测量。

对于眼镜、望远镜等光学产品及器件，其透光率、屈光度、折光率等光学指标与产品质量的关系非常密切。在产品的质量标准中，对这些指标也都有明确的要求。在对这类商品进行检验时，必须要对这些光学指标进行测量。

（2）光稳定性检验。

光是一种能量形式，尤其是紫外光等频率较高的光，其能量很高。当光照射在商品上时，会导致构成商品的分子聚集态结构甚至是分子结构发生改变。尤其是高分子材料商品，这方面的改变更加显著，从而导致商品的性能发生下降，甚至丧失使用价值，这就是材料（商品）的光老化。高分子材料的光老化是导致材料破坏的主要因素之一。材料（商品）抵抗光致破坏的能力称为耐光稳定性。

7. 电学检验

电学检验是对某些商品的电学性能进行的检测。对于家用电器、照明灯具、电线电缆、绝缘材料等商品，为满足其使用要求，保证使用者的生命安全，在商品检验活动中，应根据其质量标准，对标准规定的一系列的电学指标进行测量。

在电学检验中，最重要的是绝缘强度（介电强度）测定。绝缘强度是衡量电器类产品安全性的重要指标，该指标合格与否直接关系使用者的人身安全。

（三）生物学检验

生物学检验主要包括微生物（含量、种类）检验和生物检疫两个方面。

1. 微生物检验

对食品来讲,微生物指标是衡量其安全性、卫生性的重要指标。在食品质量标准中,对微生物种类、含量均有严格的要求。例如,在 GB 19644—2005《乳粉卫生标准》中规定:乳粉中的菌落总数≤5×10^4 cfu/g;大肠菌群含量≤90 MPN/100 g(MPN 为 Most Probable Number 的缩写,译为最大可能数);致病菌(沙门氏菌、金黄色葡萄球菌)不得检出。食品中微生物检验应按照 GB/T 4789《食品卫生微生物学检验》中的相关规定进行。

对关系到人身健康的某些日用工业品(如卫生巾、化妆品、牙膏等)来讲,微生物含量及种类也是衡量其产品质量的重要指标。例如,在 GB 8372—2008《牙膏》中规定:牙膏中的菌落总数≤500 cfu/g;真菌及酵母菌总数≤100 cfu/g;粪大肠菌、铜绿假单胞菌、金黄色葡萄球菌不得检出。化妆品、牙膏中微生物检验按照卫生部颁布的《化妆品卫生规范》中的相关规定进行。

2. 生物检疫

生物检疫是进出口商品检验的重要方面。根据检疫对象不同,可将生物检疫分为进出境植物检疫和进出境动物检疫两个方面。

进出境植物检疫主要针对农产品、林产品、木质包装商品的包装材料。检疫内容主要包括两个方面,即植物病害检疫和植物害虫检疫。例如,棉花根腐病菌检疫、香蕉细菌性枯萎病菌检疫、日本金龟子检疫、苹果实蝇检疫等。

进出境动物检疫主要针对来自疫区的畜牧产品、渔业产品。检疫内容主要是动物疫病,如口蹄疫、禽流感、牛海绵状脑病(疯牛病)、蓝舌病、古典猪瘟等。

五、商品质量认证

(一) 认证和商品质量认证

1. 认证

在 2003 年 9 月颁布的《中华人民共和国认证认可条例》中,将"认证"定义为:"由认证机构证明产品、服务、管理体系符合相关技术规范的强制性要求或标准的合格评定活动。"

在 ISO/IEC 指南 2:1986 中,对"认证"的定义是:"由可以充分信任的第三方证实某一经鉴定的产品或服务符合特定标准或规范性文件的活动。"

2. 商品质量认证

商品质量认证,也称产品(服务)认证,是指由法定的第三方认证机构证明供方的特定产品或服务符合相关技术法规和标准的合格评定活动。

商品质量认证的依据是相关的技术法规和标准。

商品质量认证的主体是法定的第三方认证机构。这就是说,并非随便某一个机构都可以开展商品质量认证工作,能够开展商品质量认证工作的机构必须是依法设立,并取得了从事商品质量认证资质的机构或组织。在我国开展商品质量认证活动的认证机构必须经过中国国家认证认可监督管理委员会认可,才能从事批准范围内的质量认证活动。

商品质量认证的对象是特定的产品或服务。所谓"特定",是指认证对象应列入"产品(服务)认证目录"内。从我国目前开展的商品质量认证活动看,认证对象大多数是可运输产品,对服务项目很少开展认证工作。

商品质量认证的证明方式为认证证书和认证标志。商品质量认证证书是证明产品(服务)质量符合认证要求,并许可产品使用认证标志的法定证明文件。认证委员会负责对符合认证要求的申请人颁发认证证书,并准许其使用认证标志。认证证书由国务院标准化行政主管部门组织印刷并统一规定编号。认证证书持有者可将与之对应的认证标志标示在产品、产品铭牌、包装物、产品使用说明书、合格证上。使用标志时,须在标志上方或下方标出认证委员会代码、证书编号及认证依据的标准编号。

(二)商品质量认证的类型

1. 按约束力不同分类

按约束力不同,商品质量认证通常分为强制性产品认证和自愿性产品认证两种类型。

(1) 强制性产品认证。

强制性产品认证即"依法强制执行的认证制度",是对涉及国家安全、人身安全和健康以及环境保护的产品,依照相关的法律法规、技术规范和标准实施的一种产品质量认证制度。凡列入强制性认证目录范围之内的产品,必须通过相应的认证,否则不允许生产、进口、销售和在经营服务场所使用。如果生产、进口、销售和在经营服务场所使用未经过相关认证的列入强制性认证目录范围之内的产品,则构成违法。目前,我国开展的"强制性产品认证制度"(以下简称"CCC"认证)和"食品质量安全市场准入制度"(以下简称"QS"认证)均为强制性产品认证。

(2) 自愿性产品认证。

自愿性产品认证即非强制性产品认证,它是企业根据自愿原则,向认证机构提出产品认证申请,由认证机构依据认证规范和相关的技术规范、标准进行的产品合格评定活动。目前,我国开展的"绿色食品认证"、"有机食品认证"等均为自愿性产品认证。

2. 按认证内容不同分类

按认证内容不同,商品质量认证通常分为安全认证和合格认证两种类型。

(1) 安全认证。

安全认证是指认证机构依据相关的技术规范,针对商品标准中涉及产品安全的指标(项目)进行的认证。安全认证是对商品在生产、储运、使用过程中是否具备保证人身安全与避免环境遭受危害等基本性能的认证。在我国,安全认证多为强制性认证。目前,我国开展的"CCC"认证、"QS"认证均为安全认证。

(2) 合格认证。

合格认证是指认证机构依据相关的技术规范,对商品标准中的全部性能进行的综合性产品质量认证。合格认证一般属于自愿性认证。目前,我国开展的"绿色食品认证"、"有机食品认证"等均为合格认证。

（三）商品质量认证的基本程序

1. 申请

申请认证的企业按认证机构的规定提交认证申请书及相关材料，正式向认证机构提出认证申请。中国企业按照规定的要求向有关认证委员会提出书面申请，外国企业或者其他申请人向国务院标准化行政主管部门或者向其指定的认证委员会提出书面申请及其认证所需的有关资料。

2. 现场检查

认证机构收到申请后，组织对企业进行现场检查。认证机构或其委托机构（实验室）的检查、检验人员，根据认证技术规定和标准的要求进行现场检查（初始检查），并抽取样品进行产品检验。在现场检查和检验的基础上，检查、检验人员按照规定要求撰写检查报告，并将检查报告报送认证委员会。

3. 颁发证书

认证委员会对检查报告进行审查，经委员会评议，如认为符合有关技术规定和标准，则批准认证，并颁发认证证书，同时进行注册管理，并允许企业在产品或包装上使用认证标志；对未批准认证的申请，发给书面通知，并说明原因和申请者应采取的行动。

4. 例行监督

认证通过后，认证机构继续对企业的质量管理体系进行监督检查。在认证标志使用有效期内，认证机构可随时在工厂、市场或用户单位抽取样品进行监督检验。经对质量管理体系的复查和样品的监督检验，如发现不符合规定要求时，认证机构可根据具体情况，做出限期整改或撤销认证、停止使用认证标志的处罚。

（四）几种重要的商品质量认证

1. "CCC"认证

"CCC"认证即"中国强制认证"，其英文名称为"China Compulsory Certification"，缩写为CCC。"CCC"认证制度是由国家认证认可监督管理委员会根据《强制性产品认证管理规定》制定的。

"CCC"认证制度是中国政府为保护广大消费者人身安全、保护环境、保护国家安全，依照相关法律、法规实施的一种国家强制的产品安全认证。"CCC"认证制度是通过制定《强制性产品认证目录》（以下简称《目录》）和实施强制性产品认证程序，对列入《目录》中的产品实施强制性的检测和审核。凡列入《目录》内的产品，没有获得指定认证机构的认证证书，没有按规定加施认证标志，一律不得进口、出厂销售和在经营服务场所使用。"CCC"认证制度在推动国家各种技术法规和标准的贯彻，规范市场经济秩序，打击假冒伪劣行为，促进产品的质量管理水平和保护消费者权益等方面具有其他工作不可替代的作用和优势。该认证制度由于其科学性和公正性，已被世界大多数国家广泛采用。

国家认证认可监督管理委员会是国务院授权的负责全国强制性产品认证工作的领导机构。承担"CCC"认证工作的认证机构包括中国质量认证中心、中国安全技术防范认证中心、中国农机产品质量认证中心、中国建筑材料检验认证中心、北京中化联合质量认证有限公司、公安部消防产品合格评定中心、中汽认证中心、北京国建联信认证中心有限公司、方圆标志认证集团、北京中轻联认证中心、中国信息安全认证中心。

"CCC"认证的标志如图1.2所示。

2. "QS"认证

"QS"是"质量安全"(Quality Safety)的英文缩写。"QS"认证制度是国家质检总局按照有关法律法规制定的对食品及其生产加工企业的监管制度。它是我国政府为保护广大食品、化妆品（包括牙膏）等消费者的健康和人身生命安全，依照法律法规、相关标准对食品、化妆品及相关产品实施的一项产品质量安全认证制度。它要求这些产品必须符合国家标准和技术法规。"QS"认证制度对列入强制性认证目录中的产品实施强制性的检测和审核。凡列入强制性认证目录内的产品，没有获得指定认证机构的认证证书，没有按规定加施认证标志的，一律不得进口、不得出厂销售。带有"QS"标志的产品就代表通过了国家的批准。

"QS"认证一方面是对食品生产企业实施食品生产许可制度，对于具备基本生产条件、能够保证食品质量安全的企业，发放《食品生产许可证》，准予生产获证范围内的产品；另一方面是对食品商品实施的强制性质量检验，未经检验或检验不合格的食品不准出厂销售，对于不具备自检条件的生产企业强令实行委托检验。

"QS"认证的标志如图1.3所示。

图1.2 "CCC"认证标志

图1.3 "QS"认证标志

企业实施"QS"认证有着重要的意义。

(1) 获得市场进入资格。通过认证，就意味着有了产品进入市场的通行证。

(2) 规范食品生产。实现了依照卫生、安全的产品生产操作规程，规范产品的生产过程。

(3) 提高产品质量。通过质量体系的建立和有效运行，对产品生产实现了全过程的质量控制，减少了质量波动和不合格品，从而有效地保证产品质量。

(4) 提高管理水平。

(5) 降低成本。通过管理体系文件的制定，规范了生产行为，科学、合理地运用资源，减少了次品，降低了成本，进而提高了企业效益。

目前，实施"QS"认证的产品范围有：

(1) 所有经过加工的食品（现做现卖的、初级加工的产品不在此范围）；

(2) 化妆品；

(3) 塑料和纸制食品包装容器；

(4) 食用化工产品；

(5) 食品加工用的相关设备；

(6) 牙膏。

其中，加工食品类包括白酒、小麦粉、大米、食用植物油、酱油、食醋、肉制品、乳制品、饮料、调味品（糖、味精）、方便面、饼干、罐头、冷冻饮品、速冻面米食品、膨化食品、糖果、茶叶、葡萄酒及果酒、啤酒、黄酒、酱腌菜、蜜饯、炒货食品（烘炒类、油炸类）、蛋制品（再制蛋类、干蛋类、冰蛋类）、可可制品（可可液块、可可粉、可可脂）、焙炒咖啡（炒咖啡豆、咖啡粉）、水产加工品、淀粉及淀粉制品等。

3. 绿色食品认证

绿色食品是指按特定生产方式生产，并经国家有关的专门机构认定，准许使用绿色食品标志的无污染、无公害、安全、优质、营养型食品的总称。类似的食品在其他国家被称为有机食品、生态食品、自然食品等。绿色食品需要在无污染的条件下种植、养殖，施有机肥料，不使用高毒性、高残留农药，在标准环境、生产技术、卫生标准下加工生产。

1990年5月，我国农业部正式规定了绿色食品的名称、标准及标志，从此，开始了我国的绿色食品认证工作。绿色食品认证属于非强制性产品质量合格认证。

绿色食品标准规定：

（1）产品或产品原料的产地必须符合绿色食品的生态环境标准；

（2）农作物种植、畜禽饲养、水产养殖及食品加工必须符合绿色食品的生产操作规程；

（3）产品必须符合绿色食品的质量和卫生标准；

（4）产品的标签必须符合中国农业部制定的《绿色食品标志设计标准手册》中的有关规定。

中国绿色食品发展中心是负责全国绿色食品开发和管理工作的专门机构，隶属农业部。

绿色食品的标志为绿色正圆形图案，上方为太阳，下方为叶片与蓓蕾（如图1.4所示）。标志的寓意为"保护"。这个标志已作为我国第一例证明商标由中国绿色食品发展中心在国家商标局注册，受法律保护。

图1.4 绿色食品标志

绿色食品认证的产品范围包括：

（1）按国家商标类别划分的第5、29、30、31、32、33类中的大多数产品；

（2）以"食"或"健"字登记的新开发产品；

（3）经卫生部公告既是药品也是食品的产品。

我国开发绿色食品，将保护农业生态环境与提高农业经济效益有机地结合，探索了有中国特色的农业可持续发展模式。通过推行标准化生产和技术服务，落实全程质量控制措施，开展农产品质量安全认证，既提高了农业生产和管理水平，又保证了农产品的消费安全。通过统一、规范的标志商标管理，培育农产品精品品牌形象，探索了实施农业名牌战略的有效途径，开辟了农产品新的消费领域。通过在技术标准、质量管理、贸易准则上与国际惯例接轨，不断探索中国加入世贸组织后按照国际通行规则实现中国农产品全球贸易的有效途径。

4. UL认证

美国保险商试验室（Underwriters Laboratories Incorporation，UL）初创于1894年，正式成立于1916年。经过近百年的发展，UL已是美国最有权威的从事安全试验和鉴定的民间机构，其自身具有一整套严密的组织管理体制及标准开发和产品认证程序。目前，UL共有近八百多套标准，其中75%被美国国家标准化组织（American National Standard Institute，ANSI）采用。UL 标志是美国以及北美地区公认的安全认证标志，贴有这种标志的产品，就等于获得了安全质量信誉卡。因此，UL 标志已成为有关产品（特别是机电产品）进入美国以及北美市场的特别的通行证。在美国，对消费者来说，UL 就是安全标志的代表。在全球，UL 也是制造厂商最值得信赖的合格评估提供者之一。

UL 的认证服务包括三种，即认可、列名、分级，它们分别应用在不同的产品或服务上，一般不能通用。

（1）列名（Listed）。

UL 在产品上的列名标志表明生产厂商的产品样品已经由 UL 进行了测试，并符合相应的 UL 技术规范和标准。一般来讲，列名仅适用于完整的产品以及由具有相应资格的专业人员在现场进行替换或安装的各种器件和装置。属于 UL 列名认证服务的产品包括家用电器、医疗设备、计算机、商业设备以及在建筑物中应用的各类电器产品（如配电系统、保险丝、电线、开关和其他电气构件等）。经 UL 列名的产品，通常在每个产品上均标注 UL 列名标志。

（2）认可（Recognized）。

认可服务是 UL 服务中的一个项目，其鉴定的产品只能在 UL 列名、分级或其他认可产品上作为元器件、原材料使用。认可产品在结构上并不完整，或者在用途上有一定的限制以保证达到预期的安全性能。

（3）分级（Classification）。

分级服务仅对产品的特定危害进行评价，或对执行 UL 标准以外的其他标准的产品进行评价。一般来讲，大多数分级产品并非消费者使用的产品，而是工业或商业上使用的产品。UL 标志中的分级标志表明了产品在经 UL 鉴定时有一定的限制条件和规定范围。例如，对工业用溶剂这样的化学药品，只对其达到燃点温度时可能发生的火灾这一范围进行评价。

UL 认证的产品类别非常广泛，包括视听设备、汽车、元器件、家用电器、工业控制设备、信息技术设备、灯具、医疗器械、塑料、资讯设备、电线电缆等。

部分 UL 认证标志参见表 1.3。

表 1.3　部分 UL 认证标志

标　志	说　明
UL 列名标志	该标志是一个最常用的 UL 认证标志。如果产品上贴有这一标志，则意味着该产品的样品满足 UL 的安全要求。这些要求主要是 UL 自己出版的安全标准。该标志适用于电器、计算机设备、炉子和加热器、熔断器、电源板等产品
C-UL 列名标志	该标志适用于在加拿大市场上销售的产品。贴有该标志的产品是按照加拿大安全要求来进行评价的。该标志适用于电器、计算机设备、售货机、家用防盗报警系统、照明器具及其他种类的产品

(续表)

标　志	说　明
UL 分级标志	UL 的分级服务根据在特定条件下或在规定条例下的特定风险和产品性能对产品进行评估。该标志适用于家用电器内的材料阻燃等级等认证
C-UL 分级标志	这一分级标志适用于在加拿大市场上销售的产品，含义同上
UL 认可的部件标志	带有此标志的产品，其危险的有限范围或使用的适合范围均已经得到评定。UL 的零部件认可标志主要应用于一些较大产品或系统上的零件（如家用电器中使用的涉及产品安全性能的零部件，包括开关、熔断器、电容器、印制线路板等）的安全认证
C-UL 认可的部件标志	这一分级标志适用于在加拿大市场上销售的产品，含义同上

第五节　商品分类

一、商品分类的含义

为了满足商品生产、流通、消费管理和国民经济宏观管理的需要，选择恰当的分类标志，将管理范围内的商品集合（总体）逐次划分为若干个范围更小、特征更趋一致的子集合（类目），这种将商品总体科学地、系统地逐级划分，并形成系统的过程称为商品分类。

对于不同部门、不同组织来讲，其商品管理的范围及对商品分类的目的是不同的，因此，对商品分类的体系、结构也会有所不同。但一般来讲，通常将管理范围内的商品集合（总体）逐次划分为不同的部类、大类、中类、小类、细类，直至品种。商品部类的划分，通常按照国民经济的行业属性，在全国或行业范围内，对商品在最大尺度上的别类区分，如种植业产品、活的动物和动物产品等。商品大类、中类、小类的划分，通常根据商品生产、流通、消费等经济活动的类型进行逐次划分。商品细类是对于若干具有共同特征的商品品种的归类。商品品种是具体的商品名称。商品分类的类目层次及其应用实例参见表1.4。

表 1.4　商品分类的类目层次及其应用实例

商品类目名称	应用实例 1	应用实例 2
部类	饮料	针织或钩编的织物、服装及衣着附件
大类	乙醇（发酵）、蒸馏酒、利口酒等配制酒和其他含酒精饮料	服装及衣着附件
中类	酒精度低于 80% 的未改性乙醇、蒸馏酒、利口酒等配制酒和其他含酒精饮料	非针织或非钩编的纺织面料制的服装及衣着附件，针织、钩编或其他方法制成的文胸，妇女紧身胸衣、吊袜带和类似品
小类	蒸馏类	非针织或非钩编的纺织面料制的男式或男童套装、大衣、上衣、夹克衫、长裤、短裤及类似服装
细类	大曲酒	纯毛男式大衣、短大衣
品种	贵州茅台、洋河大曲等	

二、商品分类的标志

不同的部门或企业对商品分类的目的和要求往往是不同的。要实现商品分类的目的，分类标志的选择就显得十分重要，它是商品分类的基础。在对商品进行分类时，可供选择的标志很多，在此，仅介绍其中最为常用的几个分类标志。

（一）商品用途

商品用途即商品的功用，是商品使用价值的直接体现。商品用途与消费者消费需求的满足及满足程度密切相关，所以用途是日常生产和生活中普遍使用的一种分类标志。它不仅适合于对商品大类的划分，也适合于对商品品类、品种的进一步细划。例如，根据用途不同，可将商品划分为生活资料商品和生产资料商品两大类；生活资料商品根据用途不同，可分为食品、纺织品、日用工业品等；肥皂根据用途不同，可分为洗衣皂、香皂、药皂等。

以用途为标志的商品分类，便于对相同用途的商品进行分析比较，有利于消费者消费。因此，在商品批发、零售企业广泛采用这种分类标志，实现对商品的分类。

（二）原材料

商品的原材料是决定商品品质和用途的重要因素之一。不同原材料赋予商品的化学组成、结构、性能特点是不同的，原料能够体现产品之间的明显差别。因此，原材料经常被作为分类标志，实现对商品的分类。例如，按原材料来源的不同，食品可分为植物性食品、动物性食品、矿物性食品；动物性食品可分为肉类食品、蛋类食品和乳制品等；乳制品又可分为牛乳制品、羊乳制品等。又如，纺织品根据原料不同，分为棉织品、动物毛织品、天然丝织品、麻织品、化纤织品等。

以原材料为标志的商品分类，非常有利于商品养护工作的开展，因此，在商品储运企业广泛采用这种分类标志，实现对商品的分类。此外，以原材料为标志的商品分类，也非常有利于消费者的消费，因此，这种分类标志在商品零售企业也被广泛应用。

（三）商品的化学成分

每种商品都有其特定的化学组成，商品的性能、特点、用途很大程度取决于它的化学成分。因此，商品的化学成分也经常被作为分类标志，实现对商品的分类。在对商品分类时，既可以按商品的主要成分分类，也可以按辅助化学成分分类。

例如，纺织纤维按其主要化学组成不同，可分为纤维素纤维、蛋白质纤维、聚烯烃纤维、聚酰胺纤维、聚酯纤维、聚氨酯纤维等若干类。又如，玻璃的主要成分是二氧化硅，含量约为70%～100%，其辅助成分是各种金属氧化物，由于所含金属氧化物的种类不同，玻璃的性能、特点、用途有很大差别，因此，玻璃可按金属氧化物的种类不同，分为钠玻璃、钾玻璃、铅玻璃、硅硼玻璃等若干种。

（四）商品的生产工艺

商品的加工方法或制造工艺，也是决定和影响商品质量的重要因素。原材料相同，但由于加工方法不同，也会赋予商品不同的品质和特征，从而形成不同的商品类别和品种。这种分类标志适用于那些可以选用多种加工方法制造，且质量和特征受工艺影响较大的商品。例如，茶叶按制作方法不同，可分为红茶、绿茶、乌龙茶和花茶等若干类；其中，绿茶因干燥工艺的不同又可分为炒青绿茶、烘青绿茶、晒青绿茶等小类。又如，酒按生产工艺不同，可分为蒸馏酒、发酵酒和配制酒三类；玻璃杯按成型方法不同，分为吹制杯和压制杯。

（五）商品的结构

商品的结构有时也能反映商品之间的本质区别，因此，商品结构也经常作为分类标志，实现对商品的分类。在对商品分类时，既可以按商品的外形结构不同分类，也可以按内部结构（工作原理）不同分类。例如，家用电冰箱按外形不同，可分为单门电冰箱、双门电冰箱、多门电冰箱和电冰柜；其中，电冰柜按外形不同又可分为立式冰柜、卧室冰柜两种。又如，计时用表按内部结构不同，可分为机械表、石英表、电子表、原子钟等品种。

除上述分类标志外，商品的色彩、产地、生产季节、消费季节等均可作为商品分类的标志。例如，茶叶按生产季节不同，常分为春茶、夏茶、秋茶和冬茶；服装按穿用季节不同，可分为春秋装、冬装和夏装；乌龙茶按产地不同，常分为闽北乌龙、闽南乌龙、广东乌龙和台湾乌龙；棉布按色彩不同，可分为本色布、色布、花布等。

三、商品分类的方法

商品分类的基本方法有线分类法和面分类法两种。在实际应用中，常根据分类的目的和要求，选择合适的分类方法建立商品分类体系和编制商品分类目录。

（一）线分类法

线分类法又称层级分类法，是将分类对象按照一定的分类标志，逐次划分为若干层级，每个层级内包含若干类目（要素），形成一个层级相连、逐级展开的分类体系的分类方法。

在这种分类方法中，被划分的类目（上位类）与划分后的类目（下位类）之间存在包容与被包容的关系。上位类包含下位类，下位类必然包含在对应的上位类中。同层级内的类目（要素）之间构成并列关系。线分类法实例参见表1.5。

表1.5 纺织纤维的分类

总体	大类	中类	小类	品种
纺织纤维	天然纤维	植物纤维	棉纤维	长绒棉、细绒棉、彩棉等
			麻纤维	苎麻、亚麻等
		动物纤维	动物毛纤维	绵羊毛、羊绒、兔毛等
			天然丝纤维	桑蚕丝、天蚕丝等
	化学纤维	人造纤维	人造纤维素纤维	黏胶纤维等
			人造蛋白质纤维	大豆蛋白纤维
		合成纤维	聚酯纤维	涤纶等
			聚酰胺纤维	锦纶等
			聚烯烃纤维	腈纶、维纶、丙纶等
			其他	氨纶、碳纤维等

线分类法是一种传统的分类方法，它和人们的日常生活关系十分密切。例如，在生物学中对生物的类别划分，采用的也是线分类法。在生物分类中，将生物按照界、门、纲、目、科、属、种七个层级，进行了科学、系统的逐级划分，将地球上人们发现和研究的生物品种全部纳入了这一分类体系中。

线分类法在商品生产、流通领域和国民经济管理、国际贸易中被广泛使用着。线分类法的特点是容量大、层次性好，能较好地反映类目之间的逻辑关系，符合传统的应用习惯。线分类法既适合于传统的手工处理，又便于计算机信息控制和管理。该方法的最大不足是结构弹性差，所以在采用线分类法编制商品分类体系或商品目录时，应留有足够的后备容量。

（二）面分类法

面分类法又称平行分类法，是将商品总体按照不同的分类标志，划分成彼此没有隶属关系的若干个分类面，每个分类面中包含若干个类目（要素），面与面之间按一定顺序平行排列的分类方法。面分类法实例参见表1.6。

表1.6 服装的分类

原料	穿用对象	款式
纯棉	男装	中山装
纯毛	女装	西装
真丝	童装	衬衫
涤纶	老年装	大衣
毛涤		连衣裙
		牛仔装

在这种分类体系中，将某一个分类面中的一种类目（要素）与另一个分类面中的一种类目（要素）组合在一起，就形成一个新的复合类目（要素），从而达到对分类对象进行类别划分的目的。例如，在表1.6中，在第一个分类面中选取要素"真丝"，在第二个分类

面中选取要素"女装",在第三个分类面中选取要素"连衣裙",将这三个要素按一定顺序组合在一起,就得到了一个新的类目"真丝女式连衣裙"。

面分类法的优点是结构弹性好,可根据需要任意添加分类面;同时适用于计算机处理。它的缺点是不够直观,体系性较差;有些组合(如男式连衣裙、真丝大衣等)无意义;不便于手工处理。目前,一般把面分类法作为线分类法的辅助方法使用。

四、商品代码

(一)商品代码的含义

商品代码是指在商品分类的基础之上,为便于商品管理,赋予某种商品(商品类别)的代表符号。商品代码一般由字母、数字或特殊标记组成。

依据商品代码所表示的信息内容及表现形式不同,商品代码可进一步划分为商品分类代码和商品标识代码两类。商品分类代码是有含义代码,代码本身具有某种实际含义,它不仅作为编码对象的唯一标识,起到代替编码对象名称的作用,还能提供编码对象的所属类目、顺序等信息。例如,在国际通用的《商品名称和编码协调系统》(HS)和我国的《全国主要产品分类与代码》等主要商品分类目录中规定的商品代码均为商品分类代码。商品标识代码是指由国际物品编码协会(GSI)的全球统一标识系统(EAN·UCC系统)所规定,并用于标识商品的代码。例如,国际上通用的EAN/UCC-13代码、EAN/UCC-8代码等均为商品标识代码。

商品代码在商品生产、经营、管理活动中有着重要的作用。一方面,通过商品编码可以使繁杂的商品名称、规格等条理化、系统化,便于实现科学、系统的商品经营、管理,有利于经营、管理水平的提高。另一方面,商品代码有利于商品分类体系的通用化、标准化,为运用信息技术对商品进行现代化科学管理,提高社会、经济效益,提高劳动生产率奠定了基础。

(二)商品代码的类型

商品代码根据其所用的符号类型不同,分为数字型代码、字母型代码、数字-字母混合型代码三种类型。在商品生产、经营等管理活动中,应用最为普遍的是数字型代码。

1. 数字型代码

数字型代码是用阿拉伯数字表示分类对象(商品)的代码。其特点是结构简单,使用方便,便于计算机识别和处理,是目前国际上应用最为普遍的一种商品代码。例如,在国际通用的《商品名称和编码协调系统》、《主要产品分类》(CPC)和我国的《全国主要产品分类与代码》等主要商品分类目录中使用的商品代码均为数字型代码。

2. 字母型代码

字母型代码是用字母或字母组合表示分类对象的代码。字母型代码的特点是便于记忆,容量大;但直观性、条理性较差,且不便于计算机的识别和处理。所以字母型代码不常被人们使用,只有在分类对象较少的情况下才会被使用。

3. 数字-字母混合型代码

数字-字母混合型代码是一种由数字和字母按一定规律混合编制而成的代码。这种代码结构严谨,具有良好的直观性和条理性。但在这种代码中,由于字母的使用,给计算机输入带来不便,输入效率低,错码率高。目前,这种商品代码也较少被使用。

(三)全球贸易项目代码(GTIN)

全球贸易项目代码(Global Trade Item Number,GTIN)是国际物品编码协会(GSI)全球统一标识系统(EAN·UCC系统)中最为重要的一种商品代码。

贸易项目通常是指任意一项商品(产品或服务),它在从原材料到最终用户的供应链中有获取预先定义信息的需求,并且可以在任意一点进行标价、订购或开具发票,以便所有贸易伙伴进行交易。按照流通领域的特点,贸易项目可以分为零售贸易项目和非零售贸易项目。零售贸易项目是指在零售端通过POS扫描结算的商品;非零售贸易项目是指不通过销售端POS扫描结算,而用于配送、仓储或批发等操作的商品。

对贸易项目进行编码,有利于实现商品销售、配送、库存管理、仓储管理、销售信息分析等业务活动的高效化、自动化。全球贸易项目代码是全球范围内为贸易项目提供唯一标识的一种商品标识代码。全球贸易项目代码中主要包括EAN/UCC-13商品代码、EAN/UCC-8商品代码、UCC-12商品代码和EAN/UCC-14商品代码。

1. EAN/UCC-13商品代码

EAN/UCC-13商品代码主要用于零售贸易项目标识代码,该代码由13位数字构成,其数据结构参见表1.7。

表1.7 EAN/UCC-13商品代码数据结构

结构	前缀码	厂商识别代码	商品项目代码	校验码
结构一	$N_1\ N_2\ N_3$	$N_4\ N_5\ N_6\ N_7$	$N_8\ N_9\ N_{10}\ N_{11}\ N_{12}$	N_{13}
结构二	$N_1\ N_2\ N_3$	$N_4\ N_5\ N_6\ N_7\ N_8$	$N_9\ N_{10}\ N_{11}\ N_{12}$	N_{13}

(1)前缀码。

前缀码为左起前3位($N_1 N_2 N_3$)数字,是国际物品编码协会(GSI)分配给成员国(或地区),用来标识国家(地区)的代码,故又称国别识别码。世界主要国家(或地区)的前缀码参见表1.8。前缀码赋码权在国际物品编码协会(GSI),目前GPI分配给我国的前缀码为690~695,前缀码为690、691的EAN/UCC-13商品代码采用"结构一"的数据结构,前缀码为692、693、694、695的EAN/UCC-13商品代码采用"结构二"的数据结构。

表1.8 部分国家(或地区)的前缀码

前缀码	编码组织所在国家(或地区)/应用领域	前缀码	编码组织所在国家(或地区)/应用领域
000~019 030~039 060~139	美国	690~695	中国
300~379	法国	750	墨西哥
400~440	德国	754~755	加拿大
450~459 490~499	日本	789~790	巴西

(续表)

前缀码	编码组织所在国家 （或地区）／应用领域	前缀码	编码组织所在国家 （或地区）／应用领域
460～469	俄罗斯	800～839	意大利
471	中国台湾	880	韩国
489	中国香港特别行政区	890	印度
500～509	英国	899	印度尼西亚
600、601	南非	930～939	澳大利亚
626	伊朗	940～949	新西兰
628	沙特阿拉伯	958	中国澳门特别行政区

（2）厂商识别代码。

厂商识别代码是用来识别厂商的标识代码。厂商识别代码为前缀码后 4 位（数据结构一）或 5 位（数据结构二）数字。厂商识别代码的赋码权在各个国家（地区）的物品编码组织，在我国，国家物品编码中心负责分配、管理厂商识别代码。每个厂商的厂商识别代码在国家（地区）范围内是唯一的。厂商识别代码与前缀码结合可以在全球范围内唯一地标识厂商。当厂商生产的商品品种很多，超过了商品项目代码的编码容量时，允许厂商申请注册一个以上的厂商识别代码。

（3）商品项目代码。

商品项目代码为厂商识别代码后 5 位（数据结构一）或 4 位（数据结构二）数字。商品项目代码由厂商自己负责编制。商品项目代码的编制一般提倡遵循无含义的编码原则，即商品项目代码中的每一位数字既不代表分类，也不表示商品的品种、规格、包装形式等特定信息，通常采用顺序号（流水号）形式为每个商品项目编码。

（4）校验码。

校验码为代码的最后一位数字。在商品的运输、仓储过程中，可能会造成条码的破损、折痕和沾染污渍，从而导致条码误读，使数据采集的准确度受到影响。为了最大限度地防止条码误读，在条码的尾部加上了这位校验码。校验码的数值是根据前十二位数值按一定的计算方法（参见 GB 12904—2008《商品条码》中的附录 B）算出的。

2．EAN/UCC-8 商品代码

EAN/UCC-8 商品代码为零售贸易项目标识代码，该代码由 8 位数字构成，其数据结构参见表 1.9。

表 1.9　EAN/UCC-8 商品代码数据结构

前缀码	商品项目代码	校验码
N_1　N_2　N_3	N_4　N_5　N_6　N_7	N_8

在 EAN/UCC-8 商品代码中的商品项目代码是由国家物品编码中心统一为厂商的特定商品项目分配的，以保证代码的全球唯一性。

3．UCC-12 商品代码

UCC-12 商品代码是由美国统一代码委员会（UCC）制定的通用产品标识条码，目前广泛应用于北美地区，为零售贸易项目标识代码。该代码有两个版本，一个是由 12 位数字构成的标准版码,另一个是在标准版码基础之上压缩了零的由 8 位数字构成的缩短版码,其数据结构参见表 1.10。

表 1.10 UCC-12 商品代码数据结构

版 本	系统字符	厂商识别代码和商品项目代码	校验码
标准版码	N_1	$N_2\ N_3\ N_4\ N_5\ N_6\ N_7\ N_8\ N_9\ N_{10}\ N_{11}$	N_{12}
缩短版码	N_1	$N_2\ N_3\ N_4\ N_5\ N_6\ N_7$	N_8

表示 UCC-12 商品代码的条形码符号结构也有两种:UPC-A 商品条码(12 位)和 UPC-E 商品条码(8 位)。在我国通常不使用 UCC-12 商品代码,只有当产品出口到北美地区,并且客户要求使用时,才申请使用用于表示 UCC-12 商品代码的 UPC-A 商品条码或 UPC-E 商品条码。UCC-12 商品代码系统字符及应用范围参见表 1.11。

表 1.11 UCC-12 商品代码系统字符及应用范围

系统字符	应用范围	系统字符	应用范围
0,6,7	规则包装的一般商品	4	零售商自用的店内码
2	不规则重量的变量商品	5	商家的优惠券
3	药品及医疗用品	1,8,9	备用码

4. EAN/UCC-14 商品代码

EAN/UCC-14 商品代码主要用于标识非零售贸易项目,既可用于标识定量非零售商品的包装单元,也可用于标识变量非零售商品的包装单元。EAN/UCC-14 商品代码的数据结构参见表 1.12。

表 1.12 EAN/UCC-14 商品代码数据结构

指示符	内含项目的 GTIN	校验码
N_1	$N_2\ N_3\ N_4\ N_5\ N_6\ N_7\ N_8\ N_9\ N_{10}\ N_{11}\ N_{12}\ N_{13}$	N_{14}

指示符 N_1 的赋值区间为 0—9,其中 1—8 用于定量的非零售商品,9 用于变量的非零售商品。最简单的方法是按顺序分配指示符,即将 1、2、3……分别分配给非零售商品的不同级别的包装组合。

EAN/UCC-14 商品代码中的第 2~13 位数字是其内含零售商品 EAN/UCC-13 商品代码的第 1~12 位数字。

(四)GB/T 7635.1—2002 商品代码

《全国主要产品分类与代码》(GB/T 7635—2002)是我国现行的国家商品分类目录,其中规定了全国主要产品的分类、商品代码结构、编码原则和方法。它为我国国民经济宏观管理及商品生产、经营管理提供了一个非常有效的工具。

在《全国主要产品分类与代码 第 1 部分:可运输产品》(GB/T 7635.1—2002)中规定的商品代码为商品分类代码,采用层次编码法编制。该商品代码的码长为 8 位,按大部类、部类、大类、中类、小类、细类六个层次进行编制,其结构如图 1.5 所示。其中,第一至第五层分别用一位数字表示,第一层代码为 0—4,第二、五层代码为 1—9,第三、四层代码为 0—9;第六层用三位数字表示,代码为 001—999,采用顺序码和系列顺序码(即分段码),

顺序码为011—999，系列顺序码为个位数是0或9的三位代码。第六层的代码001—009为特殊区域，其所列商品类目按不同的特征属性再分类或按不同的要求列类，以满足各部门管理的需要；第五层与第六层之间用"·"间隔。GB/T 7635.1—2002商品代码示例参见表1.13。

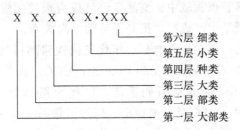

图1.5　GB/T 7635.1—2002商品代码结构

表1.13　GB/T 7635.1—2002商品代码示例

代码	类别	类别（产品）名称
0	大部类	农林（牧）渔业产品；中药
01	部类	种植业产品
011	大类	谷物、杂粮等及其种子
0111	中类	小麦及混合麦
01111	小类	小麦
01111·010 — ·099	细类	冬小麦
01111·011	品种	白色硬质冬小麦
01111·012	品种	白色软质冬小麦
01111·013	品种	红色硬质冬小麦
01111·014	品种	红色软质冬小麦

五、商品条形码

（一）商品条形码的含义及分类

商品条形码简称商品条码，是由国际物品编码协会（GSI）规定的，用于标识零售商品、非零售商品、物流单元、位置的标识代码的条码符号。商品条码是由一组按一定规则排列的条、空组合及其对应字符组成的表示一定信息的标识。商品条码的结构如图1.6所示。

图1.6　商品条码的结构示例

商品条码是由计算机阅读的一种特殊代码符号,通过光电扫描器,将其所承载的数码信息录入计算机系统中,由计算机自动完成信息的贮存、分类、统计等一系列处理活动。由于它具有快速、准确、成本低、可靠性高等优点,故越来越受到人们的青睐,已被广泛应用于商品生产、经营等管理领域中。商品条码已成为现代化管理不可或缺的信息技术手段,它的应用极大地降低了生产成本,提高了劳动生产效率。

商品条码起源于美国。早在20世纪50年代美国铁路部门就使用条码标识车辆。1973年,美国统一代码委员会(Uniform Code Council, UCC)从若干种条码候选方案中选定了IBM公司提出的Dalte-Dictance条码系统,以此为基础制定了通用产品代码和条码(UPC),并开始推广使用。UPC条码的推出,促进了条码技术在北美地区的应用。

在UCC的影响下,1974年,英国、前联邦德国、法国、意大利等欧洲12国的大型制造商和销售商自愿组成了一个商品条码编制、管理机构,并在UPC商品条码技术基础上开发出了与UPC商品条码兼容的EAN商品条码系统。在此基础上,1977年,正式成立了欧洲物品编码协会(European Article Numbering Association, EAN)。EAN商品条码系统的建立,大大加速了条码技术在欧洲以及全球的应用进程,EAN组织也逐渐从一个区域组织演变成为一个国际组织。1992年,欧洲物品编码协会正式更名为国际物品编码协会(EAN International),仍简称为EAN。

随着贸易全球化的发展,1998年开始,国际物品编码协会和美国统一代码委员会也从技术合作走上了联合,两者签署了合作协议(EAN/UCC联盟Ⅰ),这两大组织联手,成为推行全球化标识和数据通信系统的唯一的国际组织,即全球统一标识系统。2005年2月,该协会向社会发布更名信息,将组织名称由EAN International正式变更为GSI。目前,全球共有一百多个国家(地区)采用这一标识系统,广泛应用于工业、商业、出版业、医疗卫生、物流、金融保险和服务业,大大提高了供应链的效率。EAN/UCC系统用于电子数据交换(EDI),也极大地推动了电子商务的发展。

EAN/UCC系统在世界范围内为标识商品、服务、资产和位置提供准确的代码。这些代码能够以条码符号或射频识别标签(RFID)来表示,以便进行电子识读。该系统克服了厂商、组织使用自身的编码系统或部分特殊编码系统的局限性,提高了贸易的效率和对客户的反应能力。

EAN/UCC系统通过具有一定编码结构的代码实现对相关产品及其数据的标识,该结构保证了在相关应用领域中代码在世界范围内的唯一性。在提供唯一的标识代码的同时,EAN/UCC系统也提供附加信息的标识,例如有效期、系列号和批号,这些都可以用商品条码或射频识别标签(RFID)来表示。

EAN/UCC系统具有良好的兼容性和扩展性。EAN/UCC的编码系统包括六个部分:全球贸易项目代码(Global Trade Item Number, GTIN)、系列货运包装箱代码(Serial Shipping Container Code, SSCC)、全球参与方及位置码(Global Location Number, GLN)、全球可回收资产标识代码(Global Returnable Asset Identifier, GRAI)、全球单个资产标识代码(Global Individual Asset Identifier, GIAI)和全球服务关系代码(Global Service Relation Number, GSRN)。EAN/UCC系统主要包括三种条码符号:EAN/UPC商品条码符号、ITF-14商品条码符号、UCC/EAN-128商品条码符号。

商品条码根据使用范围不同，可分为企业码和通用码两类。企业码是指企业按照自己制定的编码规则编制而成的商品条码，它只在企业内部使用。通用码是指由某些国际组织（如国际物品编码协会等）、国家及行业组织等编制发布的，在社会上广泛使用的商品条码。目前，被广泛使用的通用码有 EAN/UPC 商品条码、ITF-14 商品条码、UCC/EAN-128 商品条码等。其中，EAN/UPC 商品条码又包括 EAN-13、EAN-8、UPC-A、UPC-E 四种形式。零售商品条码主要采用 EAN/UPC 商品条码，非零售商品条码主要采用 ITF-14 商品条码或 UCC/EAN-128 商品条码，物流单元商品条码主要采用 UCC/EAN-128 商品条码。

商品条码的本质是数字型商品代码，只不过是为了方便计算机阅读，用粗细不等的黑白线条构成的图形来表达数字罢了，所以，商品标识代码与商品条码之间具有对应关系。例如，EAN/UCC-13 商品代码可用 EAN-13 商品条码表示；EAN/UCC-8 商品代码只能用 EAN-8 商品条码表示；UCC-12 商品代码一般用 UPC-A 或 UPC-E 商品条码表示；EAN/UCC-14 商品代码可用 ITF-14 商品条码或 UCC/EAN-128 商品条码表示。

（二）主要的商品条码

1. EAN-13 商品条码

EAN-13 商品条码是由国际物品编码协会（GSI）制定并发布的，是目前国际上使用最为广泛的一种商品条码。它是用于表示 EAN/UCC-13 商品代码的条码标识，又称标准版 EAN 商品条码，主要用于零售商品的标识符号。

EAN-13 商品条码由 13 位数字构成，分为四组。左起前三位为第一组，为前缀码，即国别代码；第四位至第七位（或第八位）是第二组，为厂商识别代码；第八位（或第九位）至第十二位是第三组，为商品项目代码；最后一位为第四组，是校验码。

EAN-13 商品条码的结构如图 1.7 所示。

图 1.7 EAN-13 商品条码的结构示例

2. EAN-8 商品条码

EAN-8 商品条码是用于表示 EAN/UCC-8 商品代码的条码标识，又称缩短版 EAN 商品条码。

EAN-8 商品条码是由 8 位数字组成的条码，由前缀码、商品项目识别代码和校验码三部分组成。由于 EAN-8 商品条码不能直接表示生产厂家信息，即它表达出的信息是不完整的，故根据国际物品编码协会规定，只有当商品包装的表面积小于规定值时，使用 EAN-8 商品条码才是合理的。

3. UPC-A 商品条码

UPC-A 及 UPC-E 商品条码是用于表示 UCC-12 商品代码的条码标识。UPC-A 商品条码最初是由美国统一代码委员会于 1973 年推出的一种商品条码，目前，已与 EAN 商品条码兼容，广泛应用于北美地区。

UPC-A 商品条码由 12 位数字组成，分为四部分。左起第一位数字为第一部分，是系统字符；第二位至第六位为第二部分，为厂商识别代码；第七位至第十一位为第三部分，为商品项目代码；最后一位是第四部分，为校验码。UPC-A 商品条码的结构如图 1.8 所示。

图 1.8　UPC-A 商品条码的结构示例

4. UPC-E 商品条码

UPC-E 商品条码是北美地区使用的 UPC-A 商品条码的缩短版，其代码的系统字符总是为零，即只有系统字符为零的 UPC-A 商品条码才能转换成 UPC-E 商品条码。UPC-E 商品条码由 8 位数字组成，分为三部分。左起第一位是系统字符；第二位至第七位是商品项目代码，它是按规定消去 UPC-A 商品条码所表示的 UCC-12 代码中的零而得到的；最后一位是校验码。UPC-E 商品条码结构示例如图 1.9 所示。

一般来讲，只有当商品或包装的表面积很小，无法印刷 UPC-A 商品条码时，才允许使用 UPC-E 商品条码。

图 1.9　UPC-E 商品条码的结构示例

5. ITF-14 商品条码

ITF-14 商品条码是表示 EAN/UCC-14 代码的条码标识，只用于不经 POS 扫描结算（可直接用于仓库）的非零售商品。ITF-14 商品条码比较适合直接印刷在瓦楞纸箱或纤维板上。ITF-14 商品条码由矩形保护框、左侧空白区、起始符、条码字符、终止符、右侧空白区组成，其结构如图 1.10 所示。

图1.10 ITF-14商品条码的结构示例

六、商品分类目录

商品分类目录简称商品目录,是指某些国际组织、国家、行业(部门)、企业根据其管理要求,在商品分类基础上,对所经营、管理的商品编制的总明细分类集。商品目录是商品分类的具体表现。由于编制商品目录的主体、目的、对象内容不同,商品目录的种类有很多。根据商品目录编制单位及使用范围的不同,可将商品目录分为国际商品目录、国家商品目录、行业(部门)商品目录、企业商品目录四类。

(一)国际商品目录

人类社会进入工业革命以来,随着国际经济联系的逐渐密切和世界经济一体化进程的不断加速,世界各国间的贸易活动,以及各国在海关管理、关税征稽、贸易管理、商情研究、进出口业务统计、贸易政策的制定等方面都需要有一个统一的国际贸易商品分类标准,由此,催生了国际商品目录的诞生。目前,国际上公认并广泛采用的国际商品目录有:关税合作理事会组织制定的《商品名称和编码协调制度》(The Harmonized Commodity Description and Coding System,HS);联合国统计署组织制定的《国际贸易标准分类》(Standard International Trade Classification,SITC);联合国统计署与原欧共体统计部门共同制定的《主要产品分类》(Center Product Classification,CPC)等。

1. 《商品名称和编码协调制度》(HS)

1950年海关合作理事会(CCC)制定了《布鲁塞尔税则目录》(BTN),1972年修订后改名为《关税合作理事会商品分类目录》(CCCN)。当时,虽然CCCN和SITC对简化国际贸易程序,提高工作效率均起到了积极的作用,但两套目录的同时存在,也导致在国际贸易中产生了某些障碍,妨碍了贸易效率,增加了贸易成本。为了更好地协调CCCN和SITC目录,关税合作理事会自1978年起着手修订该目录,到1983年,经与多方协调,制定了一个多用途的新的国际贸易商品分类目录,命名为《商品名称和编码协调制度》(HS),该目录经关税合作理事会正式批准,于1988年1月1日正式实施。该目录自问世以来,已在国际贸易的关税、统计及咨询、谈判、交流活动中被广泛使用。

HS的分类原则是按商品原料、基本材料加工处理程度、功能和用途等属性来划分商品类别的。

HS按照类、章、分章、子类目的层级结构,采用线分类法编制。该目录将国际贸易商品划分为21类、97章、1241个分章、5019个子类目。该目录采用6位阿拉伯数字编制的层级代码。

2. 《国际贸易标准分类》(SITC)

1950年联合国统计署公布了由其组织制定的《国际贸易标准分类》(SITC)。该目录在1960年和1975年进行了两次修订，自1976年开始联合国统计署开始按照SITC编制国际贸易统计资料。1986年该目录的第三次修订版（SITC Rev. 3）诞生，1988年起在国际范围内正式实施。2006年3月，该目录第四次修订版（SITC Rev. 4）获联合国统计委员会第三十七届会议通过，并被国际商品贸易统计机构间特设工作组推荐用于大部分国家和国际组织分析国际商品贸易。

SITC使用的分类标志主要有商品的特性及原材料、工艺过程和加工处理程度、市场需求情况和用途、在国际贸易中的重要性、技术发展等，同时坚持了产业源的分类原则。

SITC Rev. 4的代码是采用5位阿拉伯数字构成的层次码，按照部门、类、组、分组、基本目的层次结构进行划分。该目录把所有国际贸易可运输商品划分为10个部门、67类、262个组、1023个分组，共2970个基本目。

3. 《主要产品分类》(CPC)

20世纪70年代初，联合国统计署考虑到HS、SITC等目录使用的局限性，也为协调已有的用于不同目的各种国际商品分类目录，产生了要对所有产品分类的设想。于是，1976年联合国统计署制定了《活动和产品分类综合体系》。此后的十年中，联合国统计署与欧共体的统计部门合作，成立了分类联合工作组，提出了一个包含所有货物和服务的新的分类体系，并命名为"主要产品分类"。

1989年联合国统计委员会制定并通过了《暂行主要产品分类》(PCPC)，1991年联合国出版了PCPC。1997年，联合国统计委员会在总结了PCPC六年来的使用实践基础上，提出了修改后的该目录，定名为《主要产品分类》(CPC)。该目录于1998年正式公布使用，并取代了PCPC。

CPC的分类原则是采用层级分类法，按产品的物理性质、加工工艺、用途等基本属性和产业源来划分。

CPC的编码系统分为五个层次，代码由5位阿拉伯数字组成。从左起，第一位数字标识为大部类；第二位数字标识为部类（由前两位数字识别）；第三位数字标识为大类（由前三位数字识别）；第四位数字标识为中类（由前四位数字识别）；第五位数字标识为小类（由五位数字识别）。CPC中包括10个大部类，71个部类，294个大类，1162个中类和2093个小类，共3630个类目。

（二）国家商品目录

国家商品目录是指由国家指定机构编制，在国民经济各部门、各地区进行计划、统计、财务、税收、物价、核算等工作时必须一致遵守的全国性统一商品目录。

国家商品目录是为适应现代化经济管理需要，以国家标准形式对产品进行科学的、系统的分类与编码，以实现产品管理的科学化、信息化，满足我国经济管理和国内外贸易的需要和物流管理的需要，有效地为市场经济运行服务。

国家标准《全国主要产品分类与代码》(GB/T 7635—2002) 是我国现行的国家商品分

类目录。它是与联合国统计委员会编制的《主要产品分类》（CPC）1998年1.0版相对应的国家产品分类编码标准体系。它规定了全国主要产品的分类原则与方法、代码结构和编码方法、编制原则、分类与代码。

《全国主要产品分类与代码》由相对独立的两个部分组成。第一部分为可运输产品分类目录（GB/T 7635.1—2002），第二部分为不可运输产品分类目录（GB/T 7635.2—2002）。

《全国主要产品分类与代码 第1部分：可运输产品》（GB/T 7635.1—2002）按产品的产业源及产品的性质、加工工艺、用途等基本属性进行分类，采用线分类法，按大部类、部类、大类、中类、小类、细类六个层次进行分类。该目录将全国主要可运输产品分为5个大部类，40个部类，208个大类。其大部类、部类划分及代码参见表1.14。

表1.14 《全国主要产品分类与代码 第1部分：可运输产品》大部类、部类及代码

大部类代码	大部类名称	部类代码	部类名称
0	农林（牧）渔业产品；中药	01	种植业产品
		02	活的动物和动物产品
		03	森林产品和森林采伐产品
		04	鱼和其他渔业产品
		06	中药
1	矿和矿物；电力、可燃气和水	11	无烟煤、烟煤和褐煤等煤；泥炭
		12	原油和天然气等
		13	铀和钍矿
		14	金属矿
		15	石、砂和黏土等非金属矿及其采选品
		16	其他矿物
		17	电力、城市燃气、蒸汽和热水
		18	水
2	加工食品、饮料和烟草；纺织品、服装和皮革制品	21	肉、水产品、水果、蔬菜、油脂等类加工品
		22	乳制品
		23	谷物碾磨加工品、淀粉和淀粉制品、豆制品、其他食品和食品添加剂，加工饲料和饲料添加剂
		24	饮料
		25	烟草制品
		26	纱、线和丝；机织物和簇绒织物等
		27	服装以外的机织、针织、钩编的纺织制品
		28	针织或钩编的织物（或品）；服装及衣着附件
		29	天然皮革、再生革和皮革制品及非皮革材料的同类制品；鞋

(续表)

大部类代码	大部类名称	部类代码	部类名称
3	除金属制品、机械和设备外的其他可运输物品	31	木（材）和木制品、软木制品；稻草、麦秆和缏条材料制品
		32	纸浆、纸和纸制品；印刷品和相关物品
		33	炼焦产品；炼油产品；核燃料
		34	基础化学品
		35	其他化学品；化学纤维
		36	橡胶和塑料制品
		37	玻璃和玻璃制品及其他非金属制品
		38	家具，其他可不另分类的可运输物品
		39	旧物、废弃物或残渣
4	金属制品、机械和设备	41	主要金属材料
		42	除机械设备外的金属制品
		43	通用机械设备及其零部件
		44	专用机械设备及其零部件
		45	办公、会计和计算机械
		46	电器机械和器材
		47	广播、电视和通信设备等电子产品
		48	医疗器械；精密和光学等仪器仪表及其元器件和器材；计量标准器具与标准物质；钟表
		49	交通运输设备

（三）行业（部门）商品目录

行业（部门）商品目录是指由行业（部门）根据行业（部门）业务工作需要编制的，仅在本行业（部门）统一使用的商品分类目录。例如，我国商检部门编制发布的《商检机构实施检验的进出口商品种类表》；海关总署编制发布的《海关统计商品目录》；商务部等部门制定发布的《加工贸易禁止类商品目录》等。一般来讲，部门商品目录的编制应与国家商品目录保持一致。

（四）企业商品目录

企业商品目录是指由企业（单位）自行编制的，通常仅适用于本企业（单位）生产、经营管理需要的商品目录。企业商品目录的编制一般应符合国家商品目录、本行业（部门）商品目录的编制原则，并在此基础上结合本企业的业务需要，进行适当的细划或删减。

第六节 商品包装

一、商品包装的概念及作用

在 GB/T 4122.1—2008《包装术语 第一部分：基础》中，对包装的定义是："在流通过程中保护产品，方便运输，促进销售，按一定技术方法而采用的容器、材料及辅助物等的总体名称。也指为了达到上述目的而采用容器、材料及辅助物的过程中施加一定方法等的操作活动。"

商品包装是指为满足商品流通和消费的需要，采用一定的技术方法，设计和制造的盛装或包扎商品的容器、辅助材料，以及容器上的标志及装潢的总称。

商品包装在商品流通中起着非常重要的作用，是商品流通的一个必要条件。商品包装在商品流通过程中所起的的作用主要体现在保护商品、容纳商品、便于流通、促进销售、方便消费等方面。

（一）保护商品

保护商品是商品包装最基本的功能。商品在流通过程中，可能受到各种外界因素（污染、微生物及害虫侵蚀、外力破坏、高温、冰冻、水湿、光照、有害气体侵蚀等）的影响，会导致商品破损、老化、沾污、渗漏、变质，使商品的质量下降，降低或失去使用价值。科学合理的包装，能使商品抵抗或减缓各种外界因素导致的破坏，从而保护商品的性能，保证商品质量的完好和数量的完整。

（二）容纳商品

容纳功能是商品包装的重要功能。气态、液态、粉末状固体商品本身没有一定的形状，要依靠包装的容纳才具有特定的商品形态，才能进行运输和销售。运输包装还能使若干件商品成组化，既方便装卸作业，也便于库存管理。商品包装的容纳功能还保证了商品卫生，尤其对食品、药品等商品显得尤为重要。

（三）便于流通

包装为商品流通提供了条件和方便。一方面，合理的包装大大提高了商品的装卸、运输、仓储等作业的效率；另一方面，商品包装上印刷的各种包装标志，明确说明了被包装商品的名称、数量、重量、规格、体积、生产厂商及储运中的注意事项等，极大地方便了商品的分配调拨、清点计数、信息采集和统计，也有利于合理运用仓容和调配运输工具，提高了管理工作效率。

（四）促进销售

精美的商品包装，可起到美化商品、宣传商品和促进销售的作用。包装既能提高商品的市场竞争力，又能以其新颖独特的艺术魅力吸引顾客、指导消费，成为促进消费者购买的主导因素，是商品的无声推销员。优质包装在提高出口商品竞销力，促进对外贸易的发展等方面均具有重要意义。

（五）方便消费

销售包装设计一般非常精巧，包装大小适宜，便于消费者携带、保存和使用。包装上的商标、标志、文字说明和装潢等，既方便消费者辨认商品，又向消费者介绍了商品的化学成分、性质、用途、使用方法和养护方法等，起着方便与指导消费的作用。

二、商品包装的种类

由于商品种类繁多，包装的目的、要求各不相同，因此，包装的种类繁多。通常按包装在流通中的作用、包装材料、包装技法等不同对商品包装进行分类。常见的商品包装分类和包装种类如下。

（一）按包装在商品流通中的作用分类

按包装在商品流通中的作用不同，商品包装可分为运输包装和销售包装。

1. 运输包装

运输包装是指为保护商品在商品流通过程中免受损伤和破坏，方便储存和运输而采用的包装，也称为大包装或外包装。

运输包装的主要作用是保障商品在商品储存、运输中的安全，保护商品质量，方便物品交接、计量和点数，方便储运作业。

运输包装主要以满足运输、装卸、储存的需要为目的，通常不随商品出售（但大件商品的运输包装与销售包装是一致的，通常随商品一起销售）。因此，对运输包装的外观和装潢要求不严格，但包装标志必须全面、清晰。

运输包装的体积大、重量高，要求包装牢固，不易破损，且外形规则，便于装卸运输和堆码。运输包装选用的包装材料主要有木板、瓦楞纸板、塑料箱（桶）、金属桶、麻袋、塑料编织袋等。

2. 销售包装

销售包装是以满足销售需要为目的而采用的包装，也称为小包装或内包装。销售包装和被包装商品一同进入消费领域，即销售包装要直接和消费者见面。

销售包装的主要功能是促进销售，方便携带，指导消费。因此，销售包装具有体积小、重量轻、便于携带、造型新颖美观、装潢讲究、包装标志的信息量大等特点。

某些销售包装（如玻璃酒瓶、饮料罐、雪花膏瓶等）与被包装物发生直接接触，因此，销售包装使用的包装材料要有良好的化学稳定性，不能与被包装物发生化学反应；且包装要严密，不能导致商品污染、泄漏等现象。

（二）按包装材料分类

按包装材料不同，商品包装可分为纸质包装、塑料包装、玻璃（陶瓷）包装、金属包装、木质包装、纤维材料包装、复合材料包装等类别。

1. 纸质包装

纸质包装是指以纸和纸板为原料制成的包装。纸制包装具有质轻、价廉，便于机械化生产、印刷，利于环境保护和资源回收，且无毒无害等特点，故被广泛应用于消费品的包装中。但纸制包装也具有强度偏低、易破裂、不够严密、防水性差等缺点，这在很大程度上限制了它的使用。

2. 塑料包装

塑料包装是指以塑料为主要原料加工制成的包装。塑料的种类很多，大多数塑料均可用作包装材料。塑料包装具有许多优点：质轻；成本较低；机械强度较高；耐冲击；防水；防潮；气密性好；密封性好；化学稳定性好；易于加工成型；易着色；可印刷等。因此，塑料包装的应用越来越广泛。但塑料包装也有许多缺点，如易老化，有些品种含有有毒、有害物质，废弃塑料包装难以降解，对环境污染非常严重等。

塑料包装的形式主要有塑料（薄膜）包装袋、塑料包装箱、塑料包装桶、塑料编织袋等。

3．玻璃（陶瓷）包装

玻璃（陶瓷）包装是指以玻璃或陶瓷为主要原料加工制成的包装。玻璃（陶瓷）包装具有透明（陶瓷不透明）、化学稳定性好、耐腐蚀、无毒无味、气密性好等优点。但这类包装耐冲击强度低、易碎、热稳定性不好、笨重。目前，玻璃（陶瓷）包装主要应用于液体类商品的包装中。

玻璃（陶瓷）包装的形式主要有玻璃（陶瓷）瓶、玻璃（陶瓷）罐。

4．金属包装

金属包装是指以各种金属为主要原料加工制成的包装。目前，应用比较广泛的金属有各种薄铁板、薄钢板、不锈钢板、铝板、铝合金材料等。金属包装具有结实牢固、气密性好、密封性好、易回收利用、对环境污染小等优点。但同时，这类包装的化学稳定性差、易锈蚀、重量大、成本高、不易加工等。在消费品领域，除饮料、啤酒、糖果等副食品以外，较少使用金属包装。

金属包装的形式主要有金属桶、金属罐、金属盒、金属软管等。

5．木质包装

木质包装是指以天然木材和人造板材加工制成的包装。木质包装坚固、耐压、耐冲击、承重性好，且易于加工，不污染环境，是大型商品和重型商品经常选用的包装材料。其缺点是成本较高，且不利于森林资源的保护。

木质包装的形式主要有木箱、木条板箱、胶合板箱、纤维板箱、胶合板桶、木托盘等。

6．纤维材料包装

纤维材料包装是指以纺织纤维材料加工制成的包装。常用的纤维材料有黄麻、红麻、棉花、涤纶、锦纶等。纤维材料包装的优点是：多为软质包装；使用方便；质轻、透气、耐用，便于重复利用。这种包装的主要形式是各种袋（如麻袋、棉布袋、帆布袋等）和绳（如麻绳、尼龙绳等）。

7．复合材料包装

复合材料包装是指以各类复合材料加工制成的包装。复合材料是指以两种或两种以上材料紧密复合制成的材料，目前使用的复合材料主要有塑料与塑料复合、塑料与纤维（如纸、各种纺织品等）复合、塑料与金属（如铝、钢材等）复合。其中，以各种塑料复合薄膜制成的包装应用最为广泛。

以塑料为基材的复合薄膜，具有更好的机械强度，很高的气密性、热封性、耐热、耐寒，容易加工等优点，特别适用于软罐头、牙膏、药品（各种软膏等）的包装。

8. 其他材料包装

除上述材料制成的包装以外，竹、藤、柳、草等材料也经常用于制成商品包装。它们具有就地取材、成本低廉、造型独特等优点，适用于各种农副土特产品的包装。这类包装主要有竹筐（篮）、藤筐（篮）、柳条筐（篮）、竹篓、草包等。

（三）按商品包装技法分类

商品包装技法是指包装操作时采用的技术方法。包装技法与包装的各种功能密切相关，特别是与保护功能关系密切。采用各种包装技法的目的，是为了有针对性地合理保护不同特性商品的质量。有时为了取得更好的保护效果，也将两种或两种以上技法组合使用。随着科学技术的进步，商品包装技法正在不断发展完善。按商品包装技法不同，商品包装可分为如下若干种。

1. 泡罩包装与贴体包装

泡罩包装是将商品封合在用透明塑料薄片形成的泡罩与底板之间的一种包装方法。贴体包装是将商品放在能透气的、用纸板或塑料薄片制成的底板上，上面覆盖加热软化的塑料薄片，通过底板抽真空，使薄片紧密包贴商品，且四周封合在底板上的一种包装方法。泡罩包装和贴体包装多用于日用小商品的包装，其特点是透明直观，保护性好，便于展销。

2. 真空包装与充气包装

真空包装是将商品装入气密性良好包装容器内，抽去容器内部的空气，使密封后的容器内达到预定真空度的一种包装方法。这种方法一般用于高脂肪低水分的食品包装，其作用主要是排除氧气，减少或避免脂肪氧化，而且可以抑制真菌或其他好氧微生物的繁殖。

充气包装是在真空包装的基础上发展起来的，它是将商品装入气密性良好包装容器中，用氮、二氧化碳等惰性气体置换容器中原有空气的一种包装方法。充气包装主要用于食品包装，其作用是能减慢或避免食品的氧化变质，亦可防止金属包装容器由于罐内外压力不等而易发生的瘪罐问题。另外，充气包装技法还用于日用工业品的防锈和防霉。

3. 收缩包装

收缩包装是以收缩薄膜为包装材料，包裹在商品外面，通过适当温度加热，使薄膜受热自动收缩紧包商品的一种包装方法。收缩薄膜是一种经过特殊拉伸和冷却处理的塑料薄膜，内有一定的收缩应力，这种应力重新受热后会自动消失，使薄膜在其长度和宽度方向急剧收缩，厚度加大，从而使内包装商品被紧裹，起到良好的密封效果。收缩包装具有透明、紧凑、均匀、稳固、美观的特点，同时由于密封性好，还具有防潮、防尘、防污染等保护作用。收缩包装适用于食品、日用工业品和纺织品的包装，特别适用于形态不规则商品的包装。

4. 无菌包装

无菌包装适宜于液体食品包装，是在罐头包装基础上发展起来的一种新技术。无菌包装是先将食品和容器分别杀菌并冷却，然后在无菌室进行包装和密封。和罐头包装相比，无菌包装的特点是：能较好地保存食品原有的营养素及色、香、味和组织状态；杀菌所需热能比罐头少 25%～50%；因冷却后包装可以使用不耐热、不耐压的容器，如塑料瓶、纸板盒等，故既能降低成本，又便于消费者开启。

5. 硅胶窗气调包装

硅胶窗气调包装又称气调包装，是在塑料袋上烫接一块硅橡胶窗，通过硅橡胶窗上的微孔调节包装内气体成分的一种包装方法。这种方法适用于新鲜水果、蔬菜的包装。硅胶窗的透气性比聚乙烯或聚氯乙烯大几十倍到几百倍，能使水果、蔬菜进行生理代谢时所需要的氧气和排出的二氧化碳、乙烯等通过硅胶窗与包装体外的大气进行交换。由于包装创造的小气候适宜于水果、蔬菜储藏的需要，所以气调包装能提高水果、蔬菜的耐储藏性。

6. 缓冲包装

缓冲包装是指具有缓冲、减震作用的包装。缓冲包装能够降低商品在搬运、装卸作业时受到的冲击和震动，确保其外形和功能完好。缓冲包装一般是在被包装商品和外层包装箱之间添加缓冲材料做成的。缓冲材料在外力作用时能有效地吸收能量，及时分散作用力而保护商品。缓冲包装主要用于易碎商品、易损商品、贵重物品的包装。

7. 集合包装

集合包装又称组合包装，是指将若干包装件或商品组合成一个合适的运输单元或销售单元。从商品销售角度来看，集合包装能节约消费者分别购物时间，同时起到扩大销售的作用；从商品运输角度来看，集合包装具有安全、快速、简便、经济、高效的特点。常见的运输集合包装有集装箱包装和托盘集合包装等。

（1）集装箱包装。

集装箱是集合包装最主要的形式。集装箱是具有固定规格和足够强度，能装入若干件货物或散装货的专用于周转的大型容器。集装箱的出现和发展，是包装方法和运输方式的一场革命。集装箱包装具有许多优点：集装箱结构牢固，密封性好，整体性强，能够保证集装商品的运输安全；能够节省集装商品的包装费用，简化理货手续，减少营运费用，降低运输成本；易于组织公路、铁路、水路的联运，实现快速装卸，减少商品在运输环节的滞留；易于实现装卸作业的机械化、自动化，提高了劳动生产率。

（2）托盘集合包装。

托盘集合包装的主要工具是托盘。托盘是一种具有标准规格的货物垫板，该垫板非常适合于叉车的搬运、装卸、堆码作业。这种商品与托盘的组合称为托盘集合包装。托盘集合包装兼备包装容器和运输工具双重作用。它的最大特点是易于实现装卸作业的机械化，此外，还能实现高层堆垛，合理利用存储空间。

托盘按制作材料不同，可分为木托盘、钢托盘、铝托盘、塑料托盘等。托盘按组合形式不同，可分为平板式托盘、箱式托盘、立柱式托盘和框架式托盘等。近年来，国际上出现了集装滑片，它是一种新型托盘，其作用与一般托盘一样，都是用来集装货物，以便使用机械进行装卸和搬运作业。滑片的形状不同于普通托盘，它在片状平面下方无插口，但在操作方向上有突起的折翼，以便于配套的铲车进行操作。滑片托盘质轻体薄，成本低廉，其应用越来越得到人们的关注。

三、商品包装标志

商品包装标志是指为方便商品的储存和运输,便于商品贸易和消费者的消费,在商品包装(标签)上印刷的文字和图形的总称。商品包装标志按功能及用途不同,常分为销售包装标志和运输包装标志两类。

(一)销售包装标志

销售包装标志是指附着于商品销售包装容器和标签上的文字、符号和图形。销售包装标志是向消费者传达商品信息、指导商品消费、表现商品特色的重要方式和途径。

销售包装标志的内容主要包括:产品名称、注册商标;生产商的名称、地址及联系电话和传真;该产品所执行的标准;产品的原料、化学组成、规格、等级、数量、重量(容量)、净含量;对限期使用的产品,还应当标明生产日期、保质期、失效日期、生产批号;商品的使用方法、组装(安装)方法及养护方法;产品认证标志等。

(二)运输包装标志

运输包装标志是为了方便货物的识别和交接,便于商品运输和仓储,在商品运输包装容器上印刷的文字、符号和图形。商品分类图示标志如图1.11所示。

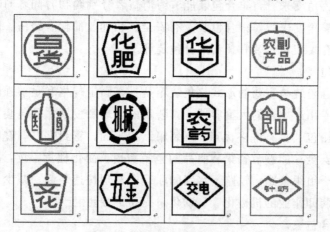

图1.11 商品分类图示标志

运输包装标志的作用主要是:识别货物,方便货物的收发管理;明示物流中应采用的防护方法和应采取的措施;识别危险货物,暗示应采用的防护措施,以保证物流安全。

运输包装标志按作用不同,分为收发货标志、指示性标志和警告性标志。

1. 收发货标志

收发货标志又称唛头。它是贸易合同及收发货单据中有关收发货事项的基本部分。唛头的主要内容参见表1.15(引自GB 6388—1986)。

表 1.15 运输包装收发货标志的内容

序 号	项目代号	项目名称	含 义
1	FL	商品分类图示标志	表明商品类别的特定符号,如图 1.11 所示
2	GH	供货号	该批货物的供货清单号码(出口商品用合同号码)
3	HH	货号	商品顺序编号,以便出入库、收发货登记和核定商品价格
4	PG	品名规格	商品名称或代号,标明单一商品的规格、型号、尺寸、花色等
5	SL	数量	包装容器内所含商品的数量
6	ZL	重量(毛重、净重)	包装件的重量(kg),包括毛重和净重
7	CQ	生产日期	产品生产的年、月、日
8	CC	生产工厂	该产品的生产厂商名称
9	TJ	体积	包装件的外径尺寸,标注形式:长×宽×高(cm)=体积(m^3)
10	XQ	有效期限	商品有效期至×年×月
11	SH	收货地点和单位	收货地点和单位,货物到达站、港,收货人(单位),该项可用贴标签和涂写
12	FH	发货单位	发货单位(人)
13	YH	运输号码	运输单号码
14	IS	发运件数	发运的件数

2. 指示性标志

指示性标志又称储运图示标志,是依据商品的特性,在商品储存、运输过程中,对于易碎、怕湿、怕热、怕寒等商品,在运输包装上用文字、图形所做的提示性标记。GB/T 191—2008《包装储运图示标志》中规定的包装储运图示标志参见表 1.16。

表 1.16 包装储运图示标志

标志名称	标志图形	标志名称	标志图形
易碎物品		禁止翻滚	
禁用手钩		此面禁用手推车	
向上		禁用叉车	
怕晒		由此夹起	
怕辐射		此处不能卡夹	

(续表)

标志名称	标志图形	标志名称	标志图形
怕雨		堆码重量极限	
重心		堆码层数极限	
禁止堆码		温度极限	
由此吊起			

3. 警告性标志

警告性标志又称危险货物标志,是指印刷在危险货物包装上,对于危险物品的类别、性质等进行明示,并警示应采用的防护措施以保证物流安全的图形和文字。

危险货物是指具有爆炸、易燃、毒害、感染、腐蚀、放射性等危险特性,在运输、储存、生产、经营、使用和处置中,容易造成人身伤亡、财产损毁或环境污染而需要特别防护的物质和物品。国家标准 GB 6944—2005《危险货物分类和品名编号》把危险货物分为9类:第1类爆炸品;第2类气体;第3类易燃液体;第4类易燃固体、易于自燃的物质、遇水放出易燃气体的物质;第5类氧化性物质和有机过氧化物;第6类毒性物质和感染性物质;第7类放射性物质;第8类腐蚀性物质;第9类杂项危险物质和物品。每类又分为若干项。

GB 190—2009《危险货物包装标志》中规定的危险货物标志分为标记和标签,标记4个,标签26个,其图形分别标示了9类危险货物的基本特性。危险货物包装标签参见表1.17。

表1.17 危险货物包装标志

标志名称及对应的危险货物类项号	标志图形	标志名称及对应的危险货物类项号	标志图形
爆炸性物质或物品 1.1 1.2 1.3	(符号:黑色,底色:橙红色)	氧化性物质 5.1	(符号:黑色,底色:柠檬黄色)

(续表)

标志名称及对应的危险货物类项号	标志图形	标志名称及对应的危险货物类项号	标志图形
爆炸性物质或物品 1.4	(符号：黑色，底色：橙红色)	有机过氧化物 5.2	(符号：黑色或白色，底色：红色和柠檬黄色)
爆炸性物质或物品 1.5	(符号：黑色，底色：橙红色)	毒性物质 6.1	(符号：黑色，底色：白色)
爆炸性物质或物品 1.6	(符号：黑色，底色：橙红色)	感染性物质 6.2	(符号：黑色，底色：白色)
易燃气体 2.1	(符号：黑色或白色，底色：正红色)	一级放射性物质 7A	(符号：黑色，底色：白色，附一条红竖条)

(续表)

标志名称及对应的危险货物类项号	标志图形	标志名称及对应的危险货物类项号	标志图形
非易燃无毒气体 2.2	(符号：黑色或白色，底色：绿色)	二级放射性物质 7B	(符号：黑色，底色：上黄下白，附二条红竖条)
毒性气体 2.3	(符号：黑色，底色：白色)	三级放射性物质 7C	(符号：黑色，底色：上黄下白，附三条红竖条)
易燃液体 3	(符号：黑色或白色，底色：正红色)	裂变性物质 7E	(符号：黑色，底色：白色)
易燃固体 4.1	(符号：黑色，底色：白色红条)	腐蚀性物质 8	(符号：黑色，底色：上白下黑)

（续表）

标志名称及对应的危险货物类项号	标志图形	标志名称及对应的危险货物类项号	标志图形
易于自燃的物质 4.2	（符号：黑色，底色：上白下红）	杂项危险物质和物品 9	（符号：黑色，底色：白色）
遇水放出易燃气体的物质 4.3	（符号：黑色或白色，底色：蓝色）		

第七节 食品的营养成分与食品卫生

一、食品的营养成分

（一）蛋白质

蛋白质是由氨基酸按一定序列通过肽键连接而成的高分子化合物。蛋白质是生命的物质基础，它是与生命及各种形式的生命活动紧密联系在一起的物质。没有蛋白质就不可能有生命形式的存在。蛋白质占人体重量的 16%～20%。人体内蛋白质的种类很多，性质、功能各异。

1. 蛋白质的生理学功能

蛋白质的生理学功能是多方面的。

（1）蛋白质是人体最基本的结构性物质。蛋白质是构成机体组织、器官的重要成分，人体各组织、器官无一不含蛋白质。蛋白质还是进行组织修复、衰老组织更新的重要物质。

（2）蛋白质是人体中最基本的功能性物质，具体体现在多个方面：蛋白质作为人体内一些生理活动性物质（酶、激素、抗体等），在体内起着生物催化、代谢调节、免疫保护等作用；蛋白质参与了体内物质的转运和存储，如氧和二氧化碳在体内的运输是依赖血红蛋白完成的；蛋白质是人体运动与支持的基本载体，如肌肉收缩依赖于肌球蛋白和肌动蛋白，有肌肉收缩才有躯体运动、呼吸、消化、血液循环等生理活动；此外，蛋白质还具有细胞间信息传递等多方面的生理学功能。

（3）与糖、脂肪类似，蛋白质也具有氧化供能的作用，尤其是当体内糖、脂肪含量不足时，其在这方面的作用更加突出。

2. 氨基酸的种类

氨基酸是蛋白质的基本组成单位。存在于自然界中的氨基酸有三百余种，但组成人体蛋白质的氨基酸仅有20种。这20种氨基酸根据人体是否能够自身合成，分为必需氨基酸和非必需氨基酸两类。必需氨基酸是指人体必须使用，人体自身不能合成或合成量不能满足人体需要，必须通过食物获取的氨基酸。对成人来说，这类氨基酸有8种，包括赖氨酸、蛋氨酸、亮氨酸、异亮氨酸、苏氨酸、缬氨酸、色氨酸和苯丙氨酸；对婴儿来说，必需氨基酸有9种，还包括组氨酸。除这8种以外的氨基酸，称为非必需氨基酸，包括精氨酸、甘氨酸、丙氨酸、谷氨酸、脯氨酸、酪氨酸、天门冬氨酸等。非必需氨基酸并不是人体不需要，它们也是组成人体蛋白质的重要成分，只是说当它们在食物中含量不足时人体能够自身合成，所以它们在食品中含量的高低对食品的营养价值影响不是非常突出罢了。

3. 蛋白质的营养价值

食品蛋白质营养价值的高低，主要取决于所含必需氨基酸的种类、含量及相互间的比例是否与人体蛋白质相近似。一般来说，动物膳食中蛋白质所含的必需氨基酸的种类、含量和相互间的比例比较近似人体的需要，植物蛋白质则稍差一些。但植物蛋白质中也有完全蛋白质，如豆类蛋白质的氨基酸组成和人体蛋白质的组成就非常接近，因此有较高的营养价值。此外，葵花子、杏仁、栗、荞麦、芝麻、花生、马铃薯及绿色蔬菜中均含有完全蛋白质。

蛋白质在食品中的存在非常广泛，尤其是动物源食品（肉、蛋、乳）中蛋白质的含量很丰富。大豆、花生、小麦、大米等植物性食品中蛋白质的含量也比较丰富。水果、蔬菜中蛋白质的含量很低。在日常生活中，应争取多种膳食蛋白质混合食用，使其所含的氨基酸相互补充，从而提高食品的营养价值。

蛋白质在胃液消化酶的作用下，经初步水解，在小肠中完成整个消化吸收过程。氨基酸的吸收通过小肠黏膜细胞，由主动转运系统进行。

中国营养学会发布的《中国居民膳食营养素参考摄入量》中推荐的膳食蛋白质的摄入量为：1周岁以下的儿童为 1.5～3 g/（kg·d）；1～2 周岁约为 35～40 g/d；3～6 周岁约为 45～55 g/d；7～14 周岁约为 60～80 g/d；14 周岁以上约为 80 g/d；孕妇及哺乳期妇女需要的蛋白质量要多一些，约为 100 g/d。

蛋白质（尤其是动物性蛋白）摄入量过多，对人体无益，甚至会有害。首先，过多的动物蛋白质的摄入，必然导致摄入较多的动物脂肪和胆固醇；其次，蛋白质摄入量过多本身也会产生不良影响。正常情况下，人体不储存蛋白质，必须将过剩的蛋白质脱氨分解，分解后的氮则由尿液排出体外，这一方面加重了代谢负担，另一方面这一过程需要大量水分，从而加重了肾脏的负荷，若肾功能本来不好，则危害更大。过多的动物蛋白摄入，也会造成含硫氨基酸摄入过多，从而加速骨骼中钙质的丢失，易产生骨质疏松。

当食物中蛋白质不足时，可引起儿童生长发育迟缓或体重减轻、肌肉萎缩；成人容易产生疲劳、贫血、创伤不易愈合、对传染性疾病抵抗力下降和病后恢复缓慢等症状。严重缺乏蛋白质时，还可导致营养不良性、水肿等病症。

（二）脂肪

脂肪是指三脂肪酸甘油酯，又称甘油三酯。构成脂肪的脂肪酸有多种，常分为饱和脂肪酸和不饱和脂肪酸两类。不饱和脂肪酸又可分为单不饱和脂肪酸和多不饱和脂肪酸两类。根据双键的位置及功能，又可将多不饱和脂肪酸分为ω-6系列脂肪酸和ω-3系列脂肪酸，如亚油酸和花生四烯酸属于ω-6系列，亚麻酸、20碳5烯酸（EPA）、22碳6烯酸（DHA）属于ω-3系列。一般来讲，不饱和脂肪酸（尤其是多不饱和脂肪酸）的营养价值更高。

脂肪是人体必需的营养物质之一。标准体重的人体所含的脂肪量约为体重的14%～19%。脂肪主要分布在人体上皮组织、大网膜、肠系膜等处。人体内脂肪的含量常随营养状况、能量消耗等因素发生改变。

1. 脂肪的生理学功能

脂肪在人体内的作用是多方面的，主要表现在以下五个方面。

（1）氧化供能。脂肪是体内的能量贮存仓库。当人体通过食物吸收的营养（主要是糖和脂肪）过多时，这些营养物质就被转变成脂肪贮存起来。当体内糖含量不足时，人体会自动启动脂肪的氧化，产生能量，维持肌体生命活动的正常进行。

（2）调节体温平衡。对人体来讲，大部分皮肤的下面存在一层厚厚的脂肪。由于脂肪的热导率低，具有良好的保温作用，故皮下脂肪层具有维持人体体温平衡、保护体内对温度敏感的组织和器官的作用。皮下脂肪的保温作用还能防止能量过度散失，提高能量利用效率。

（3）保护体内组织、器官。在体温条件下，脂肪多为液态或半液态，具有良好的弹性和缓冲作用。一方面，皮下脂肪层能够分散外界作用在人体上的各种作用力，保护人体的肌肉、骨骼等组织；另一方面，分布填充在各内脏器官之间的脂肪，可使器官免受震动和机械损伤，避免或减弱内伤的发生。

（4）为人体提供所需要的脂肪酸。人体生长发育需要多种脂肪酸，尤其是不饱和脂肪酸。这些脂肪酸在人体中具有多方面的生理作用，例如，它们可用于磷脂的合成，构成细胞的膜结构，是前列腺素的合成原料等。

（5）脂肪可促进人体对脂溶性物质（如维生素A、维生素D、维生素E等）的吸收与利用，是人体中某些生化反应的介质。

2. 脂肪的种类

食物脂肪常分为动物脂肪和植物脂肪两类，由于它们所含脂肪酸的种类、含量不同，因而具有不同的营养价值。一般来说，动物脂肪（如奶油、猪油等）中所含的饱和脂肪酸较多，动物脂肪约含40%～60%的饱和脂肪酸，30%～50%的单不饱和脂肪酸，多不饱和脂肪酸含量极少；植物脂肪约含10%～20%的饱和脂肪酸，80%～90%的不饱和脂肪酸。故植物脂肪的营养价值要高于动物脂肪。

3. 脂肪的营养价值

膳食脂肪营养价值的高低，主要取决于必需脂肪酸含量和脂溶性维生素含量两个方面。

（1）必需脂肪酸含量。必需脂肪酸（Essential Fatty Acids，EFA）是指不能被细胞或机体以相应需要量合成或从其膳食前体合成，必须由膳食供给的多不饱和脂肪酸。由于必需脂肪酸在人体中具有重要的生理功能，人体又不能自身合成或合成量满足不了人体的需要，必须从食物中获取，因而必需脂肪酸的含量就成为衡量膳食脂肪营养价值高低的重要指标。对哺乳动物而言，亚油酸、α-亚麻酸是最为重要的两种必需脂肪酸。

（2）脂溶性维生素的含量。一般来讲，脂溶性维生素含量高的脂肪营养价值较高。动物皮下脂肪几乎不含脂溶性维生素，器官脂肪含量较多，其中肝脏含维生素 A、维生素 D 很丰富，特别是某些海产鱼的肝脏中，脂溶性维生素含量更高。奶和蛋类脂肪含维生素 A、维生素 D 亦较丰富。植物油不含维生素 A 和维生素 D，但含维生素 E，特别是谷类种子的胚油中维生素 E 含量更为丰富。

膳食脂肪的存在非常广泛，动物源食品和某些植物源食品（如黄豆、花生、芝麻、核桃等）均富含脂肪。动物脂肪与植物脂肪的营养特点参见表 1.18，绝大多数的水果、蔬菜中脂肪的含量很低。

表 1.18 动物脂肪与植物脂肪的营养特点

动物脂肪	植物脂肪
主要含饱和脂肪酸	主要含不饱和脂肪酸
主要含维生素 A、维生素 D，与人的生长发育有密切关系	主要含维生素 E、维生素 K，与血液、生殖系统功能关系密切
含较多胆固醇，有重要的生理功能；在中老年血液中含量过高时，易导致动脉硬化、高血压等疾病	不含胆固醇，而含植物固醇，它不能被人体吸收，并能抑制人体对胆固醇的吸收

根据以上两种脂肪的特点，对于中老年人以及心脑血管疾病患者来说，要以植物脂肪为主，少吃动物脂肪，更有利于身体健康。对于正在生长发育的青少年来说，则不必过分限制动物脂肪。尽管植物脂肪的优点较突出，但对植物脂肪也要限量。若植物脂肪的摄入量过多，则很容易在人体内被氧化成过氧化脂，过氧化脂能导致脑血栓和心肌梗死等疾病。

近年来，医学界、营养学家一致倡导："尽可能食用不饱和脂肪酸，且来自饱和脂肪酸的热量，不要超出总热量的 10%。"中国营养学会编著的《中国居民膳食指南》（2007）中建议，每人每天烹调油摄入量不宜超过 25～30 g。

在此特别强调，香油是一种非常好的脂肪类食物。香油以芝麻为原料，不仅味香、营养丰富，而且我们祖先很早以前就用芝麻作为良药来治疗某些疾病。香油中所含的亚油酸、棕榈酸、花生四烯酸等高品质不饱和脂肪酸的量高达 6%，这些物质能有效地防止动脉粥样硬化和预防心血管疾病。香油中还含有丰富的维生素 E。

（三）糖

糖是指多羟基醛、多羟基酮及衍生物。该类化合物由碳、氢、氧三种元素组成，其分子中氢和氧的比例与水相同，为 2:1，故又称碳水化合物。糖是自然界中最为丰富的物质之一，是生物三大基础物质之一，广泛分布于生物体中，其中植物中含量最多。

1. 糖的生理学功能

糖的生理学功能是多方面的。

(1) 为生物体提供能量是糖最主要的生理功能。人体所需能量的 50%～70% 来源于糖。每克碳水化合物完全氧化可产生 16.3 kJ 的热能。大脑是人体中最重要的器官之一，人脑需要的能量只能来源于葡萄糖的氧化。葡萄糖作为大脑唯一的能源物质，对维护中枢神经功能的健全具有重要意义。若血液中葡萄糖水平长期偏低，出现低血糖，则会对大脑产生不良影响。

(2) 糖是肌体重要的碳源。糖代谢过程中，产生的中间产物可转化为人体需要的其他含碳化合物（如氨基酸、脂肪酸、核苷酸等），为人体的生长发育提供物质基础。

(3) 糖也是构成人体细胞、组织的基础物质。例如，核糖和脱氧核糖是细胞中核酸的构成成分；糖与脂类形成的糖脂是构成神经组织与细胞膜的重要成分；粘多糖与蛋白质合成的粘蛋白是构成结缔组织的基础物质。

(4) 糖也参与构成了人体中的某些生理活性物质。免疫球蛋白、某些酶和激素是糖与蛋白质结合生成的糖蛋白，这些糖衍生物在体内起着特定的代谢调节、免疫保护等作用。糖的磷酸衍生物可以形成许多重要的生物活性物质，如 NAD+、FAD、ATP 等。

2. 糖的种类及营养价值

糖的种类很多，通常根据水解情况不同，分为单糖、低聚糖（寡糖）和多糖三类。

(1) 单糖。

单糖是指不能再进行水解的糖。它是碳水化合物的基本单位。最基本的单糖是葡萄糖、果糖、半乳糖等。食品中的碳水化合物在消化道中大多转化为葡萄糖，然后被吸收、利用。单糖都溶于水，都有甜味，大多数单糖都能够被迅速消化、吸收。

(2) 低聚糖。

低聚糖又称寡糖，一般是指由两个或两个以上（一般不多于 10 个）单糖单位以糖苷键连接形成的糖。低聚糖与多糖之间并没有严格的界限。低聚糖中含有两个单糖单位的糖又称双糖。

低聚糖按生理功能不同，可分为普通低聚糖和功能性低聚糖两类。普通低聚糖是指能够被人体消化吸收，主要以能量物质或碳源形式利用的糖，如蔗糖、麦芽糖等。功能性低聚糖一般不会以普通低聚糖形式被人体利用，而是在人体中经微生物代谢等活动，对人体产生某些特殊功能的低聚糖，如水苏糖、棉籽糖、异麦芽酮糖、乳酮糖、低聚果糖、低聚木糖、低聚半乳糖、低聚异麦芽糖、低聚异麦芽酮糖、低聚龙胆糖、大豆低聚糖、低聚壳聚糖等。

与普通的低聚糖相比，功能性低聚糖具有独特的生理功能。

① 低热量。由于人体不具备分解、消化功能性低聚糖的酶系统，因此功能性低聚糖很难被人体消化吸收，也就不能为人体提供能量。某些低聚糖（如低聚果糖、异麦芽低聚糖等）具有良好的甜度，可作为食品甜味剂在食品中应用，以满足喜爱甜味但又不适合食用甜食的人（如糖尿病人、肥胖病患者等）的需要。

② 促进双歧杆菌增殖。许多寡糖是有效的双歧杆菌增殖因子。某些功能性低聚糖（如异麦芽低聚糖等）摄入人体后，在结肠被双歧杆菌及某些乳酸菌利用，促进双歧杆菌增殖。双歧杆菌是人类肠道菌群中唯一的一种不产生毒素，无致病性，并具有许多生理功能的有益微生物。双歧杆菌对人体的保健作用主要表现在：双歧杆菌能在肠道内合成多种维

生素，从而改善维生素营养状况；抑制肠道中有害菌和致病菌的生长繁殖，改善肠道环境，防止肠功能紊乱及炎症的发生；由于双歧杆菌发酵低聚糖产生大量的短链脂肪酸能刺激肠道蠕动，增加粪便的湿润度，从而防止便秘的发生。动物试验表明，双歧杆菌在肠道内大量繁殖具有提高机体免疫功能和抗癌的作用，究其原因在于，双歧杆菌细胞、细胞壁成分和胞外分泌物可增强免疫细胞的活性，促使肠道免疫蛋白A（IgA）浆细胞的产生，从而杀灭侵入体内的细菌和病毒，消除体内"病变"细胞，防止疾病的发生及恶化。

③ 降低龋齿的发生。龋齿是一种常见的口腔疾病，其发生与口腔中的某些微生物（如突变链球菌等）有关。研究表明，异麦芽低聚糖、低聚帕拉金糖等不能被突变链球菌利用，不会形成齿垢的不溶性葡聚糖。当它们与蔗糖混合使用时，能抑制非水溶性葡聚糖的合成及在牙齿上的附着，能有效预防口腔微生物沉积、产酸和腐蚀，从而阻止齿垢的形成，起到预防龋齿的作用。

(3) 多糖。

多糖是指由多个（一般为10个以上）单糖单位以糖苷键连接形成的糖。多糖主要包括淀粉和纤维素。淀粉是由 D-葡萄糖以 β-1,6 糖苷键连接而成的大分子多糖，是人类膳食碳水化合物的主要形式，谷类、薯类等植物中都有充足的淀粉。纤维素是由 D-葡萄糖以 β-1,4 糖苷键连接而成的大分子多糖。在人的消化系统中由于缺乏纤维素水解酶，所以人体不能利用纤维素。但食物中的纤维素（膳食纤维）具有促进肠道蠕动，利于粪便排出等功能，是保障人体健康必需的物质。人类膳食中的纤维素主要含于蔬菜和粗加工的谷类中。

碳水化合物广泛存在于各类食品中，植物源食品中碳水化合物的含量最丰富。在植物源食品中，薯类、谷类中碳水化合物的含量最高，薯类、谷类食物中的碳水化合物多以淀粉的形式存在，其含量约为 60%～80%。水果中糖的含量也很高。动物源食品中，除蜂蜜、奶之外，糖含量普遍偏低。

中国是以植物源食品为主的国家，通过一日三餐获取的碳水化合物足可以满足人体生命活动的需要，没有必要再额外补充糖。过量摄入糖会对人体产生许多危害，主要表现是导致肥胖。吃糖过多，如不能被人体即时利用，就会转化为脂肪或糖原储存起来。肥胖可导致糖尿病、脂肪肝、高脂血症、高血压及其他心脑血管等疾病。

(四) 维生素

维生素俗称维他命，是维持人体生命活动必需的一类有机物质，也是保持人体健康的重要活性物质。维生素在体内的含量很少，需要从食物中获取的量也很少，但其在人体生长发育过程中却发挥着许多重要的作用。

维生素是人体代谢中必不可少的物质。人体就像一座极其复杂的化工厂，不断进行着各种各样的生理生化反应，这些反应与酶的催化作用有密切关系。有些生物酶要产生活性，还需辅酶参加，已知许多维生素是酶的辅酶或者是辅酶的组成分子。因此，维生素是维持和调节肌体正常代谢的重要物质。

维生素的种类较多，目前已知的维生素有几十种，根据其溶解情况不同，大致可分为脂溶性维生素和水溶性维生素两类。

水溶性维生素易溶于水，不易溶于非极性有机溶剂，如维生素 C、B 族维生素等。水溶性维生素从肠道吸收后，通过循环到肌体需要的组织中，多余的部分大多由尿排出，故在体内储存很少。

脂溶性维生素易溶于非极性有机溶剂，不易溶于水，如维生素A、维生素D、维生素E等。脂溶性维生素大部分由胆盐帮助吸收，循淋巴系统到体内各器官。体内可储存大量脂溶性维生素，维生素A和D主要储存于肝脏，维生素E主要存于体内脂肪组织。

人体生长发育需要的维生素主要来源于食品，也有些维生素（如维生素B_6、维生素K等）能由人体肠道内的某些细菌合成，合成量可满足人体的需要。

1. 维生素A

维生素A属脂溶性维生素，为不饱和的一元醇类化合物。由于人体缺乏维生素A时易出现眼干燥症，故又称为抗干眼醇。已知维生素A有A_1和A_2两种，A_1存在于动物肝脏、血液和眼球的视网膜中，故俗称视黄醇，天然维生素A主要以此形式存在。A_2主要存在于淡水鱼的肝脏中。许多植物（如胡萝卜、番茄、绿叶蔬菜、玉米等）中含类胡萝卜素物质（如α、β、γ-胡萝卜素、隐黄质、叶黄素等），其中有些类胡萝卜素具有与维生素A_1相同的环结构，在体内可转变为维生素A，为维生素A原。

维生素A是人体必需的一种营养物质，它以不同方式几乎影响机体的一切组织细胞。尽管维生素A是一种最早发现的维生素，但有关它的生理功能至今尚未完全揭开。就目前的知识而言，维生素A的主要生理功能包括以下几点。

（1）维持视觉。维生素A可促进视觉细胞内感光色素的形成。维生素A还可调节眼睛适应外界光线强弱的能力，以降低夜盲症和视力减退的发生，维持正常的视觉反应，有助于多种眼疾（如眼球干燥、结膜炎等）的治疗。

（2）促进生长发育。这可能与维生素对基因的调控有关。维生素具有相当于类固醇激素的作用，可促进糖蛋白的合成，促进生长、发育，强壮骨骼，维护头发、牙齿和牙床的健康。

（3）维持上皮结构的完整与健全。视黄醇和视黄酸可以调控基因表达，减弱上皮细胞向鳞片状的分化，增加上皮生长因子受体的数量。因此，维生素A可以调节上皮组织细胞的生长，维持上皮组织的正常形态与功能。缺乏维生素A，会使上皮细胞的功能减退，导致皮肤弹性下降，干燥粗糙，失去光泽。

（4）加强免疫能力。维生素A有助于维持免疫系统功能正常，能加强对传染病，特别是呼吸道感染及寄生虫感染的身体抵抗力。

（5）清除自由基。维生素A也有一定的抗氧化作用，可以中和有害的游离基。

正常成人每天的维生素A最低需要量约为3500国际单位（0.3 μg 维生素A 或 0.332 μg 乙酰维生素A相当于1个国际单位），儿童约为2000～2500国际单位，不能摄入过多。

动物肝脏中含维生素A特别多，其次是奶油和鸡蛋等。

2. B族维生素

B族维生素是一类水溶性维生素，大部分是人体中的辅酶。B族维生素富含于动物肝脏、瘦肉、禽蛋、牛奶、豆制品、谷物、胡萝卜、鱼、蔬菜等食物中。B族维生素主要有以下几种。

（1）维生素B_1。

维生素 B_1 的生理功能是能增进食欲，维持神经功能的正常等。缺少维生素 B_1 会得脚气病、神经性皮炎等疾病。成人每天需摄入 2 mg 左右的维生素 B_1。因维生素 B_1 分子中含有硫及氨基，故称为硫胺素，又称抗脚气病维生素。它主要存在于种子外皮及胚芽中，米糠、麦麸、黄豆、酵母、瘦肉等食物中含量最丰富，此外，白菜、芹菜及中药防风、车前子也富含维生素 B_1。维生素 B_1 易溶于水，在食物清洗过程中可随水大量流失，经加热后菜中维生素 B_1 主要存在于汤中。如菜类加工过细、烹调不当、制成罐头食品，维生素会大量丢失或破坏。维生素 B_1 在体内转变成硫胺素焦磷酸（又称辅羧化酶），参与糖在体内的代谢。因此维生素 B_1 缺乏时，糖在组织内的氧化受到影响。维生素 B_1 还有抑制胆碱酯酶活性的作用，缺乏维生素 B_1 时此酶活性过高，使乙酰胆碱（神经递质之一）大量被破坏，使神经传导受到影响，造成胃肠蠕动缓慢，消化道分泌减少，食欲缺乏，消化不良等障碍。

（2）维生素 B_2。

维生素 B_2 又名核黄素。维生素 B_2 在碱性或光照条件下极易分解。人体缺少它易患口腔炎、皮炎、微血管增生症等。成年人每天应摄入 2~4 mg 维生素 B_2。维生素 B_2 广泛存在于谷物、蔬菜、牛乳和鱼等食品中。

（3）维生素 B_{12}。

维生素 B_{12} 又称钴胺素，是一种含钴的有机化合物，是人体造血不可缺少的物质。缺少维生素 B_{12} 会产生贫血症。

维生素 B_{12} 能促进维生素 A 在肝中的贮存，促进细胞发育成熟和机体代谢。它可以增加叶酸的利用率，影响核酸与蛋白质生物合成，从而促进红细胞的发育和成熟。与其他 B 族维生素不同，一般植物中的维生素 B_{12} 含量极少，肝、瘦肉、鱼、牛奶及鸡蛋是人类获得维生素 B_{12} 的来源。人体对 B_{12} 的需要量极少，人体每天约需 12 μg。

3. 维生素 C

维生素 C 又称 L-抗坏血酸，是一种水溶性维生素，因能治疗坏血病，并且具有酸性，故称为抗坏血酸。维生素 C 在柠檬、绿色植物、番茄等食品中含量较高。

维生素 C 是一种很不稳定的维生素。由于易被氧化，在食物贮藏或烹调过程中，甚至蔬菜切碎时，维生素 C 都能被破坏。微量的铜、铁离子可加快破坏的速度。因此，只有新鲜的蔬菜、水果才是维生素 C 的丰富来源。

当人体缺乏维生素 C 时，会导致坏血病，这时由于细胞间质生成障碍而出现出血、牙齿松动、伤口不易愈合、易骨折等症状。维生素 C 与胶原的正常合成、体内酪氨酸代谢、铁的吸收都有直接关系。维生素 C 的主要功能是有助于体内氧化还原反应的进行，提高人体灭菌能力和解毒能力。多吃水果、蔬菜能满足人体对维生素 C 的需要。摄取足量的维生素 C 能使神经细管通透性好转，使大脑及时顺利地得到营养补充，有利于智力的提高。此外，维生素 C 能够捕获自由基，对癌症、动脉硬化、风湿病等疾病具有一定的预防效果。维生素 C 每天的需求量成人约为 50~100 mg。

4. 维生素 D

维生素 D 为类固醇衍生物，属脂溶性维生素。维生素 D 与动物骨骼的钙化有关，故又称为钙化醇。它具有抗佝偻病的作用，在动物的肝、奶及蛋黄中含量较多，尤以鱼肝油含量最为丰富。天然维生素 D 有两种：麦角钙化醇（维生素 D_2）和胆钙化醇（维生素 D_3）。

植物油或酵母中所含的麦角固醇，经紫外线激活后可转化为维生素D_2。在动物皮下的7-脱氢胆固醇，经紫外线照射可以转化为维生素D_3，因此多晒太阳是预防维生素D缺乏的主要方法之一。

维生素D参与了人体对钙的吸收，是骨、牙齿发育所必需的物质。孕妇、婴儿及青少年对维生素D的需要量较大，如果此时维生素D在体内的含量不足，会造成骨骼变软及畸形，这种情况发生在儿童身上称为佝偻病，在孕妇身上为骨质软化症。维生素D对神经系统也很重要，并对炎症有抑制作用。

5．维生素E

维生素E又名生育酚，是一种脂溶性维生素，主要存在于蔬菜、豆类之中，在麦胚油中含量最丰富。天然存在的维生素E有8种，均为苯骈二氢吡喃的衍生物。

维生素E对动物生育是必需的。缺乏维生素E时，雄鼠睾丸退化，不能形成正常的精子；雌鼠胚胎及胎盘萎缩而被吸收，会引起流产。动物缺乏维生素E也可能发生肌肉萎缩、贫血、脑软化及其他神经退化性病变。虽然这些病变的代谢机理尚未完全阐明，但是维生素E的各种功能可能都与其抗氧化作用有关。维生素E是人体内优良的抗氧化剂。

由于食品中维生素E含量充分，且易吸收，故不易发生维生素E缺乏症。维生素E缺乏症仅见于肠道吸收脂类功能不全时。维生素E在临床上应用范围较广泛，并发现对某些病变有一定防治作用，如贫血、动物粥样硬化、肌营养不良症、脑水肿、男性或女性不育症、先兆流产等。近年来也用维生素E预防衰老。维生素E广泛存在于肉类、蔬菜、植物油中。

（五）矿物质

矿物质又称无机盐，是人体必需的无机物质的总称。在人体中矿物质是无法自身产生、合成的，必须通过食物摄取。

人体重量约96%是有机物和水分，4%为矿物质。人体内约有五十多种矿物质，在这些无机物质中，已发现有20种左右的元素是构成人体组织、维持生理功能、参与生化代谢所必需的。这些矿物质根据人体的需要量不同，大致可分为常量元素和微量元素两大类。常量元素是指人体需要量较大的元素，如钙、磷、钾、钠、氯、硫、镁等。铁、锌、铜、锰、钴、钼、硒、碘、铬等也是人体必需的元素，但需要量很少，故称为微量元素。但无论哪种元素，与人体所需蛋白质、糖、脂肪相比都是非常少量的。在此，重点介绍与身体健康关系密切的几种矿物质。

1．钙

钙是人体必需的营养元素，人体中钙的含量约占体重的2%。身体的钙大多分布在骨骼和牙齿中，约占钙总量的99%，其余1%分布在血液、细胞间液及软组织中。

钙在人体中的作用主要体现在以下两个方面。

（1）钙是构成人体骨骼、牙齿的重要成分。20岁之前是骨骼生长的主要阶段，这一时期人体对钙的需要量很大，如果食物中钙含量不足，会导致发育迟缓、发育不良，出现诸如出牙晚、学步晚、鸡胸、身材矮小、生长痛等现象。此外，缺钙也会降低软组织的弹性和韧性。

(2) 在血液、细胞间液中的钙对维持人体正常的生命活动有着至关重要的作用。保持血钙的浓度，对保证身体健康是必需的。血液中的钙（血钙）能降低神经细胞的兴奋性，所以，钙是一种天然的镇静剂，缺钙会导致神经性偏头痛、烦躁不安、失眠等症状，对婴幼儿还会引起夜惊、夜啼、盗汗。缺钙还会诱发儿童的多动症。钙还能维持肌肉、神经的正常兴奋，如血钙增高可抑制肌肉、神经的兴奋性，当血钙低于 70 mg/L 时，神经、肌肉的兴奋性升高，出现抽搐、肠激综合征、女子痛经等症状。钙还能降低细胞和毛细血管的通透性，故缺钙易导致过敏、水肿等症状。

食物中大都含有一定量的钙。奶及奶制品所含的钙有较高的吸收率，此外，绿叶蔬菜（如雪里红、芹菜、油菜、香菜、苋菜等）、海产品（如海带、紫菜、虾皮、海参、蟹肉等）、干果、豆和豆制品、粗加工谷物（如全麦粉、燕麦片等）、动物肉中钙的含量均较高。

2. 钠

钠是人体必需的营养元素。体内的钠大多存在于血液和细胞间液中，与人体内的电解质平衡及其他生理功能有密切关系。钠在人体内有助于维持渗透压，有助于神经、心脏、肌肉等各种生理功能的正常发挥。钠与水在体内的代谢与平衡有相当密切的关系，对血压更有相当的影响。体内对钠的调节与对水的调节息息相关，在下丘脑的视上核和室旁核的神经细胞分泌的抗利尿激素，作用于肾脏以减少水的排除，进而调控体内水与钠的平衡。

钠的摄入主要是通过食物，尤其是食盐（NaCl）。成人每日建议钠的摄取量约为 2.3 g，儿童与少年为 1.5~2.2 g。

3. 钾

尽管人体血清中钾浓度只有 3.5~5.5 mmol/L，但钾是维持人体生命活动必不可少的物质。钾在人体内的主要作用是和钠共同作用，调节体内电解质的平衡，参与能量代谢，以及维持神经、肌肉的正常生理功能。当体内缺钾时，会造成全身无力、疲乏、心跳减弱、头昏眼花，严重缺钾还会导致呼吸肌麻痹，甚至死亡。此外，低钾会使胃肠蠕动减慢，导致肠麻痹，加重厌食，出现恶心、呕吐、腹胀等症状。有研究报告表明，缺钾对心脏造成的伤害最严重，缺钾可能是人类因心脏疾病致死的最主要原因。

水果、蔬菜中钾的含量较高。含钾丰富的水果有香蕉、草莓、柑橘、葡萄、柚子、西瓜等。菠菜、山药、苋菜、大葱等蔬菜中含钾也比较丰富，黄豆、绿豆、蚕豆、海带、紫菜、黄鱼、鸡肉、牛奶、玉米面等也含有一定量的钾。

人体缺钾的主要症状有心跳过速、心律不齐、肌肉无力、麻木、恶心、呕吐、腹泻、低血压、精神错乱等。平时大量饮用咖啡、酒和爱吃甜食的人，严重腹泻的病人及为减肥不吃主食的人容易缺钾，日常生活中需多食富钾食品，否则会造成体力减弱、反应迟钝等。

4. 铁

铁是人体必需的微量元素。人体内铁的总量约 4~5 g，其中 72% 以血红蛋白、3% 以肌红蛋白、0.2% 以其他化合物形式存在，其余则为储备铁，以铁蛋白的形式储存于肝脏、脾脏和骨髓的网状内皮系统中，约占总铁量的 25% 左右。

铁是血红蛋白的重要组成成分。血红蛋白的功能是向细胞输送氧气，并将二氧化碳带出细胞。铁也是肌红蛋白的组成成分。肌红蛋白是由一个血红素和一个球蛋白链组成，基本功能是在肌肉中转运和储存氧。铁也是人体中某些生物酶（如参与能量代谢的 NAP 脱氢酶、琥珀脱氢酶，参与三羟酸循环多氧酶，糖产生通路限速的磷酸烯醇丙酮酸羟激酶，DNA 合成所需的核苷酸还原酶等）的组成成分。因此，铁在人体中的生理功能是多方面的。

成人每日适宜的铁摄取量约为 15～20 mg，儿童约为 12 mg，孕妇需要量最高，约为 25～35 mg。

铁元素缺乏导致的疾病主要是缺铁性贫血。缺铁性贫血是世界卫生组织确认的四大营养缺乏症之一。此外，铁缺乏可引起心理活动和智力发育的损害及行为改变，铁缺乏还可损害儿童的认知能力，而且在以后补充铁后也难以恢复。长期铁缺乏会明显影响身体耐力。

富含铁元素的食物很多，动物血、肝脏、瘦肉、大豆、黑木耳、芝麻酱等食品中含铁量很丰富。红糖、蛋黄、动物肾、干果（杏干、葡萄干）、海草、鱼、谷物、菠菜、扁豆、豌豆等食品中铁含量也较高。此外，用铸铁锅炒菜，也可增添铁质。尽管铁在食物中的含量比较丰富，但中国人的缺铁现象仍然比较严重。缺铁比较严重的人群主要有妇女、儿童和老年人。

食物中的铁有两种形式。一种是非血红素铁，主要以三价铁与蛋白质、有机酸等结合成络合物。这种形式的铁必须与有机部分分开，并还原成二价铁后才能被吸收。如果膳食中有较多的植酸或磷酸，则将与铁形成不溶性铁盐，从而影响铁吸收。抗坏血酸、半胱氨酸能将三价铁还原成二价铁，有利于铁的吸收。另一种是血红素铁，主要存在于动物源食品中，比非血红素铁的吸收性好得多。

5．锌

锌是人体必需的微量元素。锌的生理功能主要体现在以下五个方面。

（1）锌是人体内许多酶的构成元素。人体内重要的含锌酶有碳酸酐酶、胰羧肽酶、DNA 聚合酶、醛脱氢酶、谷氨酸脱氢酶、苹果酸脱氢酶、乳酸脱氢酶、碱性磷酸酶、丙酮酸氧化酶等。它们在组织呼吸以及蛋白质、脂肪、糖、核酸等的代谢中起着重要的作用。

（2）锌能促进机体的生长发育和组织再生。锌是调节基因表达的 DNA 聚合酶的必需组成部分，因此，缺锌表现出的突出症状是蛋白质合成、DNA 和 RNA 代谢等发生障碍。缺锌会严重影响儿童的生长、发育。缺锌会导致创伤的组织愈合困难。锌不仅对蛋白质和核酸的合成十分重要，而且对于细胞的生长、分裂和分化的各个过程都是必需的。因此，锌对于正处于生长发育旺盛期的婴儿、儿童和青少年，对于组织创伤的患者，是非常重要的营养素。锌对于胎儿的生长发育也很重要，妊娠期间缺锌，可使大鼠的后代发生先天性畸形，胎儿的死亡率也明显增加。锌常用于治疗厌食、营养不良、生长缓慢的儿童，还可用于治疗脱发、皮疹、口腔溃疡、胃炎等。

（3）锌缺乏对味觉系统也有不良的影响，会导致味觉迟钝。锌可能通过参加构成一种含锌蛋白（唾液蛋白）对味觉及食欲起促进作用。

（4）锌能促进性器官和性机能的正常。缺锌使性成熟推迟，性器官发育不全，性机能降低，精子减少，第二性征发育不全，月经不正常或停止。

（5）锌还与大脑发育和智力形成有关。

锌元素主要存在于动物性食品中，牡蛎、瘦肉、猪肝、鱼类、蛋黄中含锌很高。植物性食品中含锌量偏低,含有锌的蔬菜和水果也不是很多,豆类、花生、小米、萝卜、大白菜等含锌量相对丰富。

6. 碘

碘是人体的必需微量元素之一,健康成人体内的碘的总量为20～50 mg,其中70%～80%存在于甲状腺中。碘是合成甲状腺激素必不可缺少的成分,碘的生理功能主要通过甲状腺激素表现出来。甲状腺激素对机体的作用是多方面的,归纳起来主要包括两个方面,即对物质代谢的作用和对生长发育的作用。

(1) 甲状腺激素对人体内物质代谢的影响是多方面的,它不仅促进蛋白质、核糖核酸、脱氧核糖核酸的合成,还参与糖、脂肪、维生素、水和盐类代谢。有实验表明,在给动物适量的甲状腺素后,细胞核内脱氧核糖核酸聚合酶的活性升高,脱氧核糖核酸的合成量增加,进而使蛋白质的合成增加,一些参与物质代谢的酶的活性也会升高。

机体的新陈代谢是由同时进行的物质代谢和能量代谢组成的,甲状腺素恰好作用在这两种代谢相联系的环节上,即氧化磷酸化的过程上。生理剂量的甲状腺素可促进糖与脂肪的生物氧化,使氧化与磷酸化两者相对协调,并使释放出来的能量一部分储存于ATP中,另一部分以热的形式散发出来,以维持体温的平衡。

(2) 甲状腺激素对人体生长发育的作用主要表现在对中枢神经、骨骼、心血管以及消化系统上最为重要。例如,新生儿缺碘或甲状腺功能低下,会导致痴呆或智力低下;骨骼发育延缓,长骨骨髓发育不全,乃至成为侏儒。在脑发育阶段(胎儿及婴幼儿时期),甲状腺激素对神经元的迁移及分化,神经突起的分化和发育,尤其是树突、树突棘、触突、神经微管以及神经元联系的建立,髓鞘的形成和发育都具有重要的影响。对成年人而言,脑发育已基本停止,碘对脑发育的影响并不十分明显。

海洋性食品含碘量很高,如干海带中含碘量高达240 mg/kg。陆源食品中,动物性食品含碘量高于植物性食品,蛋、奶含碘量相对稍高,其次为肉类,淡水鱼的含碘量低于肉类,植物性食品中含碘量最低。

值得注意的是,人体摄入过多的碘也是有害的。日常饮食碘过量会引起"甲亢"。是否需要在正常膳食之外特意"补碘",要经过正规体检,听取医生的建议,不可盲目"补碘"。

二、食品中的有毒有害物质

随着工业化发展带来的环境污染问题以及新技术、新材料、新原料的使用,致使食品受污染的因素日趋多样化和复杂化。食品污染是指在食品生产经营过程中,可能对人体健康产生危害的物质介入食品中的现象。这些有毒有害物质的介入严重影响了食品安全和食品卫生。目前来看,食品中的有毒有害物质主要有残留农药、重金属、工业有机污染物、不合理的食品添加剂和微生物污染五类。

(一) 残留农药

害虫、病菌、杂草等有害生物的防治是农业生产的重要环节,是保证农业增产增收的关键。农药的使用是植物保护的重要手段,它具有快速、高效、经济等特点。中国土地辽阔，农作物品种丰富，农药的生产量、使用量都很大。绝大多数的农药，尤其是化学农药，其残留物和代谢物存在着对人、畜、有益生物的毒害及对环境的影响等问题。当前，人们对农药残留和农药污染问题越来越重视。

农药残留是指残存在环境及生物体内的微量农药，包括农药原体、有毒代谢物、降解物和杂质。施用于作物上的农药，其中一部分附着于作物上，一部分散落在土壤、大气、水体等环境中；环境残存的农药中的一部分又会被植物吸收。残留农药直接通过植物果实、饮用水、大气、环境到达人、畜、禽的体内，最终影响人身健康。

导致和影响农药残留的原因有很多，其中农药本身的性质、环境因素以及农药的使用方法是影响农药残留的主要因素。例如，现已被禁用的有机砷、汞等农药，由于其代谢产物砷、汞最终无法降解而残存于环境和植物体中；六六六、滴滴涕等有机氯农药和它们的代谢产物化学性质稳定，在农作物、环境中消解缓慢，同时容易在人和动物体脂肪中积累，其残毒问题非常严重；有机磷、氨基甲酸酯类农药化学性质不稳定，施用后，容易受外界条件影响而分解，但有机磷和氨基甲酸酯类农药中存在较多的高毒和剧毒品种（如甲胺磷、对硫磷、涕灭威、克百威等），如果被施用于生长期较短、连续采收的蔬菜上，则很难避免因残留量超标而导致人畜中毒。

当前，世界各国都存在着程度不同的农药残留问题，农药残留问题已成为危害人体健康的核心问题。食用含有大量高毒、剧毒农药的食物会导致人、畜急性中毒。长期食用农药残留超标的农副产品，虽然不会导致急性中毒，但可能引起人和动物的慢性中毒，导致恶性疾病的发生，甚至会导致胎儿发育不健全等。

要解决农药残留问题，首先要做到合理使用农药，根据国家标准《农药合理使用准则》（以下简称《准则》）的要求选择、使用农药。《准则》中详细规定了各种农药在不同作物上的使用时期、使用方法、使用次数、安全间隔期等技术指标。合理使用农药，不但可以有效地控制病虫草害，而且可以减少农药的使用，减少浪费，最重要的是可以避免农药残留超标。解决农药残留问题，其次要加强食品农药残留监管，将食品中的农药残留控制在农药残留允许限量范围之内。此外，大力推广现代农业生产模式，加速淘汰高毒、高残留化学农药品种，大力发展、推广生物农药也是解决农药残留问题的重要措施。

此外，现代养殖业中，抗生素（主要是氯霉素、土霉素等）和生长激素的使用也比较普遍，在部分人工养殖的畜、禽、水产品中会有较多的抗生素、生长激素残留，这些残留物对人体健康也会造成危害。

（二）重金属

重金属是指密度在5以上的金属，如金、银、铜、铅、锌、镍、钴、镉、铬和汞等四十多种。从环境污染方面所说，重金属主要是指汞、镉、铅、铬以及类金属砷等生物毒性显著的重金属。

重金属广泛存在于自然界中，多以矿藏的形式深埋在地下，它们大多是重要的工业原材料，用途非常广泛。由于人类对重金属的开采、冶炼、加工及以此为原料的工业制造活动日益增多，从而造成不少重金属进入大气、水体、农田中，导致环境污染。重金属在自然界中不会被分解，进入生态系统中的重金属还会随生物活动发生迁移和富集，造成危害。例如，随工业废水排出的重金属，即使浓度小，也可在底泥和藻类植物中积累，被贝类等底栖生物吸收，随着食物链产生逐步的富集和浓缩，从而最终造成人体伤害。曾经发生在日本的水俣病，就是因为烧碱制造工业排放的含汞废水，经生物作用变成有机汞后造成的。

重金属污染的特点主要表现在以下几个方面。

（1）水体中的某些重金属可在微生物作用下转化为毒性更强的金属化合物，如汞的甲基化作用就是其中典型实例。

（2）生物从环境中摄取重金属可以经过食物链的生物积聚作用，在较高级生物体内成千万倍地富集起来，然后通过食物进入人体，在人体的某些器官中积蓄造成中毒，危害人体健康。

（3）在天然水体中只要有微量重金属即可产生毒性效应。一般重金属产生毒性的范围大约在 $1\sim10$ mg/L，毒性较强的金属（如汞、镉等）产生毒性的浓度范围在 $0.01\sim0.001$ mg/L。

在日常生活中，应尽可能避免食用污染比较严重的海域所产的水产品，也应避免食用重金属矿区及产品集中加工区所产的农副产品。

（三）工业有机污染物

工业有机污染物是随着现代合成化学工业的兴起而产生的。如塑料、合成纤维、合成橡胶、洗涤剂、染料、有机溶剂、涂料、黏结剂、化学农药、食品添加剂、化学药品等人工合成有机物的生产，一方面满足了人们日常生活的需要，另一方面在生产和使用过程中进入环境，当达到一定浓度时，便造成环境污染。这些有机污染物通过被污染的农田、水体，经农作物和水生动植物进入人类的食品中，危害人类健康。例如，有些水产品吃起来有一种煤油味，实质上这些是被苯酚、苯等严重污染了的产品，是根本不能食用的。

有机污染物主要有甲醛、苯、二甲苯、苯酚、表面活性剂、原油及石化产品等。这些有机污染物会严重影响人体健康，不少有机污染物是致畸、致突变、致癌物质。有些有机污染物还能通过食物链富集，使其危害更加严重。

（四）不合理的食品添加剂

食品添加剂是指为改善食品品质和色、香、味以及为防腐、保鲜和加工工艺的需要而加入食品中的人工合成或者天然物质。食品添加剂具有改善食品品质，改善食品感观性质，防止食品腐败变质，延长食品保存期，便于食品加工，增加食品营养成分等作用。

在 GB 2760—2007《食品添加剂使用卫生标准》中，将食品添加剂分为碳酸调节剂、抗结剂、消泡剂、抗氧化剂、漂白剂、膨松剂、胶姆糖基础剂、着色剂、护色剂、乳化剂、酶制剂、增味剂、面粉处理剂、被膜剂、水分保持剂、营养强化剂、防腐剂、稳定和凝固剂、甜味剂、增稠剂、其他香料共22类，1400多个品种。

一般来讲，绝大多数的加工食品都含有食品添加剂。合理使用添加剂对人体健康以及食品安全都是无害的，在食品生产中只要按国家标准添加食品添加剂，消费者就可以放心食用。但是，不合理地使用食品添加剂就会影响人体健康。

目前，我国食品添加剂使用中存在的问题主要是超范围使用、超限量使用和非食品添加剂违规应用于食品中。

1. 超范围使用

GB 2760—2007《食品添加剂使用卫生标准》中规定了食品添加剂使用范围和使用量。按照《食品添加剂管理办法》的规定,扩大使用范围需要向卫生部申报批准,但某些食品生产企业不按照执行,随意扩大使用范围,对消费者的健康构成潜在威胁。超范围使用的品种主要是合成色素、防腐剂和甜味剂等。例如,国家质检总局2003年对酸牛奶产品质量进行了监督检查,共检查了8个省、44家企业生产的44种产品,其中合格37种,产品抽样合格率为84.1%,部分企业的产品山梨酸含量超标。国家标准规定纯酸奶、调味酸奶中不得检出山梨酸。再如,近年来的检查结果显示,一些小商店销售的大量"三无"产品或个体小食品厂生产的小食品和饮料,大多都超范围使用了糖精。糖精的化学名称为邻苯甲酰磺酰亚胺(市场上销售的商品糖精实际上是易溶性的邻苯甲酰磺酰亚胺的钠盐),为一种石化产品。1997年加拿大进行的一项实验发现,摄入大量的糖精钠可以导致雄性大鼠膀胱癌。联合国粮农组织及世界卫生组织所属的食品添加剂专家委员会(JECFA)规定糖精钠的ADI值(依照人体体重,摄入一种食品添加剂无健康危害的每日允许摄入量的估计值)为5 mg/kg,一个体重40 kg的人,一天最大摄入糖精钠的允许值仅为200 mg。目前,很多消费者特别是广大农村消费者,对糖精等人工合成甜味剂可能造成的危害并没有足够的了解和认识。

2. 超限量使用

超限量使用食品添加剂的现象目前在我国十分普遍。从历年公布的国家和地方监督抽查中,暴露的超限量使用食品添加剂问题均相当严重,其中最突出的在面粉处理剂、防腐剂和甜味剂上。过氧化苯甲酰和溴酸钾作为面粉改良剂的氧化剂,主要起增白作用,自20世纪80年代末在我国开始使用,因其显著的增白效果而迅速在全国各地面粉厂家中推广。国家标准中规定面粉处理剂的使用量为0.06 g/kg和0.03 g/kg,但前几年实际上超量使用的现象十分惊人。面粉作为基本粮食,不仅居民直接消费,也是最主要的食品工业原料,超量使用危害面极其广泛。

3. 非食品添加剂违规应用于食品中

非食品添加剂违规应用于食品中的现象目前在我国也比较普遍。例如,三鹿奶粉事件中三聚氰胺的非法使用;辣椒类调味料中苏丹红的非法使用;粉皮、粉丝、腐竹等产品生产中"吊白块"(又称雕白粉,化学名称为甲醛合次硫酸氢钠)的非法使用;餐饮业菜肴的烹饪加工中罂粟果的非法使用等。三聚氰胺是密胺树脂的合成原料,"吊白块"是印染业中经常使用的一种拔染剂和还原剂,这些东西无论如何是不能作为食品添加剂使用的。

此外,饲料中非法添加剂的使用也是一个比较普遍的问题,如猪饲料中添加瘦肉精。瘦肉精又称盐酸克仑特罗,是中国药典中收录的一种西药品种,为选择性β_2受体激动剂,松弛支气管平滑肌作用强而持久,主要用于缓解支气管哮喘以及慢性喘息型支气管炎所致的支气管痉挛。猪肉中残留的大量瘦肉精,对人的健康影响是非常严重的。

(五) 微生物污染

食品的微生物污染是涉及面最广、影响最大的食品卫生、安全问题。微生物污染是指因有害微生物污染食品，在食品上繁殖、生长，使食品腐败、变质，并产生生物毒素而导致的食品卫生、安全问题。导致食品污染的微生物种类很多，其中主要是致病性细菌（如沙门氏菌、金黄色葡萄球菌、肉毒杆菌、大肠杆菌、李斯特氏菌等）和真菌（如黄曲霉菌等）。此外，某些病毒、寄生虫也会造成食品污染。

食品微生物污染的途径很多，主要是由于食品原料、半成品、成品等储存不当造成的。此外，食品生产中使用了不清洁的水、质量控制体系不健全（车间的卫生状况、生产作业规范、设备卫生管理及维护等）等原因也是导致食品微生物污染的主要因素。

食品微生物污染对人体造成的主要危害是细菌性食物中毒。该类型的中毒有明显的季节性，多发生于5—10月份，发病率高，但死亡率较低。食品微生物污染可分为感染型和毒素型两种，感染型是由于食入大量活细菌而引起，毒素型是食入细菌所产生的毒素而引起的。

1. 沙门氏菌食物中毒

沙门氏菌属肠道病原菌。沙门氏菌引起感染型食物中毒，表现为急性胃肠炎，如有毒素则伴有神经症状。本菌引起中毒必须有大量的活菌存在，潜伏期长短与进食菌数有关系，死亡率为0.5%。引起此类中毒的主要食品有鱼、肉、蛋、乳等。

2. 金黄色葡萄球菌食物中毒

金黄色葡萄球菌食物中毒是由于食用被金黄色葡萄球菌污染并产生肠毒素的食品引起的中毒，属毒素性食物中毒。金黄色葡萄球菌毒素的抗原有6种以上，即A、B、C、D、E、F，其中以A型毒力最强，摄入$1\mu g$即可中毒，且毒素抗热力很强，煮沸$1\sim15 h$仍保持毒力。金黄色葡萄球菌食物中毒症状是急性胃肠炎，潜伏期$2\sim5 h$，最短的仅$10 min$，一般$1\sim2$天可恢复，死亡率较低。儿童对毒素较敏感，可因吐泻而导致虚脱，甚至出现循环衰竭。造成此类中毒的食物有乳及乳制品、腌肉等，剩饭也易发生金黄色葡萄球菌食物中毒。

3. 黄曲霉毒素

黄曲霉毒素是由黄曲霉、寄生曲霉产生的次生代谢产物。黄曲霉毒素（AFT）是一类化学结构类似的化合物，均为二氢呋喃香豆素的衍生物。它们在紫外线照射下能产生荧光，根据荧光颜色不同，分为B族和G族两类，目前已发现二十余种。

AFT主要污染粮油食品及动物源食品，如花生、玉米、大米、小麦、豆类、坚果类、肉类、乳及乳制品、水产品等均有黄曲霉毒素污染，其中以花生和玉米污染最严重。家庭自制发酵食品也能检出黄曲霉毒素。高温高湿地区的粮油及制品中检出率更高。

AFT的毒性极强，其毒性远远高于氰化物、砷化物和有机农药的毒性，其中以B_1毒性最高。当人摄入量较大时，可发生急性中毒，出现急性肝炎、出血性肝坏死、肝细胞脂肪变性和胆管增生等症状。当微量持续摄入时，可造成慢性中毒，生长障碍，引起纤维性病变，致使纤维组织增生。

AFT具有良好的耐热性，一般烹调加工温度不能将其破坏，裂解温度为280℃。此外，AFT在水中溶解度较低，溶于油及一些有机溶剂。

AFT的致癌性强，是目前已知的致癌性最强的化学物质之一。其致癌特点是：致癌范围广,能诱发鱼类、禽类、各种实验动物、家畜及灵长类等多种动物的实验肿瘤;致癌强度大,其致癌力比"六六六"大1万倍;可诱发多种癌,AFT主要诱发肝癌,还可诱发胃癌、肾癌、泪腺癌、直肠癌、乳腺癌、卵巢及小肠等部位的肿瘤。

练习与思考

1. 何谓商品质量?对日用工业品、食品商品质量的基本要求分别是什么?
2. 何谓商品标准?商品标准是如何分级的?商品标准的编号是如何规定的?
3. 商品标准的内容包括哪些?
4. 商品检验的方法有哪些?感官检验的内容有哪些?理化检验的内容有哪些?
5. 感官检验的特点是什么?
6. 名词解释:平方米重量、拉伸强度、冲击强度、断裂伸长率、弹性回复率、弹性模量、含水率、回潮率、耐急变温度差、化学稳定性。
7. 何谓商品质量认证?何谓安全认证?"QS"认证的商品范围有哪些?
8. 商品分类的标志有哪些?举例说明。
9. 商品分类的方法有哪些?其特点是什么?
10. 简述EAN-13码的结构。
11. 商品包装的种类有哪些?
12. 销售包装标志的内容有哪些?
13. 你能识别商品储运图示标志和危险品图示标志吗?
14. 食品中的营养成分有哪些?食品中的有毒有害物质有哪些?
15. 请提出你的合理饮食建议。

第二章　副食品商品

本章学习目的

通过本章的学习，读者应该了解酒的分类，白酒、啤酒、葡萄酒的原料及基本生产工艺；掌握白酒、啤酒、葡萄酒、黄酒的主要品种类别及质量评定方法；了解茶叶的化学组成和基本生产工艺；掌握茶叶的分类，主要品种的产地、特点，茶叶的质量评定方法和储存保管方法；了解乳及乳制品的分类；掌握主要乳制品的质量评定方法。

第一节　酒

酒属于副食品中的饮料类。酒中含有酒精成分，具有一定的刺激性。中医认为适量饮酒具有加快血液循环、消除疲劳等作用。黄酒、啤酒、葡萄酒等发酵酒，由于其中含有人体所需的多种营养成分，故适量饮用，应该有益于人体健康。蒸馏酒的主要成分为酒精，且含量较高，刺激性大，过量饮用对身体健康是不利的。

一、酒的分类

酒的品种繁多，分类的方法也有多种。日常生活中常用的酒的分类方法主要有以下三种。

（一）按生产工艺分类

按生产工艺不同，通常将酒分为发酵酒、蒸馏酒和配制酒三类。

1. 发酵酒

发酵酒是指以粮食、谷物、水果、乳制品等为主要原料，发酵后，经过滤工艺所获得的酒。黄酒、啤酒、干型葡萄酒等均为此类。由于发酵物中凡是能溶于水的物质均能进入酒液中去，故该类酒的化学组成比较丰富，除酒精之外，还含有一定量的可溶性糖、矿物质、氨基酸、多肽、水溶性维生素、色素等多种对人体健康有益的化学成分，故发酵酒具有良好的营养价值。发酵酒中的酒精含量较低，多为低度酒。

2. 蒸馏酒

蒸馏酒是指发酵完成后，经蒸馏工艺所获得的酒。白酒、威士忌、白兰地、伏特加、朗姆酒等均为此类。由于发酵物中只有沸点小于等于100℃的物质才能进入酒液中，故该类酒的化学成分相对比较单一，除水和酒精之外，只含有少量（约 2% 左右）的低沸点有机化合物，故蒸馏酒的营养价值很低。蒸馏酒中的酒精含量较高，多为高度酒或中度酒。

3. 配制酒

配制酒包括药酒、保健酒、露酒、调味酒等类别。药酒是指用蒸馏酒为酒基，配加中药材制成的酒，这类酒具有一定的防病、治病的功效，如虎骨酒等。保健酒是指用蒸馏酒为酒基，配加保健营养物品加工制成的酒，这类酒具有一定的营养和保健功能，如人参酒、鹿茸酒等。露酒是用蒸馏酒或食用酒精、花果类芳香原料、色素等配制而成的酒，如青梅酒、橘子酒、玫瑰酒等。调味酒是指用发酵酒或蒸馏酒、果汁等为原料，经过调味配制而成的酒，如鸡尾酒等。

（二）按酒中酒精含量分类

酒中的酒精含量通常用酒度表示。酒度是指酒液中酒精含量的体积百分比。按酒精含量不同，通常将酒分为高度酒、中度酒和低度酒三类。

1. 高度酒

高度酒一般是指酒度在 40 度以上的酒，如大多数的白酒、白兰地、伏特加等。

2. 中度酒

中度酒一般是指酒度在 20～40 度的酒，如低度白酒、低度伏特加等。

3. 低度酒

低度酒一般是指酒度在 20 度以下的酒，如啤酒、干型葡萄酒、黄酒等。

（三）按商业经营习惯分类

在我国，按商业经营习惯不同，通常将酒分为白酒、啤酒、葡萄酒、黄酒、杂果酒等若干类。

二、白酒

白酒是我国传统的酒品种，为世界八大烈性酒之一。白酒是以高粱等谷物及薯类为主要原料，以大曲、小曲或麸曲及酒母等为糖化发酵剂，经蒸煮、糖化、发酵、蒸馏、陈酿、勾兑而制成的蒸馏酒。由于所用原料、糖化剂以及发酵工艺不同，白酒的品种繁多，品质和风味差别也很大。在饮料酒中，白酒是我国消费量最高的一种。

（一）白酒的分类

按生产工艺不同，通常将白酒分为固态法白酒、半固态法白酒和液态法白酒三类。

1. 固态法白酒

固态法白酒是指采用固态糖化、固态发酵、固态蒸馏的传统工艺酿制而成的白酒。按生产时使用的曲种不同，固态法白酒又分为以下五类。

（1）大曲酒：是指以大曲为糖化发酵剂酿制而成的白酒。

（2）小曲酒：是指以小曲为糖化发酵剂酿制而成的白酒。

（3）麸曲酒：是指以麸曲为糖化剂，加酒母发酵酿制而成的白酒。

(4) 混曲酒：是指以大曲、小曲或麸曲等混合作为糖化发酵剂酿制而成的白酒。

(5) 其他糖化剂酒：以糖化酶为糖化剂，加酿酒酒母（或活性干酵母、生香酵母）发酵酿制而成的白酒。

2. 半固态法白酒

半固态法白酒是指采用固态培菌、糖化，加水后，于液态下发酵、蒸馏的传统工艺酿制而成的白酒。

3. 液态法白酒

液态法白酒是指采用液态糖化、液态发酵、液态蒸馏而制成的白酒。液态法白酒按生产工艺不同，又分为以下四类。

(1) 传统液态法白酒：是指以大米、糖蜜等为原料，加入糖化发酵剂，在液态下边糖化边发酵，液态蒸馏酿制而成的白酒。

(2) 串香白酒：是指以液态法生产的食用酒精为酒基，利用固态法发酵的酒醅（或特制的香醅）进行串香（或浸蒸）而制成的白酒。

(3) 固液勾兑白酒：是指以液态法生产的食用酒精为酒基，用固态法白酒进行勾调而制成的白酒。

(4) 调香白酒：是以液态法生产的食用酒精为酒基，加呈香、呈味物质调配而成的白酒。

（二）白酒的原料

白酒生产需要的原料很多，按原料在生产中的作用不同，通常划分为含淀粉原料、酒曲、酒母、水、辅料五类。

1. 含淀粉原料

凡是淀粉含量较高的谷物、薯类等农产品均可做酿制白酒的原料。其中，谷类主要有高粱、大米、玉米、大麦、小麦等，薯类主要有白薯、红薯、木薯、马铃薯等。此外，废糖蜜等也是较好的酿酒原料。

2. 酒曲

酒曲又称曲子，是淀粉原料的糖化剂。在酿酒过程中，酒曲中的糖化菌把淀粉水解为可转化为酒精的葡萄糖。酒曲不仅影响淀粉原料的出酒率，而且对白酒的品质和风味的形成起着重要作用。不同酒厂制曲使用的原料和工艺有一定的差别，故酒曲有多种，大致又可分为大曲、小曲、麸曲三类。

(1) 大曲又称砖曲，是用小麦、大麦、豌豆等为原料经自然发酵制成的曲。其中存在的糖化菌以曲霉菌为主，另外还有根霉、毛霉和酵母以及少量的醋酸菌、乳酸菌等。大曲酿造的白酒，香味浓厚，质量较高，但用曲量大，出酒率较低，生产周期较长，成本较高。因此，大曲多用在优质白酒的生产中。

(2) 小曲又称药曲，因曲胚形小而得名。小曲是用米粉、米糠和某些中草药，接入隔年陈曲后自然发酵制成。小曲中主要的糖化菌是根霉和少量的毛霉、酵母等。小曲兼有糖化和发酵双重作用。小曲酿造的白酒，一般香味较淡薄，多属于米香型白酒。小曲酿酒用曲量少，出酒率高，成本较低，但酒的品质稍差。

（3）麸曲是以麸皮为主要原料，接入纯种的糖化真菌，如黄曲霉、黑曲霉、根霉等，经人工控制温度、湿度培养而成的散状曲。用麸曲酿酒具有节约粮食，出酒率高，便于机械化生产，生产周期短，原料适用性好等优点。

3. 酒母

酒母即酒精酵母，是酿酒中的发酵剂，其主要作用是将葡萄糖转化为酒精。近年来又加入产酯能力较强的生香酵母，既能增加酒的香气，又可以改善酒的风味。

4. 水

水质与白酒的品质和风味关系密切。我国长期的酿酒实践证明："名酒产地，必有佳泉。"也就是说，水质不佳，很难得到好酒。

5. 辅料

辅料又称填充料。由于酒曲和酒母均为需氧菌，故采用固体发酵法制酒时，在配料中必须加入一定量的辅料，以增大原料中的含氧量，更有利于糖化和发酵。此外，辅料能吸收一部分浆水和酒精，使蒸料和酒醅疏松，为发酵和蒸酒创造适宜的条件。辅料的种类主要有稻壳、谷壳、粉碎的花生壳和玉米秸秆等。

（三）白酒的生产

按发酵物料的状态不同，可将白酒的生产分为固态发酵法、半固态发酵法和液态发酵法三种，其中，液态发酵法生产的白酒也叫新工艺白酒。不管哪种方法，其生产原理和基本工艺流程是类似的，主要包括原料准备、糖化与发酵、蒸酒、陈化、勾兑、包装等工序。

1. 原料准备

原料准备主要包括原料粉碎、配料、蒸煮糊化、冷却等工序。原料粉碎的目的在于提高淀粉的利用率，同时有利于原料的蒸煮。根据原料特性，粉碎的细度要求也不同。配料是将新料、酒糟、辅料及水配合在一起的工艺过程。配料要根据窖子的大小、原料中的淀粉含量、气温、生产工艺及发酵时间等情况而定，配料得当与否的具体表现，要看醅料的淀粉浓度、酸度和疏松程度是否适当。蒸煮糊化是利用蒸煮使淀粉糊化，一方面是为杀灭杂菌，另一方面有利于糖化过程中淀粉的水解。冷却是将蒸熟的原料进行扬渣或晾渣，使物料冷却，使之达到适宜微生物生长的温度的操作。扬渣或晾渣还起到挥发杂味、增加物料中氧气含量的作用。

2. 糖化与发酵

糖化与发酵包括拌醅、入窖发酵等工序。固态发酵白酒多采用边糖化边发酵的双边发酵工艺。在冷却后的物料中加入酒曲和酒母并混合均匀的操作过程称为拌醅。然后，将醅料装入发酵池开始入窖发酵。在发酵过程中，醅料中的淀粉在酒曲的作用下水解为葡萄糖，这一过程称为糖化。由淀粉转化来的葡萄糖在酒母的作用下会进一步转化为酒精，即酒精发酵。在发酵过程中，除了物料中的淀粉转化为酒精之外，还会发生一系列的其他化学改变，生成了氨基酸、多肽、维生素、一系列的低沸点有机化合物等多种物质。

3. 蒸酒

发酵成熟的醅料称为香醅，其化学成分非常复杂。通过蒸酒把醅料中的酒精、水、低沸点有机物转化为蒸气，再经冷凝器冷却即可得到酒液。蒸馏时应尽量把酒精、芳香物质等提取出来，并利用掐头去尾的方法尽量除去影响白酒品质的杂质。

4. 陈化

对于刚刚蒸出的新酒，其香气和滋味往往是不够理想的，需要陈化成熟后，才会得到香气浓郁、口感醇厚的优质白酒。将蒸馏出来的新酒装入陶坛、陶缸等容器中，放置在温度、湿度相对恒定（一般要求温度在20℃左右，相对湿度在65%左右）的库房或山洞中长期储存。在储存过程中，酒液内会发生缓慢的化学及物理改变，从而调整了酒液的化学组成，提高了酒的品质。陶坛、陶缸体内有许多大小不一的孔隙，这些孔隙具有很大的表面积，使陶坛、陶缸具有吸附和氧化催化作用，将醛等氧化成酸，酸与醇进一步酯化形成了具有特定香味的酯类物质；同时，这些孔隙可吸附酒中的异杂味，加速了白酒的成熟。此外，陶坛、陶缸体内存在的 Ni^{2+}、Ti^{4+}、Cu^{2+}、Fe^{2+} 等离子，对酒中的酯化、缩合等反应也具有催化作用，促进酒的成熟。为了能充分利用陶坛、陶缸促进老熟的作用，每个周期贮存结束后，不应将陶坛、陶缸立即再次装酒，而应打开缸盖，通过通风干燥一段时间以进行自然活化，恢复其氧化、吸附能力，以提高贮酒效果。

5. 勾兑

勾兑是白酒生产过程中一道不可缺少的重要工序。由于不同车间、不同馏段、不同陈化时间的酒，其香气和滋味是不一样的，故需要调配成口味统一、品质稳定的成品酒才能推向市场。勾兑不是简简单单地向酒里掺水，而是用不同基础酒的组合调味来平衡酒体，使之保持独有的风格特点，符合品牌的传统风格。勾兑工艺必须由专业人员（勾兑师）完成，勾兑师首先应是评酒师。

6. 包装

勾兑好的酒送入包装车间，经包装，并检验合格之后，就成为人们在市场上见到的成品酒。

（四）白酒的化学组成

白酒的主要成分包括水、酒精和低沸点有机化合物。其中，水和酒精是白酒的主体。例如，52度的白酒中酒精含量为52%（V/V），水的含量约为46%（V/V），低沸点有机化合物的总含量约为2%。

白酒中的低沸点有机化合物主要包括小分子的醛、酸、酯、高级醇等。白酒的品质与这些成分的含量和比例有着密切的关系，白酒的风格也主要取决于这些成分。

此外，白酒中还可能含有少量甲醇、杂醇油、氰化物、重金属等对人体有害的物质。

1. 甲醇

甲醇对人的视觉神经影响很大。白酒中的甲醇主要来自原料中的原果胶。根据《蒸馏酒及配制酒卫生标准》（GB 2757—1981）中的规定，粮食类白酒中甲醇含量不能超过 0.04 g/100 mL，薯类和代用原料的白酒中不能超过 0.12 g/100 mL。

2. 杂醇油

杂醇油会使白酒具有苦涩味，并能导致饮酒者头晕，不舒服。根据《蒸馏酒及配制酒卫生标准》（GB 2757—1981）中规定，白酒中杂醇油总量不能超过 0.20 g/100 mL（以异丁醇与异戊醇计)。但杂醇油在酒的储存过程中能与有机酸发生酯化反应,产生具有水果芳香的酯类物质,从而提高白酒的品质。

3. 氰化物

氰化物是一种烈性呼吸抑制剂,有剧毒,以木薯或代用品为原料酿造的白酒中,往往会存在微量的氰化物。根据《蒸馏酒及配制酒卫生标准》(GB 2757—1981)中规定,木薯白酒中的氰化物含量不得超过 5 ppm(以 HCN 计),以代用品为原料的白酒中氰化物含量不得超过 2 ppm。

4. 铅

白酒中存在的铅主要是来自不纯的锡制(含铅)冷凝器和盛酒的容器等。铅的毒性很高。根据《蒸馏酒及配制酒卫生标准》(GB 2757—1981)中规定,白酒中的含铅量不得超过 1 ppm(以 Pb 计)。

(五)白酒的香型

我国白酒生产企业众多。由于自然环境、酿酒原料、生产工艺、技术条件各不相同,使得不同企业生产的白酒的香气、滋味有较大的差别,并形成了不同的风格特征。在日常生活中,通常将白酒的香型划分为酱香型、浓香型、清香型、米香型、浓酱间香型、凤香型、豉香型等若干种。

1. 酱香型

酱香型白酒以贵州茅台酒为代表,故又称为茅香型。其风格特点是:酱香突出,口感柔和;香气优雅细腻,空杯留香持久;酒体醇厚、丰满,诸味协调;回味悠长;酒度低而不淡。一般认为酱香型白酒的前香是由低沸点的醇、醛、酸类物质组成,后香主要是由高沸点的酸类物质起作用。酱香型白酒的工艺特点是以高粱为原料,使用高温曲,经高温润料,高温堆积回酒发酵等特殊工艺酿制而成。酱香型白酒种类不是很多,四川的古蔺郎酒等也属酱香型白酒。

2. 浓香型

浓香型白酒以四川泸州老窖、五粮液为代表,又称为泸香型。其风格特点是:香味浓郁、醇厚、协调,并以酒味全面著称;酒体醇和协调,绵甜爽净,余味悠长。浓香型白酒的香气主体成分是己酸乙酯和适量的丁酸乙酯等。从工艺上分,浓香型白酒可分为两类。一类是以五粮液酒为代表的、以五种粮食为原料的循环式的跑窖生产,其质量特点为:香气悠久、味醇厚、入口甘美;落喉净爽;口味协调,恰到好处。另一类是以泸州老窖为代表的、以高粱为主要原料的本窖还本窖的定窖生产,质量特点为:醇香浓郁;清洌甘爽;回味悠长。浓香型白酒在我国白酒中占的比重较高,除泸州老窖、五粮液之外,洋河大曲、古井贡酒等都属浓香型白酒。

3. 清香型

清香型白酒以山西杏花村汾酒为代表,又称汾香型。其风格特点是:清香纯正;具有乙酸乙酯为主体的优雅、协调的香味;酒体柔和、协调、绵甜净爽;余味悠长。清香型白酒的香气主体成分是乙酸乙酯,并围绕乙酸乙酯的各种芳香物质的完美配合形成了其特定的香气和滋味。清香型白酒的工艺特点是:以高粱为原料;采用清蒸清烧、地缸发酵制成。

除汾酒外，河南宝丰酒等也属于清香型白酒。

4. 米香型

米香型白酒以桂林三花酒为代表，其风格特点是：米香纯正、清雅；酒体醇和、绵甜、爽冽；回味怡畅。米香型白酒的主体香气成分以乳酸乙酯、β-苯乙醇为主，除此之外，异戊醇和异丁醇的含量要高于其他香型的白酒。米香型白酒的工艺特点是：一般以大米为原料；小曲作糖化发酵剂；经传统半固态发酵酿成。

5. 浓酱间香型

浓酱间香型白酒是指以粮谷为原料，经传统固态发酵、蒸馏、陈酿、勾兑而成，未添加食用酒精及非白酒发酵产生的呈香呈味物质，具有浓香兼酱香独特风格的白酒。其风格特点是：香气浓酱协调、幽雅馥郁；口味细腻丰满、爽净。浓酱间香型白酒的香气主体成分是乙酸乙酯、己酸乙酯、正丙醇等。

6. 凤香型

凤香型白酒是指以粮谷为原料，经传统固态发酵、蒸馏、陈酿、勾兑而成，未添加食用酒精及非白酒发酵产生的呈香呈味物质，具有乙酸乙酯和己酸乙酯为主的复合香气的白酒。其风格特点是：香气秀雅，具有乙酸乙酯和己酸乙酯为主的复合香气；口感醇厚丰满、甘润挺爽、诸味协调、尾净悠长。凤香型白酒的主要代表性品种为陕西凤翔西凤酒。

7. 豉香型

豉香型白酒是指以大米为原料，经蒸煮，以大酒饼为主要糖化发酵剂，采用边糖化边发酵工艺，釜式蒸馏，陈肉（经加热、浸泡、长期储存等特殊工艺处理的肥猪肉）酝浸（将陈肉浸泡于基酒中进行储存陈酿的工艺过程）勾兑而成，未添加食用酒精及非白酒发酵产生的呈香呈味物质，具有豉香特点的白酒。其风格特点是：豉香纯正、清雅；口感醇和甘滑；酒体协调；余味爽净。豉香型白酒的主体香气成分为 β-苯乙醇、二元酸（庚二酸、辛二酸、壬二酸等）。豉香型白酒的主要代表性品种为广东佛山的玉冰烧等。

（六）白酒的感官质量评定

对酒进行质量评定与对日用工业品、纺织品等商品的质量评定方法不同。对酒而言，通常是在卫生性指标符合相关要求的基础之上，以感官指标的评审确定其品质。对酒进行感官鉴定，要求鉴定人员应具有必要的评酒知识和丰富的实践经验。鉴定通常采用记分法。白酒的感官评价指标主要包括状态与色泽、香气和滋味。

1. 状态与色泽

在评酒杯中观察酒液，要求酒液澄清、透明，无悬浮物和沉淀物，酒液应无色。陈化期较长的高档白酒，允许带有极微的浅黄色。

2. 香气

白酒的香气是通过人们的嗅觉来检验的。以香气的浓淡、纯正度、香型、异味的有无来判定。

白酒的香气可从溢香、喷香和留香三个方面考查。溢香是白酒中的芳香物质溢散于杯口附近所形成的香气，它很容易使人闻到，也称闻香。当酒液进入口腔后，由于温度差的作用，香气物质迅速挥发，充满整个口腔，这叫喷香。当酒液咽下后，口中香气缭绕，经久不散，这叫留香。白酒都应具有良好的溢香，名酒和优质酒不仅应有良好的溢香，还应有良好的喷香和留香。白酒不应有异味，如焦糊味、糠味、泥味、腐臭味等。

3. 滋味

滋味是通过味觉来鉴定的。白酒滋味与香气有密切的联系，香气较好的白酒，其滋味也较好。一般来讲，白酒的滋味要求纯正，无强烈的刺激性。名酒和优质白酒还要求滋味醇厚、绵软、悠长、甘洌、回甜，入口时有愉快舒适感。

三、啤酒

啤酒是以麦芽、水为主要原料，加啤酒花，经啤酒酵母发酵酿制而成的，含有二氧化碳的、起泡的、低酒精度的发酵酒。由于含有充足的二氧化碳，故啤酒能给人以清爽之感，是人们夏季比较喜欢的一种清凉饮料。啤酒中含有丰富的营养成分，所以又有"液体面包"之称。啤酒的发热量很高，1升12度的啤酒其发热量相当于65 g奶油或250 g面包。经常适量饮用啤酒，可以帮助消化，健脾开胃，增进食欲。因此，在1972年召开的世界第九届营养食品会议上，啤酒被列为营养食品。

（一）啤酒的分类

1. 根据生产过程中是否杀菌分类

根据生产过程中是否杀菌及除菌工艺不同，可将啤酒分为鲜啤酒、熟啤酒、纯生啤酒三类。

（1）鲜啤酒：又称生啤酒，是指过滤完成后，不经过灭菌或除菌，直接进入市场销售的啤酒。鲜啤酒中含有大量的活菌（啤酒酵母），在储存、销售过程中会继续发酵，故酒液的稳定性很差，容易出现酵母浑浊，保存期短，且只能低温保存。鲜啤酒的口味比较鲜爽，又多是低度啤酒，所以是夏季很好的清凉饮料。

（2）熟啤酒：是指过滤完成后，经加热灭菌的啤酒。熟啤酒的稳定性好，保质期在6个月以上。日常生活中人们饮用的啤酒主要是这一类。

（3）纯生啤酒：是指不经加热灭菌，而是采用其他物理方式除菌，从而达到一定生物稳定性的啤酒。目前纯生啤酒的生产多采用过滤除菌。纯生啤酒的保存期与熟啤酒近似，但口味明显好于熟啤酒。

2. 根据色泽分类

根据色泽不同，可将啤酒分为黄啤酒和黑啤酒两类。

（1）黄啤酒：酒液呈浅黄色，是啤酒中的主要品种；用短麦芽加工生产；口味较清爽，酒花香气较突出。黄啤酒按色度不同又分为淡色黄啤酒和浓色黄啤酒。淡色黄啤酒是指色度为2~14 EBC 单位的啤酒，浓色黄啤酒是指色度为15~40 EBC 单位的啤酒。

（2）黑啤酒：是指色度大于41 EBC 单位的啤酒。黑啤酒的酒液呈咖啡色，富有光泽。用焦香麦芽加工制成，生产中使用的麦汁浓度较高，发酵度较低，固形物含量较高，口味比较醇厚，有明显的麦芽香。

3. 根据麦汁浓度不同分类

根据麦汁浓度不同，可将啤酒分为低浓度啤酒、中浓度啤酒、高浓度啤酒三类。

（1）低浓度啤酒：一般采用6～8度（巴林糖度计）麦汁发酵制成，酒精含量约为2%（按重量计）。鲜啤酒多为低浓度啤酒。

（2）中浓度啤酒：是啤酒中产量最高的品种，一般采用10～12度（巴林糖度计）麦汁发酵制成，酒精含量3.5%（按重量计）左右。黄啤酒中的熟啤酒和纯生啤酒多为中浓度啤酒。

（3）高浓度啤酒：一般采用14～20度（巴林糖度计）麦汁发酵制成，酒精含量4.5%～5.5%（按重量计）。黑啤酒多为高浓度啤酒。

4. 特种啤酒的分类

特种啤酒是指由于原、辅材料和工艺的改变而具有特殊风味的啤酒。这类啤酒近些年发展很快，品种也很多。

（1）干啤酒：实际发酵度不低于72%，口味干爽的啤酒。

（2）低醇啤酒：酒精度在0.6～2.5度的啤酒。

（3）无醇啤酒：酒精度小于0.5度，原麦汁浓度大于等于3度（巴林糖度计）的啤酒。

（4）小麦啤酒：以小麦芽（占麦芽的40%以上）和水为主要原料酿制，具有小麦麦芽经酿造所具有的特殊香气的啤酒。

（5）浑浊啤酒：在啤酒中含有一定量的酵母菌或显示特殊风味的胶体物质，浊度大于2.0 EBC的啤酒。

（6）冰啤酒：经冰晶化工艺处理，浊度大于0.8 EBC的啤酒。

（二）啤酒的原料

酿造啤酒的原料主要包括酿造用水、大麦、淀粉类辅助原料、啤酒酵母、啤酒花五类。

1. 酿造用水

啤酒酿造用水包括糖化用水、洗糟用水和啤酒稀释用水。水是啤酒的"血液"，水质的好坏直接影响着啤酒的质量，没有好水是很难酿造出高品质的啤酒来的。一般啤酒厂都需要建立一套酿造用水的水处理系统，也有些啤酒厂直接采用高质量的天然水源。

2. 大麦

大麦是酿造啤酒最为主要的原料。生产中应首先将大麦制成麦芽，然后再用来酿造啤酒。根据大麦籽粒形态的不同，可将大麦分为六棱大麦、四棱大麦和二棱大麦。其中二棱大麦的籽粒皮薄，大小均匀，饱满整齐，淀粉含量较高，蛋白质含量适当，最适合酿造啤酒。

3. 淀粉类辅助原料

在啤酒酿造中常常需要添加一些富含淀粉的未发芽谷物、糖类作为辅助原料。使用辅助原料的目的是：以价廉而富含淀粉的谷物为麦芽辅助原料，可降低原料成本和吨酒粮耗；使用糖类为辅料，可以节省糖化设备的容量，同时可以调节麦汁中糖的比例，提高啤酒发酵度；使用辅助原料，可以降低麦汁中蛋白质和多酚类物质的含量，降低啤酒色度，改善啤酒风味和非生物稳定性；使用部分辅助原料（如小麦）可以增加啤酒中蛋白的含量，改进啤酒的泡沫性能。

大米是最常用的辅助原料。添加大米的啤酒，色泽浅，口味清爽，泡沫细腻，酒花香突出，非生物性稳定性好。

小麦也常作为淀粉类辅助原料使用。小麦作辅料有如下特点：啤酒泡沫性能好；花色苷含量低，有利于啤酒非生物稳定性，且风味也较好；麦汁中可同化性氮含量高，发酵速度快，啤酒最终 pH 较低；小麦富含 α-淀粉酶和 β-淀粉酶，有利于快速糖化。小麦（或小麦芽）用量一般为 20% 左右。

有时，也采用淀粉为辅料。采用淀粉为辅料的优点是：淀粉纯度高；杂质少；黏度低；无残渣；可以生产高浓度啤酒和高发酵度啤酒，且麦芽汁过滤容易。

4. 啤酒酵母

酿造啤酒用的酒母与酿造白酒用的酒母不同，为不同的酵母品种，它能将物料中的可发酵糖转化为酒精、二氧化碳等物质。啤酒中的酒精和二氧化碳都是啤酒酵母发酵的产物。

根据啤酒酵母的发酵类型不同，常分为上面酵母和下面酵母。下面酵母虽出现较晚，但较上面酵母应用更为广泛。世界上多数国家采用下面酵母酿造啤酒，我国也多采用下面酵母酿造啤酒。

5. 啤酒花

啤酒花又称酒花，为植物蛇麻的干燥花。蛇麻为大麻科葎草属多年生蔓性草本植物，雌雄异株，用于酿造啤酒的为其雌花。我国新疆、甘肃、内蒙古、宁夏等地区盛产优质的啤酒花，是世界啤酒花的主产地。

德国人首先在酿制啤酒时添加了啤酒花，从而使啤酒具有了清爽的苦味和芬芳的香味，从此，啤酒花被誉为"啤酒的灵魂"，成为啤酒酿造不可缺少的原料之一。此外，啤酒花中的这种苦味物质还具有防止啤酒中腐败菌的繁殖和澄清啤酒的作用。

（三）啤酒的生产

啤酒的生产工艺流程主要包括制麦、麦汁制造、发酵、包装四道工序。

1. 制麦

大麦收获后需经 2~3 个月的贮存，使其度过休眠期后，才能进入麦芽车间开始制造麦芽。制麦的主要工序包括选麦、浸麦、发芽、干燥、包装。从大麦到制成麦芽大约需要 10 天左右。

原料大麦中常常含有各种杂质，在投料前需进行处理。首先，通过粗选除去大麦中的砂石、尘土、铁屑及麦芒、秸秆等植物性杂质；然后，进行精选，进一步去除与麦粒大小相当的植物种子类杂质，如荞麦、野豌豆、草籽等。大麦精选使用的精选机又称杂谷分离机。

将精选后的大麦按颗粒大小分级，目的是为了得到颗粒整齐的大麦，为提高麦芽的整齐度和粉碎后获得粗细均匀的麦芽粉以及提高麦芽的浸出率创造条件。大麦分级常使用分级筛完成。

浸麦是将大麦送入浸麦槽洗麦、浸水的工艺过程。浸麦的目的是：提高大麦的含水量，使其达到发芽所需的水分要求；通过洗涤，除去麦粒表面的灰尘、杂质和微生物；在浸麦水中适当添加一些化学药剂，可以加速麦皮中有害物质（如酚类等）的浸出。

浸水后的大麦送入麦芽床或发芽箱，控制温度、湿度，并适时通风，使大麦发芽。发芽的目的是使麦粒内生成各种生物酶。随着酶系统的形成，胚乳中的淀粉、蛋白质、半纤维素等高分子物质得以逐步分解，可溶性的低分子糖类和含氮物质不断增加，整个胚乳结构由坚韧变为疏松，这种现象被称为麦芽溶解。发芽工序结束得到的麦芽称为绿麦芽。

绿麦芽用热空气强制通风干燥和焙焦的过程称为干燥。绿麦芽干燥的目的是：除去绿麦芽多余的水分，防止腐败变质，便于贮藏；终止绿麦芽的生长和酶的分解作用；除去绿麦芽的生腥味，使麦芽产生特有的色、香、味；有利于除去麦根，麦根有不良苦味，如果带入啤酒，将影响啤酒风味。

干燥后的麦芽经除根机去根，即得成品麦芽。

2. 麦汁制造

麦汁制造包括麦芽及淀粉类辅助原料的粉碎、糖化、麦汁煮沸与酒花添加、麦汁冷却等工序。

麦芽及淀粉类辅助原料经粉碎后，增加了表面积，使糖化时可溶性物质容易浸出，并有利于酶促分解反应的进行。

糖化是指利用麦芽中所含的各种麦芽酶（主要为水解酶），在适宜的条件（温度、pH值、时间等）下，将麦芽和辅助原料中的淀粉、蛋白质、半纤维素等分解成可溶性的低分子物质（如可溶性糖、氨基酸、多肽等）的过程。糖化过程是一项非常复杂的生化反应过程，是啤酒生产中的重要环节。糖化的要求是麦汁的浸出物收得率要高，浸出物的组成及其比例符合啤酒发酵生产的要求。糖化方法很多，传统的糖化方法可分为煮出糖化法和浸出糖化法。糖化结束后，经过滤得到的澄清溶液称为麦汁。

麦汁煮沸与酒花添加的目的是：蒸发多余水分，使麦汁浓缩到规定的浓度；破坏全部酶的活性，稳定麦汁组分；杀灭麦汁中存在的各种微生物；浸出酒花中的有效成分，赋予麦汁独特的苦味和香味，并提高麦汁的生物和非生物稳定性；析出某些受热变性以及与多酚物质结合成絮状沉淀的蛋白质，提高啤酒的非生物稳定性；使具有不良气味的化合物（如香叶烯等）随水蒸气的挥发而逸出，提高麦汁品质。

麦汁煮沸定型后，必须立即冷却，降低麦汁温度，使之达到适合酵母发酵的温度，以利于酵母的生长增殖。同时，析出和分离麦汁中的冷、热凝固物，改善发酵条件和提高啤酒质量。

3. 发酵

在冷却后的麦汁中加入啤酒酵母，控制温度，使其发酵。传统的下面发酵又分主发酵和后发酵两个阶段。主发酵一般在密闭或敞口的主发酵池（槽）中进行，后发酵在密闭的发酵罐内进行。主发酵过程中，麦汁中的可发酵糖转化为酒精和二氧化碳，大约一星期后，即可生成"嫩啤酒"。主发酵结束以后，绝大部分酵母沉淀于罐底。除去沉淀于罐底的酵母后，生成物"嫩啤酒"被泵入后发酵罐（亦称熟化罐）中继续进行发酵，同时，酒液中残留的酵母和不溶性蛋白质进一步沉淀，使啤酒的风格逐渐成熟。成熟的时间随啤酒品种的不同而异，一般为7~21天。

4. 包装

啤酒包装是啤酒生产的最后一道工序,对啤酒质量和外观有直接影响。经后发酵而成熟的啤酒经过滤后装入清酒罐,在包装车间被分装入瓶(罐或桶)中,经过压盖、生物稳定处理、贴标、装箱成为成品啤酒。一般把未经灭菌(或除菌)的啤酒称为鲜啤酒;鲜啤酒经过巴氏灭菌处理后的啤酒称为熟啤酒;若不经过巴氏灭菌,而经过过滤除菌工艺处理的啤酒称为纯生啤酒。

(四)啤酒的感官质量鉴定

啤酒的质量评定与白酒类似,其感官质量指标主要包括透明度、色泽、泡沫、香气和滋味。

1. 透明度

啤酒的色泽虽有深浅之分,但都要求酒液澄清、透明,不能有悬浮物和沉淀物。

2. 色泽

啤酒色泽的深浅程度因品种的不同差异很大,淡色黄啤酒的色泽应呈浅黄至金黄色;浓色黄啤酒的色泽应呈棕黄色;黑啤酒的色泽应呈咖啡色。

3. 泡沫

啤酒的泡沫对啤酒的质量和风味具有重要的意义。啤酒应具有充沛的泡沫,且泡沫细腻、持久,高档啤酒的泡沫应能挂杯,黄啤酒的泡沫应洁白。啤酒的泡沫特征与啤酒中二氧化碳的含量及表面活性物质(如蛋白质、酒花树脂、酒精等)的浓度有关,其中前者决定泡沫是否充沛;后者决定泡沫的细腻、持久程度。我国啤酒要求二氧化碳含量不得低于 $0.3 \text{ g}/100 \text{ g}$。

4. 香气和滋味

啤酒应具有酒花的清香和麦芽香,黄啤酒要求酒花清香突出,黑啤酒则要求有较明显的麦芽香。

啤酒的滋味应具有爽口愉快的感觉,黑啤酒还要求口味醇厚,不能有其他异味。

四、葡萄酒

(一)主要酿酒葡萄品种

葡萄酒的品质七分取决于原料,三分取决于工艺,所以有人说:好葡萄酒是种出来的。葡萄的品种特质在很大程度上决定了葡萄酒的风味、香气和典型性,尤其对于单品种葡萄酒更是如此。

1. 赤霞珠(Cabernet Sauvignon)

赤霞珠原产法国,为世界著名的红色酿酒葡萄品种。赤霞珠对气候的适应性强,目前,世界主要红葡萄酒产区均有大面积种植。

酿酒特性:酒体呈淡宝石红色,口感严密紧涩,典型的香味十分强烈,酒精度中等,单宁含量高;香味复杂丰富,在不同条件下表现不同,可表现出黑莓的果香,或薄荷、青草、青豆、青椒等的清香,或烟草、香草、咖啡等的烘焙香和烟熏香,有时也会具有破碎的紫罗兰的香气;滋味醇厚,回味好,品质上乘。在法国,常用品丽珠、梅洛与其调配,以改善酒体的风格和典型性。

2. 品丽珠（Cabernet France）

品丽珠原产法国,为世界著名的红色酿酒葡萄品种,世界各地均有栽培。其特有的个性是具有浓烈青草味,并混合黑加仑子和桑葚的果味。因单独使用品丽珠酿酒酒体较轻淡,所以它主要用于调和赤霞珠和梅洛。

酿酒特性:深宝石红色;结构较赤霞珠弱而柔和;风味纯正;酒体完美;低酸;低单宁;酒体充满了优雅、和谐的果香和细腻的口感;增添了葡萄酒香气的复杂性。

3. 梅洛（Merlot）

梅洛原产法国,为世界著名的红色酿酒葡萄品种。

酿酒特性:酒液呈宝石红色;酒体丰满、柔和;果香浓郁;滋味清爽和谐;单宁含量低;具有解百纳典型性;有时有李果香气,其酒体优劣程度与其土壤品质密切相关。该品种与其他品种酒调配可以提高酒体的果香和色泽,使酒体更加和谐、美满。

4. 霞多丽（Chardonnay）

霞多丽原产法国,为世界著名的白色酿酒葡萄品种。

酿酒特性:霞多丽是酿造高档干白葡萄酒和香槟酒的世界名种,用其酿制的葡萄酒酒色金黄;香气清新优雅;果香柔和悦人;酒体协调、强劲、丰满。尤其是在橡木桶内发酵的干白酒,酒香玄妙,干果香十分典型,是世界经典干白葡萄酒中的精品。

（二）葡萄酒的生产

好的葡萄酒香气协调,酒体丰满,滋味纯正,风格独特,但任何单一品种的葡萄都很难使酒达到预期的风味。即使是优质的葡萄,也有欠缺的一面。酿酒工艺师为了弥补葡萄的某些缺陷,对拟用葡萄品种进行了精心的研究,将不同品种的葡萄进行合理的搭配,调和五味,从而酿造出品格高雅的葡萄酒奉献给世人。

葡萄酒的生产大致可分为四个过程:葡萄的采收与装运;原酒的发酵;储藏陈化;灌装。

1. 葡萄的采收与装运

采收葡萄时,应选择成熟度较好的果穗,同时剔除病穗、烂穗。

在装运时,应降低容器的高度,以防止葡萄果实的相互挤压。同时应减少转倒的次数和高度,以保证果实的良好与清洁。

2. 原酒的发酵

原酒的发酵工艺因所酿造的葡萄酒品种不同而异,在此以干型红葡萄酒的生产为例加以说明。

干型红葡萄酒发酵的主要特点是浸渍发酵。即在红葡萄酒的发酵过程中,酒精发酵作用和固体物质的浸渍作用同时存在,前者将糖转化为酒精,后者将固体物质中的丹宁、色素等物质溶解在葡萄酒中。其工艺流程包括除梗破碎、装罐、添加酵母、发酵、皮渣分离及压榨、苹果酸—乳酸发酵等工序。

（1）除梗破碎：将采摘的葡萄送入振动筛选台除掉杂质和小青粒，然后送入除梗破碎机除去果梗并破碎形成果浆；产生的果浆汇入集汁槽，随后，立即用果浆泵输送进发酵罐。

（2）装罐：在将果浆泵入发酵罐的同时，添加亚硫酸，加入量视葡萄的卫生状况而定，一般为50～80 mg/L（以 SO_2 计）。装罐完成后要进行一次倒灌，以使亚硫酸与果浆充分混合均匀。然后再添加果胶酶，添加量为20～40 mg/L。果胶酶有助于分解葡萄皮，促进色素、呈香物质、丹宁等物质的浸渍过程。

（3）添加酵母：将一定浓度的酵母乳液添加到果浆中，以促进发酵。酵母添加后要进行一次大循环，以使酵母和发酵料混合均匀。

（4）发酵：在发酵过程中，对发酵温度要进行严格监控，一般控制发酵温度在25～30℃。发酵过程中需进行倒灌及喷淋。倒灌的次数取决于很多因素，如葡萄酒的种类、原料质量以及浸渍时间等。一般每天倒灌1～2次，每次约1/3。发酵过程一般持续1周左右的时间。

（5）皮渣分离及压榨：测定葡萄酒的含糖量低于2 g/L时，开始皮渣分离。

（6）苹果酸—乳酸发酵：苹果酸—乳酸发酵是提高红葡萄酒质量的必要工序。通过此次发酵，酒液中具有生青味和涩味、尖酸的苹果酸在乳酸菌作用下转化为乳酸。乳酸的酸味较弱，并具有特殊乳香味，从而改善酒体的口感。除此之外，通过苹果酸—乳酸发酵，并进行恰当的亚硫酸处理，红葡萄酒才具有良好的生物稳定性，而且使葡萄酒变得更加柔和、圆润。这一发酵过程必须保证满罐、密封。

3. 原酒的储藏、陈化

发酵完成后，原酒经过滤、澄清，装入储酒罐（桶）开始自然陈化。储酒罐（桶）按材质不同分为不锈钢储酒罐和橡木桶两种。使用何种材质的储酒罐（桶）应视酒的品种和工艺要求而定，传统名酒多采用橡木桶储藏。储藏、陈化时间可能是几个月，也可能是几年，不同葡萄酒在储藏、陈化时间上有较大的差异。

将陈化成熟的葡萄酒从酒窖中取出，首先进行下胶和过滤处理；然后进行冷冻处理，并进行第二次过滤，以除去酒石结晶，充分提高酒体的非生物未定性；最后泵入成品罐，等待灌装。

4. 灌装

葡萄酒的灌装就是将葡萄酒装入玻璃瓶中，以保持其现有的质量，便于销售和饮用。在灌装前必须对葡萄酒的质量进行检验，确定其符合葡萄酒质量、卫生标准。

（三）葡萄酒的分类

1. 按葡萄酒的色泽分类

按葡萄酒的色泽不同，可将葡萄酒分为红葡萄酒和白葡萄酒两类。

（1）红葡萄酒：用红色或紫红色葡萄为原料，采用皮肉混合发酵方法制成。酒中溶有葡萄的色素，经氧化而呈红色或深红色。红葡萄酒的口味甘美，酸度适中，香气芬芳。

（2）白葡萄酒：用黄绿色葡萄（白葡萄）或用红葡萄汁为原料发酵制成，酒的色泽为浅黄色。白葡萄酒的口味纯正，酸甜爽口。

2. 按酒液中的含糖量分类

按葡萄酒中的含糖量不同,可将葡萄酒分为干葡萄酒、半干葡萄酒、半甜葡萄酒和甜葡萄酒四类。

(1) 干葡萄酒:含糖(以葡萄糖计)量小于等于 4.0 g/L;或者当总糖与总酸(以酒石酸计)的差值小于等于 2.0 g/L,含糖量最高为 9.0 g/L 的葡萄酒。该类葡萄酒在口中甜味很淡,微酸且清怡爽口。它在欧洲的消费量最大。

(2) 半干葡萄酒:含糖(以葡萄糖计)量在 4.0~12.0 g/L;或者当总糖与总酸(以酒石酸计)的差值小于等于 2.0 g/L,含糖量最高为 18.0 g/L 的葡萄酒。该类葡萄酒在口中微有甜味或略感厚实的味道。

(3) 半甜葡萄酒:含糖(以葡萄糖计)量在 12.0~45.0 g/L 的葡萄酒。其口味略甜,醇厚爽顺。它在日本、美国等国消费量较大。

(4) 甜葡萄酒:含糖(以葡萄糖计)量在 45.0 g/L 以上的葡萄酒。甜葡萄酒有明显的甜味,在我国的消费量较大。

3. 按加工方法分类

按葡萄酒的加工方法不同,可将葡萄酒分为原汁葡萄酒、半汁葡萄酒、加料葡萄酒、起泡葡萄酒和蒸馏葡萄酒等若干类。

(1) 原汁葡萄酒:全部由葡萄发酵而成的产品。

(2) 半汁葡萄酒:一部分为原汁葡萄酒,添加食用酒精、糖和其他配料混合而成的葡萄酒;或者在葡萄汁中加入水和糖,然后发酵而成的葡萄酒。

(3) 加料葡萄酒:在原汁葡萄酒中加入药料、香料、糖分等制成的葡萄酒,如丁香葡萄酒、味美思、桂花陈酒、葡萄补酒等。加香料的为香型葡萄酒,加药料的为补型葡萄酒。

(4) 起泡葡萄酒:多为白葡萄酒,酒内含有大量二氧化碳,开瓶后有大量泡沫产生,如香槟酒、葡萄汽酒等。

(5) 蒸馏葡萄酒:一般用品质较差的葡萄或果渣等下脚料,发酵后采用蒸馏提酒工艺所获得的酒,酒度较高,约 40 度左右。其主要品种为白兰地。白兰地是以葡萄为原料,经发酵、蒸馏、橡木桶储存陈酿、调配而成的葡萄蒸馏酒。白兰地起源于欧洲,已有几百年的生产历史。

(四) 葡萄酒的感官质量鉴定

葡萄酒的质量可以从感官和理化两个方面进行鉴定,在我国以感官鉴定为主。感官指标及其质量要求主要有以下四项。

1. 外观

外观包括色泽、透明度及起泡情况。

(1) 色泽:要求具有与葡萄果实相近的天然颜色并富有光泽。白葡萄酒应呈麦秆黄色、晶亮;红葡萄酒应呈近似宝石红色,不应呈深棕褐色;白兰地的色泽应呈淡黄色。

(2) 透明度:任何品种的葡萄酒都应澄清、透明,无浑浊和沉淀,也不能有悬浮物。

(3) 起泡情况:起泡葡萄酒应含有充沛的二氧化碳,倒入酒杯中,泡沫立即升起,要求泡沫洁白、细腻、持久。大香槟酒在开瓶时,要求瓶塞能被气压冲出有一定的高度,发出清脆的声响。

2. 香气

葡萄酒应具有葡萄鲜果的清香和酒香，且两者配合和谐，不应有其他异味。

3. 滋味

不同种类的葡萄酒其滋味有一定区别。干葡萄酒的滋味应清快、爽口、舒适洁净、丰满和谐；甜葡萄酒醇厚爽口，酸、涩、甘、馥各味和谐，爽而不薄，醇而不烈，甜而不腻，馥而不艳（不飘）。各种葡萄酒在口感上均要求口味醇厚，酒质细腻、爽口，回味绵长。

4. 典型性

葡萄酒，尤其是其中的名酒，都应具有各自独特的风格，即典型性。例如，干白葡萄酒应具有清新、爽、利、愉、雅感；干红葡萄酒应具有清、爽、愉、醇、幽感；甜白葡萄酒的风格中把"利"改为"甘"；甜红葡萄酒的风格应具有爽、馥、酸、甜感，各味应和谐统一。葡萄酒的典型性很大程度取决于葡萄品种和果实的品质，所以名酒都有特定的葡萄原料，以保持它们应有的典型性。

（五）法国葡萄酒

法国是葡萄酒的故乡。法国葡萄酒起源于公元1世纪，最初的葡萄种植在法国南部的罗纳河谷，公元2世纪到达波尔多地区。历史悠久的传统葡萄种植技术和酿造工艺，与现代严谨的葡萄酒酿造方法相结合，使法国葡萄酒更具贵族气质。法国葡萄酒是老世界葡萄酒的典型代表。

决定葡萄酒品质的六大因素是葡萄品种、气候、土壤、湿度、葡萄园管理和酿酒技术。法国葡萄酒之所以优秀，是因为法国在上述六大因素上均具有得天独厚的优势。法国葡萄酒不管是产量还是品质一直居于世界前列。

法国全境均有葡萄的种植。由于不同地区小气候、土壤、酿造工艺、储存方法及时间有较大的差别，使葡萄酒的风味各具特色，因此，法国是世界上葡萄酒品种最多的国家，包括白葡萄酒、玫瑰红葡萄酒、红葡萄酒、起泡葡萄酒、蒸馏葡萄酒等，其中最重要的是红葡萄酒。

法国拥有得天独厚的温带气候，非常有利于葡萄的生长，但在不同地区，气候和土壤也不尽相同。法国境内有十大葡萄酒产区，自北向南依次是香槟产区（Champagne）、阿尔萨斯产区（Alsace）、卢瓦尔河谷产区（Vallee de la Loire）、勃艮第产区（Bourgogne）、汝拉和萨瓦产区（Jura et Savoir）、罗纳河谷产区（Rhone Valley）、波尔多产区（Bordeaux）、西南产区（Sud-Ouest）、朗格多克—鲁西雍产区（Languedoc-Roussillon）、普罗旺斯—科西嘉产区（Provence et Corse）。其中，最为著名的是波尔多产区和勃艮第产区，在这两个产区中汇集了世界大多数的著名葡萄酒品牌。

波尔多产区位于法国西南部，是世界公认的优质葡萄酒产区。该产区葡萄种植面积约10万公顷，年产约八亿瓶葡萄酒，其中AOC级的优质葡萄酒占总量的95%。波尔多产区的气候和地理条件得天独厚，它毗邻大西洋，气候温和，土壤形态多样，境内的吉伦特河滋润着这片富饶的土地，非常适合葡萄树的生长。波尔多产区以红葡萄酒为主，波尔多产区南部的苏岱（Sauternes）次产区的白葡萄酒也很著名。波尔多产区的葡萄酒口感柔顺、细致、典雅，具有女性般的柔美，被誉为"法国葡萄酒王后"。

勃艮第产区位于法国东北部，是法国古老的葡萄酒产区。与波尔多产区的调配葡萄酒不同，勃艮第产区的葡萄酒多以单一品种葡萄酒为主。勃艮第 22 000 公顷的葡萄种植面积仅为波尔多的不到 1/4，因此，勃艮第酒的产量要比波尔多酒小。但是，勃艮第酒的体系要比波尔多酒复杂，从而加大了勃艮第酒的鉴别难度，因此，勃艮第酒常常给人以距离感。然而，对于葡萄酒迷们来说，勃艮第是他们的天堂。勃艮第酒的个人色彩，再加上产量的稀少，使得顶级名园的勃艮第酒常常高居红酒价格最高层。被称为红酒世界"天王巨星"的罗曼尼·康帝（La Romannee Conti），年产量不过 6000 瓶，最新年份的酒一上市，每瓶的价格多在人民币 40 000 元左右。而由有勃艮第"铁娘子"之称的拉鲁（Lalou）主持的乐花（Leroy）酒园所出产的圣维望之罗曼尼（La Romanee Saint Vivant），新酒上市价也在万元人民币之上。勃艮第葡萄酒力道浑厚坚韧，与波尔多葡萄酒的柔顺相呼应，被称为"法国葡萄酒之王"。

法国拥有一套严格、完善的葡萄酒分级制度和品质管理体系。1935 年，法国通过了一系列关于葡萄酒质量管理的法律，依据这些法律建立了一个原产地控制命名系统，并设立了一个专门机构（产地命名监督机构）负责监督和管理。法国的葡萄酒分级制度和品质管理体系对于酒的来源和质量类型为消费者提供了可靠的保证。法国葡萄酒共划分为日常餐酒（Vin De Table）、地区餐酒（Vin De Pays）、优良地区餐酒（VDQS）和法定产区餐酒（AOC）四个等级。

(1) 日常餐酒（Vin De Table）：英文含义为 Wine of the table，是最低级的法国葡萄酒，常作日常饮用酒。日常餐酒可以由不同地区的葡萄汁勾兑而成，如果葡萄汁限于法国各产区，则可称法国日常餐酒。该等级的葡萄酒不得用欧盟之外国家的葡萄汁酿造。日常餐酒产量约占法国葡萄酒总产量的 38%，其酒瓶标签标示为"Vin de Table"。

(2) 地区餐酒（Vin De Pays）：英文含义为 Wine of Country，是指品质优于日常餐酒的葡萄酒。地区餐酒的标签上可以标明产区，标明产区的地区餐酒仅限于该产区内的葡萄汁酿造。地区餐酒产量约占法国葡萄酒总产量的 15%，其酒瓶标签标示为"Vin de Pays ＋产区名"，如 Vin de Pays d'Oc。法国绝大部分的地区餐酒产自南部地中海沿岸。

(3) 优良地区餐酒（Vin Délimité de Qualité Superieure）：级别简称 VDQS，是指品质优于地区餐酒的葡萄酒，该等级是普通地区餐酒向 AOC 级别过渡所必须经历的级别。如果在 VDQS 时期酒质表现良好，则会升级为 AOC。优良地区餐酒产量只占法国葡萄酒总产量的 2%，其酒瓶标签标示为"Appellation＋产区名＋Vin Délimité de Qualité Superieure"。

(4) 法定产区餐酒（Appellation d'Origine Contrôlée）：级别简称 AOC，是法国葡萄酒最高级别。AOC 的法文意思为"原产地控制命名"，原产地地区的葡萄品种、种植数量、酿造过程、酒精含量等都要得到专家认证。该等级的葡萄酒只能用原产地种植的葡萄酿制，绝对不能用其他区域所产的葡萄汁酿造。AOC 级葡萄酒产量约占法国葡萄酒总产量的 35%，其酒瓶标签标示为"Appellation＋产区名＋Contrôlée"，如 Appellation Bordeaux Contrôlée。

五、黄酒

黄酒是以稻米、黍米为主要原料，经加曲、酵母等糖化发酵剂酿制而成的发酵酒。黄酒是世界上最古老的酒类之一，是我国特有的传统饮用酒，属于低度发酵酒，酒精含量约为14～20度。黄酒的酒性醇和，适宜长期贮存，具有"越陈越香"的特点。黄酒香气浓郁，甘甜味美，酒体醇厚，具有一定的营养价值，含有多种氨基酸、糖、有机酸和维生素等。黄酒是江南一带广大民众十分喜爱的饮料酒，也是烹调中广泛使用的调味酒之一。

（一）黄酒的分类

1. 按产品风格分类

根据黄酒的风格特点不同，可将黄酒分为传统型黄酒、清爽型黄酒和特型黄酒三类。

（1）传统型黄酒：是指以稻米、黍米、玉米、小米、小麦等为主要原料，经蒸煮、加酒曲、糖化、发酵、压榨、过滤、煎酒（除菌）、储存、勾兑而成的黄酒。

（2）清爽型黄酒：是指以稻米、黍米、玉米、小米、小麦等为主要原料，加入酒曲（或部分酶制剂和酵母）为糖化发酵剂，经蒸煮、糖化、发酵、压榨、过滤、煎酒（除菌）、储存、勾兑而成的、口味清爽的黄酒。

（3）特型黄酒：是指由于原辅料和（或）工艺有所改变，具有特殊风味，且不改变黄酒风格的黄酒。

2. 按含糖量分类

根据黄酒的含糖量不同，可将黄酒分为干黄酒、半干黄酒、半甜黄酒和甜黄酒四类。

（1）干黄酒：是指酒液中总糖含量小于等于 15.0 g/L 的黄酒。其含糖量少，口味醇和、爽口。干黄酒属稀醪发酵，总加水量为原料米的 3 倍左右，发酵温度控制得较低，开耙搅拌的时间间隔较短，酵母生长较为旺盛，故发酵彻底，残糖很低。干黄酒的代表是绍兴的"元红酒"。

（2）半干黄酒：是指酒液中总糖含量在 15.0～40.0 g/L 的黄酒。在生产过程中，半干黄酒中的发酵糖未全部转化为酒精，部分发酵糖保留在了酒液中，且这种酒的加水量较低，相当于在配料时增加了饭量，故又称为"加饭酒"。半干黄酒的口味醇厚、柔和、鲜爽。我国大多数黄酒属于此种类型。

（3）半甜黄酒：是指酒液中总糖含量在 40.1～100 g/L 的黄酒。这种酒采用的工艺独特，是用成品黄酒代替水加入发酵醪中，使糖化发酵的开始之际，发酵醪中的酒精浓度就达到较高的水平，从而在一定程度上抑制了酵母菌的生长速度。由于酵母菌数量较少，对发酵醪中产生的糖分不能转化成酒精，故成品酒中的糖分较高。半甜黄酒的口味醇厚、鲜甜爽口，酒体协调。

（4）甜黄酒：是指酒液中总糖含量大于等于 100 g/L 的黄酒。这种酒一般是采用淋饭操作法，拌入酒药，搭窝先酿成甜酒酿，当糖化至一定程度时，加入 40%～50%浓度的米白酒或糟烧酒，以抑制微生物的糖化发酵作用，使总糖含量高于 100 g/L。甜黄酒的口味鲜甜、醇厚。

3. 按酿造选用的原料、酒曲分类

根据酿造选用的原料、酒曲不同,可将黄酒分为糯米黄酒、红曲黄酒、黍米黄酒、大米黄酒等类别。

(1) 糯米黄酒:指用糯米或大米为主要原料,以酒药和麦曲为糖化发酵剂酿制而成的黄酒。糯米黄酒主要生产于中国广大的南方地区,主要代表品种为绍兴黄酒。此外,苏州和温州的仿绍酒、宁波黄酒、嘉兴黄酒等也属于此种类型。

(2) 红曲黄酒:指用糯米为主要原料,以红曲为糖化发酵剂酿制而成的黄酒。红曲黄酒的主要代表为福建的红曲酒。

(3) 黍米黄酒:指用黍米为主要原料,以天然发酵的块状麸曲为糖化发酵剂酿制而成的黄酒。黍米黄酒主要生产于中国北方地区,主要代表品种为山东黄酒和东北黄酒。

(4) 大米黄酒:为一种改良的黄酒,是用大米为主要原料,以纯种米曲霉和清酒酵母为糖化发酵剂酿制而成的黄酒。大米黄酒的主要代表品种为吉林清酒。

(二) 黄酒的主要品种

黄酒产地较广,品种很多,著名的有绍兴加饭酒、福建老酒、江西九江封缸酒、江苏丹阳封缸酒、无锡惠泉酒、广东珍珠红酒、山东即墨老酒、兰陵美酒、秦洋黑米酒、上海老酒、大连黄酒等。

1. 绍兴黄酒

绍兴黄酒又称绍兴酒,是指以优质糯米、小麦和鉴湖水为主要原料,经过独特工艺发酵酿造而成的优质黄酒。

(1) 绍兴黄酒的酿造特点。

绍兴黄酒的原料有糯米、酒药、麦曲和水等。

酒药是酿酒的糖化发酵剂。酒药中存在的菌种主要有根霉、毛霉和少量的酵母及产酸菌。绍兴酒的酒药有黑、白两种,都是用籼米粉、辣蓼草、陈皮、甘草等粉末加水混合后,经天然发酵制成。

麦曲也是一种糖化剂,以小麦为原料,粉碎后用稻草包裹经自然发酵而成。麦曲中的糖化菌主要是米曲霉,有时也有根霉、毛霉和黑曲霉。

酿造绍兴酒对水质的要求很严,应选用无色、无味、水质清澈、硬度较小的水。绍兴酒用的水是鉴湖湖心的水。

绍兴黄酒按酿造方法分为淋饭酒和摊饭酒两种。淋饭酒是用冷水过淋蒸熟的米饭而取名,摊饭酒是用摊凉蒸熟的饭而取名。摊饭酒是绍兴黄酒的主要酿造方法。

(2) 绍兴黄酒的主要品种。

绍兴黄酒按发酵工艺及含糖量不同,可分为绍兴元红酒、绍兴加饭(花雕)酒、绍兴善酿酒和绍兴香雪酒四类。

① 元红酒:历史上盛装该酒的酒坛外壁常涂刷朱红色颜料,故而得名。在过去,元红酒是绍兴酒中的主要品种。目前,随着人们生活水平的提高和饮酒习惯的改变,元红酒的销量已大不如前,在绍兴酒中,元红酒已退居次要地位。元红酒发酵比较透彻,色泽呈橙黄色,清澈,光泽好,具有绍兴酒特有的酒香,口感醇和、爽口。元红酒的含糖量较少,

是干黄酒的典型代表，酒度应大于等于13度，总酸（以乳酸计）4～7 g/L。

②加饭（花雕）酒：是绍兴酒中的主要品种。与元红酒相比，由于在酿造中增加了米饭的用量，同时用水量相应减少，故称加饭酒。古时绍兴有风俗，在女儿出生之后，封存坛装绍兴酒，女儿长大出嫁时，将封存的绍兴酒取出作为陪嫁，故又称女儿酒。此外，该酒的酒坛上常常雕塑各种彩色花鸟图案，故又称花雕酒。后来，人们将陈年绍兴酒专称"花雕"，其酒质优良，色泽呈橙黄色，清澈，光泽亮，具有绍兴酒特有的酒香，醇香浓郁，口感醇厚、柔和、鲜爽。加饭（花雕）酒适宜长期储藏。加饭（花雕）酒是半干黄酒的典型代表，也是目前绍兴黄酒中产、销量最大、影响面最广的品种。加饭（花雕）酒的酒度应大于等于14度，总酸（以乳酸计）4.5～7.5 g/L。

③善酿酒：据说，该酒是绍兴一位姓沈的酿酒师傅，在1892年，采用以陈年红酒代替水的独特方法酿制而成，其味甘醇芳香。因其味独特，鲜甜爽口，人称好酒；又因酿酒技艺高超，人称"善酿、善酿"，故称此酒为善酿之酒。目前，善酿酒采用陈年元红酒代替酿造用水酿制而成，故又称为"酒中之酒"，即"双套酒"。善酿酒是绍兴酒中一个非常优秀的品种。此酒是半甜黄酒的典型代表，其酒色泽呈橙黄色，清澈明亮，香气浓郁，味醇厚甘美，是绍兴酒中的佳品。善酿酒的酒度应大于等于12度，总酸（以乳酸计）5.0～8.0 g/L。

④香雪酒：香雪酒由会稽山绍兴酒股份有限公司前身绍兴东浦"周云集信记酒坊"首创，属于绍兴黄酒中的特殊品种。香雪酒也是以元红酒代替鉴湖水所酿制而成的。与善酿酒不同的是，香雪酒用的是以黄酒酒糟蒸馏而成的"糟烧"作为原料，酿造时不加入麦曲让其颜色变深，而以白色的酒药取代，所以酿造出来的酒粕色白如雪，香雪酒名称由此而来。香雪酒含糖量高，是甜黄酒的典型代表。香雪酒色泽橙黄清亮，香气醇香浓郁，口感醇厚、鲜甜，酒度应大于等于15度，总酸（以乳酸计）4.0～8.0 g/L。

2. 福建红曲酒

福建红曲酒的主要原料是糯米或大米。因用红曲和白曲为糖化发酵剂，故称红曲酒。红曲酒的酿造方法与绍兴酒的摊饭酒类似。在气温比较高的福建、台湾和浙江等地，适宜用红曲酿造黄酒。红曲中存在的主要菌种是红曲霉，它是一种较耐高温的糖化菌，并具有一定的发酵力。用红曲酿成的黄酒，色泽褐红鲜艳，甜香可口。

因单用红曲酿酒时糖化发酵较缓慢，原料利用率不高，所以还要借助于少量白曲。白曲中存在糖化力较强的根霉和毛霉。两者混合酿酒，可以提高原料的利用率。

3. 山东黄酒

在长江以北常以黍米（黏性黄米）为酿酒原料，且以山东黍米黄酒产量最多，质量也较好。其中，即墨老酒久负盛誉，为主要代表品种。

黍米黄酒的糖化剂是块状麦曲，经自然发酵制成，其主要的菌种是黄曲霉和黑曲霉；现已改用麸曲，接入米曲霉和酒母。

黍米黄酒在煮糜时，因温度的高低，形成糜的颜色也有深有浅，因此，成品酒也有清酒和老酒之分。

清酒呈浅黄色，清亮透明，香气清爽，味醇厚爽口；酒度12～14度，糖分2.5 g/100 mL左右，适宜夏季饮用。

老酒呈深褐色，透明澄清，香气浓郁，味微苦而甘爽；酒度 10～11 度，糖分 8 g/100 mL 左右。老酒的固形物含量较高，有"挂杯"的特点，适宜冬天饮用。

此外，产于山东兰陵的兰陵美酒也久负盛名。此酒呈琥珀色，香甜爽口，酒度 27～28 度，糖分 15 g/100 mL，总酸 0.1 g/100 mL。唐代诗人李白曾作诗赞美："兰陵美酒郁金香，玉碗盛来琥珀光。但使主人能醉客，不知何处是他乡。"这首诗充分说明兰陵美酒早在唐代就享有盛名。

第二节 茶 叶

茶叶发源于中国西南山区，自秦、汉时期就与中国人结下了不解之缘。至唐代，茶叶已成为与国家政治、经济、思想文化以及人们的日常生活关系非常密切的商品，自此"茶产日盛，名品纷呈"，"茶为食物，无异米盐"的状态一直延续到了现在。目前，茶叶仍然是一种非常重要的农副产品，也是我国人民日常生活中不可缺少的消费品。

在茶叶、咖啡、可可这世界三大无乙醇饮料之中，茶叶作为饮料的历史最为悠久，饮用地区最为广泛，饮用人数也最多。

一、茶叶的主要化学组成

茶叶是非常有益于人体健康的饮品，具有醒脑提神、利尿排毒、解热消暑、消脂除腻、防辐射、预防心脑血管疾病等许多功效。茶叶的这些功效主要取决于茶叶本身丰富的化学组成。茶叶的化学组成非常丰富，概括起来可分为下列类别。

1. 茶多酚

茶多酚是茶叶中所含的多酚类化合物的总称，也称茶单宁或茶鞣质，含量约为 20%～35%。茶多酚是一种非常好的抗氧化剂，主要包括儿茶素、黄酮、花青素、酚酸等化合物，其中儿茶素在茶多酚中的比例最大，约为 60%～80%。儿茶素具有杀菌、降压、强心、防辐射等功效，此外对尼古丁和吗啡等有毒生物碱还有解毒作用。茶多酚与茶叶质量关系十分密切，它既与饮茶的功效有关，也是决定茶叶色、香、味的主要成分。一般来说，在同一类茶叶中，茶多酚的含量越高，其质量也越好。

2. 生物碱

茶叶中的生物碱主要包括咖啡因、茶碱和可可碱等，含量约为 3%～5%。生物碱均属于嘌呤的衍生物，其中以咖啡因含量最多，也最重要。咖啡因具有兴奋中枢神经、解除疲劳、强心利尿等功效。纯品咖啡因是针状结晶，微溶于冷水，其溶解度随水温升高而增大。因此，当茶水冷凉后，会出现浑浊现象，俗称"冷后浑"。咖啡因在茶叶中的含量约为 2%～4%。茶叶中生物碱的含量与茶叶的质量关系密切，在同一类茶叶中，生物碱的含量越高，茶叶质量也越好。一般来说，高山茶中生物碱的含量要高于平原茶；芽叶越幼嫩，生物碱含量越高；春茶中生物碱的含量要高于夏茶和秋茶。

3. 芳香油

芳香油又名茶香精或挥发油，是指茶叶中所含的容易挥发的小分子有机化合物的混合物，其中包括酯、醇、酮、酸、醛类等多种物质，是赋予茶叶香气最主要的成分。茶叶中芳香油的含量很少，约为0.003%～0.02%。一般情况下，芳香油的含量是嫩叶高于老叶，高山茶多于平原茶，红茶多于绿茶。

4. 蛋白质和氨基酸

茶叶中粗蛋白的含量约为17%～20%，这些蛋白质大多不溶于水，其中可溶于水的游离氨基酸和多肽含量约为1%～3%。可溶性氨基酸和多肽的存在提高了茶汤的滋味，使茶汤滋味更加鲜爽。

5. 糖类

茶叶中含糖总量约20%～30%，但大多为不溶性多糖，如纤维素等。可溶性糖的含量较少。这些可溶性的单糖和双糖既能使茶汤具有鲜甜味，也有助于提高茶香。此外，茶叶中可溶性果胶质可以使茶汤具有醇厚感。

6. 色素

色素是构成干茶、茶汤、叶底颜色的主要物质。绿茶中的色素物质主要是叶绿素，故茶绿、汤绿、底绿；红茶中的色素主要是儿茶素的氧化产物茶黄素、茶红素等，因此茶红、汤红、底红。

7. 矿物质

矿物质含量约占茶叶干燥重量的3.5%～7.0%，其中水溶性部分约占2%～4%。茶叶中的矿物质种类非常丰富，有铁、锌、锰等多种对人体有益的矿物质。

8. 水

成品茶中水分含量约为4%～9%，平均在6%左右。茶叶中的水分与茶叶的储存保管性能密切相关，茶叶中水分含量越高，茶叶的陈化速度越快。当含水量超过12%后，茶叶很容易发生霉变。

二、茶叶的生产

茶叶的生产是从茶树的种植开始的。茶树属山茶科山茶属，为常绿灌木或小乔木。茶树有许多品种，而不同的品种往往适合于加工不同的茶叶。茶树喜湿、耐阴，喜欢土质肥沃的弱酸性土壤，我国秦岭、淮河以南的大部分区域均适合茶树的生长，故名茶大多产于南方。

在我国由于纬度的不同，茶树的发芽期有较大差别。就江南茶区而言，大约惊蛰之后茶树就逐渐开始发芽了，春分之后就可以采茶、制茶了。由于制茶工艺不同，茶叶的风格特点有很大的差别，这样就形成了不同的茶叶品种。

每一种茶的生产均包括初制和精制两个阶段。初制是茶叶内质的形成阶段，是茶叶生产过程的主体；精制是对初制得到的毛茶进行除杂、分拣、包装，最后形成成品茶的过程。

（一）绿茶制造工艺

绿茶的初制大致可分为杀青、揉捻、干燥三道工序，其中关键在于初制的第一道工序——杀青。鲜叶通过杀青，酶的活性钝化，内含的各种化学成分基本上是在没有酶影响的条件下，由热力作用进行物理、化学变化，从而形成了绿茶的品质特征。

1. 杀青

杀青对绿茶品质的形成起着决定性作用。通过高温作用，破坏鲜叶中生物酶的活性，抑制加工过程中叶片内部可能产生的生化反应，从而保证成品茶中的化学组成与鲜叶大致一致，形成绿茶特有的绿色、绿汤、绿味的特征。通过杀青，还可蒸发叶内的部分水分，使叶片变软，为揉捻成形创造条件，保证成品茶外形的美观。同时，随着水分的蒸发，鲜叶中具有青草气的低沸点芳香物质挥发消失，从而使茶叶香气得到改善。

绿茶的杀青方法有蒸杀青和炒杀青两种。蒸杀青是我国传统杀青的方法，其优点是干茶、叶底和汤色较翠绿，但香气欠鲜锐，滋味较涩。炒杀青绿茶香气锐、味鲜爽。目前我国绿茶大部分采用炒杀青。

2. 揉捻

揉捻是对绿茶塑造外形的一道工序。通过外力作用，形成茶叶品种特定的条索形态。同时，部分茶汁挤溢附着在叶片表面，对提高茶汤的滋味、浓度也有重要作用。目前，除名茶仍采用手工揉捻外，大宗绿茶的揉捻作业已实现机械化。

3. 干燥

干燥的目的是蒸发水分，整理外形，并激发茶香。干燥的方法有烘干、炒干和晒干三种形式。也有些绿茶的干燥工序烘炒结合，先经过烘干，然后再进行炒干。不同干燥工艺所得茶叶的品质是不同的，其色泽、香气、滋味等有较大的差别。在我国的绿茶生产中，大多采用炒干干燥。一般来讲，炒干干燥绿茶的色泽翠绿，香气较锐，滋味较鲜爽。

（二）红茶制造工艺

红茶的初制大致可分为萎凋、揉捻、发酵、干燥四道工序。

1. 萎凋

萎凋是指对鲜叶进行晾晒，使其部分失水，使硬脆的叶片呈萎蔫凋谢状态的加工过程。经过萎凋，可适当蒸发水分，从而提高鲜叶内生物酶的活性，有利于发酵。此外，通过萎凋，使叶片变软，韧性增强，便于揉捻成形。同时，这一过程也使青草味消失，茶叶清香初现，是形成红茶香气的重要加工阶段。目前，红茶的萎凋方法有三种类型：一是自然萎凋，包括室内自然萎凋和室外日光萎凋两种；二是人工加温萎凋，主要采用萎凋槽进行萎凋；三是萎凋机萎凋。

2. 揉捻

红茶揉捻的目的与绿茶大致相同。茶叶在揉捻过程中成形。同时，由于叶细胞被破坏，一方面有利于茶叶中内容物的溶出，增进茶汤的色、香、味；另一方面便于在酶的作用下进行的发酵，利于发酵的顺利进行。

3. 发酵

发酵是红茶制作的关键工序。经过发酵，叶色由绿变红，形成红茶、红叶、红汤的品质特征。发酵的机理是叶片中的各种化学成分在生物酶的作用下发生一系列的化学变化，形成一些特定的化学物质，从而形成红茶特定的色、香、味。目前普遍使用发酵机控制温度和时间进行发酵。

4. 干燥

干燥是将发酵好的茶坯，采用高温烘焙，迅速蒸发水分的加工过程。干燥的目的主要有：利用高温迅速钝化酶的活性，停止发酵；蒸发水分，保持干度以防霉变；散发大部分低沸点具有青草气味的成分，激化并保留高沸点芳香物质，获得红茶特有的醇香。

（三）青茶（乌龙茶）制造工艺

青茶的采摘与其他茶叶不同，一般是在新梢全部展开形成驻芽，且呈"中开面"时采下一芽三四叶进行加工。因此，青茶的开采期也较其他茶晚，一般在四月下旬才开始采茶。

青茶的初制工序概括起来可分为萎凋、做青、炒青、揉捻、干燥五道工序，其中做青是形成青茶特定品质特征的关键工序，是奠定青茶香气和滋味的基础。

1. 萎凋

萎凋又称晒青、凉青。与红茶萎凋的作用近似，青茶也是通过萎凋散发部分水分，提高叶片韧性，便于揉捻成形。伴随着叶片的失水，鲜叶内生物酶的活性提高，有利于做青的进行和青草气的散发，利于青茶香气的形成。青茶的萎凋方法有晒青（日光萎凋）、凉青（室内自然萎凋）、烘青（加温萎凋）和人工控制条件萎凋四种。

2. 做青

做青是青茶制作的重要工序，青茶特殊的香气和滋味及其特有的绿叶红镶边的特征都是在做青中形成的。将萎凋后的茶叶置于摇青机中摇动，叶片互相碰撞，擦伤叶缘细胞，从而促进酶促氧化作用。摇动后，叶片由软变硬。再静置一段时间，使叶柄叶脉中的水分慢慢扩散至叶片，此时鲜叶又逐渐膨胀，叶片又由硬变软。经过如此有规律的动与静的过程，通过叶片中水分的蒸发、运转及茶叶发生的一系列生物化学变化，形成了青茶特有的香气和滋味。同时，由于叶缘细胞的破坏，发生轻度氧化，叶片边缘呈现红色，叶片中央部分的叶色则由暗绿转变为黄绿，即所谓的"绿叶红镶边"。

3. 炒青

青茶的内质已在做青阶段基本形成，炒青是承上启下的转折工序。与绿茶的杀青类似，炒青主要是抑制鲜叶中的酶的活性，控制酶促氧化的进程，防止叶片继续红变，固定做青形成的品质。其次，炒青可使低沸点青草气挥发和转化，形成馥郁的茶香。同时，炒青可通过湿热作用破坏部分叶绿素，使叶片黄绿明亮。

4. 揉捻

青茶的揉捻与绿茶、红茶的揉捻工序类似。通过揉捻，可形成茶叶品种特定的条索形态；同时，部分茶汁挤溢附着在叶片表面，能提高茶汤的滋味、浓度。

5. 干燥

青茶的干燥与绿茶、红茶的干燥工序类似。通过干燥，一方面散发大部分低沸点具有不良气味的成分，激化青茶特有的香气和滋味；另一方面，使水分蒸发，有利于茶叶的储存和保管，防止茶叶的霉变和陈化。

（四）白茶制造工艺

白茶是我国茶类中的珍品，因其成品茶多为芽头，满披白毫，如银似雪而得名。白茶为福建特产，主要产区在福鼎、政和、松溪、建阳等地。白茶最早是由福鼎县首创的，该县有一种优良茶树品种——福鼎大白茶，其芽叶上披满白茸毛。采茶时只采摘细嫩芽叶，加工时不炒不揉，晒干或用文火烘干，使白茸毛在茶的外表完整地保留下来，使条索呈白色。

制造白茶的基本工艺包括摊放（萎凋）、烘焙（或阴干）、拣剔、复火等工序。其中，萎凋是形成白茶品质的关键工序。白茶属轻微发酵茶。

（五）黄茶制造工艺

黄茶的品质特点是黄汤、黄叶。其加工特点主要是闷黄过程，是在利用高温杀青破坏酶的活性后，多酚类物质在湿热作用下发生氧化，产生一些有色物质，使茶的色泽呈黄色。黄茶的典型工艺流程是杀青、闷黄、干燥。

闷黄是黄茶类制造工艺的显著特点，也是形成黄色、黄汤的关键工序。从杀青到干燥结束，都可以为茶叶的黄变创造适当的湿热工艺条件，但作为一个制茶工序，有的茶在杀青后闷黄，有的则在毛火后闷黄，有的闷炒交替进行。针对不同茶叶品质，方法不一，但殊途同归，都是为了形成良好的黄色、黄汤的品质特征。

（六）黑茶制造工艺

黑茶的初制工序为杀青、揉捻、渥堆、干燥。其中，渥堆是黑茶制造的特有工序，也是形成黑茶品质的关键工序。

渥堆是将揉捻后的叶子堆放在篾垫上，厚15～25 cm，上盖湿布，并加盖物，以保湿保温，进行渥堆过程。渥堆过程中，应根据堆温变化，适时翻动1～2次。关于渥堆的化学变化实质，目前尚无定论，茶学界有酶促作用、微生物作用和水热作用三种学说，但一般认为起主要作用的是水热作用，与黄茶的闷黄过程类似。

（七）花茶制造工艺

花茶属再制茶，是由茶和花两种原料加工而成的。花茶中所用的茶称为茶胚，茶胚可以是绿茶，也可以是红茶或乌龙茶等，应用最多的还是烘青绿茶。花茶中所用的花多为鲜花，只要是香气好、无毒无害、产量大都可以做窨花的原料。

花茶的窨制过程一般是茶胚处理、鲜花处理、窨花拼合、通花散热、起花、复火、提花或转窨、匀堆装箱。茉莉花茶窨花时常常需用少量玉兰花打底，以增加香气的浓烈程度。

三、茶叶的分类

由于茶叶的品种很多，故其分类方法也有多种。常用的茶叶分类方法主要有以下两种。

（一）按茶叶的生产工艺分类

在商业经营中，按照茶叶的制造方法不同，并结合茶叶的特点，常将茶叶分为红茶、绿茶、乌龙茶、白茶、黄茶、黑茶、花茶等若干类。

1. 红茶类

红茶为发酵茶，因其茶汤、叶底的色泽均为红色而得名。红茶在加工过程中发生了以茶多酚酶促氧化为中心的生化反应，鲜叶中的化学成分发生了根本的改变，90%以上的茶多酚转化成了茶黄素、茶红素等新的成分，鲜叶中的纤维素、蛋白质等也发生了相应的水解，因而形成了红茶干茶色泽乌润，汤色红艳明亮，具有红茶特有的香甜味醇的品质特征。

按外形及内在特点不同，红茶又分为小种红茶、功夫红茶、红碎茶三个小类。

（1）小种红茶。

小种红茶的诞生标志着中国红茶的开元。它起源于16世纪，最早为武夷山一带发明的小种红茶。1610年荷兰商人第一次运销欧洲的红茶就是福建省崇安县星村生产的小种红茶。小种红茶是福建省的特产，有正山小种和外山小种之分。正山小种产于崇安县星村乡桐木关一带，也称"桐木关小种"或"星村小种"。政和、但洋、古田、沙县及江西铅山等地所产的仿照正山品质的小种红茶，统称"外山小种"或"人工小种"。在小种红茶中，唯正山小种百年不衰，主要是因其产自武夷高山地区崇安县星村和桐木关一带，地处武夷山脉之北段，海拔1000～1500 m，冬暖夏凉，年均气温18℃，年降雨量2000 mm左右，春夏之间终日云雾缭绕，茶园土质肥沃，茶树生长繁茂，叶质肥厚，持嫩性好，故成茶品质特别优异。

（2）功夫红茶。

至18世纪中叶，由小种红茶进一步演变，便诞生了功夫红茶。从19世纪80年代起，我国的功夫红茶便在国际市场上占统治地位，是我国特有的红茶品种，也是我国传统出口商品。

功夫红茶因做工精细而得名，其条索紧细，香气馥郁纯正，滋味醇厚，汤色红亮，叶底呈古铜色。

功夫红茶也是我国红茶类中的主要品种，通常按产地命名，有祁红（安徽祁门，包括江西浮梁产地在内）、滇红（云南风庆）、宁红（江西修水）、宜红（湖北五峰）、川红（四川宜宾）、闽红（福建福安）、越红（浙江绍兴）、粤红（广东高饶）、湖红（湖南安化）等。其中以祁红、滇红、川红和宜红的质量最佳。

祁红：产于安徽省黄山市的祁门、休宁一带，由祁门槠叶种茶树鲜叶制成。产区的天然条件优越，加工技术精湛，故祁红质量优异。祁红外形紧细，色泽乌黑油润，汤色红艳明亮，滋味鲜醇爽口，香气清香持久，并有蜜糖香，称为"祁门香"，为国际市场所称颂。

滇红：产区地势高峻，土质肥沃，雨量充沛，气候适宜。滇红为大叶种茶树鲜叶制成，芽肥叶壮，外形紧结，芽毫丰硕，色泽乌润，身骨重实，香气浓郁，毫香突出，汤色浓艳，滋味鲜醇甘美，叶底鲜红均匀，颇受国外欢迎。

(3) 红碎茶。

我国红碎茶的生产较晚，始于20世纪的50年代。近年来红碎茶的产量不断增加，质量也不断提高。红碎茶对外形要求不高，但注重内质，要求汤色红艳明亮，香高，味"强、浓、鲜"，富有收敛性，适应国外饮茶特点，经1~2次冲泡能将大部分有效成分浸出。红碎茶在国际市场备受欢迎。

红碎茶的制法分为传统制法和非传统制法两类。传统红碎茶是以传统揉捻机自然产生的红碎茶，其滋味浓，但产量较低。非传统制法的红碎茶是通过揉切机生产红碎茶，萎凋叶通过两个不锈钢滚轴间隙，在很短的时间内使芽叶全部轧碎，呈颗粒状。

红碎茶按其品质特征不同，可分为叶茶、碎茶、片茶和末茶四个花色。

叶茶：传统红碎茶的一种花色；条索紧结匀齐，色泽乌润；内质香气芬芳；汤色红亮，滋味醇厚；叶底红亮多嫩茎。

碎茶：外形颗粒重实匀齐；色泽乌润或泛棕；内质香气馥郁；汤色红艳；滋味浓强鲜爽；叶底红匀。

片茶：外形全部为木耳形的屑片或皱折角片，色泽乌褐；内质香气尚纯；汤色尚红；滋味尚浓略涩；叶底红匀。

末茶：外形全部为砂粒状粉末；色泽乌黑或灰褐；内质汤色深暗；香低味粗涩；叶底暗红。

红碎茶的产区主要是云南、广东、海南。

2. 绿茶类

绿茶为不发酵茶，因其干茶色泽和冲泡后的茶汤、叶底的色泽以绿色为主基调而得名。绿茶是历史最早的茶类。古代人类采集野生茶树芽叶晒干收藏，可以看做是广义上的绿茶加工的开始，距今至少有三千多年。但真正意义上的绿茶加工，是从公元8世纪发明蒸杀青制法开始的。到12世纪又发明了炒杀青制法，绿茶加工技术已比较成熟，一直沿用至今，并不断完善。

绿茶的特性是较多地保留了鲜叶内原有的化学物质，如茶多酚、咖啡因保留了鲜叶的85%以上，叶绿素保留了50%左右，维生素损失也较少，从而形成了绿茶"清汤绿叶，滋味收敛性强"的特点。最近科学研究结果表明，绿茶中保留的天然物质成分，对防衰老、防癌、抗癌、杀菌、消炎等均有一定的效果，为其他茶类所不及。

在中国，绿茶中名品最多，不但香高味长，品质优异，且造型独特，具有较高的艺术欣赏价值。

绿茶按杀青和干燥方法不同，一般分为炒青、烘青、晒青和蒸杀青绿茶四类。

(1) 炒青绿茶。

采用炒杀青工艺和炒干干燥工艺加工而成的绿茶称炒青绿茶。

由于炒青绿茶在加工过程中受到机械或手工揉捻力的作用方式不同，成茶的外形也不同，有长条形、圆珠形、扁平形、针形、螺形等，故又将炒青绿茶分为长炒青、圆炒青、扁炒青等类别。

① 长炒青：长炒青精制后称眉茶，成品的品种有珍眉、贡熙、雨茶、针眉、秀眉等。

珍眉：条索细紧挺直，稍有弯曲，形如仕女之秀眉；色泽绿润起霜；香气高鲜，滋味浓爽；汤色黄绿清澈，叶底嫩绿。

贡熙：精制眉茶时筛选出的拳形茶；外形似拳，肥壮结实，干看色泽灰绿，汤色清澈稍黄；香气和滋味次于珍眉，叶底较卷曲；产地同眉茶。

雨茶：原系由珠茶中分离出来的长形茶，现在雨茶大部分从眉茶中获取；外形条索细短、尚紧，色泽绿匀；香气纯正，滋味尚浓；汤色黄绿，叶底尚嫩匀。

② 圆炒青：外形颗粒圆紧，因产地和采制方法不同，又分为平水珠茶、泉岗辉白和涌溪火青等品种。

平水珠茶：产于浙江嵊县、新昌、上虞等县。其外形浑圆，紧结似珠，且珠形越细，质量越佳；干看色泽灰绿，有乌亮的光泽，汤色清澈稍黄，香气纯正，滋味醇厚，叶底卷曲，叶片较大。因历史上毛茶集中于绍兴平水镇精制和集散，故称"平水珠茶"或平绿，毛茶则称平炒青。

③ 扁炒青：外形呈扁平、挺直、表面光滑的片状；产地以浙江为主；主要品种有龙井茶、安吉白茶、乌牛早茶等。

龙井：又称西湖龙井，因产于浙江杭州西湖山区的龙井而得名，是我国著名的十大名茶之一。外形扁平挺直，匀齐光滑，芽毫隐藏稀见；色泽嫩绿或翠绿，色调均匀而油润；汤色清澈明亮，香气清鲜而持久，滋味甘美醇厚，有鲜橄榄的回味；叶底匀嫩成朵。所以龙井茶一向以色绿、香郁、味甘、形美而闻名中外。因产区的自然条件和炒制技术上的差异，龙井中以狮峰龙井的香气和滋味最有特色，梅家坞龙井的外形和色泽最令人喜爱，而西湖龙井与以上两者比较稍有逊色。

④ 特种炒青：在炒青绿茶中，因制茶手法的不同，又有外形各异的称为特种炒青的绿茶。在这类茶叶的生产中，为了保持叶形完整，最后工序常进行烘干。特种炒青的品种有洞庭碧螺春、南京雨花茶、信阳毛尖、庐山云雾等许多品种。

洞庭碧螺春：产于江苏吴县太湖的洞庭山上，条索呈螺形，故此而得名。该茶以洞庭山碧螺峰上所产的品质最佳。洞庭碧螺春的外形条索纤细、匀整，卷曲似螺，白毫显露，色泽银绿隐翠光润；内质清香持久，茶汤色嫩绿清澈，香气袭人，滋味清鲜回甜，叶底嫩匀，完整成朵。

(2) 烘青绿茶。

采用炒杀青工艺和烘干干燥工艺加工而成的绿茶称烘青绿茶。烘青绿茶的香气一般不及炒青绿茶高，也欠鲜锐。普通烘青绿茶主要用作窨制花茶的茶坯。烘青绿茶的代表性品种主要有黄山毛峰、太平猴魁、六安瓜片、峨眉毛峰等。

烘青绿茶以其外形不同，又分为条形茶、尖形茶、片形茶、针形茶等。条形烘青在全国主要产茶区都有生产，尖形、片形茶则主要产于安徽、浙江等省。

黄山毛峰：产于安徽黄山，为条形绿茶，是我国十大名茶之一，驰名中外。黄山毛峰以黄山枯谷庵一带所产的质量最佳，为特级毛峰；慈光寺、桃花峰、丰产台也产特级毛峰。黄山外围所产的多为一般毛峰。毛峰产区的自然条件优越，加上精心采制，从而形成了毛峰优异的品质。黄山毛峰的特点是：外形细嫩稍卷曲，有锋毫，芽叶肥壮、匀整，形似"雀舌"；色泽金黄油润，俗称象牙色；香气清鲜、高长，汤色杏黄清澈明亮，滋味醇厚鲜爽回甘，叶底芽叶成朵，厚实鲜艳。用茉莉花窨制的茉莉毛峰是花茶中的精品。

太平猴魁：是尖茶之首，原产安徽太平县。产区自然条件较好，用"柿大茶"鲜叶制成，芽叶肥壮，茸毛特多，持嫩性强。猴魁的色、香、味和外形独具一格，外形肥壮，挺直有峰，二叶包一芽，如含苞的兰花，全身毛衣，略有花香，味醇鲜浓，叶底嫩绿成朵。

(3) 晒青绿茶。

晒青绿茶的干燥工序是采用日光直接晒干，主要分布在湖南、湖北、广东、广西、四川、云南、贵州等省。晒青绿茶以云南大叶种的品质最好，称为"滇青"。川青、黔青、桂青、鄂青等品质各有千秋，但一般不及滇青。

(4) 蒸杀青绿茶。

蒸杀青绿茶采用蒸杀青工艺加工而成。以蒸汽杀青是我国古代的杀青方法，并于唐朝时传至日本，沿用至今；而我国自明代起即改为锅炒杀青。蒸杀青是利用热蒸汽来破坏鲜叶中酶的活性，从而形成了色泽深绿、茶汤浅绿、叶底青绿的"三绿"特征，但其香气较闷，略带青气，涩味也较重，不及锅炒杀青绿茶那样鲜爽。由于对外贸易的需要，自20世纪80年代中期以来，蒸杀青绿茶的产量有所提高，其主要品种有恩施玉露（产于湖北恩施）、中国煎茶（产于浙江、福建和安徽三省）等。

3. 乌龙茶类（青茶类）

乌龙茶又称青茶，属于"半发酵"茶。乌龙茶是我国的特产，主要产于福建、广东、中国台湾三省，以福建的产量和品种最多。

乌龙茶兼有红茶和绿茶的优点，是两者的完美结合。乌龙茶成品的特点是：条索较为粗壮，稍疏松；香气、滋味既有绿茶的鲜爽，又有红茶的甘醇；茶汤金黄或橙黄，清澈、明净；叶底红绿相间，具有绿叶红镶边的特点。

乌龙茶按产地不同，分为闽北乌龙、闽南乌龙、广东乌龙和台湾乌龙四类。

(1) 闽北乌龙。

闽北乌龙茶以武夷岩茶为代表。武夷岩茶产于福建省北部的武夷山区，山上岩峰峥嵘，茶树生长在山坑沟壑之间，故称武夷岩茶。岩茶在青茶中采制技术最为精细，质量也最好。岩茶外形粗壮、紧实；色泽油润，红点明显，不带梗；香味高浓而持久，具有花香；汤色深橙黄而明净，叶底红色比例多于铁观音和水仙。岩茶的品种很多，多以茶树品种命名。岩茶中属于名品的品种主要有大红袍、白鸡冠、铁罗汉、水金龟等。

(2) 闽南乌龙。

闽南乌龙茶以铁观音为代表。铁观音的发源地和主产地均为安溪，故又称为安溪铁观音。铁观音既是茶名，又是茶树名，它是采摘铁观音茶树鲜叶而制成的青茶佳品。铁观音的质量特点是：条索粗壮，呈不规则颗粒状；色泽青绿，光泽明亮；香高而秀，汤色金黄、明净，滋味浓厚。

闽南乌龙茶多以茶树品种命名，除铁观音之外，还有黄金桂、本山、毛蟹、梅占等品种。

(3) 广东乌龙。

广东乌龙茶以温和厚重著称，也多以茶树品种命名，其代表品种为凤凰水仙。

凤凰水仙属于我国名茶之一，原产地是广东潮安县的凤凰山，目前的主产地在广东东部的饶平、朝阳、陆丰等地。其特点是：颗粒较大，茶色黄褐，香气清馥，滋味浓厚而甘，汤色浅黄。凤凰水仙根据选用原料的品质和制作的精细程度不同，可按成品的品质依次分为凤凰单丛、凤凰浪菜和凤凰水仙三个品级。采用水仙群体中经过选育繁殖的单丛茶树制作而成的优质品属于单丛级，较次为浪菜级，再次为水仙级。

(4) 台湾乌龙。

我国台湾地区是一个特殊的茶区，就品类而言，由于其地理条件得天独厚，世界各地的茶类植株几乎都能在台湾生长，因此茶叶品种很多。台湾茶业的兴盛是从18世纪开始的，当时台湾从福建武夷山和安溪等地引进茶苗和制茶方法，开始生产乌龙茶；此后，在此基础之上又创制出了台湾特有的包种茶。

就台湾乌龙而言，也是名品纷呈，且特点各异。台湾乌龙茶芽肥壮、白毫显露，茶条较短，含红、黄、白三色，鲜艳绚丽；汤色呈琥珀般的橙红色，叶底淡褐有红边，叶基部呈淡绿色，叶片完整，芽叶连枝；滋味醇和，尤以馥郁的清香著名。台湾乌龙茶的代表性品种有白毫乌龙（澎风茶）、木栅铁观音等。

4. 白茶类

顾名思义，白茶是白色的。白茶也是我国的特产，产于福建省的福鼎、政和、松溪和建阳等县。白茶生产已有两百年左右的历史，最早是由福鼎县首创的。该县有一种优良的茶树品种——福鼎大白茶，是制茶的上好原料，其芽叶上披满白色茸毛，加工时不炒不揉，晒干或用文火烘干，使白色茸毛在茶的外表完整地保留下来，形成了它特定的色泽特征。

白茶最主要的特点是毫色银白，素有"绿妆素裹"之美感，且芽头肥壮，汤色黄亮，滋味鲜醇，叶底嫩匀。白茶冲泡后品尝，滋味鲜醇可口。此外，白茶还具有一定的药理作用，中医认为，白茶性清凉，具有退热降火之功效。

白茶的主要品种有银针、白牡丹、贡眉、寿眉等。

采自大白茶树的肥芽制成的白茶称为白毫银针，因其色白如银、外形似针而得名，是白茶中最名贵的品种。白毫银针全是披满白色茸毛的芽尖，形状挺直如针；外形精美，令人喜爱；香气清新，汤色淡黄，滋味鲜爽，回味无穷，是白茶中的极品。

白牡丹因其绿叶夹银白色毫心，形似花朵，冲泡后绿叶托着嫩芽，宛如蓓蕾初放，故得美名。白牡丹是采自大白茶树或水仙种的短小芽叶新梢的一芽一二叶制成的，是白茶中的上乘佳品。

5. 黄茶类

黄茶的典型特点是"黄叶黄汤"，属于轻发酵茶。黄茶的黄色是制茶过程中进行闷堆渥黄的结果。黄茶分为黄芽茶、黄大茶和黄小茶三类。

黄芽茶：叶细嫩、显毫；香味鲜醇。黄芽茶不同的品种，在原料选择、加工工艺上有相当大的区别。例如，湖南岳阳洞庭湖君山的君山银针，采用的全是肥壮的芽头，制茶工艺精细，分杀青、摊放、初烘、复摊、初包、复烘、再摊放、复包、干燥、分级等十道工序。加工后的君山银针外表披毛，色泽金黄光亮，是黄芽茶中的名品。此外，四川的蒙顶黄芽、安徽的霍山黄芽、浙江德清的莫干黄芽也是其中的名品。

黄大茶：著名的品种有安徽的霍山黄大茶、广东的大叶青等。

黄小茶：著名的品种有湖南宁乡的沩山毛尖、湖南岳阳的北港毛尖、湖北的远安鹿苑、浙江的平阳黄汤等。

6. 黑茶类

因成品茶的外观呈黑色，故名黑茶。黑茶属于全发酵茶。黑茶采用的原料较粗老，通常压制成紧压茶。黑茶按产地不同，主要分为湖南黑茶、广西黑茶、四川黑茶、云南黑茶（普洱茶）及湖北黑茶。

湖南安化黑茶：该茶条索卷折成泥鳅状，色泽油黑，汤色橙黄，叶底黄褐，香味醇厚，具有松烟香。安化黑茶最初以"千两茶"的形式出现，经长期的发展和逐渐演化，形成了众多的品类，主要概括为"三尖"（即天尖、贡尖和生尖）、"四砖"（即茯砖、花砖、黑砖和青砖）、"一花卷"（即新标准的安化千两茶）。

广西梧州六堡茶：该茶是广西黑茶的典型代表，因产于广西梧州市苍梧县六堡乡而得名。六堡茶已有两百多年历史，具有红、浓、醇、陈的特点。六堡茶中有六堡散茶和六堡篓茶之分。六堡散茶的品质特点是条索长整紧结，汤色红浓，香气陈厚，滋味甘醇，带松烟和槟榔味，叶底铜褐色。六堡篓茶则是用竹篓包装的六堡紧压茶，篓高 57 cm，口径 53 cm，每篓装 37～55 kg。六堡茶的制作方法是将毛茶经过蒸揉、装篓、踏实后放置于阴干处，晾贮几个月，使茶紧结成块，然后通过后发酵以形成六堡茶的独特醇、陈香味。六堡茶选料以恭州村及黑石村茶叶最好。横县、岭溪所产茶叶的品质与制法与六堡茶相近，亦统称为六堡茶，特别是发金花的茶叶更受欢迎，而且品质越陈越好。

7. 花茶类

花茶属再制茶，是用绿茶、红茶、乌龙茶的毛茶为茶胚，经窨花而制成。茶叶经窨花后，增加了特定的花香，且香气浓郁、清新，极富吸引力。

花茶的质量主要取决于茶坯质量、鲜花的种类和窨花技术。高级花茶要求香气鲜灵，浓郁清高，滋味浓厚鲜爽，汤色清澈、淡黄、明亮，叶底细嫩、匀净、明亮。

花茶常按窨花时使用的鲜花不同而进行再分类，如茉莉花茶（香气馥郁芬芳，清鲜甘美）、玉兰花茶（香气浓烈，余香甘厚）、珠兰花茶（香气馥郁清雅，鲜纯爽口）等。也可将鲜花和采用的茶胚结合起来分类，如茉莉毛峰、茉莉祁红等。

(二) 按产茶季节不同分类

茶叶是一种典型的农副产品，其品质受季节、气候的影响非常大，不同季节由于温度、光照、湿度的不同，芽叶的生长速度也不同，芽叶中积聚的物质成分和浓度会相差很大，故成茶的品质差异性也很大。通常将茶叶按生产季节不同，分为春茶、夏茶、秋茶、冬茶四类。

1. 春茶

一般将每年 5 月中旬之前采得的茶叶称为春茶。春季温度适中，昼夜温差较大，雨量充沛，加上茶树经一个冬季的休养生息，故而春梢芽叶肥硕，色泽翠绿，叶质柔软，有效成分的聚集浓度高。特别是可溶性氨基酸和多肽的含量丰富，从而使春茶滋味鲜活，香气扑鼻，品质上乘。

2. 夏茶

一般将每年5月中旬至8月下旬采得的茶叶称为夏茶。这段时间天气炎热，茶树新梢芽叶生长迅速，使得能溶解在茶汤的水浸出物含量相对减少。特别是可溶性氨基酸和多肽的含量减少，因而夏茶的茶汤滋味、香气多不如春茶强烈。由于夏茶中花青素、咖啡因、茶多酚的含量比春茶高，故不但使紫色芽叶增加，色泽不一，而且滋味较为苦涩。

有时还将夏茶进行再分类。例如，将7月中旬之前产的茶叶称为第一次夏茶，也叫二水茶；7月中旬之后产的茶叶称为第二次夏茶，也叫三水茶。三水茶的质量比二水茶更差。

3. 秋茶

一般将每年8月下旬至10月中旬采得的茶叶称为秋茶。这段时间之内气温有所下降，芽叶的生长速度有所减缓，有利于有效成分的聚集。但这时雨量较低，再加上茶树经春夏二季采摘，新梢芽内含物质相对减少，叶片大小不很整齐，叶底发脆，叶色发黄，滋味、香气显得比较平和，使得茶叶的品质一般。但也有个别品种由于区域环境的关系，使得秋茶的品质反而比春茶好。

4. 冬茶

一般将霜降节气之后采得的茶叶称为冬茶。秋茶采完之后，气候逐渐转凉，冬茶新芽生长缓慢，内含物质逐渐堆积，滋味醇厚，香气浓烈，品质较好。我国茶区，尤其是纬度偏高的茶区几乎不采冬茶，故冬茶产量很低。

四、茶叶的质量评定

茶叶的质量评定采用以感官质量指标（色、香、味、形等）为主，理化质量指标（水分、灰分、农药残留量等）为辅的原则进行。正规的评定需要由专业人员（评茶师）来完成。

茶叶的感官质量评审分为外观评审和内质评审两个方面。茶叶的外观与内质有着密切的关系，把两者结合起来进行审评，能更准确地判定茶叶的质量。

（一）茶叶的外观审评

茶叶的外观评审工具有审茶盘、天平等。

首先按规定要求取样，取样量为成品茶250 g左右，毛茶500 g左右。将茶样放入审茶盘中，用规定手法双手摇动审茶盘，使茶样在审茶盘的中央形成一个"馒头状"的小茶堆。由于茶叶条索的轻重程度不同，茶叶条索会按大小、长短、整碎有序地分布在不同层次上。一般疏松、粗大的条索浮于上层，称为"面张"；细小的条索或碎末分布在底层，称为"下脚"；而中层多为较匀整的条索，称为"中段"。通过检查下脚茶、面张茶所占的比例等各项指标来确定茶叶的品质。

外观审评包括外形、色泽、净度、干度四项指标。

1. 外形审评

一般要求，茶叶应具有本品种所特定的条索形态，且大小整齐，条索细紧，"面张"、"下脚"的比例越低越好，同时还应具有良好的嫩度。

就条索形态来讲，不同的茶叶有不同的要求。

（1）功夫红茶一般呈条形，条索越紧结者质量越好。

（2）绿茶的品种最多，外形差别也较大。眉茶要求条索成秀眉状，以紧结光滑者为优；珠茶要求呈圆珠状，颗粒越圆、越细、越重实者质量越好；龙井、旗枪、大方等扁形茶，要求外形扁平、挺直、光洁、重实；针形茶要求条索紧结，细直似针；螺形茶要求条索细紧，弯曲似螺。

（3）乌龙茶中的岩茶，条索虽较疏松、粗大，但仍以紧细、重实者为优；闽南乌龙的条索应呈不规则的颗粒状，形似"蜻蜓头"，也以颗粒较细、紧结、重实者为优。

（4）紧压茶要求外形符合规格要求，块形完整，表面、边角整齐光滑，不龟裂，不掉面，不残缺，厚薄均匀，压印端正清晰。

嫩度是决定茶叶品质的最基本因素。一般来说，嫩度好的茶叶，容易符合该茶类的外形要求，条索细紧，大小整齐。此外，还可以从茶叶有无锋苗来鉴别。锋苗好，白毫显露，表明嫩度好。但不能仅从茸毛多少来判别嫩度，因为不同品种所采用的茶树品种和加工工艺各不相同，如极品的狮峰龙井体表也是无茸毛的。以茸毛的多寡作为判断茶叶嫩度的依据，只适合于毛峰、毛尖、银针等"茸毛类"茶。

2. 色泽审评

茶叶色泽与原料嫩度、加工技术、茶的新陈有密切关系。无论何种茶叶，均以具有本茶种的标准色泽，色度光艳，光泽明亮，油润鲜活，色泽均匀者为好。如果色泽不一，色度深浅不同，且暗而无光，则说明原料粗老，做工差，品质劣。

在进行色泽评审时，首先要看茶叶色泽是否纯正，是否符合该茶类应有的色泽特征；其次看色度的深浅，光泽的枯润、明暗，有无杂色等。

不同茶叶品种的色泽特征大致如下。

（1）功夫红茶以色泽乌黑，光泽油润，芽尖呈金黄色者为优。暗黑者为"发酵"过度或储存期过长，青灰者为"发酵"不足，鲜叶粗老者色泽枯红。

（2）绿茶的色泽主要体现为一个"绿"字，嫩绿、翠绿、碧绿、黄绿、墨绿等，且光泽明亮。不同的绿茶品种绿的程度是不一样的，一般来说，西湖龙井呈天然的糙米色，淡黄嫩绿、匀净光洁；珠茶呈碧绿或墨绿色，光泽明亮；炒青绿茶呈嫩绿、翠绿或碧绿色，且光泽明亮；烘青绿茶多为黄绿色，光泽明亮；螺形茶、毛峰、毛尖、银针等"茸毛类"茶以白毫显露，色泽绿地银灰，光泽明亮者为优。

（3）乌龙茶中岩茶的色泽呈青褐色，光泽油润；其他乌龙茶品种多呈青绿色，光泽油润。

3. 净度审评

茶叶的净度是指茶叶中杂质含量的多少。茶叶为农副产品，其生产加工完全是在开放条件下进行的，很难完全避免杂质的混入。茶叶中的杂质分为两类，一类是茶类杂质，另一类是非茶类杂质。茶类杂质是指来源于茶树的杂质，如茶片、茶梗、茶籽等。非茶类杂质是指与茶树无关的杂质，如制作过程中混入的竹屑、木炭、泥沙、草叶、树叶、头发等。

一般来说，成品茶叶中不允许存在任何非茶类杂质，中高档茶中也不允许含茶类杂质，低档茶中允许存在少量的茶类杂质。

4. 干度审评

干度是指茶叶中水分含量的多少。茶叶中的含水量与茶叶的品质和储存性关系密切，茶叶中的含水量越少越好。茶叶干度的评审主要通过触觉和听觉检验实现。用手握住一定量的茶样，稍稍用力，如果茶样很容易握碎，且声音清脆，则说明含水量较低，符合要求；如果不容易握碎，且有较强的刺手感，则说明含水量偏高。对于条形茶，也可以取一根茶叶条索，用两手轻轻瓣断，看瓣断时条索弯曲的程度，同时听断裂声音是否清脆，以此判断含水量的高低。

(二) 茶叶的内质审评

茶叶的内质评审工具有审茶杯、审茶碗、叶底盘、天平、热水器等。

首先将干评时抽取的茶样在审茶盘中混合均匀，然后用取样匙取样，取样量为3 g（乌龙茶为5 g）。将茶样加入审茶杯中，冲入100℃的开水约150 mL，浸泡5 min后，将茶水倾入审茶碗中，叶底仍留在审茶杯中。然后开始评审。

内质审评包括香气、汤色、滋味和叶底四项指标。

1. 香气审评

香气评审一般是通过嗅闻留在审茶杯中的茶叶所散发出来的香气来完成。闻香时不要把杯盖完全掀开，只需端起审茶杯接近鼻子，稍稍将杯盖打开一条缝，闻后立即盖好，放回原位。茶叶的香气在热、温、冷时的差别很大，一般情况下热时香气高，区别比较明显；温冷时闻香，可以判定特殊的香味和香气的持久性。每次闻香时间不能过久，否则容易使嗅觉钝化。

香气的审评主要区别香味高低，持续时间的长短，是否纯正，有无异味等。

不管哪种茶，均以香气浓郁，留香持久，无任何异味者为优。对于茶叶中的名品，还应具有特定的香型。例如，乌龙茶的熟果香，碧螺春的花香果味，祁红的板栗香等。如果茶叶香气能直透脑际，有清新爽朗之感，则品质更佳。

不同类别的茶叶，因化学组成差异较大，其香气的类型也有较大的差别。绿茶的香气以清新、鲜爽为主，带有植物的原有气息；红茶的香气醇厚，有一种"熟"香；乌龙茶的香气兼而有之，清而不涩，香而不腻；花茶的香气应具有窨花所采用的鲜花的香气，且香气纯正、持久、鲜灵。

2. 汤色审评

茶叶的汤色主要取决于茶叶中茶多酚和叶绿素的变化。经过"发酵"的茶叶，茶多酚多被氧化成茶红素、茶黄素和茶褐素等深色物质，故色泽变深。红茶、紧压茶的发酵程度最深，茶多酚的变化最深刻，所以红茶的汤色以红色为主；绿茶的汤色主要是由茶多酚中的黄酮类产生的黄绿色和叶绿素产生的绿色，所以绿茶的汤色以绿色为主；乌龙茶的色泽介于两者之间，以黄色为主。不管哪种茶叶，均要求汤色清澈、明亮。

绿茶的汤色以淡绿、清澈者为优，乌龙茶以橙黄或金黄、清澈明亮者为优，花茶以浅黄色、清澈明亮者为优，红茶以色泽艳红、清澈明亮者为优。

3. 滋味审定

茶叶的滋味是由多种成分协同形成的，其中最主要的是茶多酚、咖啡因、氨基酸和糖。此外，茶叶的香气也与滋味密切相关。

茶叶滋味的评审方法是：吮吸一小口茶汤，不要直接咽下，用舌头在口腔内转动两三次，使整个舌面均被茶汤所浸润，然后吐出或徐徐咽下；之后，体会茶汤入口时、在口腔中的感觉和回味。

滋味评审的要点有以下几点。

（1）茶味的浓淡与强弱：茶汤入口时，茶味圆滑甘润、醇厚者为佳；反之，苦涩味重、味淡者为次。

（2）茶味的感应性：茶汤入口后，能使舌、鼻、喉立即起感应者为优。

（3）茶味的纯洁性：茶味清纯、鲜明，无青嗅味、陈味或其他异味。

（4）茶味的喉润性：回甘程度愈深厚愈甘甜愈佳，在喉部有爽然的余韵者更佳。

一般来说，绿茶以入口时稍有涩感，而后很快回甜，口感清爽者为优；红茶以滋味醇厚，回味甘甜者为优；乌龙茶以兼有绿茶的甜爽和红茶的醇厚者为优。此外，名茶应具有特定的口感，如安溪铁观音的"音韵"（也称"观音识"）和武夷岩茶的"岩韵"等。

4. 叶底审评

叶底的状态和色泽与茶叶的品质密切相关，从茶叶叶底的状态可以反映原料鲜叶的老嫩。叶底的色泽还与汤色有密切的关系，叶底色泽的鲜亮与浑暗往往和汤色的明亮和浑浊是一致的。

茶叶叶底的评审方法是将审茶杯中的叶底倒入叶底盘中，观察叶底中芽的多寡，芽叶的大小、整齐程度，叶片的厚度、柔性，叶底的色泽等。

一般来说，绿茶、红茶、花茶中芽的含量越多越好，叶片（包括芽）大小越整齐越好，叶片越厚越软越好。叶底的色泽由于茶类的不同而不同，红茶叶底以鲜红明亮者为优；绿茶以淡黄绿色为正常的色泽；乌龙茶的叶底应红绿相间，绿叶红镶边，其叶脉和叶缘部分为红色，其余部分为绿色。

五、茶叶的储存和保管

（一）茶叶储存保管中表现出来的特性

由于茶叶的化学组成非常丰富，其中多为易氧化、易挥发性物质，成品茶中的含水量也远低于其在标准状态空气中的平衡含水量，再加之其表面积很大，使得茶叶表现出许多与其他商品所不同的储存保管特性。

1. 陈化性

陈化性是指随着茶叶储存时间的延长，其品质逐渐下降的现象。茶叶经长时间储存后，会出现香气下降、色泽变暗等不良变化。其原因在于茶叶的香气成分（芳香油）易挥发，经长时间储存后，香气散失。此外，茶多酚的自然氧化造成绿茶等茶叶的色泽逐渐变暗变深，红茶的油润光泽会逐渐失去而变枯暗，这也导致了这些茶叶茶汤色泽变深，失去光泽，同时，也使茶汤的滋味变得淡薄，失去鲜爽味。

茶叶的陈化速度与储存温度、茶叶的含水量等因素有关。储存温度越高，陈化速度越快；含水量越高，陈化速度越快。

2. 吸湿性

茶叶由于经干制后形成了疏松多孔的组织结构,并且茶叶中的很多成分(如茶多酚、咖啡因、糖类、蛋白质等)都具有较强的亲水性,再加上成品茶中的含水量又远低于其在标准状态空气中的平衡含水量,因此茶叶具有很强的吸湿性。吸湿后的茶叶,其陈化速度会显著加快,并容易发生霉变。

3. 吸收异味性

茶叶的多孔结构和疏松状态使茶叶具有较强的吸附异味性。人们常利用这一特性来制造花茶,使茶叶除具有茶香外,还具有怡人的花香味,这是其有益的一方面。但这一特性也明显地提高了储存的难度。

(二)茶叶的储存保管方法

依据茶叶的特性,在茶叶的储存保管过程中,应注意下列问题。

(1)库房要求:茶叶仓库的防漏、防热性要要好,通风性好;周围不得有异味源,储存过水产品、农药的库房不得再用于储存茶叶;茶叶储存最好专库专用,不得与有毒、有害物品及能散发出异味的商品(如日用化学商品、塑料制品等)同库房存放;库房要保持清洁、干燥,库房中空气相对湿度不超过70%。

(2)注意密封:茶叶包装应完好,不得有破损;在零售茶店中,营业员从包装箱(罐)内取完茶后要及时密封;茶叶的销售包装最好采用真空包装。

(3)低温储藏:茶叶的储存温度越低越好,一般不宜超过30℃;中高档茶最好储存在冷库中;在家庭中,可以将临时不喝的茶叶包装严密后,储藏在冰箱中,冷藏、冷冻均可。

(4)防潮:要控制好库房的湿度,及时通风降湿;在梅雨季节无法采用通风降湿时,应采用人工除湿的方法降低库房湿度。

(5)其他:茶叶经营人员切忌浓妆艳抹,切忌使用香水等浓烈的芳香性化妆品。

第三节　乳及乳制品

乳也称乳汁,是指哺乳类动物为哺育新生幼畜,从母体乳腺中分泌的一种乳白色的乳浊液。乳中含有大量蛋白质、乳糖、乳脂肪、矿物质、多种维生素及某些生物活性物质,营养极为丰富,且易于吸收,是一种非常好的天然食品。

作为人类食品的乳有若干种,其中,乳牛所产牛奶是占绝对优势的商业化乳制品原料。此外,水牛奶、羊奶、牦牛奶、山羊奶、马奶等也在某些地方具有食用传统,但消费量远远小于牛奶。

乳制品也称乳品,是指以乳为主要原料加工制成的各种食品的总称。

一、乳的化学组成

不管是哪种哺乳动物的乳,其化学成分按物质类别来看都是基本相同的,都含有水、蛋白质、乳脂肪、乳糖、矿物质、维生素、生物活性物质等若干类。但不同种类的乳中，各类成分的含量略有不同。牛乳的化学组成大致如下。

（一）水分

牛乳中的水分是由乳腺细胞所分泌的，它溶有牛乳中的各种固体物质，也是幼畜吸收这些营养物质的媒介。牛乳中的含水量在80%～90%，一般为87%左右。牛乳中的水分分为游离水与结合水。结合水与蛋白质、乳糖、盐类结合存在。

（二）乳脂肪

牛乳中的脂肪以细小球形颗粒形态悬浮于水中，含量一般在3%～5%。乳脂肪与乳及乳制品的特有风味密切相关。乳脂肪中还溶有磷脂、固醇、色素及脂溶性维生素等。

（三）蛋白质

牛乳中蛋白质的含量为3%～4%。其中，酪蛋白约占蛋白总量的83%，它含有人体必需的所有氨基酸，是乳及乳制品高营养价值的主体；乳白蛋白约占13%，它是乳中的天然免疫体；乳球蛋白和少量的脂肪球膜蛋白约占4%。牛乳中蛋白质的含量是衡量其质量的重要指标，也是影响其加工性能的重要指标。

（四）乳糖

乳糖是乳汁中特有的成分，在牛乳中的含量为4%～6%。乳糖为双糖，水解后生成葡萄糖和半乳糖。乳糖不易溶于水，甜味也比蔗糖低。

（五）矿物质

乳汁中矿物质的含量约为0.7%，含量虽少，但种类齐全。人体生长发育所需要的所有矿物质，在牛乳中几乎都能找到，且均为水溶性，易吸收。因此，牛乳在营养上有着重要的作用。

（六）维生素

牛乳中的维生素含量非常丰富，既有脂溶性的维生素A、D、E、K，也有水溶性的维生素B_1、B_2、B_6、B_{12}、C、烟酸、泛酸、叶酸等。维生素A在普通煮沸条件下，一般不会被破坏，B族维生素和维生素D对热也较稳定，所以，在乳制品中这些热稳定性良好的维生素的含量较高。

（七）酶

鲜乳中存在各种活性生物酶，如过氧化物酶、还原酶、解脂酶、乳糖酶等，这是母乳喂养能提高幼体免疫力的基础。鲜乳经加工成乳制品后，这些生物酶大部分被破坏，失去其生理活性。

（八）乳中的其他物质

乳中除上述成分外，还有一些其他物质，虽然数量不多，但对乳的质量、理化性质、食用品质等均有一定影响。其他物质主要还包括磷脂、胆固醇、色素等。

二、乳制品的分类

(一) 按原料乳种类分类

按原料乳种类不同,通常将乳制品分为牛乳制品、羊乳制品、马乳制品等若干类。由于日常生活中人们所使用的乳制品绝大多数是用乳牛乳(牛乳)加工制成的,所以通常所说的乳制品指的是牛乳制品。

(二) 按产品的形态和生产工艺分类

按乳制品的产品形态和生产工艺不同,通常将乳制品划分为灭菌乳、乳粉、乳脂、炼乳、干酪、酸乳、冰淇淋等若干个类别,参见表2.1。

表2.1 乳制品的分类

分 类	品 种	定 义
灭菌乳	灭菌纯牛(羊)乳	以牛乳(或羊乳)或复原乳为原料,脱脂或不脱脂,不添加辅料,经超高温瞬时灭菌、无菌罐装或保持灭菌制成的产品
	部分脱脂灭菌乳	以牛乳或羊乳为原料,脱去部分脂肪,经巴氏杀菌制成的液体产品
	脱脂灭菌乳	以牛乳或羊乳为原料,脱去全部脂肪,经巴氏杀菌制成的液体产品
	灭菌调味乳	以牛乳(或羊乳)或复原乳为主料,脱脂或不脱脂,添加辅料,经超高温瞬时灭菌、无菌罐装或保持灭菌制成的产品
乳粉	普通乳粉	以乳为主要原料,添加或不添加食品添加剂、食品营养强化剂、辅料,脱脂或不脱脂,经浓缩、干燥制成的粉状产品
	配方乳粉	以乳为主要原料,加入适量的维生素、矿物质、牛磺酸、低聚果糖等营养强化剂及功能因子,经加工制成的粉末状产品
乳脂	稀奶油	以乳为原料,离心分离出脂肪,经杀菌处理制成的产品,乳白色黏稠状,脂肪球保持完整,脂肪含量为25%~45%
	奶油	以乳为原料,破坏脂肪球使脂肪聚集得到的产品,为黄色固体,脂肪含量达80%以上
	无水奶油	以乳为原料,分离得到黄油之后除去大部分水分的产品,其脂肪含量不低于98%,质地较硬
炼乳	淡炼乳	以乳为原料,真空浓缩除去水分之后不加糖,经装罐灭菌制成的浓缩产品,质地黏稠
	甜炼乳	以乳为原料,真空浓缩除去水分之后,加糖达产品重的45%~50%制成的浓缩产品,质地黏稠
干酪	原干酪	在原料乳中加入适当量的乳酸菌发酵剂或凝乳酶,使蛋白质发生凝固,并加盐、压榨排除乳清之后的产品
	再制干酪	用原干酪经再加工制成的产品
冰淇淋	乳冰淇淋	乳脂肪不低于6%,总固形物不低于30%的冰淇淋
	乳冰	乳脂肪不低于3%,总固形物不低于28%的冰淇淋
酸乳	酸乳	在液态乳中加入保加利亚乳杆菌和嗜热链球菌,经乳酸发酵而制成的凝乳状制品
其他乳制品	乳清粉、干酪素	如酪蛋白或乳清蛋白浓缩产品等,主要用于食品工业生产的原料,基本上不直接食用

三、灭菌牛乳

灭菌牛乳是以新鲜牛乳为原料，经净化、杀菌、分装后销售的可直接饮用的牛乳。

（一）灭菌牛乳的分类

1. 按生产工艺分类

灭菌牛乳按生产过程中是否脱脂或添加辅料的不同，通常分为全脂灭菌牛乳、部分脱脂灭菌牛乳、脱脂灭菌牛乳和调味乳四类。其中，前三类统称为纯牛乳。

调味乳按加入的辅料不同，通常分为强化牛乳和花色牛乳。强化牛乳是指添加了维生素、矿物质及营养制剂的消毒乳，其风味和外观与纯牛乳类似。花色牛乳是指添加了咖啡、可可或各种果汁的消毒乳，其风味和外观均与纯牛乳有所不同。

2. 按杀菌方法不同分类

（1）保持灭菌（二次灭菌）牛乳：指将乳液预先杀菌（或不杀菌），包装于密闭容器内，在不低于110℃温度下灭菌10 min以上的产品。

（2）高温短时间杀菌牛乳：又称巴氏杀菌牛乳，是指经过巴氏杀菌工艺处理过的生鲜牛奶。其灭菌条件是：温度72～75℃，保持15～16 s杀菌；或温度80～85℃，保持10～15 s杀菌。在72～85℃条件下瞬时加热，能将牛奶中的有害微生物杀死，而将牛奶中对人体有益的活性物质保留下来，保证了牛奶的营养价值，但保质期短。例如，人们向奶业公司每日定购送奶上门的保质期7天以内的袋装或玻璃瓶装的产品就属于这种。

（3）超高温瞬时灭菌牛乳：指流动的乳液在135℃以上灭菌数秒，在无菌状态下包装后的产品。其特点是保质期比较长，而且价格又相对便宜，因此深受消费者欢迎，该类产品占据了国内液态乳近70%的市场。此类产品的缺点是高温破坏了很多生物活性物质。

（4）蒸汽直接喷射法超高温灭菌牛乳：条件大致与超高温灭菌乳相同，指牛乳与高温蒸汽直接接触，在喷射过程中瞬间即达到灭菌的效果，然后经无菌包装后的产品。

（二）灭菌牛乳的质量要求

1. 感官质量要求

（1）组织状态：为质地均匀的乳浊液，无凝块，无黏稠现象，允许有少量沉淀。

（2）色泽：呈均匀一致的乳白色，或微黄色；花色乳应呈均匀一致的乳白色或具有调味原料应有的色泽。

（3）滋味和气味：应具有牛乳固有的香味，带微甜味，无饲料臭味、酸味等其他异味；花色乳应有调味原料固有的滋味和气味。

2. 内在质量要求

（1）灭菌乳中蛋白质、脂肪、非脂乳固体、酸度和杂质度的要求参见表2.2。

表 2.2　灭菌乳的内在质量要求

项　目	灭菌调味乳			灭菌纯牛乳		
	脱脂	全脂	部分脱脂	脱脂	全脂	部分脱脂
脂肪/%	≥3.1	1.0~2.0	≤0.5	≥2.5	0.8~1.6	≤0.4
蛋白质/% ≥	2.9			2.3		
非脂乳固体/% ≥	8.1			6.5		
酸度/°T	12~18			—		
杂质度/(mg/kg) ≤	2					

(2) 卫生指标应符合灭菌乳和食品卫生的相关规定。

四、乳粉（奶粉）

乳粉是指以乳为主要原料，经浓缩、干燥制成的粉状产品。乳粉的特点是营养价值高，易吸收，便于携带，保质期长，使用方便，利于运输。

(一) 乳粉的分类

乳粉分为普通乳粉和配方乳粉两类。

1. 普通乳粉

普通奶粉包括全脂乳粉、部分脱脂乳粉、脱脂乳粉、全脂加糖乳粉、调味乳粉等品种（参见表 2.3）。

表 2.3　普通乳粉的分类

全脂乳粉	仅以乳为原料，添加或不添加食品添加剂、食品营养强化剂，不脱脂，经浓缩、干燥制成的粉状产品
部分脱脂乳粉	仅以乳为原料，添加或不添加食品添加剂、食品营养强化剂，脱去部分脂肪，经浓缩、干燥制成的粉状产品
脱脂乳粉	仅以乳为原料，添加或不添加食品添加剂、食品营养强化剂，脱脂肪，经浓缩、干燥制成的粉状产品
全脂加糖乳粉	仅以乳、白砂糖为原料，添加或不添加食品添加剂、食品营养强化剂，不脱脂，经浓缩、干燥制成的粉状产品
调味乳粉	以乳为主要原料，添加辅料，经浓缩、干燥制成的粉状产品；或在乳粉中添加辅料，经干混制成的粉状产品

2. 配方乳粉

配方乳粉也称为强化乳粉，是根据不同人群的营养需求，通过调整普通奶粉营养成分的比例，并强化人体所需的钙、铁、锌、硒等矿物质，维生素 A、D、E、C、B 族以及牛磺酸、低聚糖等营养强化剂及功能因子等。

配方乳粉一般分为婴幼儿配方乳粉和功能性配方乳粉两种。

(1) 婴幼儿配方乳粉：婴幼儿配方乳粉是一种比较特殊的乳粉。国家对婴幼儿配方乳粉的标准及生产都有严格的规定，其中主要是根据母乳中的各种营养成分的种类、含量和比例及相互作用等为标准，利用牛奶为基本原料，调整蛋白质、脂肪、碳水化合物的种类、含量以及添加各种维生素、矿物质、特殊生物活性物质而制成的配方乳粉。婴幼儿配方乳粉一般根据婴幼儿的年龄分为出生至 6 个月、6 个月至 1 岁、1 岁至 3 岁、3 岁以后等几类。

（2）功能性配方乳粉：功能性配方乳粉主要是根据不同消费人群的营养需求特点而设计加工出来的产品。例如，中老年乳粉就是根据老年人身体虚弱、易患病等生理特点，强化了蛋白质，添加了能促进胃肠道机能的物质及钙质、维生素 D 等营养强化剂加工而成。此外，还有为孕期和授乳期女性而特制的功能性配方乳粉等。

（二）乳粉的质量要求

1. 乳粉的感官质量要求

（1）色泽：乳粉的正常色泽应呈乳白色至淡黄色，且色彩自然、均匀一致。一般来讲，加糖的全脂奶粉比不加糖的颜色要白一些。

（2）状态：颗粒细腻、疏松、干燥，不得存在结块现象。取约 26 g 乳粉，置于玻璃杯中，加少量热水调匀，再加满开水，调匀后静置 5 min。如果没有悬浮物和沉淀物，则说明奶粉质量正常，否则说明奶粉质量较次。若出现水奶分层现象，则说明奶粉已变质，不能食用。

（3）香气：应具有纯净的奶香味。若奶味较淡或无奶味，则说明质量较次；若有酸味、哈喇味、霉味等异味，则说明乳粉已经变质，已不能食用。

（4）滋味：取少许奶粉放入口中品尝，质量好的奶粉质细而黏，乳香满口，并稍有甜味。如有异味则说明奶粉质量差或已变质。

2. 普通乳粉的内在质量要求（参见表 2.4）。

表 2.4 普通乳粉的内在质量要求

项　目		全脂乳粉	部分脱脂乳粉	脱脂乳粉	全脂加糖乳粉	调味乳粉
蛋白质/%	≥		非脂乳固体的 34		18.5	16.5
脂肪（X）/%		$X \geq 26.0$	$26.0 > X > 1.5$	$X \leq 1.5$	$X \geq 20.0$	—
乳固体/%	≥	—	—	—	—	70.0
蔗糖/%	≤	—	—	—	20.0	
复原乳酸度/°T	≤	18.0	20.0	20.0	16.0	—
水分/%	≤			5.0		
不溶度指数/mL	≤			1.0		
杂质度/（mg/kg）	≤			16		

注：乳固体＝乳脂肪＋乳糖＋乳蛋白＋无机盐，非脂乳固体＝100－乳脂肪－水分。

五、其他乳制品

（一）炼乳

炼乳是将鲜乳经真空浓缩除去大部分水分而制成的浓缩乳制品。

1. 炼乳的种类

炼乳分为淡炼乳和甜炼乳两种类型。

甜炼乳是在原料牛乳中加入约16％的蔗糖,并浓缩到原体积的40％左右而制成的含糖乳制品。甜炼乳产品呈淡黄色,外观状态类似蛋黄酱。甜炼乳的糖含量很高,故渗透压也很高,能抑制大多数微生物的生长。通常,全脂甜炼乳大约含有8％的脂肪、45％的蔗糖、20％的非脂乳固体和低于28％的水分。甜炼乳中蔗糖含量过多,不宜用于哺育婴儿。

淡炼乳又称无糖炼乳,是将原料牛乳浓缩到原体积的40％~50％后装罐密封,然后再经灭菌而制成的。淡炼乳的外观颜色类似稀奶油。淡炼乳还可再分为全脂淡炼乳、脱脂淡炼乳和强化淡炼乳。

2. 炼乳的感官质量要求

(1) 色泽：炼乳的色泽应均匀一致,呈乳白色,稍带微黄,有光泽。

(2) 香气：炼乳的气味应纯正,具牛乳的清香,无异味。

(3) 组织状态：要求质地细腻,稠度适中；能从勺子上自然流下,质地均匀一致。不得存在黏性过大、脂肪上浮及蛋白质凝固颗粒等现象,更不得存在砂粒及粒状沉淀。

(4) 滋味：口感细腻滑爽,不得有乳糖结晶存在,滋味纯正,无其他异味。

炼乳应保存于干燥、阴凉的地方,淡炼乳开盖后不能久存,必须在一两天内吃完。甜炼乳可多放几天,夏天则放置时间更短。

(二) 奶油

奶油是将乳经分离后所得的稀奶油再经成熟、搅拌、压炼而制成的乳制品,也称为黄油。奶油的乳脂成分在80％以上,水分在17％以下。根据原料奶油有无乳酸发酵,可将奶油分为发酵奶油和非发酵奶油；根据是否加盐,又可将奶油分为加盐奶油和无盐奶油。

奶油的感官质量要求如下。

(1) 色泽：奶油的色泽应为淡黄色,且均匀一致,色泽过深或过浅均不佳。

(2) 香气：气味芳香,具有牛乳的香气,无异味。

(3) 组织状态：在10~20℃温度下,奶油应具有一定的稠度和适当的延展性,切断面应致密均匀；柔软而呈膏状或脆而疏松者均较次。用舌尖和上颚辗压奶油时,不应有粗硬和黏软现象。奶油一般夏季较软,冬季较硬。

(4) 水分：奶油切断面无水珠,边缘与中心部位均匀一致。

(三) 酸乳

酸乳又称酸奶,是以鲜乳为原料,经杀菌处理后,接种乳酸菌发酵制成的产品。发酵所用的乳酸菌主要有保加利亚乳酸杆菌和嗜热链球菌。

酸乳能增强食欲,促进消化,且营养丰富,口感细腻酸甜,成品中含有大量的活体乳酸菌,是人们喜爱的乳制品。

酸乳根据产品的组织状态,常分为凝固型酸乳和搅拌型酸乳两种。

凝固型酸乳又称传统型酸乳,其发酵过程是在包装容器中进行的,从而使成品因发酵而保留了凝乳状态。凝固型酸乳的凝结是均匀、连续的。

搅拌型酸乳的发酵是在发酵缸中进行,将发酵后的凝乳在灌装前或灌装过程中搅碎,使之呈低黏度(粥状)的均匀状态。有的搅拌型酸乳在生产中还添加了果料、果酱等,从而形成了具有特殊风味的酸乳。

酸乳的感官质量要求如下。

(1) 组织状态：凝结均匀细腻，无气泡，允许有少量乳清析出。

(2) 色泽：呈乳白色或稍带微黄色，色泽均匀一致。

(3) 香气和滋味：口感细腻，酸甜适度，具有经乳酸发酵后特有的香气和滋味，无酒精发酵味、霉味和其他异味。

练习与思考

1. 酒是如何分类的？
2. 白酒的香型有哪些？其特点是什么？
3. 如何鉴别白酒的品质？
4. 啤酒是如何分类的？
5. 如何鉴别啤酒的品质？
6. 葡萄酒是如何分类的？
7. 如何鉴别葡萄酒的品质？
8. 茶叶是如何分类的？
9. 西湖龙井茶的特点是什么？
10. 如何评定茶的品质？
11. 茶叶储存保管过程中应注意什么？
12. 乳制品是如何分类的？
13. 灭菌牛乳的质量要求有哪些？
14. 乳粉的感官质量要求有哪些？

第三章 皮革制品

本章学习目的

通过本章的学习，读者应该了解皮革的基本生产工艺；掌握与日常生活关系密切的成品革的品种、特点、外观特征；能够识别成品革上常见的外观疵点；了解皮鞋的类别及特点，能正确识别鞋号，掌握皮鞋的选购方法。

第一节 皮革的原料与生产

一、皮革的含义

皮革是将动物原料皮经物理、机械加工，并经化学鞣制后所获得的一种变性材料。

皮革作为一种天然材料应用于人类生活的历史非常悠久。随着人类社会的不断发展，人们生活水平的不断提高，人们对皮革制品的需求也在不断增加，尤其是在人们崇尚自然、追求回归自然的潮流中，对皮革制品也越来越青睐，皮革制品在人们的生活中也起着越来越重要的作用。

皮革作为一种古老的材料，与其他材料相比，有着其独有的特点。

(1) 皮革具有良好的机械力学性能。皮革的抗张强度、抗撕裂强度、曲绕强度、耐磨强度等力学指标均比较突出，其弹性、韧性也非常优秀。

(2) 皮革作为一类柔性材料，与塑料、橡胶相比具有更加宽泛的使用温度范围，在低温−60℃、高温120℃温度范围之内始终具有良好的强度和韧性，可以正常使用。其最高使用温度可达160℃。

(3) 皮革具有优良的吸水、排湿、透气性，穿着卫生、舒适。

(4) 皮革具有良好的染色性，可用多种染料很方便地染成各种鲜艳的色彩。

二、制革原料皮

(一) 制革原料皮的种类

在自然界中存在着许许多多的动物品种，不管是哺乳动物，还是爬行动物，或是水生的鱼类，只要皮纤维的发育程度良好，皮张面积、产量能满足制革的要求，这种动物皮就可以用于制革。因此，制革原料皮的种类繁多。制革原料皮通常按来源不同分为两类，一类是家畜皮，另一类是野生动物皮。野生动物皮又包括野生哺乳类动物皮、水生哺乳类动物皮、爬行类动物皮、鱼类动物皮、大型鸟类动物皮等若干类。由于适于制革的绝大多数的野生动物均属于保护性动物，故很少使用野生动物皮制革。目前，用于制革的原料皮主要是家畜皮，如牛皮、羊皮、猪皮、马皮等。

1. 牛皮

按牛种不同，牛皮可分为黄牛皮、水牛皮、奶牛皮、牦牛皮等，其中，最为重要的是黄牛皮和水牛皮，其皮质好，产量高。牛皮非常适于制革。根据原料皮情况（牛种、年龄等）不同，可将牛皮加工成几乎所有种类的成品革。

黄牛皮分为中原黄牛皮、北方黄牛皮、南方黄牛皮三大类型，其中，中原黄牛皮的皮质最好。我国最理想的黄牛原料皮有鲁西黄牛皮、南阳黄牛皮、秦川黄牛皮等。黄牛皮的皮纤维发育程度很好，纤维束细密，编结均匀，皮板的厚度均匀，不同部位的差异小，质地均匀性好，因而是非常理想的制革原料皮。黄牛皮的厚度随牛种和年龄等的不同差异较大，鲜皮厚度一般为 3～12 mm，真皮层厚度约为全皮厚的 80%～90%，皮张面积约为 2.0～5.5 m^2。牛犊皮组织构造类似于一般牛皮，但具有更细致的纤维编织构造，成革表面更加光洁、平整，柔性、透气性更优越。

我国是世界上水牛资源丰富的国家，仅次于印度，居世界第二位。水牛皮与黄牛皮相比，毛较粗，分布也较稀疏，粒面稍粗糙，厚度均匀性略差，颈皱深，粒面纤维编织特别紧密，而网状层纤维粗大而编织疏松。对水牛皮而言，秋板皮品质较好，春板皮品质略差。

2. 羊皮

羊皮主要包括山羊皮和绵羊皮两类，以山羊皮为主。羊皮的皮纤维发育程度较牛皮、猪皮等略差，纤维束较细，编结也较疏松，皮板较薄，成革的强度偏低。但羊皮柔性好，透气性好，因而也是非常优良的服装革原料皮。

我国和印度是饲养山羊最多的国家，两国的山羊总量占世界总数的 1/2。品质最好的山羊皮是尼泊尔马拉迪的山羊板皮，其品质享誉全世界。我国四川麻羊板皮也被列入世界优质原料皮之列。

我国的山羊板皮，根据传统的类别划分方法分为五类，分别是四川路、汉口路、华北路、济宁路和云贵路。其中，以四川路和汉口路山羊板皮质量最好。四川麻羊板皮和山东济宁青山羊板皮（猾子皮）等品种也是优秀的制革用山羊板皮。

山羊皮的质量随羊种、产地、年龄和饲养条件不同而有较大的差异，皮张面积约 0.5～0.9 m^2。与绵羊皮相比，山羊皮具有较高的牢度，乳头层与网状层之间的连接更为紧密，皮内的脂腺、汗腺也较少，其镰刀状有序排列的毛孔形成了山羊皮特有的美观粒面花纹。山羊皮主要制造山羊软革，用于制作高档女鞋用革、服装革、手套革等。

绵羊皮毛被较好，一般多用于制裘，只有不能用于制造裘皮的才用来制革。绵羊皮包括土种绵羊皮、改良绵羊皮和引进种绵羊皮。制革一般多用土种绵羊皮和改良绵羊皮。我国制革业中应用比较广泛的绵羊皮有内蒙古土种绵羊皮和湖羊皮。

绵羊皮平均面积约 0.4～0.9 m^2，厚度约为 1～3 mm，生皮中含有很多汗腺和毛囊，真皮层厚度约为全皮厚度的 75%～85%。绵羊皮内含较多的脂肪，皮下组织层也比较发达，属多脂皮，绵羊皮的含脂量约占皮重的 30% 左右。由于绵羊皮组织结构较为疏松，制成的皮革制品有较舒适的手感，但强度相对偏低。绵羊皮适于制造服装革、手套革、衬里革等软革。

3. 猪皮

在我国，猪皮是主要的制革原料皮。我国猪种可分为三大类，即地方品种、杂交种和引进种。当前，杂交猪已成为我国制革业重要的猪皮来源，其品质要好于大多数的地方猪种。除家养猪外，还有人工饲养的野猪皮也是优秀的制革原料皮。其中，最为著名的是南美野猪，又叫派卡里（PEKALI）。这种野猪皮具有较明显的猪皮毛孔及粒面特征，由于其特殊的皮纤维组织结构，故可加工成非常柔软的服装革、手套革，价值很高。

猪皮面积一般在 $0.7\sim1.3\ m^2$。在我国，由于地区、猪种等不同，皮质差异也很大。例如，地方品种中的金华猪，不仅产量大，而且质量佳；北方猪的皮张大，毛孔粗，部位差明显，质量较差。猪皮的粒面粗糙，部位差较大，在组织构造特点上相对于其他哺乳动物皮而言不具备网状层，其真皮层占全皮厚的 $80\%\sim90\%$。猪皮含脂量高，约占皮重的 $20\%\sim30\%$；毛孔粗而深，多以3个为一组，呈"品"字形排列，由此构成猪皮特有的粒面特征。

4. 马皮

马皮也包括骡皮，其皮质与牛皮类似。马皮最大的特点是具有结构非常致密、坚牢的股子皮。股子皮较难处理，一般将之制成坚实的底革或工业用革。马皮其他部位可用于制成服装革、鞋面革等。

（二）制革原料皮的分层结构

牛、羊等家畜皮的横截面分为表皮层、真皮层和皮下组织三层，它们的生理功能、结构和化学组成是不同的，在成革中所起的作用差异也很大。

表皮层处在皮张的最外层，由角质化细胞紧密堆砌而成，厚度约为全皮厚度的 $1\%\sim1.5\%$。表皮层的主要生理功能是对肌体起到保护作用，阻止外界物质侵入肌体内部。表皮层内几乎不含胶原纤维，对成革无任何意义，在制革时需全部清除掉。

皮下组织位于皮张的最内层，为真皮层和动物内部组织的过渡层，没有固定的厚度，且随动物的种类、肥瘦、部位等不同而变化。皮下组织是由质地疏松、柔软的结缔组织形成的网状组织，胶原纤维含量很少，且发育不好。该层中存在大量的脂肪、肌肉组织、毛细血管、神经末梢等。皮下组织对制革也无价值，在制革的准备过程中应一并除掉。

真皮层是皮的中间层，其厚度约占全皮厚度的 $80\%\sim95\%$。真皮层主要是由胶原蛋白质纤维构成的网络状结缔组织，其间充满了毛细血管、神经末梢、脂肪、脂腺、汗腺等非纤维成分。此层中的蛋白纤维与鞣剂结合形成革，是制革的基本层。真皮层以毛囊和汗腺的根梢处为分界，分为乳头层和网状层。

牛皮、羊皮、马皮的真皮层结构类似，猪皮的结构比较特殊。猪皮的毛囊处于真皮层与皮下组织的交界面上，毛根穿过整个真皮层，乳头层与网状层之间无明显的分界。真皮层中微血管、脂腺、汗腺较少，纤维束均匀一致，交织紧密。

三、皮革的生产

将一张原料皮加工成成品革，概括起来大致包括鞣前准备、鞣制和后整理三个阶段。

(一) 鞣前准备

鞣前准备是指将原料皮经一系列物理、机械加工，转化为一张适合于鞣制的裸皮的工艺过程。用动物原料皮制造皮革，从组织学方面来说，是利用原料皮的真皮层部分；从化学组成来说，则是利用原料皮中的胶原蛋白纤维部分。其他的不能成革的部分和成分要在生产过程中被除去。同时，为了使原料皮便于加工，在鞣前准备阶段需要使原料皮充分吸水，恢复到新鲜皮状态。为使皮纤维与鞣剂更好的结合，还要调整裸皮的pH值等，以使制成的皮革质量达到最优状态。鞣前准备的主要工序包括浸水、脱脂、浸灰、脱灰、酶软化、浸酸。

1. 浸水

浸水是指将原料皮用清水浸泡、清洗的工艺过程。制革厂使用的原料皮多为经防腐处理过的皮，一般不是盐皮就是干皮。这些皮张都因防腐处理而失水，皮张变得挺硬，不利于加工。浸水的主要目的就是使防腐处理过的原料皮重新吸水，尽量使其恢复到鲜皮状态。新鲜的生皮一般含水量在75%左右。

此外，浸水还能清除原料皮上的污物，使原料皮变得洁净；同时，还使生皮中的可溶性蛋白质大部分溶于水中。

浸水时温度、时间要适度。浸水要求浸软、浸透，使其均匀一致，但又不能浸水过度。浸水过度，粒面易受细菌作用而产生针孔、缺口等疵点，皮蛋白也会因腐烂或水解而使成革质地松、空。浸水不足，则整张皮充水不均匀，纤维间质溶解不好，皮纤维分离差，成革僵硬。

2. 脱脂

脱脂是指通过物理、化学的方法除去原料皮中的脂肪等非纤维类物质的工艺过程。皮革质量的好坏在很大程度上取决于脱脂是否彻底。在脱脂过程中，一方面应脱掉脂肪，另一方面又不能损伤内部纤维。

(1) 机械脱脂。

机械脱脂又称削里或刮里。将浸水软化后的皮张喂入去肉机中，利用刮刀刮去附着在皮面上的脂肪和残肉等。同时，通过刮里作用，在挤压力作用下，使皮内的脂肪升到皮表面，从而有利于化学脱脂。

(2) 化学脱脂。

皮张内部的脂肪是无法用机械法全部脱掉的，只能采用化学方法将其清除掉。皂化法是较为理想的脱脂方法，其原理是利用皂化反应，将原料皮中的脂肪转化为可溶性的皂和甘油，使其溶解出来，从而达到除去内部脂肪的目的。在脱脂过程中，若碱液过浓，则会使蛋白纤维受到破坏，降低成革品质。此外，还可采用乳化法或溶剂法脱脂。

3. 浸灰（脱毛）

除去原料皮上毛被和表皮层的工序称为浸灰（脱毛）。传统的脱毛工序是将脱脂后的原料皮浸入过饱和的石灰溶液中来实现的，所以又称为浸灰。若单用熟石灰脱毛，则脱毛时间长，蛋白纤维破坏严重，皮质损伤大；若加入适量的硫氢化钠，则可缩短脱毛时间。此外，还有盐碱法、二甲胺浸灰法、酶法、氧化法等多种脱毛方法。

脱毛过程是使角蛋白在碱中水解，双硫键断开，以使毛与真皮的联系削弱。同时，硫化物和二甲胺等还原剂还阻止了毛内新键的形成，从而加快毛松脱的速度。

浸灰还可以除去皮内的纤维间质。胶原纤维分离后，成革的延伸性和挠曲性增加，革质柔软。

4. 脱灰

脱灰又称脱碱。采用灰碱法脱毛的裸皮，皮内会残留一定量的氧化钙和硫化钠。为保证成革的质量，有利于鞣制时鞣剂的渗透和结合，脱毛结束后，须脱去这部分残留灰，这一加工工艺过程称为脱灰。

浸灰后的裸皮虽经水洗，皮内 pH 值仍在 10 以上，不利于鞣制，故须脱碱（脱灰）。首先是水洗，洗掉皮中大部分的碱或灰；余下的碱或灰则采用中和法除去。脱碱用的酸多为弱酸或酸式盐，国外多采用有机酸，效果好，皮垢易于去除、粒面清洁、细腻，皮革更加柔软。

5. 酶软化

酶软化的作用主要是清除皮垢，溶解部分皮蛋白质，使成革柔软，是制造软革的一项重要工序。

6. 浸酸

脱灰和软化之后，要用酸和盐溶液处理裸皮，称为浸酸。浸酸的主要作用是降低裸皮的 pH 值。鞣浴的 pH 值最初要求是 2.5～3，若不经浸酸，则影响鞣制，影响成革的质量。目前，浸酸多采用蚁酸或醋酸与硫酸合用。此法成革粒面细，革质柔软。有时加入 1‰ 的明矾，起到铝鞣的作用，可使革面粒面平滑。有时也加入 1‰ 的甲醛溶液（37％含量），起一定固定粒面、减轻松面现象的作用。

（二）鞣制

鞣制是指用鞣剂处理裸皮，使之变性成革的工艺过程。

1. 鞣剂

鞣剂是指能与裸皮结合，使之变性成革的物质。

远古时期，人类就采用一些植物汁液、明矾等鞣革，这就是最初的鞣剂。随着制革技术的发展，人们逐步发现了多种鞣剂。按分子结构不同，可将鞣剂分为无机鞣剂和有机鞣剂两类。

（1）无机鞣剂。

无机鞣剂是指具有鞣性的矿物盐类物质，又称矿物鞣剂。无机鞣剂主要有三价铬鞣剂、三价铝鞣剂、三价铁鞣剂、四价锆鞣剂、四价钛鞣剂、硅酸盐类鞣剂等若干种，以下仅介绍其中的几种。

① 三价铬鞣剂。三价铬鞣剂的鞣性最好，是最重要的鞣剂。有鞣性的三价铬盐（铬鞣剂）以碱式硫酸铬为代表，它以重铬酸钾（红矾）或重铬酸钠及硫酸的水溶液为主要原料，用糖类（主要是工业葡萄糖）还原制得，适合于各类皮革、各种毛皮的鞣制。用铬鞣剂鞣革时，三价铬离子与胶原的侧链上的羧基发生多点结合和交联，从而增强了胶原的结

构稳定性。所以,铬鞣革的收缩温度高(超过95℃),抗酶和抗化学试剂能力强。但铬离子有毒,是制革废水的主要污染源之一。经铬鞣剂鞣制的湿革一般带蓝色,称蓝湿革。

② 三价铝鞣剂。三价铝鞣剂是最古老的矿物鞣剂之一。常用的铝鞣剂主要有明矾或硫酸铝。由于铝鞣剂与胶原的羧基发生单点结合,不够牢固,因此常与植物鞣剂或铬鞣剂配合使用,鞣制浅色革、绒面革和各种毛皮。铝鞣革成革收缩温度低、丰满、柔软、有弹性。铝鞣可节约红矾,减少污染。近年来发展的白湿革,就主要是用铝盐鞣制而成。

③ 四价锆鞣剂。可用作鞣剂的锆盐有硫酸锆和氧化锆等,以硫酸锆更为常用。这些锆盐配制成锆络合物后,与胶原中碱性基的反应产生鞣制作用。锆鞣革色白、致密、吸水性大。锆鞣剂适于与铬鞣剂、植物鞣剂或合成鞣剂结合鞣制白色革和鞋面革。

④ 四价钛鞣剂。钛盐可与其他金属盐鞣剂形成多金属络合鞣剂。利用硫酸钛酰的铵化合物$(NH_4)_2 \cdot TiO \cdot (SO_4)_2 \cdot H_2O$,可制成耐水洗、耐光的白色革。钛鞣剂常与铬鞣剂结合鞣制鞋面革。钛鞣剂与胶原结合可能是一种多官能基的作用。

(2) 有机鞣剂。

有机鞣剂是指具有鞣革性能的各种有机化合物的总称,主要有植物鞣剂、醛鞣剂、磺酰氯鞣剂、油鞣剂、合成鞣剂等若干类。本书以植物鞣剂和醛鞣剂为例进行介绍。

① 植物鞣剂。植物鞣剂是指以植物鞣质为主要成分的制剂。植物鞣质又称单宁,主要与皮胶原通过多点的氢键结合产生鞣制作用。能够提取具有工业价值的植物鞣剂的植物,称为鞣料植物。鞣料植物的种类很多,在中国已发现170种以上,其中作为植物鞣剂生产的有十余种,如落叶松、木麻黄、杨梅、柚柑、槲树等植物的树皮,橡碗子、花香果等植物的果实,红根等根类植物以及五倍子等植物。用水从鞣料植物中浸提出鞣质,经过浓缩、干燥得到植物鞣剂的过程称植物浸膏,俗称栲胶。植物鞣质中具有鞣性的物质主要是多元酚类化合物。植物鞣剂可单独鞣制各种皮革,也可与其他鞣剂结合鞣制。

② 醛鞣剂。醛鞣剂的品种很多,有甲醛、戊二醛、双醛淀粉、糖醛、双醛纤维素等,其中甲醛和戊二醛应用较广。甲醛多与其他鞣剂结合鞣制。甲醛可以封闭胶原多肽链侧链上的氨基,并能在两个多肽链间通过次甲基使肽链间相邻氨基缝合,起到鞣制作用。甲醛鞣性很强,刺激性气味大。戊二醛鞣剂是含戊二醛25%~50%的水溶液,可用于预鞣、结合鞣和复鞣,戊二醛鞣革耐汗、耐洗性能好。双醛淀粉鞣剂是由淀粉经碘酸氧化制得,鞣成的革颜色纯白、丰满、革面细,兼具铬鞣革和油鞣革的特点,但成本较高。

2. 鞣制方法

由于原料皮的种类不同,成革的用途不同,鞣制方法也各不相同。

(1) 铬鞣法。

铬鞣法是用铬鞣剂鞣制裸皮,使之变性成革的加工方法。用铬鞣法加工而成的革称为铬鞣革,又称"轻革"。

制备铬鞣液所使用的铬盐有重铬酸盐、铬矾$[K_2SO_4 \cdot Cr_2(SO_4)_3 \cdot 24H_2O]$、硫酸铬等。其中应用最为广泛的是重铬酸钠,又称为红矾钠,为橙红色的结晶颗粒,分子式为$Na_2Cr_2O_7 \cdot 2H_2O$。六价铬无鞣制作用,需还原为三价的铬后才有鞣制能力。用三价铬的化合物直接鞣制的方法称为一浴法。把透入皮内的六价铬的化合物用还原剂还原成三价铬的化合物,使之与皮结合的鞣制的方法称为二浴法。

铬鞣革呈青绿色，成革丰满，皮质柔软，弹性好。二浴法鞣制的革，粒面特别细致，革身柔软，但操作比较繁琐，红矾浪费大，反应复杂且不易控制，故后来被一浴法代替。目前已很少使用二浴法，只在鞣制极细腻的山羊皮面革时，才有采用。铬鞣革的缺点是：成革易吸水，易打滑；纤维稍疏松；切口不光滑。

（2）植鞣法。

植鞣法是利用植物鞣剂鞣制裸皮，使之变性成革的加工方法。用植鞣法加工而成的革称为植鞣革，又称"重革"。

植鞣革呈棕黄色，质地丰满，组织紧密，抗水性能强，潮湿后不打滑；伸缩性小，不易变形；耐汗水性好，切口光滑。植鞣革的缺点是：拉伸强度偏小；耐磨性、抗热性和透气性稍差；储存过程中较易变质。植鞣革通常用作底革、轮带革、装具革等。

（3）结合鞣法。

结合鞣法是指采用两种或两种以上鞣剂逐次鞣制的工艺方法。

最常用的结合鞣法是铬植鞣法。铬植鞣法又分为先铬后植鞣法、先植后铬鞣法、重铬轻植鞣法和重植轻铬鞣法。铬植鞣法生产的面革，成革较重，丰满、坚实，适于苯胺染料染色，修饰较容易，裁剪率大，所制作的皮鞋、皮靴等产品对湿、热更稳定，不易变形。

（三）后整理

为使皮革具有更好的外观和使用性能，鞣制后还需进行一系列的后整理加工。后整理阶段一般包括染色、干燥、加脂与填充、整饰等工序。

1. 染色

皮革染色使用的染料有酸性染料、碱性染料和直接染料。黑色染料中最常用的是苯胺黑。皮革染色的方法有两种，一种是把制品浸在染料溶液中染色，另一种是用毛刷将染料溶液涂在制品上染色。人们常通过染色来改善皮革的外观。

2. 加脂与填充

原料皮中的脂肪在生产过程中几乎全部被脱掉，在后整理时加入适量的油脂，利用油脂对皮纤维的滋润，可明显改善皮革的韧性，提高其抗弯强度和柔性，减轻折纹的发生，降低吸湿性，提高抗水性。对于植鞣革，在加脂的同时可加入填充剂硫酸镁和葡萄糖，以使革质饱满而具有弹性，增强革的耐热性。

3. 干燥

皮革的干燥是皮革整理的重要工序，包括干燥、回潮、滚压、刮软等一系列工序。干燥的作用为：一方面通过该工序除去水分，使皮革定形；另一方面使皮革的质地更加适合使用要求。

4. 整饰

整饰是指对于外观欠佳的头层皮（如头层猪皮）、几乎所有的二层皮和存在外观缺陷的皮张，为提高其成革的外观效应而进行的表面涂饰、打光、磨面、防水处理、烫平压花搓纹等的加工过程。经整饰处理后，会明显提高皮革的外观效应，改变革面风格，拓展皮革的用途。

第二节 成品革

一、成品革的分类

由于原料皮的种类很多，不同原料皮又能制成不同性能、特点、用途的皮革，而同种原料皮采用不同的加工、揉制方法，也会得到不同性能特点的皮革，因此，皮革的种类很多，分类方法也有若干种。

（一）按原料皮种类分类

根据原料皮的种类不同，可将皮革分为牛皮革、羊皮革、猪皮革、马皮革、其他动物皮革等。

（二）按鞣制时使用的鞣剂分类

根据鞣制时使用的鞣剂不同，可将皮革分为铬鞣革、植物鞣革、油鞣革、结合（铬-植结合、油-铬结合、铝-铬结合、铝-植-树脂结合等）鞣革等。

（三）按整饰加工方法分类

根据整饰加工方法不同，可将皮革分为正面革（粒面革）、绒面革、修饰面革等。

1. 正面革

在制革过程中，为得到合适厚度和性能的皮革，一张原料皮往往要刨成2~3层。用第一层（皮张的最外层，又称粒面层）皮加工而成的革即为正面革。在加工过程中，正面革一般不进行修面处理，革面保持原有天然的粒纹（毛孔结构）。正面革革纹美观，革身丰满、质地紧密，强度高、韧性好，是加工高档革制品的主要原料。对于正面革来讲，可通过革表面的粒纹特征分辨原料皮的种类。

正面革外观要求革身丰满，细致光滑，富有弹性，厚薄均匀，革面平整、光洁，无龟纹、管绺、松面、裂面，颜色均匀，色泽光润，无色花、脱色，底色深透粒面层1/2以上。对于表面修饰的正面革，涂饰层的颜色与粒面层的颜色基本一致，涂层牢固，不存在裂面、掉浆等现象。

2. 绒面革

绒面革表面具有绒毛，是革面经过磨绒处理后制成的产品。绒面革一般用二层革、三层革加工。将革加工成绒面状态，一方面是因为原料皮本身具有适于制成绒面革的特性，满足品种需要；另一方面是因为革面上存在较多的疵点，可通过绒面效应掩饰外观缺陷，提高皮革的利用率。

羊皮、猪皮纤维较长，适合加工绒面革。羊绒面革比较疏松，不及麂皮绒面革细润、厚实、柔软。猪绒面革分正面、反面两种，正面绒面革绒毛较细短，反面绒面革绒毛较粗长。牛绒面革是当原料皮疵点较多、不适合制成光面革时，为提高原料的利用率，加工而成的品种。牛绒面革绒面比较粗糙，用手抚摸时，绒色会呈现深浅不同的状态。麂皮、鹿皮绒面革绒面细腻、柔软、光洁，皮质厚实，坚韧耐磨，是最好的绒面革品种，常用作高档光学器件的清洁材料。

绒面革外观要求绒毛细致，紧密，具有丝光感，无油腻感，厚薄均匀，颜色基本一致，不脱色，不露底。

3. 修饰面革

修饰面革是指采用修面工艺制成的人造假面皮革。修面是指先用高分子树脂将革面涂覆，然后经压花或搓纹等工艺在革面上重新形成花纹的加工方法。对皮革进行修面处理主要出于下列原因：一是为花色品种的需要，通过修面得到多种花纹形态的皮革品种；二是有些原料皮的皮面比较粗糙，或者斑痕较多，经修面后使表面比较美观；三是将二层革、三层革的毛面状态加工成表面整洁的光面革。修饰面革的表面花纹变化极多，美观细致。修饰面革通常用二层革、三层革加工；当原料皮的粒面疵点较多时，也可用第一层皮（头层皮）加工。

修饰面革革身应丰满、柔软、富有弹性，不应有裂面、掉浆等现象，涂层应均匀、牢固，色泽均匀、一致，并有良好的光泽。

由于修饰工艺和外观特征的不同，修饰面革有许多花色。

（1）开边珠皮：又称为贴膜皮革，是沿着脊背抛成两半，并修去松皱的肚腩和四肢部分的头层皮或二层的开边牛皮，在其表面贴合各种净色、金属色、荧光珍珠色、幻彩双色或多色的PVC薄膜加工而成。

（2）漆皮：用二层皮坯喷涂各色化工原料后压光或消光加工而成的皮革。

（3）修面皮：是将较差的头层皮坯表面进行抛光处理，磨去表面的疤痕和血筋痕，用各种流行色皮浆喷涂后，压成粒面或光面效果的皮。

（4）压花皮：一般选用修面皮或开边珠皮，在上面压制各种花纹或图案而成。例如，仿鳄鱼纹、蜥蜴纹、鸵鸟皮纹、蟒蛇皮纹、水波纹、美观的树皮纹、荔枝纹、仿鹿纹等，还有各种条纹、花格、立体图案或反映各种品牌形象的创意图案等。

（5）印花或烙花皮：印花或烙花皮的选料同压花皮，只是加工工艺不同，是利用印刷或烫烙来生成各种花纹或图案。

（6）磨砂皮：指将皮革表面进行抛光处理，并将粒面疵痕或粗糙的纤维磨蚀，露出整齐均匀的皮革纤维组织后再染成各种流行颜色而成的头层或二层皮。

（7）激光皮：俗称镭射皮，是引用激光技术在皮革表面蚀刻各种花纹图案，然后经化学材料喷涂或覆上PVC、PU薄膜加工而成的新型皮革品种。

（四）按用途分类

根据皮革的用途不同，可将皮革分为生活用品革、工业用革、国防用革三类。生活用品革又常分为鞋用革、服装用革、箱包用革、手套用革、家具用革、皮带用革、乐器用革等。工业用革也可分为纺织工业用革、医疗行业用革、球用革等。以下仅介绍几种生活中常见的皮革。

1. 鞋面革

鞋面革是制造各种皮鞋鞋帮所用的皮革，简称面革。鞋面革质地柔韧，色泽鲜明，表面光洁、细致，厚度在0.6～2.2 mm。鞋面革以牛皮革、猪皮革、山羊皮革为主；鞣制方法以铬鞣为主，运动鞋鞋面革多为铬-植等结合鞣。鞋面革多为正面革或修饰面革。

2. 鞋底革

鞋底革简称底革，是用于制造鞋大底的皮革。底革的质地坚韧紧密，丰满而有弹性，具有良好的尺寸稳定性，厚度一般为3～4.5 mm，也有厚度在4.5 mm以上的特厚底革。制造鞋底革的原料皮主要是牛皮和猪皮。为适应鞋外底的要求，并合理使用原料皮，一般将原料皮按部位切割，取厚实部位来加工底革。鞋底革的鞣制方法多用植鞣或铬—植结合鞣。植鞣底革最为普遍，在质量上要求其革面平整无裂面现象，质地应坚实丰满而有弹性，切口的颜色应均匀一致，并应具有较好的抗压缩和耐弯曲能力。大底革外观要求革身细腻，坚韧丰满光滑，富有弹性，厚薄均匀，颜色基本一致，无生心，革里平整。

3. 鞋里革

鞋里革是指做皮鞋衬里的皮革。鞋里革一般质地薄而柔软，表面应光滑细致，不可喷染易溶于水的色料。鞋里革多是猪皮制成的本色革。

4. 箱包革

箱包革的种类较多，对原皮和鞣法的要求不像鞋面革和鞋底革那样严格。硬质皮箱革多为植鞣猪革、马革等，软质箱包革与服装革、鞋面革类似。箱包革厚度0.2～2 mm，色泽应均匀，革面要平整，具有适当的强韧性和耐磨性。

5. 服装革与手套革

服装革多为铬鞣猪革、牛革、羊革、鹿皮革等，分光面革与绒面革两类。服装革的质地应丰满柔软，具有良好的透气性；革身厚度应均匀一致，革面应细致光洁，染色均匀、牢固，无裂面、脱浆、散光现象。手套革与服装革相似，质地更应柔软丰满而有弹性，厚薄均匀，不得有色花、刀伤，染色牢固。

6. 沙发革

沙发革多为猪皮革，一般要求革身丰满柔软，弹性好，耐摩擦性好，具有良好的吸汗透气性能。沙发革的涂饰层应粘着牢固，不掉浆，不发黏，色泽鲜艳，光泽好。

7. 皮带革

皮带革一般是厚度为2～4 mm的植鞣猪革、马革、牛革，要求质地紧密，拉伸强度高，韧性好，颜色均匀，且不易用水溶性染料颜色。

二、四大成品革的外观特征

（一）牛皮革

牛皮革又分为黄牛皮革、水牛皮革、牦牛皮革、奶牛皮革等。牛皮革的张幅大，出材率高，皮质好，故应用范围广。

黄牛皮革的粒面细腻、光洁、平整，质地丰满；毛孔浅而细小，呈圆形，均匀随机分布在革面上。黄牛皮革具有良好的拉伸强度和耐磨强度，抗水性好，手感弹性好，适宜制作各类皮革制品，是制作皮鞋的上乘材料。

水牛皮革较黄牛皮革毛孔略粗大，分布稍稀疏；革面较粗糙、松弛。水牛皮革主要用作腰带革、工业用革等。

牦牛皮革较黄牛皮革软而细，强度、耐磨性稍低。

乳牛皮革外观类似黄牛革。

（二）猪皮革

猪皮革表面粗糙，皮纹深而明显，毛孔深而粗大，略倾斜地深入皮内，且透过整个皮层，多以三个毛孔为一组呈"品"字形排列。因此，在猪皮革的背面上能清晰辨别毛孔结构，利用这一特征可以很容易地实现猪皮革与其他皮革品种的区分。猪皮革纤维束粗壮，编织较牛皮革略疏松，因此，其强度高、耐磨性好、透气性好，且曲绕强度高于牛皮，耐折性好。猪皮革应用广泛，可制作沙发、服装、皮鞋、手套、箱包等。

（三）羊皮革

羊皮革的外观介于牛皮革和猪皮革之间，较猪皮革细致，比牛皮革粗糙。由于纤维较细，且分布较稀疏，编制也不够紧密，因此，羊皮革的拉伸强度、撕裂强度、耐磨性较差，但手感柔性、透气性、吸水性好。羊皮革是制作皮衣、手套的上好原料。羊皮革又分为绵羊皮革和山羊皮革两种。

绵羊皮革质地松软，延展性好，强度较山羊皮革略低；革面细致光洁，毛孔细小，呈扁圆形，在革面上呈"水纹"状排列，分布均匀，密度高。由于纤维束松软，编制又不够紧密，所以绵羊皮革的撕裂强度、耐磨强度差，容易磨伤、撕破。

山羊皮革外观较绵羊皮革略粗糙，粒面花纹与绵羊皮革相似，毛孔呈扁圆形，2~4个针毛孔排列成弧形，周围是绒毛孔，但毛孔较大，分布也较稀疏。山羊皮革柔性与手感比绵羊皮革差。山羊皮革纤维较粗壮，且编织较紧实，所以山羊皮革的耐磨性、强度要好于绵羊皮革，不易损坏，耐穿耐用。

（四）马皮革

马皮革的外观与牛皮革近似，表面细腻、光洁、平整，质地丰满，毛孔浅而细小，呈椭圆形，有规律地排列呈山脉形状。马皮革的弹性、强度、耐磨性与牛皮革近似，其用途也与牛皮革近似。

三、成品革的外观疵点

成品革上存在的外观疵点（缺陷）是比较多的，这些疵点不仅影响成品革的外观，有的还会严重影响成品革的内在品质。导致成品革产生外观疵点的原因是多方面的，有原料皮自身的因素，如动物生长过程中形成的皮肤伤残，虻虫寄生形成的虻孔，动物宰杀、剥皮时造成的刀伤等；也有制革工艺控制不当造成的，如浸水过度（或不足）或鞣制时没有鞣透等；还有成品革储存、保管不当造成的，如霉变等。

成品革上常见的外观疵点主要有以下几种。

（一）松面

松面是一种发生频率很高的成品革缺陷，也是一个严重缺陷，对成品革的外观质量和内在品质都有严重的影响。

松面是指革的粒面层纤维松弛或粒面层与网状层间的连接纤维被严重削弱的现象。造成松面的原因主要有皮张腐烂、浸水过度、浸灰过度等。

对皮革松面的检查方法是：将皮革正面（粒面）向内弯曲约90°，如在折痕处只出现细小的皱纹（或没出现皱纹），且皮革自然放平后皱纹即消失，则该成皮革不存在松面；如折起后折痕处出现较大皱纹，且自然放平后皱纹不能消失，则为松面革；如皱纹严重，甚至皮革未经弯曲就存在很明显的凸纹，则为管皱。管皱即严重的松面。一般来说，只有粒面革才会有松面现象出现，绒面革、二层革一般不存在松面。

（二）裂面、掉浆

皮革经弯曲、摔打、拉伸或折叠后，皮革表面上出现裂纹的现象称为裂面。如果裂面非常严重，以致皮革表面产生皮屑脱落，则称为掉浆。裂面、掉浆也是一个皮革上经常出现的疵点，对成品革的外观质量和内在品质都有严重的影响。该疵点主要发生在修面革上。

裂面、掉浆产生的原因较多，主要有：由于脱灰不足，革面上积蓄了较多的盐类物质；由于表面过鞣，导致皮张与表面涂层的粘接不牢；由于涂饰层原料选择不当，导致与皮层的亲和力较弱；由于修面工艺控制不当或原料皮严重腐烂等。

（三）僵硬

僵硬是指革身挺硬、呆板、缺乏弹性的现象。僵硬革的弯曲强度差，不耐折，缺乏弹性和韧性，吸水性、透气性、服用性都不理想，因而对皮革的内在品质有严重的影响。僵硬产生的原因主要是：浸水不足，皮纤维未能完全分离；鞣制时没有鞣透，造成皮板夹生；后整理工序中的加油、软化工艺控制不当等。

（四）秃软无力

秃软无力是指革身松软、无力道，严重缺乏挺括性和韧性的现象。秃软无力革的拉伸强度、撕裂强度、耐磨强度等力学指标都很差，对皮革的内在品质有着严重的影响。秃软无力产生的原因主要是：原料皮腐烂；浸水过度；浸灰过度等。

（五）霉斑

霉斑是指由于微生物在皮革上生长而形成的色斑。成品革是一种非常容易发生霉变的材料，当温度、湿度合适时，真菌就会在皮革上繁殖、生长，一方面侵蚀皮纤维，导致皮革的各项内在质量指标下降，另一方面真菌生长时分泌的色素会使皮张染色，形成色斑。霉斑是由于成品革储存、保管不当造成的。

（六）虻眼

虻眼是由于虻虫寄生造成的皮革孔洞。虻的幼虫会寄生在牛皮下，并在背部咬出一个呼吸孔洞以利生存。虻成长为成虫以后从呼吸洞里爬出来，就在牛皮上形成黄豆大小的孔。

（七）伤残

伤残是指动物宰杀时，由于剥皮不当而在原料皮上形成的刀伤，造成成品革缺陷。

(八)疤痕

动物生长过程中,由于皮肤被外力损伤或皮肤疾病(疮、疖等)等原因,导致了皮肤疤痕,这些疤痕造成了成品革的疵点。

(九)油霜

油霜是指由于脱脂工序控制不当,原料皮中的油脂没有除净,从而使成皮革在放置过程中,在热或溶剂作用下,油脂溢出,残留在革的表面,在夏天表现为冒油,冬季寒冷时表现为灰白色凝固物的现象。油霜擦去后仍会重现。

(十)盐霜

盐霜是指由于脱灰工序控制不当,皮革中的灰(无机盐)未能充分洗出,从而在皮革放置过程中,由于水的运动(皮革的吸水和放水),使盐分渗出至成品革的表面,在革面上出现一层灰白色粉状物的现象。盐霜擦去以后仍会重现。

第三节 皮 鞋

一、皮鞋的分类

皮鞋的种类很多,分类方法也有若干种。

(一)按穿用对象分类

按穿用对象不同,可将皮鞋分为男鞋、女鞋、童鞋三类。其中,童鞋又分为小童鞋、中童鞋和大童鞋。小童鞋是指13—16号的童鞋,中童鞋是指16.5—19.5号的童鞋,大童鞋是指20—23号的童鞋。

(二)按原料皮种类分类

按原料皮种类不同,可将皮鞋分为牛皮鞋、猪皮鞋、马皮鞋、羊皮鞋等若干类。

(三)按生产工艺分类

按生产工艺不同,可将皮鞋分为线缝皮鞋、胶粘皮鞋、模压底皮鞋等类别。

(1)线缝皮鞋:是指鞋帮与大底之间用缝合线连接的皮鞋。由于该工艺相对复杂,生产效率较低,故线缝皮鞋不是市场上的主流产品。

(2)胶粘皮鞋:是指鞋帮与大底之间用黏合剂连接的皮鞋。该工艺简单,生产效率很高。目前,市场上的皮鞋绝大多数为胶粘皮鞋。

(3)模压底皮鞋:是采用模压工艺制造的皮鞋,指将混炼胶加入模具中,在模具中与鞋帮连接为一体,经成形、硫化后形成的皮鞋。模压底皮鞋多为皮便鞋。

(四)按鞋帮结构分类

按鞋帮结构式样不同,可将皮鞋分为皮靴、高靿儿皮鞋、低靿儿皮鞋、透空鞋等。

(1) 皮靴：是指鞋腰达到或超过腿肚的皮鞋，又称为筒靴，如藏靴、蒙靴、软腰马靴、硬腰马靴、军用皮靴等。

(2) 高靿儿皮鞋：是指鞋帮高度超过踝骨的皮鞋，如皮棉鞋、军警鞋等。

(3) 低靿儿皮鞋：是指鞋帮低于踝骨的鞋。低靿儿皮鞋又分长脸鞋、短脸鞋。长脸鞋是指前帮达到和超过楔骨部位的皮鞋，如五眼鞋、青年式皮鞋等。短脸鞋是指前帮未达到楔骨部位的皮鞋，如圆口皮鞋等。

(4) 透空皮鞋：是指鞋帮上存在镂空孔洞的鞋。透空皮鞋多为凉鞋。

（五）按功能分类

按功能不同，可将皮鞋分为日用皮鞋、军用皮鞋、运动鞋、旅游鞋等若干类。

(1) 日用鞋：是指人们日常生活中穿用的各式皮鞋。

(2) 军用皮鞋：是指军队官兵或警察作训时穿用的制式皮鞋，如飞行靴、潜艇鞋、坦克靴、雪地鞋以及消防等警察穿用的工作靴等。

(3) 运动鞋：是指在专项体育活动中穿用的皮鞋，如足球鞋、垒球鞋、高尔夫球鞋、自行车鞋、登山鞋、跑跳鞋等。

(4) 旅游鞋：是指适合旅行者穿用的皮鞋。它是由胶鞋发展演变而来的皮鞋品种，具备轻巧、柔软、透气、吸汗、穿用舒适、保护、有助于行动等特点。

二、鞋号

为规范我国鞋号标识，方便消费者消费，促进我国鞋类产品走向国际市场，推动我国制鞋业的发展和提高，中国国家质量技术监督局于1998年1月16日发布了我国等同采用国际标准ISO 9407：1991《世界鞋号》的最新鞋号标准GB/T 3293.1—1998。

鞋号是脚的测量值，根据它可以提供服脚的鞋子。鞋号基于脚长和脚宽两个数值。

脚长是最长脚趾的端点所接触的垂直线与后跟突点所接触的垂直线之间的水平距离（测量时要直立，体重平均分布于双脚，并穿着与鞋的类型相适应的袜子），单位为mm。

脚宽是第一和第五跖趾关节接触的两条垂直线之间的水平距离，单位为mm。

鞋号标识包括脚长示值和脚宽示值，两个值都用毫米整数表示，彼此间以短线或斜线隔开。为避免混淆，常应用连续封闭线（长方形、椭圆形等）将鞋号标识与其他可能的标记明显地分开（如图3.1所示）。

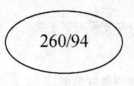

图 3.1 鞋号标识

鞋号标识亦可用脚长示值（mm）整数和"型"表示，但"型"以括号括起来表示，如260（2.5）。

三、皮鞋的结构

皮鞋是由鞋帮与鞋底两部分组成的。

(一) 鞋帮

鞋帮包括包头、中帮和后帮三部分，包头与中帮又可合称为前帮。皮鞋鞋帮的变化最多，各种式样皮鞋的区别主要在于鞋帮结构的变化。

1. 包头

包头处在鞋的最前端，是皮鞋最显露的部分。包头主要起到保护脚趾不受外物碰伤的作用。为了使皮鞋美观耐用，包头应选用表面光洁平整、无伤残、色泽均匀、结构紧密的面革。包头的内层垫有一层较硬的材料，使包头的形状稳定。包头有多种形态变化，如方头、圆头、尖头等，是皮鞋款式的重要标志。

2. 中帮

中帮包覆着脚跖围，要承受脚的撑压和反复伸曲，是鞋帮上承受外力作用最大的部分。中帮所用的革料应是鞋帮上最好的革料，既要柔软致密，又应具有良好的机械性能。

3. 后帮

后帮由内、外侧两块革片缝合而成，其作用主要是端正地托住脚后跟。后帮并不负荷过大的作用力，皮鞋穿用时，这部分也不甚显露，因此，裁切后帮可使用质量较次的革料，厚度亦可低于前帮。后帮内层沿脚后跟两侧垫有用硬革切制的主跟，以托住脚后跟，保持后帮的形态。最里层是后帮里子，这部分要承受频繁的摩擦，故必须使用较致密的鞋里革。

鞋眼部位的下层垫有柔软的革片——鞋舌，用以垫隔鞋眼和鞋带对脚背的摩擦。

(二) 鞋底

鞋底包括大底、膛底、沿条、鞋跟、勾心等部分。男鞋鞋底的变化不多，女鞋则有平跟、半高跟、高跟之分。

1. 大底

大底又称外底，是与地面直接接触的部分，要反复承受弯曲、摩擦作用，并且经常受到水、泥土、化学介质等的侵蚀。皮鞋的大底有革底、塑料底、橡胶底之分。

2. 膛底

膛底又称内底，是鞋底部分的内层。膛底的作用是使脚掌接触在一个平整而舒适的底面上，并保持皮鞋内部固定的底形。膛底要承受反复的弯曲、摩擦和体重的压力作用，并且要受汗液的侵蚀，所以应选用坚实紧密、弹性好的材料加工。膛底一般采用厚度在 3 mm 左右的内底革。为了降低成本，膛底、鞋帮上的内包头和主跟常用坚韧的胶布纤维板切制，这类纤维板是用植物纤维、革屑等加黏合剂压制而成，表面粘有棉布或麻布。

3. 沿条

沿条是连接鞋帮、膛底和大底的革条或胶条，围在鞋帮的外沿。沿条的上层是膛底和鞋帮，下层是大底，故它负荷着上、下两层的作用力，需要用坚实的底革或沿条革裁切。单底鞋一般不用沿条，而采用大底与鞋帮和膛底直接缝合。

4. 鞋跟

鞋跟的作用是使体重更均匀地分布于底面，使穿着舒适，并赋予鞋子特定的造型。鞋跟的材质与大底相同。鞋跟的高度因皮鞋的品种而不同，其中高跟鞋多采用塑料跟或木跟，木跟表面用面革包覆，下端钉有耐磨鞋钉。

5．勾心

勾心是用以撑持鞋底弓形部位的材料，必须有较高的硬度和弹性。常用的勾心有铁勾心，铁勾心表面应涂刷防锈材料。勾心起到支撑和增强鞋底弹性的作用，并可防止大底断裂和变形。

四、皮鞋的选购

选购皮鞋时，可从鞋子的整体外观造型、鞋材品种与质量、加工质量与外观缺陷三方面进行检查。

（一）整体外观造型检查

要求形状端正、美观大方，同双鞋上不能存在高矮、长短、宽窄、色泽等不对称现象。前掌触地位置应在脚掌面内，不可过前或过后；翘头应在 7～15 mm，不可过大或过小；鞋跟应与地面垂直，不能前后倾斜，掌面应与桌面完全贴合。

选购时可将同双鞋平行并列在同一平面上，通过目测比较检查。

（二）鞋材品种与质量检查

选购皮鞋时，首先应判明鞋帮材料的种类，是天然皮革，还是人造革、合成革。这可通过鞋帮材料的表面特征、反面状态、截面状态、气味、燃烧特征等不同来加以鉴别。在判明是天然皮革的基础上，再根据其外观特征的不同，鉴别是哪种皮革。

鞋帮材料应具有一定的厚度，且厚度应均匀一致；表面光洁，无裂面、掉浆、脱色等现象；具有良好的弹性和韧性，不得存在严重的松面、僵硬等疵点；革面上的轻疵点使用应恰当；前帮面用料应优于后帮面用料，外怀帮用料应优于里怀帮用料。绒面皮鞋则要求同双的两只在相同部位的绒毛粗细、倒顺相同。

按原料不同，皮鞋大底有塑料底、橡胶底、皮革底之分，但在普通皮鞋中很少使用皮革底。橡胶鞋底具有柔软、弹性好、防滑、耐磨损、耐热耐寒性好等特点，但重量较高。塑料鞋底具有耐磨损、质轻、成本低、加工方便等优点，但质地较硬，耐热耐寒性较差。近二十年来，聚氨酯鞋底越来越受到人们的重视，并随着其生产成本的下降，在皮鞋中应用越来越广泛。聚氨酯是一种介于普通塑料和橡胶之间的材料，具有非常好的弹性和耐磨性，且加工方便，非常适合于加工皮鞋大底。

皮鞋大底应具有良好的弹性、耐磨性，且尺寸稳定，不易变形。要求大底表面光洁明亮，质地细腻，花纹清晰，弯曲适度，形状端正。购买皮鞋时，可用一枚硬币刮擦大底表面，通过刮痕状态判断其耐磨性。如果刮痕清晰，甚至有粉末状物脱落，则其质量一定很差。

（三）加工质量与外观缺陷检查

(1) 包头挺括饱满，具有特定的造型，不能存在塌头现象。包头革应光洁、细致，不应有任何疵点。

（2）中帮革应富有弹性和韧性，不应有明显影响内在质量的疵点。选购时可用拇指按压鞋前端1/3处，检查是否有松面现象。

（3）后帮应呈鹅卵形，且弯曲、高矮适当，不应存在卡脚、磨脚现象。用手按压后帮主根部位，应硬挺而有弹性，且不能有沟坎、凸起痕迹。后帮口沿处具有良好的弹性和柔性，不能过硬，否则会损伤脚踝。

（4）大底与鞋帮之间的连接要好。胶粘皮鞋应黏合平整，无沟坎，无开胶迹象。线缝皮鞋应针脚密实，缝边宽窄一致，不能存在漏缝、豁裂等现象。

（5）观察、触摸鞋的内腔，内底应平整，无杂物，不能存在凹凸不平、翘曲、露钉等现象。手伸进鞋内摸内包头边缘部位，应平滑无凸起，有鞋里的皮鞋应检查内包头里垫的衬革或衬布是否平整牢固，无鞋里的皮鞋应注意检查内包头是否与帮面黏合牢固。

（6）同双皮鞋的鞋帮部件长短、大小应基本相同，圆角边沿应基本对称。帮部件的镶接应端正平整，缝线针码、距边间隔应均匀一致，线道流畅自然，无跳针、重线、翻线、缝线越轨、缝豁等现象。帮面应无外露线头，沿口粗细应基本均匀。鞋面上的装饰部件应缝装牢固。鞋眼的距离应相等，左右均匀对称，无破裂不平现象。

（7）鞋跟造型美观，与后帮弧线和跟座的形状、大小应吻合。鞋跟与鞋底连接应牢固，用手扯掰时应无任何偏移和松动。检验时应以拇指在外、其余四指在内的方式用左手紧紧捏住鞋后帮，右手握住鞋跟用力地前后左右扯掰，如鞋跟与帮脚口部位仅出现裂缝，放松后即合拢，并不摇动，即可认为鞋跟与鞋底的连接是牢固的。

五、天然皮革与人造革、合成革的简易鉴别

革材分天然皮革与人造革、合成革两类。这两类革材的外观特征近似，用途也基本相同，都是制作箱包、服装、鞋子、家具等产品的材料。但人造革、合成革为塑料产品，其内在质量指标和使用性能远低于天然皮革，价格也有很大的差别。

天然皮革与人造革、合成革的简易鉴别方法有若干种，但使用时都有一定的局限性，在日常生活中最好联合使用。

（一）指压法鉴别

用手指对革制品的表面施加一定的压力，视其压痕的状态，可识别天然皮革与人造革、合成革。当用手指按压天然皮革时，会在皮革表面出现细微的放射状细小皱纹（常称之为皮纹），手松开后皱纹即会消失，并有弹性感，优质皮会轻些，次质皮会重些。而人造革、合成革一般不会出现此现象。

（二）气味鉴别

刚打开包装的天然皮革织品多能闻到一种淡淡的皮革腥臭味，或没有气味。而人造革、合成革制品往往会有一种化工品的气味。

（三）燃烧鉴别

可以在革料的边缘剪取一小点试样，进行燃烧试验，若有明显的烧毛发的焦臭味，一

般为天然皮革（也可能是再生皮革），否则就是人造革或合成革。

（四）横截面鉴别

合成革、人造革是塑料与纤维材料（无纺布、针织物、机织物等）复合而成的复合材料，具有明显的双层结构，正面为塑胶层，反面为纤维或布层。天然皮革的反面呈短而致密的绒毛（切断的皮纤维）状态，且绒毛的粗细不等。

天然皮革的横截面色泽不均匀，中间层色泽较浅；截面也不够光滑，用硬物刮擦，即成短绒毛状态。合成革的横截面光洁，色泽均匀。人造革横截面呈明显的双层结构，内层为明显的布层。

此外，天然皮革制品上一般有较明显的瑕疵，例如，在鞋的后帮等不显眼的部位有少许轻微的瑕疵，如轻微松面、皮纹粗细不均、虱疗、轻度残伤等。天然皮革制品上一般也会存在较明显的配料差。人造革、合成革制品的表面很少存在疵点，且表面非常均匀一致。

练习与思考

1. 何谓皮革？皮革有哪些特点？
2. 制革原料皮牛皮、羊皮、猪皮、马皮各有哪些特点？
3. 鞣前准备的主要工序有哪些？各工序的基本作用是什么？
4. 何谓鞣剂？鞣剂有哪些种类？
5. 成品革是如何分类的？
6. 牛皮、猪皮、羊皮、马皮革的外观特征是怎样的？
7. 成品革上存在的外观疵点主要有哪些？
8. 如何选购皮鞋？

第四章 日用化学商品

本章学习目的

通过本章的学习，读者应该了解肥皂的使用特点、原料及基本生产工艺，掌握肥皂主要品种的特点和质量要求；了解洗涤剂的分类，掌握洗衣粉的原料及质量要求；了解化妆品的分类，掌握主要化妆品品种的化学组成、性能特点和质量要求；了解牙膏的分类和原料，掌握牙膏的质量要求。

第一节 肥 皂

一、皂的概念及使用特点

肥皂又称皂，是所有高级脂肪酸盐的总称。高级脂肪酸是有机酸的一类，一般是指分子中碳原子数在 8~22 个的脂肪酸。不管是哪种高级脂肪酸，也不管是与哪种金属离子形成的盐，均称为皂。

皂根据金属离子的不同，可分为碱金属皂和金属皂两类。碱金属皂是指高级脂肪酸与碱金属（第一主族金属）形成的皂。金属皂是指高级脂肪酸与碱金属之外的其他金属形成的皂。金属皂均微溶或难溶于水，因此，无洗涤去污力，它们多是化工业的原料，如油漆生产中使用的铅皂、医药行业中使用的镁皂等。碱金属中的锂、铷、铯、钫都是稀有金属，价格昂贵，只有钠、钾（广泛存在于海水、盐湖、盐矿中）才具有制皂价值。碱金属皂均溶于水，都具有洗涤去污力。日常生活中使用的洗涤皂主要是钠皂和钾皂。在本节中要讨论的皂也是钠皂和钾皂。

皂的历史非常悠久，是人类使用的第一种洗涤去污用品，它和人们日常生活的关系非常密切。皂与洗涤剂相比，表现出了其特有的使用特点。

（1）皂不耐硬水。硬水中含有大量的钙、镁等金属离子，这些离子能与溶解于水中的高级脂肪酸根离子结合形成金属皂的沉淀。这样，一方面降低了洗涤液中有效离子的浓度，使去污力下降；另一方面这些沉淀也不利于漂清，浪费洗涤用水。因此，当水质较重时，最好少用皂洗涤。

（2）皂在酸性溶液中去污力很弱。皂本身是一种弱酸强碱盐，高级脂肪酸在水中的电离是可逆的，溶液中高级脂肪酸根离子的浓度与溶液的酸碱度密切相关。在酸性溶液中，高级脂肪酸根离子的浓度很低，故去污力很弱。溶液的 pH 值越高，高级脂肪酸根离子的浓度越高，去污力越强。

（3）洗涤温度越高，皂的去污力越强。高级脂肪酸在水中的电离与温度关系密切，溶液温度越高，高级脂肪酸根离子的浓度也越高，去污力也越强。故在用肥皂洗衣时，洗涤温度最好高于25℃。

（4）皂对环境的污染小。当前，洗涤用品污染是环境污染的重要方面，故应引起人们的足够重视。皂与合成洗涤剂相比，在环境中的残存期要短得多，自然界中存在很多能分解皂的微生物。

（5）皂对皮肤的刺激性要低于大多数的合成洗涤剂。只要皂的pH值控制在标准规定的范围之内，其对皮肤的损伤可以忽略不计。

二、皂的原料与生产

（一）皂的原料

皂的原料有油脂、合成高级脂肪酸、碱及各种助剂。

1. 油脂

油脂是植物油和动物脂的总称，又称为脂肪。油脂是高级脂肪酸的甘油三酯，水解后可得到高级脂肪酸和甘油。油脂广泛存在于自然界中，是生物体合成得到的一类物质。制皂业中使用的油脂主要是不能食用或食用价值较低的油脂和废油脂。

2. 合成高级脂肪酸

合成高级脂肪酸是以石蜡为原料，经氧化制得的高级脂肪酸。合成高级脂肪酸的价格较天然油脂低，但其成皂质量较差。目前，大多数制皂企业在不影响皂的质量的前提下，常加入适量的合成高级脂肪酸，以降低成本。

3. 碱

制皂用碱主要是氢氧化钠，其次是碳酸钠、碳酸钾、氢氧化钾。其作用是与油脂进行皂化反应而生成肥皂。

4. 助剂

皂生产中使用的助剂很多，其作用也是多方面的，既能改善皂体状态和洗涤性能，提高皂的品质，也有填充作用，增加体积，便于使用。

（1）松香皂。

松香是松树的分泌物去除松节油之后的产品。松香皂是松香的皂化物，为松香酸的钠盐或钾盐。松香皂在皂中可起到填充、防止酸败、增加泡沫、减少白霜等作用。松香皂在洗衣皂中的加入量较高，最高可达30%。

（2）硅酸钠。

硅酸钠又称水玻璃，它能提高皂的硬度，使皂耐用，同时还能软化硬水、稳定泡沫、防止酸败、缓冲溶液的碱性等。硅酸钠在洗衣皂中含量在2%以上，香皂中含量在1%左右。

（3）杀菌剂。

杀菌剂多用于浴皂和药皂，常用的杀菌剂有硼酸、硫黄、甲酚、三溴水杨酰苯胺等。

杀菌剂用量在0.5%~1%。

(4) 多脂剂。

多脂剂常用于香皂，它既能中和香皂的碱性，从而减少对皮肤的刺激，也能降低香皂的脱脂作用，使香皂有滑润舒适的感觉。多脂剂可以是单一的脂肪酸，如硬脂酸、椰子油酸等，也可以是由蜡、羊毛脂、高级脂肪醇配制而成的混合物。多脂剂的用量为1%~5%。

(5) 羧甲基纤维素。

羧甲基纤维素简称CMC，它本身无洗涤去污能力，但易附着于织物和污垢的表面，以防止皂液中的污垢重新沉积在被洗衣物上，起到乳化作用。

(6) 着色剂。

着色剂的作用是装饰肥皂的色泽。洗衣皂中一般加一些皂黄；香皂中所用的着色剂较多，使皂体呈檀木、湖绿、淡黄、妃色、洁白等不同的色彩。肥皂中着色剂要求耐碱、耐光、不刺激皮肤、不沾染衣物等。

(7) 香料。

香料是香皂中必须添加的主要助剂，它赋予香皂令人愉快的芳香气味。在洗衣皂中有时也加入香料以消除皂体的不良气味。

(二) 皂的生产

肥皂的生产分两个阶段，第一阶段是制造皂基，第二阶段是成形加工。

1. 皂基的生产

皂基即纯皂，在此基础上继续加工即得到不同形式的商品皂。皂基的生产方法有沸煮法、中和法、甲酯法、冷制法等，其中间歇沸煮法是最传统，也是应用较为普遍的方法。

间歇沸煮法的基本工序包括油脂精炼、皂化、盐析、洗涤、碱洗、整理。

(1) 油脂精炼。

制皂使用的油脂多为不能食用或食用价值较低的油脂，既有各类食品加工厂余留下来的废油脂，也有制革厂、屠宰厂等产生的副产品，还有不能食用的油脂（如棉籽油等）。这些油脂中的杂质较多，色泽较深，不良气味较浓，在皂化之前必须进行精炼处理。精炼的基本工序包括脱胶、碱炼等。

(2) 皂化。

油脂精炼后与碱进行皂化反应的过程称皂化。皂化反应是在皂锅内进行的。皂锅呈圆柱形或方形，除配有油脂、碱液、水、盐水等的输送管道外，还装有直接蒸汽盘管，以通入蒸汽，起到搅拌作用。油脂和烧碱在皂锅内煮沸至皂化率达95%左右时即停止皂化操作。

(3) 盐析。

在皂化液中，加食盐或饱和食盐水，使肥皂析出，与过量的水、甘油、色素和磷脂等物质分离。加入食盐后，皂化液分为上下两层，上层为软蜡状的软皂粒，一般称为皂粒或盐析皂，下层即为含甘油废液。经分液管道将甘油废液从皂锅底部排出，以回收甘油。

(4) 洗涤。

在盐洗皂中加清水及蒸汽煮沸，使之成为均匀皂胶；再用盐水析开，以进一步洗出肥皂中残留的甘油、色素及杂质。

（5）碱洗。

将盐析皂或洗涤皂加水煮沸后，再加入过量的碱液处理。碱洗可以使皂粒内残留的油脂完全皂化，降低皂基中未皂化的油脂含量。碱还能进一步洗出皂粒内的甘油、食盐、色素等杂质。

（6）整理。

整理是皂基生产的最后一步工序，该工序分出皂基成品和含脂肪酸25%～35%的皂角。经过盐析、碱析等工序后，虽然大量的非皂类物质已随废液去除，但还有一小部分杂质溶解在皂液中，所以，整理是皂基生产的最后一步净化。整理的目的还在于使皂基的总脂肪含量稳定在一个水平上。整理时要加入适量电解质（如烧碱、食盐），调整到足以使皂料析开成上、下两个皂相。上层为纯净的皂基，下层为皂脚。皂脚色泽深，杂质多，一般在下一锅碱析时回用。

连续制皂法起源于"二战"之后。第二次世界大战中，欧洲的许多肥皂厂受到了毁坏，在重建时，出现了连续制皂工艺，也称现代制皂法。该法建立在油脂连续皂化基础上，其特点是采用管道式连续皂化工艺，即两管道分别输送碱液和油脂，在汇合处进行瞬时中和反应，后经离心分离，真空出条，得到纯皂。

2. 成形加工

（1）洗衣皂的生产。

洗衣皂生产的方法有冷桶法、冷板车法和真空干燥法，其中，真空干燥法是目前世界上最先进，也是应用最为广泛的生产方法。真空干燥法和传统的冷板工艺相比，改变了笨重的体力劳动生产方式，基本上实现了机械化、自动化、连续化的流水作业，肥皂的内在质量和外观质量也大大提高。

真空干燥法的主要工序包括配料、真空冷却、切块、干燥、打印、包装。

（2）香皂的生产。

目前，世界上香皂的生产主要采用碾压工艺，其生产工艺流程为皂基、干燥、拌料（加入助剂）、均化（研磨）、真空压条、切块、打印、包装。

三、皂的品种及质量要求

（一）洗衣皂

洗衣皂即洗涤衣物用肥皂，为条状或块状硬皂，一般为淡黄色，具有较强的去污能力。洗衣皂的主要成分是高级脂肪酸的钠盐，以冷板冷却、真空冷却压条及碾制等工艺生产。常见的洗衣皂花色有普通洗衣皂、透明洗衣皂、增白皂等。

目前，洗衣皂的执行标准为QB/T 2486—2008。洗衣皂按其干钠皂含量分为两种类型：Ⅰ型为干钠皂含量≥54%的产品，标记为"QB/T 2486 Ⅰ型"；Ⅱ型为干钠皂含量≥43%，且<54%的产品，标记为"QB/T 2486 Ⅱ型"。

1. 感官质量要求

洗衣皂的形状端正，色泽均匀，无明显的杂质和污迹；表面图案、字迹清晰，无油脂酸败等不良气味。洗衣皂的包装应整洁端正,图案、字迹清晰。洗衣皂不得存在下列疵点。

(1) "三夹板":是指肥皂剖面有裂缝并有水析出,或用手轻扭,就会裂成三块的现象。"三夹板"是由于加工不良造成的,会影响肥皂的使用。

(2) 冒霜:是指肥皂表面冒出白霜般颗粒的现象。造成冒霜的原因是碱含量或硅酸钠含量过高所致。

(3) 软烂:是指肥皂外形松软,稀烂不成型的现象。软烂的原因是固体油脂用量少,填料不足。

(4) 出汗:是指肥皂表面出现水珠的现象。原因是在制皂过程中用盐量过多,从而造成肥皂中氯化钠含量过高,引起肥皂吸湿和酸败所致。

(5) 开裂:是指肥皂表面出现裂纹的现象。

(6) 糊烂:是指肥皂在积水的皂盒中浸泡后,表面出现严重软烂的现象。

2. 理化质量要求

对洗衣皂的理化质量要求可参见表 4.1。

表 4.1 洗衣皂的理化质量要求

项 目		指 标	
		Ⅰ型	Ⅱ型
干钠皂/%	≥	54	43~<54
乙醇不溶物/%	≤	15.0	
发泡力/mL (5 min)	≥	400	300
氯化物(以 NaCl 计)(%)	≤	1.0	
游离苛性碱(以 NaOH 计)/%	≤	0.3	
总五氧化二磷/%	≤	1.1(仅对标注无磷产品要求)	
透明度[(6.50±0.15) mm 切片]/%	≥	25(仅对透明型产品要求)	

(二) 香皂

香皂为皮肤清洁用皂,为块状硬皂,主要成分是高级脂肪酸的钠盐。香皂带有香味,其干皂含量高,pH 值较洗衣皂低,去污力稍弱,性能温和,对皮肤无刺激。香皂多采用碾制工艺、冷却成形工艺生产。香皂所用原料油脂较好,还需添加抗氧剂、香精、着色剂、多脂剂、钛白粉等助剂,可制成不同外形、色泽和香型的制品。

香皂按成分不同,分为皂基型和复合型两类。皂基型(以Ⅰ表示)是指仅含脂肪酸钠、助剂的香皂,标记为"QB/T 2485 Ⅰ型";复合型(以Ⅱ表示)是指含脂肪酸钠和(或)其他表面活性剂、功能性添加剂、助剂的产品,标记为"QB/T 2485 Ⅱ型"。

1. 感官质量要求

对香皂的感官质量要求是:图案、字迹清楚,形状端正,色泽均匀(彩条、彩粒产品除外),无明显的杂质和污迹;具有与标识相一致的香型,香气稳定,无油脂酸败等不良气味;包装整洁、端正,图案、字迹清晰。

香皂皂体上除不得存在"三夹板"、冒霜、软烂、出汗、开裂、糊烂等疵点外,还不得存在下列疵点。

（1）白芯：是指香皂表面和剖面上呈现白色斑点的现象。产生白芯的原因有：皂片干燥过度；碾压精度不够。

（2）气泡：由于干燥不当，香皂剖面上产生的气泡现象。

（3）变色：香皂存放一段时间后，出现皂体泛黄或色泽改变的现象。皂体不稳定、着色剂选择不当是引起香皂变色的主要原因。

（4）斑点：香皂表面出现棕色小圆点的现象。这是因为香皂中未皂化油脂或不皂化有机物含量过高，酸败所致。

2. 理化质量要求

对香皂的理化质量要求可参见表 4.2。

表 4.2　香皂的理化质量要求

项　目		指　标	
		Ⅰ 型	Ⅱ 型
干钠皂/%	≥	83	
总有效物含量/%	≥		53
水分和挥发物/%	≤	15	30
总游离碱（以 NaOH 计）/%	≤	0.1	0.3
游离苛性碱（以 NaOH 计）/%	≤	0.1	
氯化物（以 NaCl 计）/%	≤	1.0	
总五氧化二磷/%	≤	1.1（仅对标注无磷产品要求）	
透明度 [（6.50±0.15）mm 切片] /%	≥	25（仅对透明型产品要求）	

（三）复合洗衣皂

复合洗衣皂是以高级脂肪酸钠为主，并复配有其他表面活性剂及助剂，以真空出条、压条等工艺生产的块状皂。

1. 感官质量要求

对复合洗衣皂的感官质量要求是：图案、字迹清楚；形状端正；色泽均匀，无明显的杂质和污迹；无油脂酸败等不良气味。复合皂的包装应整洁端正，图案、字迹清晰。

2. 理化质量要求

对复合洗衣皂的理化质量要求可参见表 4.3。

表 4.3　复合洗衣皂的理化质量要求

项　目		指　标
总有效物/%	≥	55
抗硬水度 [0.20%皂液，50.0 mL，(40±2)℃] /mL	≥	3.0
发泡力（5 min）/mL	≥	400
水分和挥发物/%	≤	35
游离苛性碱（以 NaOH 计）/%	≤	0.2
总五氧化二磷/%	≤	1.1（仅对标注无磷产品要求）

(四)洗衣皂粉

洗衣皂粉是以皂(钠皂或钾皂)及其他表面活性剂和分散剂、酶制剂等助剂配制而成的粉状(颗粒状)皂。洗衣皂粉按品种、性能分为普通型和无磷型两类,每类又分为Ⅰ级、Ⅱ级、Ⅲ级。普通型标记为"洗衣皂粉Ⅰ级"、"洗衣皂粉Ⅱ级"等;无磷型标记为"洗衣皂粉WL-Ⅰ级"、"洗衣皂粉WL-Ⅱ级"等。

1. 感官质量要求

洗衣皂粉的外观应呈不结团的粉状或颗粒状,色泽均匀,无异味,符合规定香型。

2. 理化质量要求

对洗衣皂粉的理化质量要求可参见表4.4。

表 4.4 洗衣皂粉的理化质量要求

项 目		指 标	
		普通型	无磷型
pH 值(0.1%溶液,25℃)	≤	10.5	11.0
磷酸盐(以 P_2O_5 计)/%	≤		1.1
游离碱/%	≤	8.0	10.5
表观密度/(g/cm³)	≥	0.30	
总活性物/%	≥	13	
干钠皂/%	≥	7	
水分和挥发物/%	≤	15	

(五)透明皂

透明皂皂体呈半透明状,通常采用纯净的浅色原料以保证成品皂的透明外观。透明皂多采用牛羊油、漂白的棕榈油、椰子油为原料,用多元醇(如糖类、香茅醇、聚乙醇、丙醇、甘油、蔗糖等)为透明剂加工而成。透明皂具有耐用、碱性小、溶解度高、泡沫丰富等特点。

(六)药皂

药皂是在香皂的基础之上,加入杀菌剂、消毒剂或中草药制剂等制成的块状硬皂。药皂除具有普通香皂的性能外,还有消毒、杀菌和祛臭的性能,对皮肤病有一定的疗效。市场上常见的药皂有苯酚皂、硫黄皂、硼酸皂、中草药皂等。

1. 苯酚皂

苯酚皂是在皂基中加入苯酚制成的药皂。苯酚是一种强效杀菌剂,能使菌体的蛋白质凝固死亡。该皂的刺激性较大,过多使用会导致皮疹。

2. 硼酸皂

硼酸皂是在皂基中加入一定量硼酸作为消毒剂制成的药皂。硼酸能防止细菌繁殖,其刺激性较小,但老人、幼儿及皮肤过敏者须慎用。

3. 硫黄皂

硫黄皂中加入了硫黄,对疥疮疗效显著,在洗浴时产生硫化氢和五氯磺酸,可杀灭疥螨、真菌等。使用硫黄皂时稍加用力擦抹，效果更好。

4. 中草药皂

中草药皂是用某些中草药的浸取液配制而成的皂。中草药对某些皮肤病有很好的疗效，而且性能温和，药力可靠，无副作用，刺激性小。选购时应根据中草药皂的成分、特点，对症选择。

第二节　合成洗涤剂

合成洗涤剂是指经化学合成得到的所有表面活性剂的总称。表面活性剂是指能够降低表面张力的物质。近半个世纪以来，随着石油化工业的飞速发展，合成洗涤剂工业迅速发展壮大，合成洗涤剂的品种越来越多，应用也越来越广泛，并在工业生产、医药卫生、家用洗涤等领域起着越来越重要的作用。

合成洗涤剂的品种多，不同品种间的性能、特点差异性较大，应用范围广。合成洗涤剂在硬水中不会产生沉淀，便于漂清。合成洗涤剂的使用 pH 值范围非常广泛，能配制成适合洗涤丝毛织品用的中性产品。合成洗涤剂可以加工成多种状态（如粉状、膏状、液状等），具有便于使用、省时省力的优点。但合成洗涤剂中大多数品种的自然降解能力差，在环境中的残留期较长，对环境污染较重，且部分品种还具有一定的毒性或较强的腐蚀性。

一、洗涤剂的去污原理

洗涤是去除衣物或皮肤上所存在的污垢的过程。污垢来源于人们的生存环境，环境中的大多数物质均可能成为污垢，因此，污垢的化学组成非常复杂，种类也很多。通常，根据污垢在水中的溶解情况不同，可分为不溶性污垢（如油质污垢等）和水溶性污垢两类。水溶性污垢的洗涤非常容易。日常洗涤主要是针对不溶性污垢展开的。

污垢在水中的溶解难易程度主要取决于污垢与水交界面上的表面张力大小，表面张力越小，其溶解性越好。例如，酒精与水交界面上的表面张力很小，故酒精分子具有的动能（分子的热运动）足以突破该表面张力而进入水中，使两者能够互溶；相反，食用油与水交界面上的表面张力很高，故油脂分子不能突破该表面张力而进入水中，两者不能互溶。因此，要实现洗涤的目的，只要能降低污垢与水交界面上的表面张力即可。表面活性剂恰恰能够实现该目的。将洗涤剂加入洗涤系统中后，污垢与水交界面上的表面张力会大大下降，使其溶解性提高；然后在外力（洗涤揉搓力、摩擦力等）作用下，污垢与织物（皮肤）表面发生分离，达到洗涤的目的。

从化学角度看，洗涤剂的洗涤去污性是由表面活性剂的分子结构所决定的。无论是哪种表面活性剂（包括皂），都有一个共同的基本结构：分子的一端是一个较长的烃链，它是憎水性的，不溶于水，但能溶于油中；分子的另一端是一个极性基团，具有很好的亲水性，它能溶于水，但不能溶于油中。由于分子的这种两重性，使其能在油性（不溶性）污垢与水之间建立起一个联系桥梁，使污垢与水之间的浸润性、相溶性明显提高，从而达到洗涤去污的目的。

也正因为表面活性剂的这种结构特点，使之能在相界面上定向排列成吸附膜，使表面张力降低。在洗涤溶液中洗涤剂分子（离子）聚集而规则定向排列，还使溶液获得胶束性。由于表面活性剂既有表面活性，又有胶束性能，故其水溶液具有分散乳化、润湿渗透、增溶等效用，从而达到洗涤去污的效应。

二、合成洗涤剂的分类

合成洗涤剂的种类很多，分类方法也有若干种，日常生活中常用的分类方法主要有如下几种。

（一）按表面活性剂的分子结构分类

表面活性剂是合成洗涤剂的核心成分，它决定了洗涤剂的性能、特点和用途。按表面活性剂的分子结构不同，可将合成洗涤剂分为阴离子型洗涤剂、阳离子型洗涤剂、两性离子型洗涤剂和非离子型洗涤剂四类。

1. 阴离子型洗涤剂

某些表面活性剂在水溶液中能发生电离，且电离得到的阴离子具有表面活性，故称为阴离子型表面活性剂。阴离子型表面活性剂多为某些有机弱酸的强碱盐，大多在酸性溶液中去污力很弱。阴离子型表面活性剂是洗涤用表面活性剂中的主要类别，其品种最多、应用最广，适合于加工成各种类型的洗涤剂。目前，用于家用洗涤剂的阴离子型表面活性剂的品种主要有以下三种。

（1）直链烷基苯磺酸钠（LAS）：LAS是当今世界用量最多的表面活性剂，市场上各种品牌的洗衣粉几乎都是以它为主要成分配制而成的。LAS具有优良的洗涤性能以及与其他表面活性剂、助剂的配伍性能，化学性质稳定，且价格便宜，但其残留期长，具有一定的毒性，故不能用于洗涤餐具、水果、蔬菜等。

（2）脂肪醇硫酸钠（AS）：AS也是商品洗涤剂的主要成分之一，是阴离子表面活性剂的一个重要品种，可用于洗涤毛、丝织物，也可配制餐具洗涤剂、香波、地毯清洗剂、牙膏等。

（3）脂肪醇聚氧乙烯醚硫酸盐（AES）：AES的去污力和发泡性都很好，被广泛用作香波、浴液、餐具洗涤剂等产品中。当AES与LAS复配时，具有去污增效的效果。

2. 阳离子型洗涤剂

某些表面活性剂在水溶液中能发生电离，且电离得到的阳离子具有表面活性，故称为阳离子型表面活性剂。阳离子型表面活性剂多为强酸的某些有机弱碱盐，因此，只有在酸性溶液中才有较强的去污力。该类表面活性剂一般不作洗涤剂用，在工业上常被广泛用作纺织柔软剂、抗静电剂和杀菌剂等。阳离子型洗涤剂的主要品种有季铵盐（如氯化正十二烷基三甲基胺等）、咪唑啉盐等。

3. 两性离子型洗涤剂

两性离子型表面活性剂在水中电离产生的活性基团，在不同的pH值条件下，表现为不同的离子形态（如α-氨基月桂酸在碱性溶液中电离为羧酸阴离子，在酸性溶液中为氨基阳离子），但不管是阴离子形态还是阳离子形态，均具有表面活性。该类型洗涤剂不仅具有良好的洗涤去污力，还具有阳离子表面活性剂的对织物的柔软作用。它易溶于水，耐硬水，对皮肤刺激小，有较强的杀菌力和发泡力，适宜做泡沫清洗剂，常用于丝毛专用洗涤剂和洗发香波中。两性离子型表面活性剂的主要品种有氨基酸类、甜菜碱类等。

4. 非离子型洗涤剂

非离子型表面活性剂在水溶液中不会离解为离子，即在水中呈中性的非离子的分子状态或胶束状态。非离子型表面活性剂的主要品种如下。

（1）脂肪醇聚氧乙烯醚（AEO）：是非离子表面活性剂系列产品中的典型代表，可与任何类型表面活性剂进行复配，并具有优良的洗涤性能，适于配制液体洗涤剂。

（2）烷基糖苷（APG）：APG是国际上20世纪90年代开发出的一种新型表面活性剂，被称为"绿色"产品，受到各国的普遍重视，广泛用于配制洗衣粉、餐具洗涤剂、香波及浴液等。

（二）按用途分类

按用途不同，可将合成洗涤剂分为工业用洗涤剂和民用洗涤剂两类。

1. 工业用洗涤剂

工业用洗涤剂是指在工业生产中使用的洗涤剂，如纺织印染业、金属加工业、医药卫生业、农药生产等行业均使用大量的洗涤剂。工业用洗涤剂中多数品种与民用洗涤剂类似，可以通用，但也有一些品种不能应用于日用洗涤领域。

2. 民用洗涤剂

民用洗涤剂是指在日常生活中使用的洗涤剂，通常又可分为衣用洗涤剂、皮肤清洁用洗涤剂、厨房用洗涤剂、卫生间用洗涤剂等类别。

（三）按洗涤剂的性能、特点分类

按洗涤剂的性能、特点不同，可将合成洗涤剂分为普通洗涤剂、加酶洗涤剂、浓缩型洗涤剂、低泡型洗涤剂、无磷洗涤剂、增白型洗涤剂、专用洗涤剂等。

1. 普通洗涤剂

普通洗涤剂是指主要用于洗涤棉、麻、化纤织品的衣用洗涤剂，是洗涤剂中产量最高的品种，其原料相对简单，成本较低。

2. 加酶洗涤剂

加酶洗涤剂是指在普通洗涤剂基础之上，添加了酶制剂的洗涤剂。加入的酶主要是蛋白质水解酶、脂肪水解酶等。由于酶制剂的加入，明显提高了对蛋白质型、脂肪型污垢的洗净率，故提高了洗涤剂的洗涤效果。使用加酶洗涤剂时应控制好洗涤温度，一般应在25~45℃。温度太低，酶的活性不能有效发挥；温度太高，酶被破坏，会丧失活性。

3. 浓缩型洗涤剂

浓缩型洗涤剂主要是针对洗衣粉而言的，是一种高表观密度的洗衣粉，其主要特点是洗净力较强，节约包装材料，节省仓储面积，减少运输费用。

4. 低泡洗涤剂

低泡型洗涤剂是指添加了消泡剂,使泡沫量明显降低的洗涤剂。原来的高泡洗涤剂由于难于漂清,在节约洗涤用水方面明显不占优势,尤其是在家用洗衣机已普及、洗涤用水量明显提高的当今,节约洗涤用水已成为人们普遍关注的问题。在保持洗涤剂原有去污能力的同时,由高泡型向低泡型转变已成为一种趋势。

5. 无磷洗涤剂

无磷洗涤剂是指不使用磷酸盐为助剂的洗涤剂。聚磷酸盐是合成洗涤剂的重要助剂,在含磷洗衣粉配方中,磷酸盐含量高达40%以上,其大量使用会导致河流、湖泊、沿海水体的富营养化,造成严重的水体污染。目前,大多数发达国家已禁止生产、进口、使用含磷洗涤剂。

6. 增白型洗涤剂

增白型洗涤剂是指添加了荧光增白剂的洗涤剂。

7. 专用洗涤剂

专用洗涤剂是指针对某一类产品的洗涤剂,如羊绒衫专用洗涤剂、内衣专用洗涤剂、羽绒服专用洗涤剂等。

三、洗衣粉

(一)洗衣粉的类别

洗衣粉是合成洗涤剂中的主要品种,其产量和销量均居首位,产品形态呈空心颗粒状或粉末状。洗衣粉属于弱碱性产品,适合于洗涤棉、麻和化纤等织物,不适合洗涤丝、毛类织物。

洗衣粉按品种、性能和规格分为含磷(HL)和无磷(WL)两类,每类又分为普通型(A型)和浓缩型(B型)。洗衣粉的命名代号如下。

1. HL类

含磷酸盐洗衣粉,分为HL-A型和HL-B型,分别标记为"洗衣粉HL-A"和"洗衣粉HL-B"。

2. WL类

无磷酸盐洗衣粉,总磷酸盐(以P_2O_5计)≤1.1%,分为WL-A型和WL-B型,分别标记为"洗衣粉WL-A"和"洗衣粉WL-B"。

洗衣粉由表面活性剂、酶制剂及聚磷酸盐、4A沸石等助洗剂、分散剂和添加剂等配制而成。如果调整其表面活性剂的配比以及加入特殊的助洗剂,则可以配制成不同特点和用途的洗衣粉,如复配型洗衣粉、加酶洗衣粉、增白洗衣粉、低泡洗衣粉等。

(二)洗衣粉的原料

1. 表面活性剂

表面活性剂是洗衣粉的主要成分。按洗衣粉中表面活性剂的种类多少,可将洗衣粉分为单组分洗衣粉和复配型洗衣粉两类。单组分洗衣粉中只含有一种表面活性剂。复配型洗衣粉中含有两种及两种以上表面活性剂。

烷基苯磺酸钠在洗衣粉中应用最为广泛，几乎所有的洗衣粉都以它为主要活性剂。有时，为了提高洗衣粉的洗涤性能，也添加适量的第二或第三种表面活性剂配成复配型洗衣粉，其第二或第三组分多为非离子型洗涤剂。

2. 助洗剂及其他辅助剂

为了提高和改善洗衣粉的综合性能，除了主体成分——表面活性剂之外，必须加入助洗剂及其他辅助剂，以改善洗衣粉的去污力、乳化性、泡沫性，并发挥各个组分相互协调、互相补偿的作用，使产品的洗涤性能更加完备，同时降低产品成本。洗衣粉中常用的助洗剂及其他辅助剂如下。

(1) 三聚磷酸钠（STPP）：又称五钠，是洗涤剂中用量最大的无机助剂。它与LAS复配可以发挥协同效应，从而大大提高了LAS的洗涤性能，因此，可认为两者是"黄金搭档"。STPP的作用很多，例如，对金属离子有螯合作用；可软化硬水、缓冲溶液碱性；使粉状洗涤产品具有良好的流动性，不吸潮、结块等。

(2) 硅酸钠：又称水玻璃，具有缓冲、防锈作用，并具有良好的悬浮、乳化作用，使洗衣粉颗粒松散，易流动，防结块。

(3) 4A分子筛：又称4A沸石，可取代三聚磷酸钠，是重要的无磷洗衣粉助剂。

(4) 过硼酸钠或过碳酸钠：两者都是含氯漂白剂，使洗衣粉具有漂白作用，并兼有杀菌消毒作用。

(5) 羧甲基纤维素钠盐（CMC）：CMC是抗再沉积剂。由于CMC与污垢之间的亲和力较强，故能把污垢粒子包围起来，使之分散于水中，形成悬浊液，从而防止污垢与纤维之间的再吸附。

(6) 酶制剂：酶是生物体内产生的、具有很强催化能力的生物活性物质。酶的种类很多，在洗衣粉中添加的酶制剂主要有碱性蛋白水解酶、淀粉水解酶、纤维素水解酶等。将酶加入洗涤剂中可以将不溶性污垢（如血渍、奶渍等）水解成可溶性污垢，从而提高洗涤效果。

(7) 荧光增白剂：是一种荧光染料，或称白色染料，加入后可达到增白效果。

此外，在洗衣粉中还可加入其他辅助剂，如香料、色料、织物柔软剂等。

(三) 洗衣粉的质量要求

目前，洗衣粉的执行标准为GB/T 13171—2004。

1. 材料要求

各类型洗衣粉应使用生物降解度不低于90%的表面活性剂，不得使用四聚丙烯烷基苯磺酸盐、烷基酚聚氧乙烯醚为洗衣粉原料。

2. 理化性能要求

各类型洗衣粉的理化性能应符合表4.5中的规定。

表 4.5 洗衣粉的理化质量要求

项 目		含磷洗衣粉（HL）		无磷洗衣粉（WL）	
		HL-A 型	HL-B 型	WL-A 型	WL-B 型
表观密度/（g/cm³）	≥	0.3	0.6	0.3	0.6
总活性物含量/%	≥	10		13	
总五氧化二磷（P_2O_5）含量/%		≥8.0		≤1.1	
游离碱（以 NaOH 计）含量/%	≤	8.0		10.5	
pH 值（0.1%溶液，25℃）	≤	10.5		11	
全部规定污布（JB-01、JB-02、JB-03）的去污力	≥	标准粉去污力			
相对标准粉沉积灰分比值	≤	2.0		3.0	

3．外观质量要求

（1）包装：洗衣粉常用塑料袋或塑料盒包装，要求包装牢固、整洁、无破损，封口严密；印刷图案、文字清晰美观，不能褪色或脱色；包装标志齐全、清晰，符合标准规范。

（2）色泽和气味：洗衣粉的色泽应为白色，不得存在杂质及深黄色或黑粉，允许存在少量装饰性彩色粉粒；染色产品色泽应浅而均匀；洗衣粉不应有异味，添加了香精的洗衣粉，气味应清新。

（3）外观形态：颗粒大小均匀，流动性好，不存在吸潮结块现象；稳定性好，在储存、使用过程中，无因受潮而出现的泛红、变臭等现象。

第三节 化 妆 品

化妆品是以化妆为目的的产品的总称。我国《化妆品卫生规范》中对化妆品的定义是："化妆品是指以涂搽、喷洒或其他类似的方法，散布于人体表面任何部位（皮肤、毛发、指甲、口唇、口腔黏膜等），以达到清洁、消除不良气味、护肤、美容和修饰目的的日用化学工业产品。"

化妆品的作用主要体现在以下五个方面。

（1）清洁作用：如清洁奶液、净面面膜、清洗用化妆水、泡沫浴液、洗发香波等产品，能够去除皮肤、毛发上的尘埃以及附着在人体表面的分泌物、微生物及微生物的代谢物等，达到清洁皮肤、有利于人体健康的作用。

（2）保护作用：如润肤膏霜、润肤蜜、防晒霜、发乳、护发剂等产品，能够保护皮肤、毛发，使其滋润、柔软、光滑、富有弹性，以抵御寒风、烈日、紫外线辐射等的损害，并防止皮肤干燥、皱裂、毛发枯断等。

（3）营养作用：如各种营养膏霜（如人参霜、维生素霜、珍珠霜等）、营养面膜、生发水、发乳等产品，能够补充皮肤及毛发营养，增加组织活力，保持皮肤角质层的含水量，减少皮肤皱纹，减缓皮肤衰老，促进毛囊的生理机能，防止脱发。

（4）美化作用：如粉底霜、粉饼、香粉、胭脂、唇膏、发胶、摩丝、染发剂、烫发剂、眼影膏、眉笔、睫毛膏、香水等产品，能够美化面部及毛发，并提供香气，提高人们的魅力和自信心。

(5) 防治作用：如雀斑霜、粉刺霜、祛臭剂、生发水、药性发乳、痱子水等产品，能够预防或治疗皮肤、毛发等部位影响外表或功能的生理或病理现象。

一、化妆品的分类

化妆品品种繁多，分类方法也不尽统一，日常生活中常见的分类方法有如下两种。

（一）按外观形态分类

按外观形态不同，可将化妆品分为液态化妆品、固态化妆品、膏体化妆品、蜜类化妆品、气溶胶（或气雾剂）类化妆品等类别。

1. 液态化妆品

液态化妆品呈溶液状，常见的有香水、花露水、化妆水等品种，它们多以水、酒精等为主体，并配入色素、香精及其他物质制成。

2. 固态化妆品

固态化妆品呈块状或粉末状，如粉饼、胭脂、香粉、痱子粉、眉笔等，它们多以滑石粉、钛白粉等为主体，配入香精、色素等加工而成。

3. 膏体化妆品

膏体化妆品外观形态呈膏状或凝脂状，如润肤膏霜、唇膏等，它们多以高级脂肪酸、高级脂肪醇、蜡、水、甘油等为主体，配入香精、色素、多脂剂、营养制剂等助剂加工而成，主要为护肤用品。

4. 蜜类化妆品

蜜类化妆品为一种略带油性的半流体状乳剂，稠度介于膏体化妆品和液体化妆品之间，类似于蜂蜜的状态，故称蜜类化妆品，如各种面蜜、润肤露、洗发香波等。

5. 气溶胶（或气雾剂）类化妆品

气溶胶（或气雾剂）类化妆品是 20 世纪 60 年代以来发展起来的新型包装的化妆品，是利用气压容器包装的原理，启动气阀，将内容物压出（喷出）的一类化妆品的总称。该类化妆品又可分为如下类别。

(1) 空间喷雾制品：能喷出细雾，如香水、古龙水等。

(2) 表面成膜制品：将成膜剂溶解到低沸点有机溶剂中，并封装于密闭容器中，喷出后溶剂迅速挥发，有效成分附着于头发、指甲等表面形成连续的薄膜。该类产品多为修饰（装饰）性产品，如指甲油、摩丝等。

(3) 泡沫制品：压出后立即膨化呈泡沫状，如剃须膏、洗手液等。

（二）按适用部位和作用分类

按化妆品的适用部位和作用不同，可将化妆品分为皮肤用化妆品、毛发用化妆品、芳香及美容类化妆品、特种化妆品等类别。

1. 皮肤用化妆品

皮肤用化妆品是指应用于皮肤上，尤其是面部、手部等部位的皮肤上，起到护肤或清洁皮肤作用的化妆品，如各类护肤膏霜、护肤乳液、护肤化妆水、爽身粉、沐浴液、面膜、洗面液等。皮肤用化妆品又根据其作用不同，分为护肤用化妆品和清洁皮肤用化妆品两类。

2. 毛发用化妆品

毛发用化妆品是指应用于头发上，起到护发、清洁毛发、美发作用的化妆品，如发乳、发蜡、护发素、洗发香波、洗发膏、摩丝等。毛发用化妆品又根据其作用不同，分为护发类化妆品、清洁毛发类化妆品和美发类化妆品三类。

3. 芳香及美容类化妆品

芳香及美容类化妆品是指能够修饰面部皮肤、美化面容、增加魅力、改变容貌，或主要能为身体提供香气的化妆品，如粉底、香粉、胭脂、唇膏、口红、眼影膏、眉笔、睫毛膏、香水等。

4. 特种化妆品

特种化妆品是指用以改变人体局部状态，或是促进人体美，或是消除影响人体美的不利因素的一类化妆品。此类化妆品的特点是带有半永久装饰性（如烫发），或带有治疗（如祛斑）作用。特种化妆品根据作用不同，又分为以下类别：

（1）育发化妆品：是指有助于毛发生长、减少脱发和断发的化妆品；

（2）染发化妆品：是指具有改变头发色泽，起到美发作用的化妆品；

（3）烫发化妆品：是指具有改变头发外观形态（如弯曲状态等），并维持其相对稳定的化妆品；

（4）脱毛化妆品：是指具有减少、消除体毛作用的化妆品；

（5）美乳化妆品：是指有助于乳房健美的化妆品；

（6）健美化妆品：是指有助于体形健美的化妆品；

（7）除臭化妆品：是指能够减轻或消除身体异味（如腋臭等）的化妆品；

（8）祛斑化妆品：是指能够减轻或消除面部色斑的化妆品；

（9）防晒化妆品：是指具有屏蔽或吸收紫外线作用，减轻因日晒引起皮肤损伤的化妆品；

（10）增白化妆品：是指能够减轻皮肤表皮色素沉淀的化妆品。

二、化妆品的主要品种

（一）润肤膏霜

润肤膏霜是护肤类化妆品的典型代表。护肤类化妆品使用后能在皮肤表面形成一层保护膜，一方面可以防止皮肤水分的过度挥发，保持皮肤始终在高含水状态下，增加皮肤的弹性和柔性，防止皮肤皲裂；另一方面可补充皮脂的不足，滋润皮肤，促进皮肤的新陈代谢。此外，护肤类化妆品还可保护或缓解皮肤因气候变化、环境等因素所造成的刺激，营养性护肤用品还能为皮肤提供正常生理活动所需要的营养成分，使皮肤柔润光滑，从而防止或延缓皮肤的衰老，增进皮肤健康。

现代乳化体润肤制品已不再以雪花膏、香脂等传统的名称命名，而是根据制品的用途和剂型分为润肤膏霜、润肤蜜等品种。每种制品都可根据使用需要制成油/水（O/W）型乳化体或水/油型（W/O）乳化体。

1. 润肤膏霜的原料及特点

润肤膏霜是以硬脂酸、高级脂肪醇（如月桂醇等）、多脂剂（如羊毛脂、单硬脂酸甘油酯等）、蜂蜡、硅酮油、甘油、水、香精等为原料，以钾皂为乳化剂，经乳化形成的乳化体。它能在皮肤上形成油脂型薄膜，滋润皮肤，防止皮肤干燥和皲裂。润肤膏霜也常作为基料，通过加入粉质、药物（如增白剂、紫外线屏蔽剂等）、营养物质（如水解蛋白、人参浸出液、珍珠粉水解液、水溶性维生素等）等制成具有特定效能的化妆品品种。

2. 润肤膏霜的质量要求

目前，润肤膏霜的执行标准为 QB/T 1857—2004，该标准是对 QB/T 1857—1993《雪花膏》和 QB/T 1861—1993《香脂》的修订。

（1）感观质量要求。

膏体状态：稠度适当，质地细腻，富有光泽；涂擦在皮肤上应润滑、无面条状、无刺激（过敏性例外）；不得存在油水分离、霉变（霉斑）、气泡、颗粒等疵点。

色泽：色泽洁白，染色产品色泽浅而均匀。

香气：香气清新、淡雅、持久，不得有强烈的刺激味和不良气味，并符合标识的香型。

包装：整洁、严密、美观。

（2）卫生性要求。

润肤膏霜的卫生性应符合表 4.6 中的要求。

表 4.6 润肤膏霜卫生性要求

项　目		要　　求
微生物指标	菌落总数/（CFU/g）	≤1000（眼部用、儿童用产品≤500）
	真菌和酵母菌总数/（CFU/g）	≤100
	粪大肠菌群	不得检出
	金黄色葡萄球菌	不得检出
	绿脓杆菌	不得检出
有毒物质限量	铅/（mg/kg）	≤40
	汞/（mg/kg）	≤1（含有机汞防腐剂的眼部化妆品除外）
	砷/（mg/kg）	≤10

（3）理化质量要求。

润肤膏霜的理化质量要求应符合表 4.7 中的规定。

表 4.7 润肤膏霜理化质量要求

项　目	要　　求	
	O/W 型	W/O 型
耐热	（40±1）℃保持 24 h，恢复至室温后无油水分离现象	（40±1）℃保持 24 h，恢复至室温后渗油率≤3%
耐寒	−5～−10℃保持 24 h，恢复至室温后与试验前无明显性状差别	
pH 值	4.0～8.5（粉质、果酸类产品除外）	

（二）洗发液（膏）

洗发液（膏）分为洗发液和洗发膏两类。洗发液又称洗发香波或洗发精等，其英文商品名称为Shampoo（音译为"香波"）。

1. 洗发液（膏）的原料及分类

洗发液（膏）主要是以洗涤剂、调和剂、增稠剂、润发剂、螯合剂、防腐剂、色素、香精等加工而成，也可在此基础之上添加去头屑剂、中草药制剂、遮光剂、营养剂等制成具有一定疗效和营养功能的功能性产品。

（1）洗涤剂：是洗发液（膏）的主要成分，能提供适当的洗涤去污力和丰富的泡沫。洗发液（膏）中使用的洗涤剂应对人体无毒、无害，洗涤力适中。常用的洗涤剂有脂肪醇聚氧乙烯醚硫酸钠、十二烷基硫酸钠等阴离子洗涤剂，椰油酰胺丙基甜菜碱（CAB-35）、N-脂肪酰谷氨酸钠等两性离子型洗涤剂，脂肪醇聚氧乙烯醚、烷基糖苷等非离子表面活性剂，及十八烷基二甲基苄基氯化铵等阳离子表面活性剂等。

（2）调和剂：将各种原料调和成乳液状或膏状，主要有水、甘油等。

（3）增稠剂：主要用于调节膏体的稠度和黏度，提高膏体的稳定性。常用的增稠剂有羧甲基纤维素钠、三乙醇胺等。

（4）润发剂：起到对毛发的保护作用，能在洗后的毛发表面形成一层保护膜。润发剂一方面可防止毛发水分的过度挥发，提高毛发的弹性和韧性；另一方面可使毛发表面光洁、明亮。常用的润发剂有阳离子纤维素聚合物、羊毛脂、乳化硅油等。

（5）螯合剂：主要用于改善水质，调整洗涤状态。常用的螯合剂有乙二胺四乙酸钠（EDTA）等。

目前，洗发液（膏）中使用的去头屑剂主要为吡啶硫酮锌（ZPT）。ZPT作为传统的去屑剂对真菌和细菌有较强的杀灭力，能够有效地杀死产生头皮屑的真菌，起到去屑的作用。此外，中草药制剂、遮光剂、营养剂等具有护发、养发、去屑、止痒等多种功能。

洗发香波的种类很多，其配方及性能特点也是多种多样的，可以按洗发香波的性能特点、用途等不同进行分类。按洗发液（膏）适用的人群或发质不同，可将之分为通用型、干性发质用、油性发质用、婴幼儿用等产品。按洗发液（膏）的效能不同，可将之分为调理型、普通型、药用型、去屑型等多种。

2. 洗发液（膏）的质量要求

目前，洗发液（膏）的执行标准为QB/T 1974—2004，该标准是对QB/T 1974—1994《洗发液》和QB/T 1860—1994《洗发膏》的修订。

（1）感观质量要求。

膏体状态：稠度适当，质地细腻，富有光泽；洗发液应呈蜂蜜状，具有适当的流动性，静置一定时间后，不得出现明显的分层现象；洗发膏应呈膏状，流动性很弱；洗发液（膏）不得存在油水分离、霉变（霉斑）等现象。

色泽：色泽鲜艳而均匀。

洗涤性：泡沫丰富、洁白、细腻，洗涤力适中；洗涤时手感爽滑，不得有黏腻感；洗后毛发光亮、柔软、清洁。

香气：香气清新、持久，符合标识的香型，不得有强烈的刺激味和不良气味。
包装：整洁、严密、美观，便于使用。
(2) 卫生性要求。
洗发液（膏）的卫生性应符合表4.8中的要求。

表4.8 洗发液（膏）卫生性要求

项 目		要 求
微生物指标	菌落总数/（CFU/g）	≤1000（儿童用产品≤500）
	真菌和酵母菌总数/（CFU/g）	≤100
	粪大肠菌群	不得检出
	金黄色葡萄球菌	不得检出
	绿脓杆菌	不得检出
有毒物质限量	铅/（mg/kg）	≤40
	汞/（mg/kg）	≤1
	砷/（mg/kg）	≤10

(3) 理化质量要求。
洗发液（膏）的理化质量要求应符合表4.9中的规定（引自QB/T 1974—2004）。

表4.9 洗发液（膏）理化质量要求

项 目	要 求	
	洗发液	洗发膏
耐热	(40±1)℃保持24 h，恢复至室温后无分离现象	
耐寒	−5～−10℃保持24 h，恢复至室温后无分离析水现象	
pH值	4.0～8.0（果酸类产品除外）	4.0～10.0
泡沫（40℃）/mm	透明型≥100 非透明型≥50 （儿童产品≥40）	≥100
有效物（总固体物）/%	成人产品≥10.0 儿童产品≥8.0	—
活性物含量（以100%K12计）/%	—	≥80

(三) 香水

1. 香水的种类

香水是用香精、酒精、蒸馏水等配制而成的、能为人体提供持久香味的化妆品。香水又分为香水、淡香水、古龙水、花露水等品种，它们在香精的香型和浓度、酒精的浓度、产品的风格特点等方面都有所不同。

(1) 香水：香水是香水类产品中香精含量最高的品种，一般为15%～20%，所用香精也较名贵，往往采用天然香精配制而成。香水中乙醇含量约为75%～80%。香水的香气浓郁，持久。

(2) 淡香水：该产品中香精含量约为8%～15%，乙醇含量约为70%～80%。淡香水的香气较香水略淡。

(3) 古龙水：又称"科隆水"，其香精含量为 4%～8%，乙醇含量为 70%～80%，香精中常含有香柠檬油、熏衣草油、橙花油等。古龙水香味清新、淡雅，更适合于男士使用。

(4) 花露水：常作为卫生用品使用，洒在身上可除臭、消痱、止痒、防蚊虫叮咬等。花露水价格低廉，是由 3% 左右的香精与 75%～80% 的酒精配制而成。在这样的乙醇浓度下，可使细菌的蛋白质凝固，从而起到杀菌作用。

2. 香精

香精是香水类化妆品最基本的原料，香水的质量主要取决于香精。香精的种类很多，常根据来源不同，而分为合成香精和天然香精两类。合成香精是通过化学合成工艺得到的，其香味欠佳，品质较差，主要用于配制低档香水。天然香精是自然界中某些植物或动物组织的提取物（或分泌物），其香味特殊、持久，常用于配制高档香水。天然香精又根据来源不同，分为天然植物香精和天然动物香精两类。

天然动物香精主要有龙涎香、麝香、灵猫香、海狸香等。原始状态的这些香料，其香味过于浓烈，有时会令人很不愉快，所以在香水中使用的浓度很低。目前，天然动物香精的产量很低，远远满足不了人们的需要，故价格很高，只有在极品香水中才会使用。

天然植物香精主要有香脂（香胶）、佛手柑油、乳香、波斯树脂、茉莉、劳丹脂、熏衣草、柠檬油、幽谷百合、奈若利橙花油、广藿香、玫瑰、檀香、晚香玉（夜来香）、紫罗兰等。天然植物香精清新、淡雅，是配制香水的重要香料。

每种香水中一般都选用几种至几十种香精，并按香型特点、用途、价格等要求配制而成。配制香精用的各种香料，按照其在调香时的作用，可分为主体香料、调和香料、修饰香料、定香香料和香花香料。配制香精时的总体要求是：香气幽雅、细致而协调，既要有好的扩散性，使香气四溢，又要在肌肤或织物上有一定的留香能力；香气要对人有吸引力，香感华丽，格调新颖，富有感情，能引起人们的好感与喜爱。

3. 香水的香型

香水的香型很多，概括起来大致可分为以下几类香型。

(1) 花香型：花香型以单一花香为主体香调，以女性使用为主流。这类香型的香水常以花名作为商品名称，如蔷薇香水、茉莉香水、玫瑰香水等。但近十几年来，这些以花香型为特征的各种香水，大多也不只是一种花香了，而是稍加复合，只是以其中一种花香为主，与其名称所标香气也是符合的。花香型是一种重要的香型，尤其是在女性香水中，像玫瑰、茉莉、丁香、紫罗兰、铃兰、晚香玉等被广泛使用。

(2) 百花型：百花型是由几种花香组成的复合香气，为女用香型的核心。这种类型的香水以几种花香的混合香气作为主体，给人的感觉是花香，但难以形容是哪一种花香，其成分比花香型复杂。在配制时，百花型可以根据调香师的灵感来进行创造性的发挥，以制成香气优雅、令人喜爱的香水。

(3) 现代型：现代型香水以 C8—C12 脂肪族醛类的气味为主基调，以女性使用为主。现代型又可根据香气特点分为两类。一类是花醛型，在百花型中加入多量脂肪醛即可产生这种香气特征，是一种具有很强现代气息的产品，市场上这类香水较多。另一类是花醛清香型，是在花醛型的香水中再加入清香型香料制成，现代品位的香水大多属于这种类型。

(4) 清香型：清香型具有绿色植物的清香香气，男性、女性使用皆宜。清香型根据香气特点又可分为清香型、复合清香型、药草型。药草型特指有药草般的香气的类型。在花香型中，许多香水也加入了清香香气，但香水的主调仍为花香型。清香型香水则不然，它以清香香气为主体，并且强调这种香气。

（5）水果型：水果型适合于少女和小孩。该香型具有香橙、苹果等水果特定的香味，香气清新，深得儿童的喜爱。

4. 香水的感官质量要求

（1）状态：溶液澄清、透明，无悬浮物和沉淀物，也不得存在浑浊现象。

（2）色泽：色泽浅而均匀，在储存及使用过程中不得存在变色现象。

（3）香气：香气清新，香味持久，符合标识的香型，不得有强烈的刺激味和酒精气味。

（4）包装：整洁、严密、美观，方便使用。

（四）其他化妆品品种

1. 面蜜

面蜜为护肤类化妆品，呈略带油性的半流动状的乳液状态。面蜜大多数属于"水包油"型结构。此类化妆品有润肤蜜、杏仁蜜、柠檬蜜、SOD蜜等品种，主要原料是硬脂酸、单硬脂酸甘油酯、蜂蜡、十八醇、羊毛脂、白油、甘油、三乙醇胺、水、香精和防腐剂等。皮肤擦抹蜜类化妆品后，随着水分逐渐挥发，可在皮肤表面留下一层脂肪物和甘油形成的薄膜，从而使皮肤表面保持相当的润湿程度，防止皮肤干燥开裂。同时，由于甘油具有吸湿性能，故能减缓皮肤水分蒸发，使皮肤表面保持滋润、滑爽，是一年四季皆可使用的护肤品，尤其适宜于男性使用。

2. 护发素

护发素为护发类产品，多在洗发后使用，使头发富有光泽，且易于梳理。它一般是由抗静电剂、柔软剂和各种护发剂配制而成的乳液状产品。护发素多属于水包油型乳化体，是一种轻油性护发用品，可避免头发枯燥和断裂，使洗后的头发柔软，保持自然光泽。护发素主要由阳离子表面活性剂、油性物质和水组成。考虑到护发素的多效性，实践中常加入水解蛋白、维生素 E、霍霍巴油、杏仁油及中草药提取物等，以制出具有多种功效的护发素。

3. 香粉

香粉具有遮盖、吸收、附着、滑爽等使用特性，常用于面部，能够提高面部皮肤白度，遮掩褐斑、雀斑等皮肤缺陷，吸收皮肤分泌的油脂，使皮肤具有光滑、细腻的感觉。香粉可制成粉状、粉饼状等形态。

香粉一般由滑石粉、高岭土、氧化锌、钛白粉、碳酸钙、碳酸镁、硬脂酸锌、硬脂酸镁、香精、色素等原料加工制成。

香粉的感官质量要求是：香味芬芳、无异味、无刺激性；粉质细腻、无粗粒、无硬块；涂于面部附着力强、覆盖性好；色泽纯正；敷用后无不舒适的感觉。

4. 胭脂

胭脂是擦在面颊上的美容类化妆品，主要用于面部色泽修饰，使面部红润美观。胭脂多制成粉饼状。胭脂的原料和香粉大致相同,将滑石粉、高岭土、氧化锌、硬脂酸锌、色素、香粉等原料按一定比例混合、研磨、配色,再加入黏合剂经压制而成。好的胭脂色彩鲜明,质地细柔、滑爽,易于擦抹,不易碎裂,并有良好的附着力和遮盖力。

5. 口红(唇膏)

口红(唇膏)又称唇彩,它既能美容,又能保护口唇部位的皮肤,使其不开裂,保持口唇光润。口红(唇膏)的颜色有深红、紫红、鲜红、玫瑰红、橘红、变色玫瑰、无色等多种。口红(唇膏)的主要原料是油脂、蜡类、色素,其外观质量要求是:色泽均匀、持久;涂用后不易脱落,软硬适度,无发汗、干裂等现象;使用时滑爽而无黏滞感;对皮肤无刺激性,香味宜人。

6. 眼影

眼影是一种眼部美容类化妆品,主要由白油、凡士林、卡拿巴蜡、无机颜料、二氧化钛等配制而成。眼影有多种色调,可制成膏体、块状等。将眼影少量搽在上、下眼皮处,能造成阴影,赋有立体感,突出眼部的美。

7. 指甲油

指甲油的主要成分有成膜剂(乙酸纤维素、硝酸纤维素等)、树脂、增塑剂、溶剂、色素和抗沉淀剂等。指甲油应易涂,快干,有适当的黏度,不易脱落;成膜均匀,色调一致;干燥后的薄膜应富有光泽,对指甲无害等。指甲油的许多成分为易燃品,故在使用和保管时应严禁接触火源。

第四节 牙 膏

牙膏是以清洁口腔为主要目的,由摩擦剂、保湿剂、增稠剂、发泡剂、芳香剂、水和其他添加剂(含用于改善口腔健康状况的功效成分)混合组成的膏状物质。牙膏是与人们的日常生活关系非常密切的一类日化商品,是应用最为广泛的口腔卫生用品。牙膏的作用是通过刷牙达到清洁牙齿及口腔,去除牙齿表面的食物残渣、牙垢,使口腔净化,感觉清爽舒适的目的,同时还可以祛除口臭,预防或减轻龋齿、牙周病等口腔疾病。

一、牙膏的分类

(一)按功能不同分类

在日常生活中,通常根据牙膏的功能不同而将牙膏分为普通卫生型牙膏和药物牙膏两类。

普通卫生型牙膏是指不添加具有预防及治疗作用的药物类添加剂,只具有口腔清洁作用的牙膏。

药物牙膏中往往添加了具有预防及治疗作用的药物成分,如氟、硅油、杀菌剂、锶、中草药提取物等,从而使牙膏除具有口腔清洁作用外,还对牙齿、口腔等疾病具有一定的预防及治疗作用。由于牙齿、口腔类疾病的发病率很高，故药物牙膏越来越受到人们的青睐，目前，市场上的绝大多数牙膏均为药物牙膏。药物牙膏根据功能不同，又被分为防龋齿型牙膏、消炎止血型牙膏和脱敏镇痛型牙膏等若干类。

1. 防龋齿型牙膏

龋齿是一种常见的牙齿疾病，尤其高发于儿童和老年人，龋齿多是因为口腔中的食物残渣在微生物作用下转化为一些酸性物质，从而使牙齿遭到腐蚀，形成孔洞。目前，防龋齿型牙膏主要有含氟牙膏、硅油牙膏等。

含氟牙膏是市面上最多的一种药物牙膏，它主要是利用在牙膏中添加氟离子来促进牙釉质的再生（氟离子能与牙齿中的羟磷灰石发生反应，生成韧性、耐磨性、耐腐蚀性更好的氟磷灰石，氟磷灰石是构成牙釉质的主要成分），从而提高牙齿的抗腐蚀能力，达到防龋齿的作用。此外，氟离子对抑制牙结石的形成和促进牙周组织健康也有一定的作用。因此，含氟牙膏，尤其是添加了氟化亚锡的牙膏，也常用于牙周疾病的预防。但必须清楚，并不是所有的人都适合使用含氟牙膏，对高氟区的人来说是不宜使用含氟牙膏的。

硅油牙膏中添加的硅油类物质能在牙齿表面形成一层保护膜，该保护膜能减轻酸性物质对牙齿的腐蚀，故也能达到一定的防龋齿作用。

2. 消炎止血型牙膏

口腔炎症是一类常见的口腔疾病，如牙周炎、牙龈炎等。消炎止血型牙膏对这类疾病具有一定的预防和治疗作用。消炎止血型牙膏中添加的药剂种类很多，如某些杀菌（抑菌）剂、中草药提取物、酶制剂、柠檬酸盐等。

中药牙膏是利用中华医药宝库中丰富的医疗资源，选择具有消炎、止血功能的中草药加工制成的牙膏。如云南白药、芦丁、草珊瑚、两面针、田七、叶绿素等药物都具有一定的抗菌消炎、止血止痛、消除口腔异味的功能。

加酶牙膏中添加了蛋白酶、淀粉酶、葡聚糖酶等不同类型的酶制剂。通过酶的作用，一方面对预防和治疗牙龈炎、牙出血等具有一定的效果，另一方面还能抑制龋齿发生，此外，对消除茶渍、烟渍等也有一定的效果。

柠檬酸锌在牙膏中的应用越来越受到了人们的重视。一方面柠檬酸盐本身具有一定的杀菌消炎作用，另一方面锌也是预防、治疗牙龈炎的有效介质，是牙科药物中一种安全有效的新型药物。锌具有增强人体免疫功能，促进黏膜再生和加速溃疡愈合等多种作用，将微量锌加入牙膏中，提供了一种安全有效、简便易行的预防、治疗多种口腔疾病的牙膏品种。

此外，牙周炎、牙龈炎等口腔炎症与牙结石、牙菌斑的关系非常密切，牙龈在牙结石、牙菌斑的长期压迫、刺激下，很易引起慢性炎症，甚至会导致牙龈萎缩。因此，牙结石、牙菌斑比较严重的人应尽快看一下牙医，通过洗牙等治疗手段一次性消除牙结石和牙菌斑，对于缓解牙周炎、牙龈炎具有很好的效果。尽管有些牙膏具有除锈功能，但效果一般不佳。

3. 脱敏镇痛型牙膏

在冷、热、酸、甜等因素刺激下形成的过敏性牙齿疼痛是牙痛中最常见的类型。对具有习惯性牙痛的人来说，使用脱敏镇痛型牙膏或许是一种较好的选择。目前，最常见的脱敏镇痛型牙膏是含锶牙膏，其添加物多为氯化锶、氟化锶等。锶对牙本质过敏以及因冷、热、酸、甜刺激而产生的牙齿疼痛具有一定的疗效。

(二)按色泽及状态不同分类

按色泽及状态不同,可将牙膏分为普通牙膏、透明牙膏、彩条牙膏等。

(1)普通牙膏:是指用不透明摩擦剂加工而成的白色或染色产品。

(2)彩条牙膏:是指挤出后在白色膏体上附有几行彩色条纹的牙膏。彩条的存在明显提高了牙膏的外观效应。彩条的形成是通过全新的包装设计实现的,彩条牙膏的包装管前端内部有2~3个分开的小室,每个小室内装有一种颜色的膏体,每个小室在管口处均有一个开口与主室相通,主室中装有白色膏体,挤牙膏时,彩色膏体与白色膏体同时流出,且彩色膏体附着在白色膏体的表面形成彩条。彩条牙膏要求色彩鲜艳、清晰,富有美感。

(3)透明牙膏:膏体呈透明或半透明状态;色泽鲜艳,晶莹美观。其配方特点是用合成沉淀二氧化硅作摩擦剂,甘油作润湿剂,且润湿剂的用量较高,以利于形成透明的外观。

二、牙膏的原料

牙膏生产中使用的原料种类很多,按其在牙膏中的作用不同,常分为摩擦剂、保湿剂、增稠剂、发泡剂、芳香剂、药物制剂等类别。牙膏生产中使用的原料必须符合GB 22115—2008《牙膏用原料规范》的要求。

(一)摩擦剂

摩擦剂是牙膏中含量最多的成分,约为40%~50%。其作用是通过摩擦作用提高牙膏的清洁能力,去除牙齿上的食物残渣、牙结石、牙菌斑等物质,光洁牙面。摩擦剂的硬度、颗粒度和形状要符合相关要求,不得对牙齿造成损害,并有利于牙齿健康。常用的摩擦剂有碳酸钙、磷酸钙、磷酸氢钙、焦磷酸钙、二氧化硅、热塑性树脂等。

1. 碳酸钙

碳酸钙分为天然碳酸钙和沉淀碳酸钙两种。天然碳酸钙摩擦剂是用方解石粉碎得到的。方解石色泽洁白,无嗅、无味,莫氏硬度3.0,密度2.6~2.8 g/cm^3。天然碳酸钙摩擦剂是由色泽白、纯度高的方解石,经清洗、晾干、粉碎、过筛而成的。沉淀碳酸钙摩擦剂是将二氧化碳通入石灰水(氢氧化钙)中得到的碳酸钙沉淀。天然碳酸钙摩擦剂的硬度较高,是一种洁齿力很强磨料,一般与沉淀碳酸钙或沉淀二氧化硅等摩擦剂结合使用,可达到洁齿力强且不损伤牙齿的效果。碳酸钙摩擦剂的色泽较差,制成牙膏后的膏体白度较差,质地也不够细腻。

2. 磷酸氢钙

磷酸氢钙的全称为二水合磷酸氢钙,为白色粉末,莫氏硬度2~2.5,相对密度2.3 g/cm^3,平均粒度12~14 μm,pH值7.8~8.3。二水合磷酸氢钙以磷酸、石灰石为原料合成得到,再经过滤、水洗、烘干、研磨、过筛后即得到需要的摩擦剂。二水合磷酸氢钙是一种温和、摩擦力偏低的磨料,由它制成的牙膏膏体光洁细腻,若与磷酸钙复配可制得洁齿力强的牙膏。

3. 沉淀二氧化硅

沉淀二氧化硅中常含10%～15%的结晶水，平均粒度4～8μm，呈化学惰性，与牙膏中的其他成分有良好的相容性，是近年来发展最快的磨料。二氧化硅由石英砂及纯碱在1200℃下熔融制成硅酸钠，再在130℃下加压水化成水玻璃溶液，并与硫酸进行沉淀反应，最后经真空吸滤、干燥、气流粉碎后得到成品。二氧化硅的结构和颗粒度可由反应条件加以控制，从而也控制了二氧化硅的摩擦力。二氧化硅的另一特性是可以生产透明牙膏，二氧化硅的折光率为1.43～1.45，当以水、山梨醇、甘油所组成的牙膏液相折光率与二氧化硅的折光率相等时，膏体就可呈现良好的透明状态。

（二）发泡剂

发泡剂即牙膏中加入的表面活性剂。发泡剂在牙膏中一方面起到洗涤的作用，去除口腔中、牙齿上的食物残渣等；另一方面起到乳化作用，使膏体稳定、细腻光洁。此外，发泡剂在刷牙时能产生泡沫，口感舒适。牙膏中使用的表面活性剂必须做到无毒、无害、无异味。发泡剂的用量一般为2%～3%。牙膏中常用的发泡剂有十二烷基硫酸钠、N-月桂酰肌氨酸钠等。

（三）调和剂

牙膏的主要成分为摩擦剂，而摩擦剂为固体粉状物，要将其调和成膏状就必须加入调和剂，牙膏中使用的调和剂主要有水、甘油等。

甘油，学名丙三醇，无色透明的黏稠液体，无毒、无臭，微有甜味，吸水性强，能与水、乙醇任意比例互溶。甘油应用于牙膏中，还具有优良的保湿、抗冻性能，同时，还有抗菌、适口的甜味、稳定牙膏黏度的作用。

（四）保湿剂

保湿剂的作用主要是保持膏体的湿润性。常用的保湿剂有甘油、山梨醇、丙二醇等。

山梨醇，全称D-山梨糖醇，分固体和液体两类。固体山梨醇系白色、无味、具吸湿性的晶体，味凉而甜。液体山梨醇澄清无色，无臭，为含量50%～70%的糖浆状水溶液。山梨醇由葡萄糖和氢反应制得。牙膏中使用的是70%的液体山梨醇，可作甘油的代用品，保湿性较甘油缓和，口味也较好，常与甘油配合使用。

丙二醇是无色、无味液体，微具甜味，有较高的黏稠性。与甘油相比，丙二醇具有更高的抑菌能力，可与水、大部分有机溶剂及香精混溶。丙二醇在牙膏中作为甘油的代用品，具有优良的保湿性、抗冻性，一般与甘油或山梨醇复配使用。

（五）增稠剂

牙膏中加入的增稠剂，一方面调节膏体的黏度和稠度，以便于使用；另一方面可提高膏体的稳定性。增稠剂的用量一般为1%～2%。常用的增稠剂有聚乙二醇、海藻酸钠、羧甲基纤维素钠、羟乙基纤维素、黄树胶粉等。

聚乙二醇是一种无色透明液体，稍有特殊气味，其分子量因聚合度的不同而不同，可完全和水、大部分有机溶剂及香精混溶。聚乙二醇具有增稠、保湿功能，可用作牙膏增稠保湿剂，尤其是在透明牙膏中使用可增加牙膏透明度和成条性。

羧甲基纤维素钠（CMC）无毒、无味、无臭、吸湿性强，是一种水溶性纤维素衍生物，溶解在水中形成胶态溶液，具有良好的黏性。CMC 是国内牙膏中最常用的黏度调节剂，具有增稠、稳定膏体的作用。与羟乙基纤维素钠黄原胶等复配，可进一步增加膏体的稳定性，使膏体更加细腻、光洁。

（六）甜味剂、香精

甜味剂可使膏体具有甜味，一方面改善口感，另一方面可掩盖其他原料的不良气味。甜味剂的用量一般为 0.05%～0.25%。常用的甜味剂有蔗糖、糖精（邻苯甲酰磺酰亚胺及其钠盐）、甜蜜素（环己基氨基磺酸钠）等。

牙膏中使用的香精既有天然香精，也有人造香精。香精使牙膏具有特定的香气类型，可增强牙膏的适口性。牙膏中最常用的香精多为水果香精、薄荷香精等。

三、牙膏的质量要求

目前，牙膏的执行标准为 GB 8372—2008。

（一）感观质量要求

（1）膏体状态：稠度适当，质地细腻，富有光泽，在常温下能顺利挤出，并呈圆柱状；不得存在油水分离、涨管（溢管）、杂质、颗粒等疵点。

（2）色泽：无色产品色泽洁白；染色产品色彩鲜艳，浅而均匀；彩条产品条纹清晰，色泽鲜艳。

（3）香气：香气清新，具有适合口腔的香型；香型要与标识香型相符，不得有不良气味。

（4）包装：封装严密，无渗漏现象；软管端正，管尾封轧牢固整齐，图案、字迹清晰；套色整齐，色泽鲜明。

（二）卫生性要求

牙膏的卫生性要求应符合表 4.10 中的规定。

表 4.10 牙膏的卫生性要求

项目		要求
微生物指标	菌落总数/（CFU/g）	≤500
	真菌和酵母菌总数/（CFU/g）	≤100
	粪大肠菌群	不得检出
	金黄色葡萄球菌	不得检出
	绿脓杆菌	不得检出
有毒物质限量	铅/（mg/kg）	≤15
	砷/（mg/kg）	≤5

（三）理化质量要求

牙膏的理化质量要求应符合表 4.11 中的规定。

表 4.11 牙膏的理化质量要求

项　目	要　　求
pH 值	5.5～10.0
稳定性	膏体不溢出管口，不分离出液体，香味、色泽正常
过硬颗粒	玻片无划痕
可溶氟或游离氟盐（下限仅适用于含氟防龋牙膏）/%	0.05～0.15（适用于含氟牙膏） 0.05～0.11（适用于儿童含氟牙膏）
总氟量（下限仅适用于含氟防龋牙膏）/%	0.05～0.15（适用于含氟牙膏） 0.05～0.11（适用于儿童含氟牙膏）

练习与思考

1. 何谓皂？皂与洗涤剂相比表现出的使用特点是什么？
2. 肥皂的生产原料有哪些？简述肥皂的基本生产工艺。
3. 对洗衣皂、洗衣皂粉、香皂的质量要求分别有哪些？
4. 何谓合成洗涤剂？何谓表面活性剂？
5. 洗涤剂的去垢原理是什么？
6. 合成洗涤剂是如何分类的？
7. 对洗衣粉的质量要求是什么？
8. 化妆品是如何分类的？
9. 对护肤霜（膏）的质量要求是什么？
10. 香水的原料有哪些？如何选购香水？
11. 如何选购洗发液？
12. 牙膏是如何分类的？
13. 如何选购牙膏？

第五章 玻璃、陶瓷制品

本章学习目的

通过本章的学习，读者应该了解玻璃的化学组成、性能特点、分类、原料及基本生产工艺，掌握日用玻璃器皿的主要品种及质量要求；了解陶瓷制品的分类，掌握日用陶瓷的主要品种和陶瓷制品的质量检验。

第一节 玻璃制品

玻璃是由二氧化硅与各种金属氧化物经高温熔融，冷却后形成的无定形体。玻璃的主要化学组成是二氧化硅和各种金属氧化物（也包括 B_2O_3 等非金属氧化物），其中，二氧化硅的含量大约在 70%～100%，其余为金属氧化物，如 Na_2O、K_2O、Li_2O、CaO、MgO、BaO、PbO_2 等。由于在玻璃熔制过程中，金属氧化物会与二氧化硅反应形成硅酸盐，所以，也可以说玻璃的主要化学组成是二氧化硅和各种硅酸盐。当然，若是在玻璃中添加了氧化硼（B_2O_3）、氧化铝（Al_2O_3），则玻璃中肯定会含有硼酸盐、铝酸盐及偏铝酸盐。

玻璃制品是以玻璃为原料加工而成的制品。它具有精致美观、经久耐用、便于成型、价格低廉等特点。玻璃制品与人们的日常生活关系十分密切，例如，建筑物门窗上的玻璃板，做包装容器使用的各种玻璃瓶、罐，保温瓶及各式玻璃杯等日用玻璃容器，造型精致美观、色彩艳丽的玻璃装饰品，电视机、显示器屏幕等，这些都无不体现出玻璃制品的重要性。玻璃制品为人们的日常生活提供了许多的便利，也增添了不少的色彩。

一、玻璃的分类

（一）按玻璃中所含金属氧化物的种类分类

按玻璃中所含的金属氧化物种类不同，可将玻璃分为钠玻璃、钾玻璃、铅玻璃、硼玻璃、铝玻璃、石英玻璃等若干种。

1. 钠玻璃

钠玻璃又称钠钙硅酸盐玻璃，其金属氧化物主要是氧化钠和氧化钙。钠玻璃是一种很普通的玻璃，建筑用玻璃、包装用玻璃多为钠玻璃。钠玻璃的力学性质、光学性质、热稳定性、化学稳定性均不好；且铁杂质的含量较高，致使其带有浅绿色。钠玻璃的成本很低，因此，钠玻璃被广泛用于性能要求不是很高的大宗玻璃制品和普通日用玻璃制品。

2. 钾玻璃

钾玻璃中的金属氧化物主要是氧化钾。钾玻璃较钠玻璃的硬度稍大、光泽稍好，其力学性质、光学性质、化学稳定性也优于钠玻璃，热稳定性有明显提高。钾玻璃的性质完全能够满足日用玻璃的要求，因此，多用于加工日用玻璃制品，也常用于加工普通化学玻璃器皿等。

3. 铅玻璃

在铅玻璃中含有大量的二氧化铅。铅玻璃的比重高，光折射率、反射率高，因此，其外观光泽非常好，给人一种晶莹剔透的感觉。铅玻璃是玻璃中硬度最低的一种，易于雕刻和磨花。铅玻璃的音质很好，碰击时会发出清脆的金属敲击声。但铅玻璃有毒，不适宜加工日用玻璃器皿。铅玻璃主要用于制造光学仪器、高档玻璃装饰品（如雕花花瓶）等。

4. 硼玻璃

硼玻璃是指由二氧化硅、氧化硼与金属氧化物等构成的玻璃，又称硼硅玻璃。由于氧化硼的加入，改变了玻璃的分子聚集态结构（由 Si-O 网络转变为 Si-O-B 网络），故硼玻璃的性能也随之发生了明显的改变。硼玻璃是玻璃中硬度最高、机械强度最高的玻璃，耐热性仅次于石英玻璃；硼玻璃与铅玻璃类似，具有很好的光泽，敲击声清脆。硼玻璃主要用于制造高档化学玻璃仪器、高档日用玻璃器皿、钢化玻璃、电视机（显示器）屏幕等。硼玻璃、铅玻璃统称为晶质玻璃。

5. 铝玻璃

铝玻璃的主要成分是二氧化硅和三氧化二铝。铝玻璃具有很高的耐热性、化学稳定性和机械强度，多用于制造直接用火焰加热的器皿。

6. 石英玻璃

石英玻璃是由纯二氧化硅熔制而成的玻璃，又称水晶或水晶玻璃，其二氧化硅的含量几乎高达100%。根据来源不同，常将石英玻璃分为两种：一种是天然水晶，是自然界中天然存在的纯二氧化硅结晶，多数因含有微量的金属离子而带有轻微的色泽；另一种是人造水晶，是用高纯度石英砂，不加任何助剂，经高温熔融而成的。石英玻璃是玻璃中耐热性最好的一种，其力学性质、化学稳定性也非常优秀，紫外线透过率也很高。石英玻璃常用于制造装饰品、高温仪器或灯具、紫外杀菌灯等。

（二）按玻璃的用途分类

按玻璃的用途不同，可将玻璃分为普通玻璃、化学玻璃、光学玻璃、电子玻璃等若干种。

1. 普通玻璃

普通玻璃是指用于加工建筑用玻璃板、包装用玻璃、普通日用玻璃制品的玻璃。这类玻璃多为钠玻璃或钾玻璃。

2. 化学玻璃

化学玻璃是指用于加工化学玻璃仪器的玻璃。这类玻璃要求耐热性、化学稳定性好。

钾玻璃、铝玻璃、硼玻璃均可做化学玻璃。

3. 光学玻璃

光学玻璃是指用于加工光学仪器的玻璃，如显微镜、望远镜、照相机镜头等。这类玻璃要求光学特性突出，应具有非常高的化学均匀性（玻璃是由多组分构成的混合物，各组分混合的均匀性直接影响着折光的均匀性，进而决定了成像的逼真度）和透光率。

4. 电子玻璃

电子玻璃是指用于加工阴极射线管的显示器（CRT）、液晶显示屏幕等电子器件的玻璃。这类玻璃应具有良好的光学性能和机械力学性能。

(三) 按玻璃的结构及性能特点分类

按玻璃的结构及性能特点不同，可将玻璃分为钢化玻璃、强化玻璃、镀膜玻璃、调光玻璃、中空玻璃和微晶玻璃等若干种。

1. 钢化玻璃

钢化玻璃是指经淬火处理的玻璃，也称淬火玻璃。玻璃经淬火处理后，拉伸强度、抗冲击强度、表面硬度、热稳定性等性能指标都有明显的提高。钢化玻璃在外力作用下破碎时，玻璃碎块呈直径约 5 mm 左右、无尖锐棱角的颗粒状，对人的伤害较小。钢化玻璃是一种安全性很好的玻璃，通常用来制作酒店、商场的玻璃门窗、橱窗和玻璃家具等。

2. 强化玻璃

强化玻璃是指在普通玻璃基础之上，用强化材料加强的玻璃。应用比较广泛的强化玻璃有夹胶玻璃、夹丝玻璃等。

夹胶玻璃是在两片（也可以两片以上）玻璃板之间嵌夹透明塑料薄膜，经热压黏合而成的平面或弯曲状的复合玻璃板。夹胶玻璃的透光性良好，耐冲击，机械强度高。当夹胶玻璃被击碎时，由于中间塑料衬片的作用，仅能产生辐射状的裂纹，很少有碎片脱落。夹胶玻璃常用于汽车的前挡玻璃，也用做酒店、商场的玻璃门窗、墙面、橱窗等。目前流行的裂纹玻璃就是一种三层加夹胶玻璃，其中两面是平板玻璃，中间是碎纹玻璃，其装饰效果独特。

夹丝玻璃系以压延法生产的一种安全防碎玻璃。它是首先将平板玻璃加热到红热软化状态，再将预热处理的金属丝压入玻璃中间加工制成。当受外力作用引起夹丝玻璃破碎时，玻璃碎片仍连在金属网上，不致飞出伤人，故具有良好的防火、防盗作用。

3. 镀膜玻璃

镀膜玻璃也称热反射玻璃，是一种在普通浮法玻璃表面覆上一层金属介质膜，使之既具有较高的热反射能力，又能保持良好透光性的平板玻璃。热反射玻璃表面的金属介质膜具有银镜效果，因此热反射玻璃也称镜面玻璃。镀金属膜的热反射玻璃还有单向透光的作用，即白天能在室内看到室外景物，而室外看不到室内的景象，从而提供了良好的隐私保护。目前市面上的热反射玻璃有金色、茶色、灰色、紫色、褐色、青铜色和浅蓝色等。热反射玻璃主要被用于幕墙玻璃。热反射玻璃可采用热解法、真空蒸镀法、阴极溅射法等工艺生产，在玻璃表面镀以银、铜、铝、铬、镍等金属或金属氧化物薄膜；或采用电浮法等离子交换方法,以金属离子置换玻璃表层原有离子而形成热反射膜。

4. 调光玻璃

现代调光玻璃的技术飞速发展,各种利用新原理、新技术和新工艺制作生产的调光玻璃不断涌现。按调光原理不同,调光技术可分为光致变色调光、电致变色调光、温致变色调光、压致变色调光等。目前技术较成熟的是电致变色调光。

电控液晶玻璃亦称电控调光玻璃(PDLC玻璃)。当断开电源时,电控调光玻璃中的液晶分子呈不规则排列状态,光线无法通过,玻璃呈不透明状态;通电后,玻璃中的液晶分子呈整齐规则排列,光线可以自由通过,此时玻璃呈透明状态。电控液晶玻璃适用于浴室、会议室、医院、对外门窗等。

5. 中空玻璃

中空玻璃多采用胶接法将两块玻璃保持一定间隔,间隔内是干燥的空气,周边用密封材料密封而成。中空玻璃具有良好的隔声、隔热作用。

6. 微晶玻璃

微晶玻璃又称玻璃陶瓷,是由晶相和玻璃相混合组成的熔结体。它是在玻璃中加入一定量的成核剂(有时也不加),再经加热处理,使玻璃体内均匀地析出大量细小的晶体而制成的透明或不透明的玻璃材料。晶粒尺寸一般小于 $0.1\mu m$,晶体含量 $50\%\sim90\%$(体积比)。微晶玻璃的机械强度、化学稳定性、电性能均优于普通玻璃,而其生产工艺和使用原料却与普通玻璃相似,还可大量利用工业废料,因此成为20世纪60年代以来迅速发展的一种新型玻璃。由于微晶玻璃具有很多独特优良的特性,因此被广泛应用到各个领域,例如,用做建筑材料,加工日用耐热器皿,在机械工程技术领域用做机械轴承及强腐蚀性气体、液体输送阀和管道,在电力工程及电子技术领域用做高频绝缘及高压绝缘套管材料、高频介电材料等。

二、玻璃的性质

玻璃是一种具有许多优良性能的材料。它有很高的透光率,并能染成各种鲜艳的色泽;化学稳定性好,耐腐蚀;硬度高,耐磨损;在一定的温度下具有良好可塑性,具有良好的加工性能,能满足多种加工技术要求;原料来源广泛等。

(一)机械性质

玻璃的拉伸强度约为 $40\sim120N/mm^2$。普通玻璃的拉伸强度约为 $40\sim80N/mm^2$;拉伸强度最高的玻璃是硼玻璃,约为 $80\sim120N/mm^2$;钢化玻璃的拉伸强度比同质的退火玻璃要高出1倍左右。玻璃的拉伸强度受很多因素的影响,其中,影响最显著的是玻璃的形态,例如,用同一种玻璃拉制的不同直径的玻璃纤维,其拉伸强度随直径的增大几乎按指数规律减小。

玻璃的抗压强度明显高于拉伸强度。普通玻璃的抗压强度约为 $600\sim1600N/mm^2$,最高可达 $2000N/mm^2$。玻璃是一种抗压而不抗张的材料。

玻璃具有较高的脆性,这是玻璃制品易于破损的主要原因。玻璃经过钢化处理后,其冲击强度可提高 5～7 倍。

玻璃的摩氏硬度为 4～8 级，其中普通玻璃约为 5～6 级；铅玻璃硬度最低，约为 4 级；硼玻璃的硬度最高。

（二）热稳定性

玻璃的热稳定性是以耐急变温度差来衡量的。玻璃是热的不良导体，在发生急剧温度变化时，玻璃内、外层之间总会有温度差的存在，从而引起膨胀量（收缩量）的不一致，使玻璃内部产生不均匀的应力。当内应力超出玻璃本身能承受的极限时，就会导致玻璃的破裂。玻璃承受急热比承受急冷的能力强得多，原因在于急热时玻璃的表面产生压应力，急冷时表面产生张应力。

（三）化学稳定性

与其他材料相比，玻璃是化学稳定性最好的材料之一，对水、酸（氢氟酸除外）、弱碱、盐、氧化剂、有机溶剂等表现出很高的稳定性。氢氟酸能使玻璃溶解。强碱（氢氧化钠、氢氧化钾）溶液会对玻璃表面发生侵蚀。

玻璃能发生风化，但风化速度非常慢。大气对玻璃的侵蚀作用实质上是水气、二氧化碳、二氧化硫等作用的总和。普通门窗玻璃长期使用后表面光泽会逐渐消失，甚至出现斑点和油脂状薄膜等，这主要是由于玻璃中的碱性氧化物在潮湿的空气中与二氧化碳等酸性介质反应生成相应的盐造成的，这一现象也称为玻璃"发霉"。

（四）光学性质

透光性是玻璃的重要特性之一。普通建筑用玻璃板（厚度 2 mm）的透光率约为 90%，反射约 8%，吸收约 2%。氧化硅和氧化硼可以提高玻璃的透明度，氧化铁则会降低其透明度。

玻璃具有较高的折光性，这一性能特点使它在光学上具有重要的用途，并可制成璀璨夺目的艺术品和优质日用器皿。玻璃折光性的大小随其化学组成而不同，普通玻璃的折光指数为 1.48～1.53，铅玻璃则为 1.61～1.96。

三、玻璃的原料

制造玻璃使用的原料种类很多。根据其在玻璃生产中的作用不同，可分为主要原料和辅助原料两类。

（一）主要原料

主要原料是指向玻璃中引入二氧化硅及各种金属氧化物的原料，如石英砂（岩）、纯碱、碳酸钾、硝酸钾、石灰石、长石、硼酸（砂）、铅丹、碳酸钡等。石英砂（岩）向玻璃中引入二氧化硅。纯碱向玻璃中引入氧化钠，是加工钠玻璃的基本原料。碳酸钾、硝酸钾向玻璃中引入氧化钾，是加工钾玻璃的基本原料。长石向玻璃中引入氧化铝，是加工铝玻璃的基本原料。硼酸（砂）向玻璃中引入氧化硼，是加工硼玻璃的基本原料。铅丹向玻璃中引入二氧化铅，是加工铅玻璃的基本原料。石灰石向玻璃中引入氧化钙。碳酸钡向玻璃中引入氧化钡。

(二) 辅助原料

辅助原料是指使玻璃获得某些特性和有利于玻璃熔制、加工的原料。辅助原料的种类很多，根据作用不同，常分为澄清剂、助熔剂、着色剂、脱色剂、乳浊剂等若干类。

1. 澄清剂

澄清剂是指能够消除玻璃熔液中黏滞气泡的物质。常用的澄清剂有硫酸盐、铵盐等，这些物质在玻璃熔制过程中能分解产生构成大气泡的气体，借助大气泡的上浮，将经过路径上的细小黏滞气泡吸收掉。

2. 助熔剂

助熔剂是指能够降低原料的熔融温度，提高玻璃熔液的流动性，加速玻璃熔化的物质。常用的助熔剂有纯碱、芒硝、氟化合物、硼化合物、钡化合物和硝酸盐等。

3. 着色剂

着色剂是指能使玻璃着色的物质。玻璃着色剂分为离子着色剂和胶体着色剂两类。离子着色剂如 Cu_2O（红色）、CuO（蓝绿色）、CdO（浅黄色）、Co_2O_3（天蓝色）、Ni_2O_3（墨绿色）、MnO_2（紫色）等；胶体着色剂如由三氯化金分解形成的单质金能将玻璃染成玫瑰红色，由氯化银分解形成的单质银能将玻璃染成黄色。

4. 脱色剂

玻璃的脱色主要是指从白料中去除铁杂质产生的浅绿色，使白料玻璃更加纯净无色，透明度进一步提高。脱色剂是指能够减弱或消除白料玻璃中的杂色的物质。根据脱色原理不同，可将脱色剂分为物理脱色剂和化学脱色剂两类。

物理脱色剂是通过色彩的叠加原理达到脱色目的的脱色剂，其脱色效果好，但使用难度大，常用的物理脱色剂有二氧化锰、硒、氧化钴、氧化镍等。

化学脱色剂是通过将染色能力较强的化合物（如 Fe^{2+}）氧化为染色能力较低的物质（如 Fe^{3+}），从而达到脱色目的的脱色剂，其脱色效果较差，用它很难实现玻璃的纯净无色，常用的化学脱色剂有硝酸钠、硝酸钾、硝酸钡、三氧化二锑、氧化铈等。此外，氟化物能与铁形成无色的 $[FeF_6]^{3-}$ 络离子，也属于化学脱色的范畴。

5. 乳浊剂

乳浊剂是指能使玻璃着色成不透明的乳白色的物质。常用的乳浊剂有氟化物、磷酸盐、氧化锡、氧化锑、氧化砷等。

四、玻璃制品的生产

玻璃制品的生产包括玻璃熔制、成形、加工、装饰四个阶段。

(一) 玻璃熔制

1. 玻璃熔窑

玻璃熔制是将原料经高温熔融，形成质地均匀、黏度适宜、无气泡的玻璃熔液的加工过程。玻璃的熔制是在熔窑内进行。玻璃熔窑分为坩埚窑和池窑两种。

坩埚窑的窑膛内可放置多只坩埚，每只坩埚熔化一种玻璃熔液，一座窑可同时熔化多种玻璃熔液。坩埚窑的容量小，适用于熔制产量小、品种多或同时需要多种玻璃熔液生产的玻璃制品。

池窑的窑膛为耐火材料砌筑而成的熔池，原料直接投入窑池内。池窑的容量大，适合于大宗玻璃制品的生产。池窑又可分为间歇式和连续式两种。

玻璃熔窑采用的热源有煤、重油、煤气、天然气和电等。由于热源不同，熔窑的结构形式也有较大的差别，如火焰熔窑、电熔窑、火焰-电熔窑等。

2. 玻璃熔制的过程

玻璃的熔制是一个十分复杂的过程，它包括一系列的物理变化（如配合料的脱水、晶型的转化、组分的挥发等）和化学变化（如结合水的排除、碳酸盐的分解、硅酸盐的形成等），还包括一系列的物理化学变化，如共熔体的生成、固态料的溶解等。

从原料加热开始到熔制成合格的玻璃熔液，大致分为如下五个阶段。

(1) 硅酸盐形成阶段：原料中的各组分在加热过程中经过了一系列的物理和化学变化，大部分气态产物逸散，各种原料变成了由硅酸盐和石英砂组成的烧结物。对普通钠玻璃而言，这一阶段工作温度约为 800~900℃。

(2) 玻璃液形成阶段：继续加热，烧结物开始熔融，原已形成的硅酸盐与石英砂相互扩散并熔解，直到再没有未起反应的配合料颗粒，烧结物变成了透明液体。但此时的玻璃液中含有大量气泡，在化学成分上也是不均匀的。对普通的钠玻璃而言，此阶段的工作温度约为 1200℃。

(3) 玻璃液澄清阶段：继续加热，玻璃液的黏度降低，玻璃液中的气泡逸出，直至气泡全部排除。对普通的钠玻璃而言，此阶段的工作温度约为 1400~1500℃。

(4) 玻璃液均化阶段：保持 1400~1500℃的高温，借助于窑内的沸腾作用，使玻璃液的化学组成逐渐趋向均匀，玻璃液中的条纹由于扩散、熔解而消除。

(5) 玻璃液冷却阶段：将已澄清并均化的玻璃液降温，使其具有成型所需要的黏度。

(二) 玻璃成形

玻璃成形是将玻璃熔液转变为具有固定形状的玻璃制品的过程。玻璃制品的种类很多，形状千差万别，因此，玻璃的成型方法有许多种。常用的玻璃成型方法有吹制法、拉制法、压制法、压延法、浇铸法、离心法、浮法、焊接法、喷吹法、烧结法等。

1. 吹制成形

吹制成形是充分利用玻璃熔液的黏度和可塑性，用空气吹涨的方法，对处于塑性状态的玻璃熔液进行成形的过程。吹制成形主要用于空心玻璃制品（如玻璃瓶、玻璃杯等）的生产。吹制成形按吹制方法不同，又分为人工吹制成形和机械吹制成形。

(1) 人工吹制成形。

人工吹制成形使用的主要工具是吹管。吹管是一根长约 1~1.5 m 的金属管，一端装有隔热塑料吹嘴，另一端为取料端。吹制时，首先取料，将吹管插入玻璃熔液中，转动吹管，待管头粘接了足够的玻璃料后，在不断转动的情况下取出玻璃料，接着用嘴吹成小泡（料泡）。小料泡硬化后，再如前法继续取料，可反复多次，待料泡的重量与制品重量相同时，将料泡放入模具中连续吹涨，使料泡变成形状符合要求的成品坯料。

人工吹制成形的特点是：工作环境恶劣，劳动强度大，生产效率很低，制品的质量难以保证，对操作工的技术要求很高。但到目前为止，人工吹制成形仍不失为一种重要的成型方法，它大多用于生产小批量的高级器皿、艺术玻璃以及形状复杂的产品。

(2) 机械吹制成形。

机械吹制成形有两种方法，即压—吹法和吹—吹法。前者多用于制造广口容器（如罐头瓶等），后者多用于制造细颈小口容器（如啤酒瓶等）。

压—吹法：先将玻璃熔液滴入由口模和初型模构成的模腔中，冲头下压，玻璃熔液在口模中形成制品的边口和在初型模中形成锥形料泡。由于口模的内腔完全符合制品的边口外形，因此制品的边口此时已初步定型。然后冲模提出，再将口模连同锥形料泡一起送到成型模中，通过置于口模上方的"吹气帽"，使压缩空气经瓶口进入模腔，锥形料泡便被吹成符合规定形状的制品。最后打开口模，将制品取出。

吹—吹法：成形过程大致分为五个阶段，即玻璃料滴落入模腔（装料）；压缩空气从上向下将玻璃料滴压实做成口部（扑气）；压缩空气从下向上将经压实的料滴吹制成料泡（倒吹气）；将料泡翻转后移入成型模中（初型翻转）；压缩空气自上向下将雏形料泡吹制成形（正吹气）。

2. 拉制成形

拉制成形是由吹制成形演变而来的，分为人工拉制成形和机械拉制成形，常用于生产玻璃管、玻璃棒、玻璃纤维等。

3. 压制成形

压制成形适合于制造形状简单的厚壁玻璃制品或厚壁空心制品。其优点是操作简单，生产效率高，制品规格一致，且不需要太高的操作技能。但压制成形的应用范围受到许多限制，如壁不能太薄，空腔不能太深；制品表面往往有一些不光滑的斑点，并带有模缝线，其棱角不分明等。为消除上述缺点，有时采用研磨、抛光的方法进行表面修饰。

成形时，将从熔窑中取出的玻璃液放入模具中，再将模环放在模具上；然后模芯开始下压，将玻璃液压向四周，直至填满整个内腔；制品压成后，将底板往上推，制品即可脱模而出。

4. 压延成形

压延成形可用于生产压花玻璃（2～12 mm 厚的单面花纹玻璃）、夹丝玻璃（厚度为 6～8 mm）、波纹玻璃（厚度为 7 mm 左右）、槽形玻璃、微晶花岗岩板材（厚度为 10～15 mm）等。压延成形又分为单辊压延和双辊压延两种。

5. 浇铸成形

这是一种古老的成型方法，主要用于制造光学玻片、艺术雕刻品等。将盛玻璃液的坩埚从熔炉移出，然后进行浇铸。在浇铸时，也可使模型高速旋转，由于离心力作用使玻璃熔体贴附到模具壁上，一直旋转到玻璃熔体硬化为止。采用这种方法可制作大直径的玻璃器皿及大容量的化工设备。

6. 浮法成形

浮法成形是一种新型的玻璃板生产工艺，是将玻璃熔液导入锡槽中熔融金属锡的表面上，在液态锡的表面成形为平板玻璃的加工方法。将熔窑内已冷却至 1100～1150℃ 的玻璃液，通过导流槽流到熔融的锡液表面上，使之在自身重力、表面张力以及拉引力的作用下平摊成玻璃膜，并在锡槽中被抛光、拉薄；在锡槽末端玻璃膜已冷却到 600℃ 左右，然后，将即将硬化的玻璃板引出锡槽。浮法成形包括玻璃液流到锡液表面、玻璃液展薄、玻璃抛光和拉薄四个阶段。

（三）玻璃加工

玻璃制品成形后，还需进行进一步的加工。玻璃加工的方法很多，如退火、淬火、割口、磨口、烧口、研磨等，此处重点介绍退火和淬火工艺。

1. 退火

玻璃在成形过程中温度的变化很大，加之温度变化的速度又不是匀速的，因此，在玻璃中会产生不均匀的热应力，这些热应力会大大降低玻璃制品的机械强度和热稳定性，甚至会导致玻璃冷爆（在成形冷却过程中或以后的储存、运输、使用过程中自行破裂），所以，玻璃制品在成形之后必须进行退火处理。

退火的基本工艺过程是：将待退火的玻璃制品置入退火炉，加热至退火温度，并保持一定时间，然后缓慢匀速冷却至常温。由于玻璃中残余内应力的减小或消除，只有将玻璃重新加热到开始塑性变形时才有可能，故玻璃产生塑性变形的温度范围为玻璃的退火温度范围。退火温度在退火上限温度与退火下限温度之间。退火上限温度是指制品在该温度下 15 min 内能消除全部应力或 3 min 内消除 95％ 应力的温度，退火下限温度是指在 16 h 内消除全部应力或 3 min 内消除 5％ 应力的温度。下限温度一般低于上限温度 50～150℃。不同玻璃的退火温度是不一样的，如浮法玻璃的最高退火温度约为 540～570℃，最低退火温度约为 450～480℃。

2. 淬火

为提高玻璃制品的机械强度，可进行淬火处理。玻璃淬火又称钢化，经淬火之后的制品称为淬火玻璃或钢化玻璃。根据淬火工艺不同，玻璃淬火又分为物理淬火和化学淬火（离子交换）两种。物理淬火常用于较厚的玻璃杯、玻璃板、汽车挡风玻璃等，化学淬火常用于手表表蒙玻璃、航空玻璃等。

玻璃的物理淬火是将玻璃制品加热到转变温度以上 50～60℃，然后在冷却介质中急速均匀冷却，使玻璃表面形成永久性的均匀压应力。由于玻璃对压应力坚固（抗压），对张应力却很薄弱（不抗张），故玻璃发生破裂几乎总是从表面裂纹处开始，即表面裂纹起到了局部张应力倍增器的作用。当玻璃表面有了压应力后，就能承受住较大的外界张力载荷。玻璃淬火是在淬火炉中进行的，淬火温度一般 680～730℃，加热时间 3 min 左右。

（四）玻璃装饰

经加工以后的玻璃制品，已经能够满足人们的日常生活需要。但为了使其外形更加美观，有时还需对其进行表面装饰。玻璃装饰的方法很多，形成的装饰花纹各有特点，效果也有很大的不同。常见的装饰方法有彩饰、蚀花、磨花、雕花等。

1. 彩饰

彩饰是指使用低温彩色玻璃釉料粉末调制而成的颜料，借助不同的方法在玻璃制品上形成花纹图案，再经加温烘烤，使涂在制品表面的玻璃釉料熔融，并与制品表面连结为一体，从而形成装饰花纹的装饰方法。彩饰玻璃的花纹图案呈平面状，手摸略有凸起感，为彩色，且色彩丰富、绚丽。按花纹的形成方法不同，可将彩饰分为手工描绘、喷花、印花、贴花等彩饰方法。

（1）手工描绘：指画师亲手在制品表面用笔绘制图画的装饰方法。该装饰方法的生产效率很低，但装饰效果很好，价格很高，尤其是艺术大师的作品更是价格不菲。该装饰工艺主要用于高档玻璃制品的装饰。

（2）喷花：也称喷绘，其工艺过程有四步：在贴好即时贴的玻璃制品上画出画稿；按所画线条单刀刻出轮廓；用喷枪或喷笔喷上花纹，喷绘面积较大时使用喷枪，喷绘面积较小、表面比较细腻时使用喷笔；回炉烘烤。喷花装饰花纹色彩明丽，手法细腻，常配有金、银色花饰点缀，显得富丽堂皇。

（3）印花：花纹的形成采用机械印刷工艺。其生产效率很高，价格低廉，但装饰效果较差。

（4）贴花：指将玻璃彩釉制成贴花纸，用剪纸的方法剪出花样，然后将花样贴在玻璃制品的表面，从而形成装饰花纹的彩色装饰方法。

2. 蚀花

蚀花是利用氢氟酸对玻璃的腐蚀性在玻璃表面形成装饰花纹的装饰方法。蚀花形成的花纹呈毛面状态，为呈平花纹，手摸略有凹陷感。

3. 磨花

磨花是在玻璃制品上，用砂轮磨制出花纹图案的装饰方法。磨花图案呈较深的凹面状态，经抛光后呈晶莹剔透的光面状态，装饰效果很好，多用于高档玻璃的装饰。

4. 雕花

雕花是指在雕刻机上雕刻出立体花纹图案的装饰工艺。雕花花纹呈立体状态，形象生动逼真，花纹为毛面状，装饰效果高雅，主要用于高档玻璃装饰。目前，人们把雕花与手工描绘结合起来，形成了装饰效果更加优异的玻璃制品。

五、日用保温容器

日用保温容器是指适用于存放饮用水及其他食物的由真空面有镀层的双层玻璃真空瓶胆与外壳组装而成的日用保温容器。瓶胆一般采用钠钙硅酸盐玻璃或硼硅酸盐玻璃制成。

（一）日用保温容器的类型

日用保温容器的种类较多，通常按日用保温容器的形态结构不同划分其类型。日用保温容器的类型及公称容量参见表 5.1。公称容量是指正常使用时的容量，即保温瓶盛满水塞上瓶塞的容量，带有内衬的保温瓶是指装上内衬、塞上瓶塞时的容量。

表 5.1　日用保温容器的类型

类　型		公称容量/L	主要特征
小口保温容器	携带式	0.2～1.0	便于携带，适用外出和旅游。应有密封塞，一般还附有背带、内外盖等部件的保温瓶
	座式 普通型	1.0～3.2	倾斜倒水的保温瓶
	座式 气压出水型	1.6～3.2	以手按压压盖或杠杆，借助气压出水机构出水的保温瓶
大口保温容器	大口保温瓶、保温饭盒	0.4～2.4	瓶胆的瓶口直径大于瓶身直径的 2/3 的保温瓶，用于饭菜、冰块等的保温，瓶胆内应附有内衬
	保温杯	0.25～0.40	小容量大口瓶胆与杯状外壳组装成的保温饮具

（二）日用保温容器的结构及保温原理

日用保温容器是由外壳和玻璃瓶胆两部分构成的。

外壳主要有塑料壳和金属壳两种。塑料壳是由 PE、PVC、ABS 等树脂经注射成形工艺加工而成。金属壳是由薄铁板、铝板、不锈钢板等材料加工而成。

玻璃瓶胆为双层玻璃结构。夹层为与外界隔离的密闭状态，夹层内抽成真空；夹层内玻璃面上镀有金属镀层。

日用保温容器的保温功能主要取决于瓶胆所选用的材料和结构。玻璃是一种热的不良导体，能有效阻止热的传导；夹层内的真空状态将热传导的速度进一步降低到了极限；夹层内玻璃面上的金属镀层能够将容器内物体的辐射热（主要是红外辐射）有效地反射回来，从而阻止了热量（能量）的辐射；此外，用塑料或软木等绝热材料做成的瓶塞又能阻止热的对流。当热量的三种传导方式同时被阻断后，热能就自然被禁锢在保温容器的内部，从而达到保温的功能。

（三）日用保温容器的质量要求

1. 感观质量要求

（1）外观：外形美观，整体稳定。金属壳的涂漆、电镀及其他涂饰的表面处理良好，不得存在漆膜起皱及脱落、花纹模糊等外表面影响美观及妨碍使用的缺陷。塑料壳及配件应塑化均匀，表面光洁、平滑，无色泽不匀和影响美观的异色点等缺陷，塑料件注塑点及废边应修剪平整，塑料壳及配件不应有螺纹滑牙以及严重擦毛、缩印和变形。灌水时水不能渗入瓶胆与外壳之间，附着在瓶胆外侧及外壳内面。活动部件（如带螺纹的盖杯、气压式保温瓶的上盖、可旋转的底圈等）的动作应平滑灵活，确保运作功能正常。气压保温瓶的出水机构的功能正常，动作平稳。有背带的保温瓶，背带及其附件要牢固，在使用中不得脱落。大口保温瓶及保温饭盒中的内衬和汤匙等配件表面要光滑，不能有毛刺等缺陷。

（2）瓶胆：形状圆正，银层洁白、明亮、厚度均匀、反光良好，不得存在瓶体不圆、尾头破裂、爆裂纹、瓶口不圆、石棉垫脱落、沙粒、气泡、明显的条纹、银层发黄、银层起皱、银层脱落、银层透光等疵点。

（3）装配质量：保温容器的装配要保证安全。外壳的嵌口、接口装配良好，壳身与肩、底的连接可靠，螺纹不滑牙。外壳上的把手、提环、背带铆钉等应牢固，表面光滑，不易脱落。瓶胆的固定要牢固、稳定，整体安置平稳。携带式保温容器的底部配件装置坚固。

气压出水型保温容器的出水机构闭合时肩与盖的间隙不大于 2 mm，壳身与肩、底的结合缝隙不大于 1 mm，大于 2L 的气压出水保温瓶壳底应装有防松螺丝或装置，按盖或杠杆应装有防误动的闭锁装置。大口保温容器应装有内衬，内衬不易脱落，上盖应盖、卸方便，且遇震动不易脱落，内置容器（饭盒或汤罐）应放入取出方便。

2. 理化质量要求

（1）保温容器中使用的直接接触内容物的橡胶及塑料配件应符合我国相应卫生标准的要求。瓶塞无明显的气味且瓶内热水无明显异味。

（2）瓶胆公称容量允许误差为±5%。

（3）通用瓶胆规格尺寸参见表5.2。

表 5.2　通用瓶胆规格尺寸

公称容量/L	要求			
	瓶口内径/mm	瓶口外径/mm	瓶胆长度/mm	质量/g
2	35±1.2	49±13	325±4	490
3.2	40±1.2	54±13	342±4	680

注：大口瓶瓶口内径允许误差为±1.5 mm。

（4）小口瓶胆保温效能要求大于或等于表 5.3 所示数据（引自 GB/T 11416—2002《日用保温容器》中附录 A）。对于瓶塞不是完全密闭、有通向外界开口者，较所采用的相应容量的瓶胆保温效能规定低 6℃以内者（含 6℃）为合格。

表 5.3　小口瓶胆保温效能

公称容量/L	瓶胆基本内口径/mm				
	28～31	32～34	35～39	40～44	≥45
0.2～<0.4	48	46	44		
0.4～<0.6	42	40	38		
0.6～<0.8	50	46	44	40	
0.8～<1.0	56	53	50	45	
1.0～<1.2	60	56	52	50	49
1.2～<1.4	62	60	58	54	53
1.4～<1.6	63	61	59	56	55
1.6～<1.8	64	62	60	58	57
1.8～<2.0		63	61	60	59
2.0～<2.2			69	68	67
2.2～<2.4			69	68	
2.4～<2.8				70	70
2.8～<3.2					71
≥3.2					72

注：0.2 L 小口瓶胆测定保温效能时保温时间为 12 h，其余瓶胆保温时间均为 24 h。

（5）直径在 90～114 mm 拉底工艺生产的瓶胆能够承受 294 N 垂直耐压负荷，直径大于 115 mm 拉底工艺生产的瓶胆能够承受 490 N 垂直耐压负荷。

(6) 经受大于 93℃ 的耐热急变温差,要求经过试验瓶胆应无裂纹。

(7) 耐水侵蚀性能要求达到 GB/T 6582 规定的 3 级。

六、玻璃器皿

(一) 玻璃器皿的主要品种

玻璃器皿所包括的范围很广,种类很多,最常见的是日用玻璃器皿,如玻璃杯、玻璃瓶、玻璃酒具、玻璃冷水瓶、玻璃糖缸、玻璃果盘、玻璃烹饪器皿、玻璃餐具等。

1. 玻璃水杯

玻璃水杯是玻璃器皿中数量最多的一类,依成型方法的不同分为吹制杯和压制杯两种。

吹制玻璃杯的特点是壁薄光亮,精致美观,花色较多,耐热性好。依形状的不同可分为健康杯、普通水杯、盖杯等,根据容量不同又可分为大号、中号、小号等。从装饰方法看多为喷花、印花、磨花制品。

压制玻璃杯的特点是杯壁较厚,强度高,耐用性好,不易破碎,但耐热性能差,易炸裂。杯身花样的装饰往往将花样刻于模子上,当压制成形时即压在杯上。在压制杯中依形状不同可分为有把盖杯、啤酒杯、方底杯、五星底杯、爪轮杯、斜条杯等。

2. 玻璃酒杯

玻璃酒杯按成型方法不同,可分为压制杯与吹制杯两类;按外形不同,又可分为高脚酒杯和筒形酒杯两类。其中,高脚酒杯多采用砍制成形,依用途的不同分为鸡尾酒杯、香槟酒杯、葡萄酒杯等,根据容量的不同分为 25 mL、30 mL、50 mL、75 mL、100 mL 等;筒形酒杯一般采用压制成形,按式样不同分为方底杯、圆底杯、五星底杯等。

3. 玻璃冷水瓶

玻璃冷水瓶由瓶身和瓶盖两个部分组成,常采用吹制成形。玻璃冷水瓶的花色分为印花、喷花、贴花、刻花等多种。

4. 微晶玻璃炊具

微晶玻璃炊具是用微晶玻璃加工而成的,包括玻璃锅、玻璃盘、玻璃盆等,主要用于微波炉中,也可直接用明火加热。微晶玻璃烹饪器皿具有耐高温、能经受温度的急剧变化、机械强度高等特点。微晶玻璃炊具分透明和瓷白两种,传热性能与砂锅类似。

(二) 玻璃器皿的质量要求

1. 结构

玻璃器皿的形状应符合设计的要求,各部分的尺寸均应在标准所允许的公差范围以内,主附件之间要相互配合。制品的高度与直径比例不应过大,盖子的大小与杯口或缸口完全吻合,杯柄周正,高低适中。

2. 色泽

无色玻璃器皿应透明,洁净而富有光泽。染色玻璃器皿应色彩鲜艳,悦目,均匀。带有彩色图案和花样的制品,要求花纹清晰、逼真,色彩和谐。

3. 耐温急变性

耐温急变性是评价玻璃器皿的重要指标。现行标准规定将制品放于 1~5℃ 的水中静置 5 min，取出后立即投入沸水内不破裂为合格。

4. 耐水性

日用玻璃器皿，特别是盛水器皿，应有良好的耐水性，否则在使用过程中极易失去光泽，发生失透现象，严重者会由于易溶物的溶解而有碍人体健康。

耐水性的测定是将被测器皿先用蒸馏水洗净，然后倒入用盐酸和甲基红制备的酸性试液，放在水溶锅中蒸煮 30 min，要求指示液为玫瑰色。若变成橙黄色或黄色则表示酸性液被玻璃中所浸出的碱性物中和，即为不合格品。

5. 外观疵点

外观疵点是划分玻璃器皿等级的重要依据。在玻璃器皿上可能出现的疵点很多，如砂粒、斑纹、气泡等。

（1）砂粒：是指玻璃体内所存在的透明或不透明的颗粒物。砂粒主要是由于个别未能熔化的石英砂或原料中含有难熔杂质造成的。砂粒的存在不仅会影响器皿的美观，同时由于砂粒和玻璃膨胀系数不一致，会显著降低器皿的耐温急变性。

（2）斑纹：是指以波浪形、山形或滴形等状态而存在于制品体内的完全不熔于玻璃熔体中的凝块。斑纹会严重影响器皿的美观；同时，由于斑纹的存在，表明玻璃成分和厚度的不一致，会降低其耐温急变性。

（3）气泡：是指玻璃体内的气体包含物。小气泡的产生主要是由于在玻璃澄清过程中，未能将熔制玻璃时所产生的气泡完全排除。大气泡主要是由于蘸料时玻璃吹管转动太快，把空气卷入造成。小气泡主要是影响美观，大气泡除严重影响制品的外观外，还会降低制品的耐温急变性和坚固性。

第二节　陶瓷制品

陶瓷有广义与狭义之分。广义的陶瓷是指经高温烧结处理所得到的非金属无机材料的总称，包括狭义的陶瓷、玻璃、耐火材料、水泥、石灰、碳素材料、高温烧结氧化物材料、高温烧结氮化物材料、高温烧结硼化物材料等，几乎包括了所有的无机非金属材料。狭义的陶瓷是指以黏土、高岭土等为主要原料，经成形、烧制等工艺加工得到的非金属无机烧结物。日常生活中所说的陶瓷主要是指狭义的陶瓷。

陶瓷是陶和瓷的总称，两者具有一定的区别：陶器的坯料是普通的黏土，瓷器的坯料是瓷土（高岭土）；陶器的烧成温度约在 900℃ 左右，瓷器则需要 1200℃ 左右才能烧成；陶器不施釉或施低温釉，瓷器则多施釉；陶器坯质粗松，断面吸水率高，瓷器经过高温焙烧，坯体坚固致密，断面基本不吸水，敲击声清脆。

一、陶瓷制品的分类

陶瓷制品的品种繁多，其化学组成、性能特点、制造工艺、用途等有着明显的差别，其分类方法也有多种。陶瓷制品常用的分类法有如下两种。

（一）按用途分类

按用途不同，可将陶瓷制品分为日用陶瓷、艺术（工艺）陶瓷、建筑陶瓷、卫生陶瓷、工业陶瓷、特种陶瓷等若干类。

1. 日用陶瓷

日用陶瓷是指人们日常生活中使用的陶瓷制品，如餐具、茶具、缸、坛、盆、罐等。

2. 艺术（工艺）陶瓷

艺术（工艺）陶瓷是指作为家居及环境装饰使用的陶瓷制品，如陶瓷花瓶、陶瓷雕塑、园林陶瓷器皿、陶瓷陈设品等。

3. 建筑陶瓷

建筑陶瓷是指作为建筑材料使用的陶瓷制品，如陶砖、陶瓦、陶瓷排水管、陶瓷墙面砖、地板砖、马赛克等。

4. 卫生陶瓷

卫生陶瓷是指作为洁具、卫生用具使用的陶瓷，如抽水马桶、陶瓷面盆、陶瓷浴缸等。

5. 工业陶瓷

工业陶瓷是指工业生产中使用的陶瓷制品。工业陶瓷通常根据用途不同，又分为化工陶瓷、电工陶瓷、耐火材料和其他工业用陶瓷四类。

6. 特种陶瓷

特种陶瓷是指在各种现代工业和尖端技术设备中使用的具有某些特殊性能的陶瓷材料，又称精细陶瓷。特种陶瓷是在陶瓷坯料中加入特殊材料，经高温烧结而成。特种陶瓷通常具有一种或多种特殊功能，如电、磁、光、热、声、化学、生物等功能，以及压电、热电、电光、声光、磁光等耦合功能。

从化学组成看，特种陶瓷可分为氧化物陶瓷（如氧化铝、氧化锆、氧化镁、氧化钙、氧化铍、氧化锌、氧化钇、二氧化钛、二氧化钍、三氧化铀等）、氮化物陶瓷（如氮化硅、氮化铝、氮化硼、氮化铀等）、碳化物陶瓷（如碳化硅、碳化硼、碳化铀等）、硼化物陶瓷（如硼化锆、硼化镧等）、硅化物陶瓷（如二硅化钼等）、氟化物陶瓷（如氟化镁、氟化钙、三氟化镧等）、硫化物陶瓷（如硫化锌、硫化铈等）。此外，还有砷化物陶瓷、硒化物陶瓷、碲化物陶瓷等。除了主要由一种化合物构成的单相陶瓷外，还有由两种或两种以上的化合物构成的复合陶瓷，例如，由氧化铝和氧化镁结合而成的镁铝尖晶石陶瓷；由氮化硅和氧化铝结合而成的氧氮化硅铝陶瓷；由氧化铬、氧化镧和氧化钙结合而成的铬酸镧钙陶瓷；由氧化锆、氧化钛、氧化铅、氧化镧结合而成的锆钛酸铅镧（PLZT）陶瓷等。此外，可在陶瓷中添加金属制成金属陶瓷，如氧化物基金属陶瓷、碳化物基金属陶瓷、硼化物基金属陶瓷等也是现代陶瓷中的重要品种。近年来，为了改善陶瓷的脆性，在陶瓷基体中添加了金属纤维和无机纤维,这样构成的纤维补强陶瓷复合材料,是陶瓷家族中最年轻但却是最有发展前途的一个分支。

根据陶瓷的性能不同,可把特种陶瓷分为高强度陶瓷、高温陶瓷、高韧性陶瓷、铁电陶瓷、压电陶瓷、电解质陶瓷、半导体陶瓷、电介质陶瓷、光学陶瓷(即透明陶瓷)、磁性瓷、耐酸陶瓷和生物陶瓷等类别。

特种陶瓷由于拥有众多优异性能,因而用途广泛。例如,耐热性能优良的特种陶瓷可望作为超高温材料用于原子能有关的高温结构材料、高温电极材料等;隔热性优良的特种陶瓷可作为新型的高温隔热材料,用于高温加热炉、热处理炉、高温反应容器、核反应堆等;导热性优良的特种陶瓷极有希望用作内部装有大规模集成电路和超大规模集成电路电子器件的散热片;耐磨性优良的硬质特种陶瓷广泛用作轴承、切削刀具等方面;高强度的陶瓷可用于燃气轮机的燃烧器、叶片、涡轮、套管等;具有润滑性的陶瓷(如六方晶型氮化硼陶瓷)可用作固体润滑材料;生物陶瓷(如氧化铝陶瓷、磷石炭陶瓷等)可用作人工牙齿、人工骨、人工关节等。此外,一些具有其他特殊用途的功能性新型陶瓷(如远红外陶瓷等)也已开始在工业及民用领域发挥其独到的作用。

(二) 按原料及坯体的致密程度分类

按生产所用的原料及坯体的致密程度不同,可将陶瓷制品分为土器、陶器、炻器、瓷器等类别。其原料由粗到精,坯体由粗松多孔逐步到达致密,烧成温度也是逐渐从低趋高。

1. 土器

土器是最原始、最低级的陶瓷器。其坯质粗松,多孔,色泽不洁,成陶温度最低,吸水性强,音粗而韵短。土器一般以单一的易熔黏土制造,在某些情况下也可以在黏土中加入熟料与之混合,以减少收缩。这类制品的烧成温度变动很大,要依据黏土的化学组成而定。烧成后成品的颜色取决于黏土中着色氧化物的含量和烧成工艺,在氧化焰中烧成多呈黄色或红色,在还原焰中烧成则多呈青色或黑色。我国建筑材料中的青砖,即是用含有Fe_2O_3的黄色或红色黏土为原料,在临近止火时用还原焰煅烧,使Fe_2O_3还原为成青色。土器主要有建筑用砖瓦和生活用泥盆、瓦罐等。

2. 陶器

陶器坯质较土器细腻,上釉,成陶温度较高,有吸水性,音粗而韵短。陶器可分为普通陶器和精陶器两类。

(1) 普通陶器:普通陶器如陶盆、陶罐、陶缸、陶瓷以及耐火砖等具有多孔性着色坯体的制品。

(2) 精陶器:精陶器按坯体组成的不同,又可分为黏土质、石灰质、长石质、熟料质等种类。黏土质精陶器接近普通陶器。石灰质精陶器以石灰石为熔剂,其制造过程与长石质精陶器相似,而质量不及长石质精陶器,因之近年来已很少生产。长石质精陶器又称硬质精陶器,以长石为熔剂,是陶器中最完美和使用最广的一种,近代很多国家用以大量生产日用餐具及卫生陶器,以代替价格昂贵的瓷器。熟料质精陶器是在精陶坯料中加入一定量熟料,目的是减少收缩,避免废品。这种坯料多应用于大型厚胎制品(如浴盆、大的盥洗盆等)。

精陶器做工精致，造型规整，胎体较薄，釉面晶莹、润泽，装饰花纹细致。其坯胎结构、性质与普通陶器大致相同，气孔率大，吸水率较高；制品比瓷器变形小，尺寸规格平整。精陶器一般分两次烧成，素烧温度为1100～1200℃，釉烧温度为1000～1100℃，体质较轻。由于施低温白釉，故可上满釉（底足全釉），并可施用釉上彩或釉下彩装饰，但釉面易出现龟裂缺陷。精陶器可制作餐具、茶具，也可制成陈列装饰品。

3. 炻器

炻器又称炻瓷，在我国古籍上称"石胎瓷"。炻器胎较厚，断面呈石状，坯体致密，已完全烧结，这一点已很接近瓷器，因此，炻器属于瓷器范畴。但炻器还没有玻璃化，仍有2%以下的吸水率，坯体不透明，坯体色泽有白色的，但多数允许在烧成后呈现颜色。炻器对原料纯度的要求不及瓷器那样高，原料易得。炻器具有很高的机械强度和热稳定性，适应于机械化洗涤，并能经受从冰箱到烤炉的温度急变，耐酸性（除氢氟酸之外）强。采用氧化焰烧成，一般温度在1230～1270℃。由于炻器餐具的釉面耐刀叉刻画，故适宜做西餐具。炻器也可制作卫生洁具、耐酸容器等。

炻器透明度较差，一般以白釉为主，有时施色釉，装饰主要以色釉和釉下彩色边、线或色块。画面适宜用平涂的纹饰，造型、装饰形成统一风格。花纹多在素胎上彩饰后再上透明釉烧成；有的在釉面上加彩，多采取喷涂方法。

4. 瓷器

瓷器是陶瓷器发展的更高阶段。它的特征是坯体已完全烧结，完全玻璃化，因此质地非常致密，对液体和气体都无渗透性，胎薄处呈半透明状态，断面呈贝壳状，表面光洁。瓷器按硬度不同，又分为硬瓷器和软瓷器两类。

我国所产的瓷器以硬瓷器为主。硬瓷器的坯体组成熔剂量少，烧成温度高（在1360℃以上），色白质坚，呈半透明状。硬瓷器具有非常高的硬度、耐磨性和机械强度，也具有优良的热稳定性和化学稳定性，常用于制造高级日用器皿、电工陶瓷、化学陶瓷等。

软瓷器与硬瓷器的主要不同之处是软瓷器坯体内含的熔剂较多，烧成温度稍低，在1300℃以下。其化学稳定性、热稳定性、机械强度、介电强度均偏低，一般工业瓷中不用软瓷器。软瓷器的透明度高，装饰性好，多用于制造艺术瓷、日用瓷、卫生用瓷、瓷砖等，如骨灰瓷即属于此类。

二、日用陶瓷的主要品种

（一）紫砂陶器

紫砂陶器的起源可一直上溯到春秋时代的越国，算来已有两千五百多年的历史。不过，将紫砂做成茶壶，还是明朝正德年间以后的事情，从此蔚然成风，制壶名家辈出，花色品种不断更新，五百年间新品、名品不断，直到今天经久不衰，可谓巧夺天工、技绝寰宇。

1. 紫砂陶器的原料

紫砂陶器使用的原料主要产于江苏宜兴丁蜀镇青龙山、黄龙山上。这种陶土黏中带砂，柔中见刚，富有韧性，且色彩丰富、鲜艳，有紫色的砂泥、奶色的白泥、橘色的黄泥、猩红的原泥、黛色的绿泥等，色彩斑斑斓斓，被誉为"五色土"。这些陶土烧制而成的器物，表面光洁平挺之中含有小颗粒，表现出一种砂质效应，故称为紫砂、紫砂器、紫砂陶，是中国独有的陶器品种。

宜兴的陶土资源多分布在鼎蜀镇附近几十里范围之内。紫砂陶土按其产地不同，大致可分为本山甲泥、东山甲泥、涧众甲泥、瓦窑甲泥、西山嫩泥等。甲泥（亦称夹泥）是深藏在地层里的一层页岩，未经风化，也叫石骨。嫩泥（亦称黄泥）是接近地层表面的一种黏土。

紫砂陶土按其颜色不同，大致可分为紫泥（古称青泥）、红泥（亦称朱泥）、绿泥（亦称段泥）、白泥、黄泥、乌泥等。各种紫砂陶器根据大小、厚薄、曲直之异，用泥也各有区别。其中，白泥、黄泥、绿泥和紫泥用水簸法精炼后，可以单独制成陶器，其他陶土均需混合使用，方能获得良好的窑业性能。

宜兴所产的紫砂陶土，不论是甲泥还是嫩泥都含较高的氧化铁，多者含量在8%以上，少者也在2%左右。用这种泥料制成的坯体，经过高温烧制，胎质呈现褐色或紫色，这就是乌泥胎或紫砂胎的由来。同时，又因为各种甲泥和嫩泥的含铁量不同，经过适当配合，再用不同性质的火焰烧制，就可以呈现深浅不同的黑、褐、赤、紫、黄、绿等多种颜色，这就是紫砂陶器可以烧成各种不同色泽的原因。

2. 紫砂茶具

紫砂陶器的典型代表为紫砂茶具。

（1）紫砂茶具的原料及生产。

紫砂茶具所用的原料统称为紫砂泥，其原泥分为紫泥、红泥和绿泥三种，均属于甲泥范畴。紫砂泥质地细腻柔韧，可塑性很强，渗透性良好，是一种品质极优的制壶陶土，与其同类的还有大红泥、乌泥、白泥、本山绿泥和黑绿泥。这些陶土都深藏于岩石层中间的夹泥之中，出矿时呈岩石质块状，经摊场风化，成为豆粒大小的颗状，再经研磨、过筛（通过200孔/cm^2以上的筛网），加15%的水拌成生泥块，再经反复捶打、碾压，使泥料变得质地细腻、富有塑性，成为可以用来制坯的紫砂熟泥。熟泥经加工成形得到紫砂器坯。再经高温烧制即得到紫砂成品。紫砂茶具用氧化焰烧成，烧成温度介于1100~1200℃。

（2）紫砂茶具的特点。

紫砂茶具之所以深受茶人喜爱，一方面是由于紫砂壶造型美观，风格多样，独树一帜，另一方面则在于用它泡茶具有与众不同的优点。

① 紫砂是一种双重气孔结构的多孔性材质，气孔微细，密度高。用紫砂壶沏茶，既不失原味，且香不涣散，得茶之真香真味。《长物志》说它"既不夺香，又无熟汤气"。

② 紫砂壶透气性能好，使用其泡茶不易变味，暑天越宿不馊，久置不用，也不会有杂气，只要用时先满贮沸水，立刻倾出，再浸入冷水中冲洗，元气即可恢复，泡茶仍得原味。

③ 紫砂壶能吸收茶汁，使用一段时间后能储存茶香，所以空壶里注入沸水也有茶香。壶内壁不刷，沏茶也无异味。这与紫砂壶胎质具有一定的气孔率有关，是紫砂壶独具的品质。

④ 紫砂壶耐冷热急变性能好。寒冬腊月，壶内注入沸水，绝对不会因温度突变而破

裂；同时传热缓慢，泡茶后握持不会炙手；而且还可以置于文火上烹烧加温，不会因受火而破裂。

⑤紫砂使用越久，壶身色泽越发光亮照人，气韵温雅。紫砂壶长久使用，器身会因抚摸擦拭而变得越发光润可爱，所以闻龙在《茶笺》中说："摩挲宝爱，不啻掌珠。用之既久，外类紫玉，内如碧云。"《阳羡茗壶系》说："壶经久用，涤拭日加，自发黯然之光，入可见鉴。"

(3) 紫砂茶壶的鉴定。

一件上乘的紫砂茶壶必须具备三个基本要素，即美好的结构、精湛的制作技艺和优良的使用性能。所谓形态结构，是指壶的嘴、扳、盖、钮、脚等应与壶身整体比例协调，色泽、质地、图案应超凡脱俗与和谐。精湛的制作技艺，是评审壶艺优劣的准则。优良的使用性能，是指容积和重量的恰当，壶扳的便于执握，壶的周圆和缝，壶嘴的出水流畅等。

如果抽象地讲紫砂茶壶的审美，可以总结为形、神、气、态这四个要素。形，即形式的美，是指作品的外观轮廓，即壶的面相。神，即神韵，是一种能令人意会体验出内在美的韵味。气，即气质，指壶艺所内含的本质的美。态，即形态，指作品的高与低、肥与瘦、刚与柔、方与圆的各种姿态。只有这四个方面融通一体，才是一件真正完美的作品。当然，这里要区分理和趣两个方面。若壶艺爱好者偏于理，斤斤计较于壶的容积的大与小，嘴的曲与直，盖的昂与平，身段的高与矮，侧重于从沏茶、品饮的方面为出发点，那就只知理而无趣。一种艺术的欣赏应该在理亦在趣。一件作品不管它是大是小，壶嘴是曲是直，盖子是昂是平，形制是高是矮，都在乎于趣，趣才能产生情感，怡养心灵，百玩不厌。

当今，鉴定宜兴紫砂茶壶优劣的标准归纳起来，可以用五个字来概括，即"泥、形、工、款、功"。前四个字属艺术标准，后一个字为功用标准，分述如下。

①"泥"：紫砂茶壶得名于世，固然与它的制作分不开，但根本的原因，是其制作原材料紫砂泥的优越。宜兴这种特有的紫砂泥，给紫砂制品带来特殊的质感和功能，给人以特有的感官享受。所以评价一把紫砂茶壶的优劣，首先是泥的优劣。紫砂茶壶是实用功能很强的艺术品，尤其由于使用的习惯，不断抚摸紫砂茶壶，使手感舒适，达到心理愉悦的目的。所以紫砂茶壶的质感非常重要。紫砂与其他陶泥相比，一个显著的特点就是手感不同。

②"形"：紫砂茶壶之形，是存世各类器皿中最丰富的了，素有"方非一式，圆不一相"之赞誉。如何评价这些造型，也是"仁者见仁，智者见智"，因为艺术的社会功能是满足人们的心理需要，既然有各种各样的心理需要，就应有各式各样的外观形态。但无论如何，紫砂茶壶所追求的意境应是茶道所追求的意境，即"淡泊和平，超世脱俗"。历史上遗留下来许多传统造型的紫砂茶壶，如石桃、井栏、僧帽、掇球、茄段、孤菱、梅椿、仿古等等，乃是经过几百年的历史冲刷遗存下来的优秀作品，以今天的眼光来看，仍然在闪烁发光。

③"工"：中国艺术有很多相通的地方，而紫砂茶壶成形的技法，与京剧唱段、国画工笔技法有着异曲同工之妙，都是十分严谨的。点、线、面是构成紫砂茶壶形体的基本元素，在紫砂壶茶成形过程中，犹如工笔绘画一样，笔起笔落、转弯曲折、抑扬顿挫，都应鲜明清晰。面，须光则光，须毛则毛；线，须直则直，须曲则曲；点，须方则方，须圆则

圆,不能有半点含糊,否则,就不能算是一把好壶。按照紫砂茶壶成型工艺的特殊要求来说,壶嘴与壶把要绝对在一条直线上,并且分量要均衡;壶口与壶盖结合要严紧。这就是"工"的要求。

④"款":即壶的款识。鉴赏紫砂茶壶款的意思有两层:一是鉴别茶壶的作者是谁,或题诗镌铭的作者是谁;二是欣赏题词的内容、镌刻的书画以及印款(金石篆刻)。紫砂茶壶的装饰艺术是中国传统艺术的一部分,它具有中国传统艺术"诗、书、画、印"四位一体的显著特点。所以,一把紫砂茶壶可看的地方除泥色、造型、制作工夫以外,还有文学、书法、绘画、金石诸多方面,能给赏壶人带来更多美的享受。

⑤"功":是指壶的功能美。近年来,紫砂茶壶新品层出不穷,如群星璀璨,目不暇接。制壶人只讲究造型的形式美而往往忽视功能美的现象,随处可见。尤其是有些制壶人自己不饮茶,所以对饮茶习惯知之甚少,这也直接影响了紫砂茶壶功能的发挥,有的壶甚至会出现"中看不中用"的情况。紫砂茶壶与别的艺术品最大的区别,就在于它是实用性很强的艺术品,它的"艺"全在"用"中"品"。如果失去"用","艺"亦不复存在。所以,千万不能忽视壶的功能美。紫砂茶壶的功能美主要体现在容量适度、高矮得当、盖严紧、出水流畅等方面。

(二) 骨质瓷

骨质瓷又称骨瓷、骨灰瓷,创始于英国,是以动物的骨炭(多用含杂质较少的牛骨灰)、黏土、长石和石英为基本原料,经过高温素烧和低温釉烧两次烧制而成的一种瓷器。根据英国所设的骨瓷标准,含有30%来自动物骨骼中的磷酸三钙,且成品具有良好的光泽,并呈半透光性,方可称为骨质瓷。现在的骨质瓷一般是化学配方,原因是没那么多动物的骨粉可以使用。

骨质瓷由于原料中含有大量的骨粉,使坯泥的黏性较小,故成型困难。成型后以1250℃的最高温度素烧,素烧过程中由于骨瓷收缩率非常大(烧成后成品收缩率达20%,一般瓷器收缩率为7%左右),因此易发生变形,盘、碗等必须放在特制烧砵之内烧制。此后,进行外形及尺寸检查,研磨表面,然后喷釉,再入窑进行1150℃的釉烧。

骨质瓷胎轻,白度高,透光性能好,光泽柔和,瓷质细腻通透,具有"薄如纸、透如镜、声如磬、白如玉"的质感。骨质瓷器型美观典雅,彩面润泽光亮,花面多姿多彩,故长期以来是英国皇家和贵族的专用瓷,是世界上公认的高档瓷种,兼有使用和艺术的双重价值,号称瓷器之王。

骨质瓷介于硬质瓷和软质瓷之间,且偏软质瓷。其造型圆润,坯胎晶莹透亮,适宜制作茶具、咖啡具等高档日用细瓷和工艺美术陈设瓷。骨质瓷多用釉中彩装饰,装饰釉上彩。由于釉的烧成温度低,花纹能熔入釉中,故骨质瓷有极好的装饰效果。

骨质瓷的表面硬度低,易磨损,故最好手洗,尽可能不用洗碗机洗涤。

目前,我国骨质瓷的生产主要集中在河北唐山、山东淄博、山西平定、广东深圳、江西景德镇等地。

(三) 贝瓷

贝瓷属高钙瓷,即将一定量的贝壳经特殊工艺处理后,掺入陶瓷原料中,然后经过素烧、釉烧两次烧制而成。贝壳中的钙可以增加瓷器的硬度和透光度。贝壳在烧制过程中能与高岭土中的杂质发生作用，起到消除杂质的效果，使得贝瓷胎质纯净，釉面光润，光泽柔和，有如脂似玉之感，且强度高于一般瓷器。贝瓷用料十分考究，工艺复杂，成形难，烧成温度范围窄，易烧裂，生产难度大，所以成品价格较高。

（四）长石质瓷

长石质瓷是目前国内外应用最为普遍的日用瓷，它以长石、石英、高岭土为主要原料加工制成，其中长石主要起助熔剂的作用。

长石质瓷瓷质洁白，透明度较高，断面致密，瓷质坚硬，机械强度高，化学稳定性好，热稳定好，烧成范围宽（1250～1350℃），采用氧化焰烧成。由于长石质瓷做工精细，造型规整，胎薄细腻，釉色多样，细嫩光亮，装饰方法和色彩丰富，因此其应用范围较广，适宜制作餐具、茶具、各类陈设瓷、装饰美术瓷以及瓷雕等装饰瓷。

（五）滑石质瓷

滑石质瓷也称镁质强化瓷，是以滑石为主要原料生产的一种精细瓷器。滑石质瓷在白度、色调、吸水率、机械强度、热稳定性等方面均达到或超过一般日用细瓷水平，它是山东、辽宁等瓷区的特有产品，以山东为主。滑石质瓷质地细腻，透明度高，釉面光润柔和，釉色晶莹透亮，有淡青（如鲁青瓷）、乳白（如乳白瓷）、浅黄（如象牙黄瓷）、浅灰、淡绿等釉色，淡雅素洁，十分可爱，故适合做日用高档茶具、餐具及陈设瓷。滑石质瓷多装饰白色和各种淡色纹饰图案，十分高雅，是独具一格的产品。

（六）高石英质瓷

高石英质瓷是一种以石英为主要原料的高档细瓷，具有强度高、透明度好、瓷质细腻、釉面光润、色泽柔和等特点，是中国独有的现代日用细瓷新品种。

三、陶瓷制品的选购

选购陶瓷制品时，通常采用"看"、"听"、"量"三种方法来判断其品质的优劣。

（一）看

看的重点是器形、器形的规整度、质地、釉面色彩和光泽、釉面均匀度、胎的厚薄、外观疵点等。看分为正看、翻看和转看。正看瓷器的端口和内部，翻看瓷器的底部，转看瓷器的四周（器壁）。

由于口、底是瓷器的关键部位，也是决定产品稳定、规整的基本要素，因此，在检验、挑选瓷器时应特别注意。对于盘、碗、花瓶、坛、罐等产品，可将其口部和底足交换放置在较平坦的桌面上（最好是玻璃板上），用手轻按，看是否摇晃，借以检查该产品是否平稳，并可用特制阶梯三角形有刻度的钢尺，顺玻璃板轻轻插入瓷器底部量倾斜度，以确定是否变形或变形大小。

挑选陶瓷制品时，也可采用"平看水平、立看规整（正）"的视觉方法检验。"平看水平"即将产品用手托平,将要检验的部位(口或底)举至与视线平行的位置,观看是否平直(在一根线上),有无起伏、倾斜。"立看规整"是采用正俯视的角度查看圆形产品口、底是否正圆,多角形几何形(不是异形)产品是否对称,边是否对等或变形等。挑选一个以上的盘、碗时可将同类产品摞叠起来,看两件之间的间隔距离是否均匀,口径大小是否整齐、统一。

带嘴、带把的产品(如茶壶等),一般先从上部向下俯视,观看器形是否规整,嘴、把是否对称。然后将产品从后向前对正(如射击瞄准式)看,分别检查嘴、把是否正直。

造型检验后,再观察瓷器釉面是否光洁莹润。经彩饰的看装饰彩绘是否鲜艳绚丽,有无爆花、缺花、断线、不正等。成套产品(如茶具、餐具、酒具等)一看每件的釉色、画面、白度等是否一致,各件的器形式样是否相互协调统一;再看产品表面有无缺陷及其缺陷种类和范围大小。

(二)听

听是根据轻轻敲击瓷器发出的声音来判断瓷器质量好坏的办法。通常是将产品托在手上或放在桌面上,用手指弹敲或用棍棒轻敲口沿或器壁,倾听所发出的声音。如果声音清脆,则表明瓷胎致密,并完全瓷化,质量良好;若声音沙哑,则表明瓷器有破损、隐伤或没有完全瓷化(未烧熟),瓷质低劣,质量差。对带盖的产品(如茶壶、盖杯等),应把盖子和壶身、杯体分别轻敲听测,也可用盖沿轻敲壶身、杯体。对碗类产品,可将同器形、规格的产品摞叠起来(通常是10只),花面对正,然后拿在手中轻轻抖动旋转(这一操作要求快而准),若手中瓷器发出清脆声音,即表明产品的质量良好;若夹有喑哑声,则表明其中有破损或隐伤,必须分个逐步进行检查,剔除劣质产品。

(三)量

量是测量成品是否符合规格标准、规格是否一致及表面缺陷的大小等。测量产品的内外口径时,内径不包括沿宽,外径包括沿宽。测量带盖产品全高时,可将产品放置在平面上,再将测量尺下部立于同一平面,尺身靠近产品,再利用三角板的直角底边接盖顶端,侧边与直尺平接,其三角板直角顶端与直尺相交处的点为全高。测内深时,可将产品口沿平置一直尺,再从尺沿垂直量至内底中心,其长度为深。测量底径(足宽)时,以底外径为标准,用直尺量出。产品腹径用外卡尺测量。

练习与思考

1. 何谓玻璃?玻璃表现出哪些基本性能特点?
2. 玻璃是如何分类的?其类别特点是什么?
3. 制造玻璃使用的原料有哪些?其作用是什么?
4. 玻璃的装饰工艺有哪些?其装饰花纹的特点是什么?
5. 简述日用保温容器的保温原理。

6. 日用保温容器的质量要求有哪些？
7. 何谓陶瓷？陶瓷是如何分类的？
8. 骨质瓷有何特点？
9. 日用陶瓷主要有哪些品种？
10. 紫砂茶具的特点有哪些？
11. 如何选购紫砂茶具？
12. 如何选购陶瓷制品？

第六章 塑料制品

**本章学习目的**

> 通过本章的学习，读者应该了解什么是塑料，塑料的分类及化学组成；掌握日常生活中常用的合成树脂的性能特点和用途；掌握日用塑料制品的原料及性能特点；掌握日用塑料品种的鉴别。

第一节 塑料概述

一、塑料及塑料的基本特点

塑料是一类具有可塑性的高分子材料，它是以合成树脂为主要成分，在一定的温度、压力等条件下可塑制成形，并在常温下保持形态不变的材料。

1. 塑料的历史

与金属、橡胶等材料相比，塑料是一类年轻的通用材料，只有150年左右的历史。1868年人们以棉花为原料，将天然纤维素硝化后，用樟脑作增塑剂，得到了世界上第一种塑料，称为赛璐珞。从此，开始了人类开发、使用塑料的历史。

在19世纪末期，随着化学工业的飞速发展以及对高分子化合物认识的进一步深入，人们在高分子化学理论的指导下，于1909年合成得到了第一个人工合成的塑料——酚醛塑料，自此，塑料工业进入飞速发展的黄金阶段。到20世纪20年代之后，人们相继研制成功了苯胺甲醛塑料、聚氯乙烯塑料、聚甲基丙烯酸甲酯塑料、聚乙烯醇缩醛塑料、聚苯乙烯塑料、聚酰胺塑料等一系列通用塑料品种。到20世纪40年代之后，随着科学技术和化学工业的发展，石油资源的广泛开发利用，塑料工业得到了迅速发展，聚乙烯、聚丙烯、不饱和聚酯、氟塑料、环氧树脂、聚碳酸酯、聚酰亚胺、聚苯醚、聚砜等塑料品种相继问世，自此，塑料成为国民经济和人们的日常生活中不可缺少的材料。

自20世纪60年代之后，塑料工业进入稳定发展阶段，人们把研究重点由原来新品种的开发，逐渐转变到对原有品种的改性和特种塑料的研制开发上来。一方面，原有塑料品种经改性处理之后，性能更加优越，应用范围更加广泛；另一方面，应用于机械制造、航空航天、电子、医疗卫生、军工等行业的高性能特种塑料不断问世，在高科技领域发挥着越来越大的作用。

2. 塑料的基本特点

塑料作为一种材料，与金属、皮革、玻璃等材料相比，有其独有的性能特点。

(1) 质轻、比强度高。塑料质轻，一般塑料的密度为 $0.9\sim2.3\ g/cm^3$，只有钢铁的 $1/8\sim1/4$、铝的 $1/2$ 左右，而各种泡沫塑料的密度更低，约为 $0.01\sim0.5\ g/cm^3$。有些增强塑料的比强度（指材料强度与其密度的比值）接近甚至超过钢材。

(2) 优异的电绝缘性能。几乎所有的塑料都具有优异的电绝缘性能、极小的介电损耗和优良的耐电弧特性，这些性能可与玻璃、陶瓷媲美。

(3) 优良的化学稳定性能。一般塑料对酸、碱、盐等化学介质均有良好的耐腐蚀能力，其稳定性远高于大多数的金属材料，特别是聚四氟乙烯，其耐化学腐蚀性能比黄金还要好，能耐"王水"等强腐蚀性介质的腐蚀，被称为"塑料王"。

(4) 减磨、耐磨性能好。大多数塑料具有优良的减磨、耐磨和自润滑特性。许多由工程塑料制造的耐磨零件就是利用了塑料的这一特性。在耐磨塑料中加入某些固体润滑剂和填料时，可进一步降低其摩擦系数，提高其耐磨性能。

(5) 透光及良好的防护性能。多数塑料都具有透明或半透明的外观特征，其中聚苯乙烯和聚丙烯酸酯类塑料的透光率与玻璃类似。例如，聚甲基丙烯酸甲酯塑料（有机玻璃）可用作汽车、航空器的挡风玻璃材料；聚氯乙烯、聚乙烯等塑料薄膜具有良好的透光性能，大量应用于农业生产中。此外，塑料具有多重防护性能，因此广泛用作包装材料，如塑料薄膜袋、塑料包装箱、塑料包装桶、塑料瓶等。

(6) 减震消音性能优良。某些塑料柔韧而富于弹性，当受到外界频繁的机械冲击和震动时，其内部产生黏性内耗，将机械能转变成热能，因此，工程上经常用塑料作减震消音材料。例如，用工程塑料制作的轴承和齿轮可降低噪声；各种泡沫塑料更是广泛使用的优良减震消音材料。

(7) 易于成形和加工。塑料可采用挤出、吹塑、模压等多种成形工艺成形，可加工成各种类型的产品，且工艺简单，加工成本低。

(8) 色彩鲜艳丰富。塑料的染色性能很好，可加工成色彩鲜艳、丰富的各类制品，且装饰性很好。

塑料的上述优良性能，使它在工农业生产和人们的日常生活中得到了广泛的应用。当今，塑料及其制品广泛应用于国民经济各部门和人民生活的各个方面，农业生产、包装、日用百货、机械制造、仪器仪表、电子电器、医疗卫生、航空航天等领域到处都能见到塑料的身影。

然而，塑料也有许多不足之处。例如，塑料的耐热性比金属等材料差，使用温度较低，一般塑料的最高使用温度仅为 100℃，少数工程塑料可在 200℃ 高温下使用；塑料的热膨胀系数比金属高 $3\sim10$ 倍，尺寸稳定性较差；在载荷作用下，塑料会缓慢地产生黏性流动或变形，即蠕变现象，使制品变形；塑料在光、热、压力、化学介质等作用下易发生老化，使性能变坏，质量下降，降低使用寿命。塑料的这些缺点或多或少地影响或限制了它的应用。但是，随着塑料工业的发展和塑料材料研究工作的深入，这些缺点正被逐渐克服，性能优异的新型塑料和各种塑料复合材料也不断涌现。

二、塑料的化学组成

大多数的塑料是多组分材料,是由合成树脂和各种助剂混合而成的混合物,合成树脂的含量在塑料中约为40%～100%。少数塑料可不使用助剂而由纯合成树脂加工而成,如聚乙烯、聚苯乙烯等,这样的塑料被称为单组分塑料。

(一) 合成树脂

合成树脂是指由具有聚合功能的低分子化合物为原料,通过聚合反应合成得到的高分子化合物。聚合使用的低分子化合物又称为单体,如乙烯、丙烯、氯乙烯等。这些单体大多是以石油、煤、天然气等为原料加工得到的化合物。

合成树脂种类繁多。按构成主链的元素不同,可分为碳链合成树脂、杂链合成树脂和非碳链合成树脂。按合成反应的特征不同,可分为加聚型合成树脂和缩聚型合成树脂。按分子链结构不同,可分为直链形合成树脂、支链形合成树脂和网状(体型)合成树脂。

合成树脂的生产方法很多,主要有本体聚合、悬浮聚合、乳液聚合、溶液聚合、熔融聚合和界面缩聚等。

(二) 塑料助剂

塑料助剂是塑料生产中使用的辅助原料。在塑料中加入助剂的主要目的是:改善合成树脂的加工性能,便于加工成形;提高塑料产品的品质和使用性能;降低生产成本。

虽然助剂在塑料中所占比例较少,但其对塑料制品的质量却有着不可忽视的影响。不同品种的塑料,因用途和加工成形的方法不同,需要加入的助剂种类和用量也不同。塑料助剂按在塑料中所起的作用不同,常分为增塑剂、稳定剂、阻燃剂、抗静电剂、发泡剂、着色剂、填充剂等若干类。

1. 增塑剂

增塑剂是指能够降低合成树脂的熔融温度,有利于塑料制品的成形,并能增加塑料制品的柔性、延伸性的低分子物质。一方面,一些玻璃化温度较高的塑料,为了获得室温下的柔软制品,需要加入一定量的增塑剂;另一方面,一些热敏性树脂(如聚氯乙烯),其熔融温度与分解温度近似,在成形时需降低其熔融温度,也需要加入增塑剂。

目前,工业生产中使用的增塑剂包括碳原子数6～11的脂肪醇、邻苯二甲酸酯类、癸二酸酯类、氯化石蜡、樟脑等。这些小分子量的油状增塑剂与高聚物有良好的相容性,它们分布在高分子链之间,降低了分子间作用力,从而在一定温度和压力下易发生分子链的相对运动,达到提高产品柔性、降低熔融温度的目的。常用的增塑剂有邻苯二甲酸二辛酯、邻苯二甲酸二丁酯、癸二酸二辛酯、磷酸三甲酚酯和磷酸三苯酯等。

2. 稳定剂

高分子材料制品在加工、贮存和使用过程中,在光、热、氧等作用下,分子链及分子的聚集态结构会发生改变,导致制品发生变色、脆化、开裂及内在质量指标下降等现象,这种现象称为老化。老化是影响塑料产品使用性能的重要因素。为延缓和阻止塑料老化现象,在塑料生产中常加入稳定剂。

稳定剂按防老原理不同可分为若干类，主要有热稳定剂、抗氧剂、紫外线吸收剂、变价金属离子抑制剂、光屏蔽剂等。

热稳定剂是指主要用于减缓和阻止热老化的稳定剂。热稳定剂主要用于聚氯乙烯及共聚物。热稳定剂主要有金属盐及皂类、有机锡、环氧化油、亚磷酸酯等。

抗氧剂是指能抑制和延缓高聚物氧化老化的稳定剂。抗氧剂主要有取代酚、芳香族胺、亚磷酸酯等类别。

紫外线吸收剂是一类能吸收紫外线或减少紫外线透射作用的化合物，它能进行能量转换，将高能量的紫外光转化为破坏性较弱的热能或波长较长的光散发出来，从而保护高聚物免遭紫外光破坏。紫外光吸收剂主要有多羟基苯酮类、水杨酸苯酯类、苯并三唑类、三嗪类等。

3. 阻燃剂

能够减缓塑料燃烧性能的助剂称为阻燃剂。大多数的塑料为易燃材料，容易引起火灾，因此，对室内装饰材料、电线电缆的绝缘层等易诱发火灾的产品，常需添加阻燃剂。含有阻燃剂的塑料大多数具有自熄性，或燃烧速率明显降低。常用的阻燃剂有氧化锑、卤化物、磷酸酯、四氯苯二甲酸酐、四溴苯二甲酸酐及铝或硼的化合物等。

4. 抗静电剂

抗静电剂起着消除或减少塑料制品表面产生静电的作用。抗静电剂大多数是电解质，它们与合成树脂的相容性有限，这样可以迁移至塑料表面，达到吸潮、降低表面电阻率和消除静电的作用。

5. 发泡剂

发泡剂是指能使塑料发泡，从而得到泡沫塑料制品的物质。按发泡原理不同，可将发泡剂分为物理发泡剂和化学发泡剂两类。

物理发泡剂是指通过状态改变来达到发泡目的的物质，多为低沸点有机化合物，如丁烷、戊烷、二氯甲烷等。生产时，首先将发泡剂溶入聚合物颗粒中，然后将聚合物加热，在聚合物软化、熔融的过程中，发泡剂也由液体转化为气体，从而使树脂发泡。

化学发泡剂是指在一定温度下会分解，并产生气体的有机化合物。常用的化学发泡剂有碳酸盐（如碳酸铵等）、偶氮类化合物（如偶氮二甲酰胺、偶氮二异丁腈等）、亚硝基化合物（如 N，N-二甲基-N，N-二亚硝基对苯二甲酰胺等）及磺酰酚化合物等。在塑料成形过程中，发泡剂产生的气体滞留在塑料基体中，使塑料内部形成有许多细微泡沫结构的泡沫。

6. 着色剂

塑料制品大多具有鲜艳、丰富的色彩，这些色彩大多是通过着色剂染色获得的。着色剂主要起美化、装饰作用。塑料制品中80%以上是经过着色后制成的制品。

7. 增强材料和填料

在许多塑料中，增强材料和填料占有相当的比重。在塑料中加入增强材料和填料的主要目的是：提高塑料制品的强度和刚性；减少树脂用量，降低生产成本。一般采用各种纤维材料为增强剂，最常用的增强材料有玻璃纤维、石棉等。填料多为无机物，如石英、硅酸盐、碳酸钙等。

三、塑料的分类

塑料的种类很多，目前已工业化生产的塑料有两百多种，其中常用的有六十多种。为了便于塑料的研究、开发和使用，需要对塑料进行科学的分类。

（一）按塑料的热行为分类

按塑料加热时表现出的热行为不同，通常将塑料分为热固性塑料和热塑性塑料两类。

1. 热固性塑料

热固性塑料是指加工成形后，再受热作用时不能软化熔融，只能一次加工及使用的塑料。热固性塑料的分子结构多为网形。按交联基团不同，热固性塑料又分甲醛交联型和其他交联型两种类型。酚醛塑料、氨基塑料（如脲-甲醛塑料、三聚氰胺-甲醛塑料等）为甲醛交联型塑料，不饱和聚酯、环氧树脂、邻苯二甲二烯丙酯树脂等为其他交联型塑料。

热固性塑料的特点是质地坚硬，强度高，耐磨性好，不溶于任何溶剂，一般不能再回收利用。

2. 热塑性塑料

热塑性塑料是指加工成形后，再受热作用时还能软化熔融，可反复多次加工、使用的塑料。热塑性塑料的分子结构多为线形或支链形。该类塑料的特点是受热时软化、熔融，冷却后固化成形，加工过程中一般只发生物理状态的变化，其分子的化学结构保持不变，故该类塑料可回收再利用。日常生活中使用的塑料多为热塑性塑料，如聚乙烯塑料、聚丙烯塑料、聚苯乙烯塑料、聚甲基丙烯酸甲酯塑料、聚对苯二甲酸乙二醇酯塑料等。

（二）按塑料的应用范围分类

按塑料的应用范围不同，通常将塑料分为通用塑料、工程塑料和特种塑料三类。

1. 通用塑料

通用塑料是指产量大、用途广、价格低的塑料。它们占塑料总量的80%左右。如日常生活中常用的聚乙烯塑料、聚氯乙烯塑料、聚丙烯塑料、聚苯乙烯塑料、酚醛和氨基塑料等均为通用塑料。

2. 工程塑料

工程塑料是指能够代替金属，在工程技术中作为结构件的塑料。该类塑料的特点是力学性能突出，尺寸稳定性好，在高温或低温条件下仍能保持其优良性能。如聚酰胺塑料、聚碳酸酯塑料、聚甲醛塑料、聚砜塑料、ABS塑料、聚苯醚塑料、氟塑料等均为工程塑料。

3. 特种塑料

特种塑料一般是指具有某些特殊功能，应用于航空、航天、原子能、微电子等高科技领域的塑料，如聚砜、聚醚砜、聚苯硫醚、聚芳酯、聚酰亚胺、聚醚醚酮、氟塑料等。特种塑料与工程塑料并没有非常明显的分界线。

四、塑料的用途

塑料作为一种最年轻的材料，被广泛用于人们的日常生活、农业生产、工业生产、建筑材料、包装材料及国防、尖端科技等领域。

在农业方面，大量塑料被用于生产地膜、育秧薄膜、大棚膜和排灌管道、渔网、养殖浮漂等。在电气和电子工业中，广泛使用塑料制作绝缘材料和封装材料。在机械工业中，可用塑料制成传动齿轮、轴承、轴瓦等机械零部件。在化学工业中，用塑料制成传送管道、各种容器、防腐材料等。在建筑工业中，塑料广泛用作门窗、楼梯扶手、地面铺垫材料、天花板、隔热隔音板、壁纸、供水管、卫生洁具等。在国防工业和尖端技术方面，无论是常规武器、飞机、舰艇，还是火箭、导弹、人造卫星、宇宙飞船以及原子能等领域中，塑料都是不可或缺的材料。

在人们的日常生活中，塑料的应用更为广泛，如塑料凉鞋、拖鞋、雨衣、手提包、儿童玩具、牙刷、肥皂盒、热水瓶壳等。此外，电视机、收录机、电风扇、洗衣机、电冰箱等各种家用电器也与塑料密切相关。

塑料作为一种新型包装材料，在包装领域起着举足轻重的作用，如各种吹塑中空容器（塑料瓶、塑料包装桶等）、注塑容器（周转箱、包装箱、提水桶等）、包装薄膜、编织袋、泡沫塑料、捆扎绳和打包带等，广泛应用于各类产品的包装上。

第二节　日常生活中常用的合成树脂

一、聚乙烯（PE）

聚乙烯是以乙烯为单体，经聚合得到的一种热塑性树脂，此外，也包括乙烯与少量 α-烯烃的共聚物。

1933 年，英国 ICI 公司发现，乙烯在高温、高压条件下可聚合生成白色蜡状固体，即聚乙烯；并于 1939 年开始工业化生产，后称为高压聚乙烯。1953 年，联邦德国化学家 K·齐格勒发现以 $TiCl_4$-$Al(C_2H_5)_3$ 为催化剂，乙烯在较低压力下也能聚合形成聚乙烯，此后，由联邦德国赫斯特公司于 1955 年实现了工业化生产，通称为低压聚乙烯。1954 年，美国菲利浦石油公司发现以氧化铬-硅铝胶为催化剂，可使乙烯在中压下聚合生成聚乙烯，并于 1957 年实现工业化生产，即中压聚乙烯。

（一）聚乙烯的性能及用途

聚乙烯无毒、无味、无嗅，纯品为乳白色半透明体，手感似蜡，密度 0.91～0.96 g/cm³。聚乙烯为柔性树脂，断裂伸长率高，柔性好，高密度聚乙烯的抗张强度约为 220～380 kg/cm²，低密度聚乙烯的抗张强度约为 85～160 kg/cm²。聚乙烯具有优良的耐低温性能，最低使用温度可达 −70～−100℃；耐热性较好，最高使用温度 80～100℃。聚乙烯化学稳定性好，能耐大多数酸、碱的侵蚀，能耐 60℃ 以下的大多数溶剂，但浓硫酸、浓硝酸及某些氧化剂会缓慢侵蚀聚乙烯。聚乙烯吸水性小，电绝缘性能优良，但耐老化性差，印染性差。聚乙烯的性质因品种而异，主要取决于分子的聚集态结构和分子量的高低。

聚乙烯是日用塑料中产量最大、价格低廉、适用性最好的一种通用塑料。聚乙烯成形方便，可用一般热塑性塑料的成型方法加工，用途十分广泛，主要用来制造各类薄膜、容器、软管、编织袋、电线电缆、日用品等，亦可作为电视、雷达等的高频绝缘材料。

（二）聚乙烯的种类

聚乙烯有多种，通常按密度不同分类，有高密度聚乙烯、低密度聚乙烯和线形低密度聚乙烯三类。

1. 高密度聚乙烯

高密度聚乙烯纯树脂为不透明白色粉末，造粒后为乳白色半透明颗粒，分子为线形结构，很少有支化现象，是典型的结晶高聚物。其密度较高，一般为 $0.94\sim0.96\ g/cm^3$；机械性能优于低密度聚乙烯；熔点比低密度聚乙烯高，约为 $126\sim136℃$，最高使用温度约为 $100℃$；脆化温度比低密度聚乙烯低，约 $-100\sim-140℃$，有很好的低温使用性能。高密度聚乙烯质地较低密度聚乙烯刚硬。

2. 低密度聚乙烯

低密度聚乙烯的分子主链上存在长支链，分子间排列不紧密，呈半结晶状态。低密度聚乙烯的密度低，一般为 $0.91\sim0.92\ g/cm^3$，质地较软，外观呈乳白色半透明状，最高使用温度约 $80℃$，具有较高的断裂伸长率。

3. 线形低密度聚乙烯

线形低密度聚乙烯的分子链上一般只有少量的短支链存在，机械性能介于高密度聚乙烯和低密度聚乙烯两者之间，熔点比普通低密度聚乙烯高 $15℃$，耐低温性能也比低密度聚乙烯好，耐环境应力开裂性明显高于普通低密度聚乙烯。

此外，聚乙烯按分子量不同，常分为低分子量聚乙烯、普通分子量聚乙烯和超高分子量聚乙烯。

（三）改性聚乙烯

聚乙烯的改性品种主要有氯化聚乙烯、氯磺化聚乙烯、交联聚乙烯和共混改性聚乙烯。

1. 氯化聚乙烯

氯化聚乙烯是以氯原子部分取代聚乙烯中的氢原子而得到的无规氯化物。氯化是在光或过氧化物的引发下进行的，工业上主要采用水相悬浮法生产。由于原料聚乙烯的分子量及其分布、支化度及氯化后的氯化度、氯原子分布和残存结晶度的不同，故可得到从橡胶状到硬质塑料状的氯化聚乙烯。其主要用途是作为聚氯乙烯的改性剂，以改善聚氯乙烯抗冲击性能。氯化聚乙烯本身还可作为电绝缘材料和地面材料。

2. 氯磺化聚乙烯

当聚乙烯与含有二氧化硫的氯作用时，分子中的部分氢原子被氯原子和少量的磺酰氯（$-SO_2Cl$）基团取代，即得到氯磺化聚乙烯。氯磺化聚乙烯具有耐臭氧、耐化学腐蚀、耐油、耐热、耐光、耐磨和拉伸强度高等优点，是一种综合性能良好的弹性体，可用来制作接触食品的设备部件。

3. 交联聚乙烯

采用辐射法（X射线、电子射线或紫外线照射等）或化学法（过氧化物或有机硅交联）可使线形聚乙烯成为网状或体型的交联聚乙烯。其中有机硅交联法工艺简单，生产成本低，且成形与交联可分步进行，宜采用吹塑和注射成型。交联聚乙烯的耐热性、耐环境应力开裂性及机械性能均比聚乙烯有较大提高，适于用作大型管材、电缆电线等产品。

4. 共混改性聚乙烯

将线形低密度聚乙烯和低密度聚乙烯掺混后，就可用于加工薄膜及其他制品，产品性能比低密度聚乙烯好。聚乙烯和乙丙橡胶共混可制得用途广泛的热塑性弹性体。

二、聚氯乙烯（PVC）

聚氯乙烯是以氯乙烯为单体聚合得到的热塑性树脂，包括聚氯乙烯均聚物和以氯乙烯为主要单体与第二单体共聚得到的树脂。聚氯乙烯也是目前使用量最高的塑料之一，其消耗量仅次于聚乙烯和聚丙烯。

（一）聚氯乙烯的性能及用途

聚氯乙烯为非结晶树脂，分子链呈线性结构，支化度较小，分子量一般在5万～12万范围内，纯品为白色粉末，比重约为 1.38 g/cm^3。聚氯乙烯的硬度高，为刚性树脂。聚氯乙烯无固定熔点，80～85℃开始软化，130℃变为黏弹态，160～180℃开始转变为黏流态。聚氯乙烯有较好的机械性能，软制品的抗张强度约为 $105\sim250 \text{ kg/cm}^2$，硬制品的抗张强度约为 $350\sim630 \text{ kg/cm}^2$。聚氯乙烯有优异的介电性能，化学稳定性良好，常温下只能溶于环己酮、二氯乙烷和四氢呋喃等少数溶剂中，对酸、碱、盐均稳定，但其化学稳定性会随使用温度的升高而降低。聚氯乙烯难燃，具有自熄性；对光和热的稳定性差，在100℃以上或经长时间阳光曝晒，就会分解而产生氯化氢，并进一步自动催化分解，释放出氯乙烯，物理机械性能也随之下降，故在实际应用中必须加入稳定剂以提高对热和光的稳定性。在聚氯乙烯中常用的稳定剂有铅盐（如三碱式硫酸铅、二碱式亚磷酸铅）、金属皂（如硬脂酸钡、硬脂酸镉）、有机锡化合物（适用于作透明片材、吹塑瓶等的树脂，但价格较贵）等。稳定剂的用量一般为树脂用量的2%～7%。由于大多数稳定剂是有毒的，且聚氯乙烯热分解产生的氯乙烯也是有毒物质，因此，聚氯乙烯塑料不能用于包装食品。聚氯乙烯具有良好的染色性，且色彩鲜艳。

聚氯乙烯制品的品种繁多，可分为硬聚氯乙烯制品、软聚氯乙烯制品、聚氯乙烯糊三类。硬制品中只加入少量增塑剂，也可不加增塑剂。软制品中需加入大量增塑剂，一般软质聚氯乙烯所加增塑剂量为树脂量的30%～70%。聚氯乙烯糊加入的增塑剂可高达80%～100%。

硬聚氯乙烯制品主要有管材、门窗型材等挤出产品，管件、电气零件等注塑产品，包装桶等挤出吹塑产品，它们约占聚氯乙烯制品总量的65%以上。软聚氯乙烯制品主要有软管、电缆、电线等挤出产品，塑料凉鞋、拖鞋等注射成型产品，各类薄膜及各类涂层制品。聚氯乙烯糊制品是将聚氯乙烯分散在液体增塑剂中，使其溶胀塑化而成的塑溶胶，加入助剂，经充分混合后，配成聚氯乙烯糊，再用浸渍、浇铸或搪塑等工艺加工成各种制品。聚氯乙烯溶解在丙酮-二硫化碳或丙酮-苯混合溶剂中，用于干法纺丝或湿法纺丝而成纤维，称氯纶。

（二）改性聚氯乙烯

聚氯乙烯性脆，热稳定性差，不易加工。为了改善其性能，扩大使用范围，常对聚氯乙烯进行改性处理，其改性品种有氯乙烯共聚物、聚氯乙烯共混物和氯化聚氯乙烯等。

1. 氯乙烯共聚物

氯乙烯共聚物是指氯乙烯与乙烯、丙烯、醋酸乙烯酯、偏二氯乙烯、丙烯腈、丙烯酸酯类等单体共聚得到的树脂。目前共聚物的产量占聚氯乙烯总产量的25%左右。例如，氯乙烯-偏二氯乙烯共聚物是美国陶氏化学公司在20世纪30年代就研制成功的偏二氯乙烯含量在50%以上的氯乙烯共聚物，商品名"莎纶B"（Saran B），这种共聚物耐老化，耐臭氧，机械性能好，能溶于四氢呋喃、环己酮及氯苯等有机溶剂，溶液具有较好的黏合性与成膜性。用这种共聚物制得的薄膜无毒、透明，具有极低的透气性和透湿性，是极好的食品包装材料。这种共聚物也是一种优良的防腐蚀材料，由其制造的纤维称偏氯纶，可做渔网、化工滤布等。

2. 聚氯乙烯接枝共聚物

聚氯乙烯接枝共聚物是以乙烯-醋酸乙烯酯树脂为基材的氯乙烯接枝共聚物，具有优良的耐冲击性、耐气候性和耐热性，适于作室外用建筑材料。近年来，又开发了用聚丙烯酸酯与氯乙烯的接枝共聚物。

3. 聚氯乙烯共混物

聚氯乙烯共混物是用其他树脂与聚氯乙烯共混得到的聚合物。这是一种能多方面改进聚氯乙烯性能的好方法。用机械共混法使聚氯乙烯与乙烯-醋酸乙烯酯树脂共混，能起到长效的增塑作用，改善冲击强度、耐寒性及加工性。聚氯乙烯与丁腈橡胶、氯化聚乙烯或ABS树脂共混，也可以显著改善韧性、耐寒性和加工性。聚氯乙烯与甲基丙烯酸甲酯-丁二烯-苯乙烯共聚物的共混物，不仅冲击强度高，而且可以得到透明制品。近年来，聚氯乙烯共混物的研究与生产日益受到重视，品种不断增加，使用范围不断扩大。

4. 氯化聚氯乙烯

氯化聚氯乙烯是聚氯乙烯经氯化后得到的一种热塑性树脂，由溶液氯化法制得，又称过氯乙烯，简称CPVC。氯化聚氯乙烯的含氯量为61%～68%，氢原子没有全部被氯原子取代。该树脂呈白色或淡黄紫色粉末，溶解性比聚氯乙烯好，能溶于丙酮、氯苯、二氯乙烷和四氯乙烷，耐热性比聚氯乙烯高20～40℃，耐寒性比聚氯乙烯约低25℃，不易燃烧，具有优良的耐气候、耐化学介质及耐水性，可以用挤出法生产管材，主要作热水供水管使用。氯化聚氯乙烯的溶液有良好的黏合性、成膜性和成纤性，可用于胶黏剂、清漆和纺丝。胶黏剂主要用于粘接PVC板及其制品。清漆的漆膜能耐腐蚀，柔软、耐磨且剥离强度高。用氯化聚氯乙烯纺成的丝称为过氯纶，对酸、碱、盐皆稳定，适于作耐化学腐蚀的滤布、工作服、筛网、渔网和运输带等。

三、聚丙烯（PP）

聚丙烯是由丙烯聚合得到的一种热塑性树脂。根据分子链结构不同，有等规聚丙烯、无规聚丙烯和间规聚丙烯三种。目前，工业产品以等规聚丙烯为主。

1955年，意大利化学家G. 纳塔在K. 齐格勒研究的基础之上，合成了立体结构规整的等规聚丙烯，标志着高分子科学理论和合成工艺进入了一个新的阶段，G. 纳塔因此与K. 齐格勒共同获得了1963年诺贝尔化学奖金。1957年，聚丙烯首先在意大利蒙特卡蒂尼公司和美国赫格里斯公司实现工业化生产。

聚丙烯通常为乳白色半透明固体，为结晶性高聚物，刚性较聚乙烯略高，无嗅、无毒，熔点高达164～170℃，耐热性好，是通用树脂中耐热性最好的树脂。聚丙烯在低负荷条件下可在110℃连续使用，断续使用温度可达120℃，制品可用蒸汽消毒。聚丙烯比重0.90～0.91 g/cm³，是质地最轻的通用塑料；化学稳定性与聚乙烯近似；抗张强度、抗弯强度优于聚乙烯；具有良好的介电性能和高频绝缘性。但聚丙烯的低温使用性能较差，低温条件下易变脆。此外，聚丙烯的耐老化性较差，印染性较差。

聚丙烯的用途很广，其注射成型制品是聚丙烯最主要的应用领域，制品有货物周转箱、包装箱、中空容器、汽车部件、家用电器部件、医疗器械、家具、水杯、面盆、提水桶等。聚丙烯挤出制品在日常生活中的应用也非常广泛，如聚丙烯纤维、聚丙烯薄膜等，其中双向拉伸薄膜的强度和透明度都大幅度提高，是重要的包装材料。此外，将聚丙烯吹塑制成薄膜，再经牵伸切割为扁丝，制成编织袋或作捆扎材料也是聚丙烯的重要应用领域。近年来，聚丙烯复合薄膜发展很快，可防湿、隔气和蒸煮，常用作食品、饮料软包装。聚丙烯管道可用于输送热水、工业废水和化学品等。

四、聚苯乙烯（PS）及改性聚苯乙烯

（一）聚苯乙烯

聚苯乙烯是以苯乙烯为单体聚合得到的一种热塑性树脂。

聚苯乙烯的发现可追溯到1839年，但直到1946年人们制得了高纯度聚苯乙烯后，才获得了巨大的发展。1920年德国解决了大规模生产聚苯乙烯的方法；此后，1930年美国也实现了聚苯乙烯的工业化生产。第二次世界大战后，聚苯乙烯的生产技术、产量、应用取得了很大的发展，到1981年就成为仅次于聚乙烯和聚氯乙烯、居通用塑料第三位的合成树脂。

聚苯乙烯为非结晶高聚物，无毒、无嗅，为刚性树脂，密度1.04～1.06 g/cm³；无色透明，透光率仅次于有机玻璃，具有良好的光泽；染色性好，色彩鲜艳；具有优异的电绝缘性、高频介电性和耐电弧性，是电气性能特别优异的高分子材料之一。但聚苯乙烯性脆，易发生应力开裂；耐热性较差，最高连续使用温度60～80℃；耐光老化性较差；不耐烃、酮、酯等有机溶剂。

聚苯乙烯是流动性很好的热塑性树脂，常用注射成型工艺生产，也适应挤出成型和吹塑成型，常用于工业装饰、照明指示和电子器件，也是制造玩具、一次性餐具等的廉价材

料。聚苯乙烯的发泡性非常好，常用于制作防震包装和隔热用的硬质泡沫塑料。

(二) 改性聚苯乙烯

为了降低聚苯乙烯的脆性，提高抗冲击强度，扩大其使用范围，人们不断探索对聚苯乙烯的改性方法，开发得到了多种改性聚苯乙烯树脂。

1. 抗冲聚苯乙烯（IPS）

IPS 是由橡胶微粒分散在聚苯乙烯连续相中，形成的橡胶共混改性聚苯乙烯。1942年，由德国法本公司首先投产。其抗冲性能与橡胶含量（5%～30%）及掺入橡胶的方法有关，可分为中抗冲、高抗冲和超高抗冲三种类型。IPS 的生产方法有接枝共聚法和机械混炼法，工业上主要采用连续本体和本体-悬浮两种接枝共聚工艺。IPS 具有聚苯乙烯的大多数优点，如刚性好、易染色、易成形等，且抗冲击强度和耐应力开裂性显著提高，但抗张强度和透明性有所下降，适于制作包装材料、容器和家具等。

2. AS 树脂

AS 树脂为丙烯腈和苯乙烯的共聚物。丙烯腈的含量一般为 20%～35%，该组成范围内的共聚产物透明，耐溶剂性优良，抗弯、抗冲、抗张强度和耐应力开裂性均明显提高。AS 树脂可由本体、悬浮或乳液法生产，适于注射、挤出或吹塑成型，制成各种电器产品外壳、设备手柄、透明罩和家具等，但主要是用作生产 ABS 树脂的掺混料。

3. ABS 树脂

ABS 树脂是由丙烯腈、丁二烯、苯乙烯组成的共聚物。在改性聚苯乙烯树脂中，ABS 是发展最快的品种，产量约占聚苯乙烯类树脂的 1/4，是一种用途广、消耗量最大的工程塑料。

ABS 实际上是共聚物和均聚物的共混体，由弹性微粒分散相和刚性连续相构成。它的性能同其组成和相态结构有关，一般含丙烯腈 20%～30%、丁二烯 6%～35%、苯乙烯 45%～70%。ABS 树脂因其组分、组成比和相态结构不同而呈现不同特性，成为一种多型号的树脂，有通用、中抗冲、高抗冲、高强度、高光泽、高耐热、耐寒、阻燃、透明、电镀等多种类型。

ABS 树脂外观微黄、不透明，具有良好的综合性能，是一种强韧性材料，抗冲击强度、耐应力开裂性、耐热性和耐低温性均比聚苯乙烯有显著提高，但热变形温度不高，不耐紫外光老化，适于用注射、挤出、吹塑等成型方法生产制品或型材。ABS 树脂用途十分广泛，主要用于制作各种工业和家用电器外壳、内胆和部件，汽车和飞机的仪表部件与装饰器材，以及文化办公用品等。

4. EPSAN 树脂

EPSAN 树脂是由丙烯腈、苯乙烯在乙烯-丙烯-二烯烃共聚橡胶上接枝共聚而成的热塑性树脂。1970 年，美国共聚物橡胶化学公司首先报道这种商品，其生产方法为溶液聚合。EPSAN 树脂的热稳定性和耐氧化性比 ABS 树脂优异，宜用于制作建筑装饰件等户外器材，也可用于制作容器和各种工业产品的外壳。

5. AAS 树脂

AAS 树脂是由丙烯腈、丙烯酸丁酯和苯乙烯组成的共聚物，可由该三元单体直接进行乳液聚合或由丙烯酸丁酯与 AS 树脂进行接枝聚合而制得，其中丙烯酸丁酯含量约占 30%。该产品在 1968 年由巴登苯胺纯碱公司开始生产。AAS 具有通用 ABS 树脂的综合性能，且耐气候性特别优异（比 ABS 的使用寿命长 8~10 倍），宜作室外器材、电器外壳、汽车构件、安全盔、路标等。

6. ACS 树脂

ACS 树脂是将丙烯腈和苯乙烯接枝到氯化聚乙烯上得到的一种共聚物，一般含丙烯腈 20%、氯化聚乙烯 30%、苯乙烯 50%。ACS 树脂可由氯化聚乙烯与 AS 树脂共混炼，或由丙烯腈与氯化聚乙烯进行溶液或悬浮聚合制得。1972 年，由日本昭和电工公司投产。ACS 树脂的耐候性、阻燃性和耐酸碱腐蚀性均优于 ABS 树脂，适于用作户外器材、机电产品外壳和容器等。

7. MBS 树脂

MBS 树脂为甲基丙烯酸甲酯、丁二烯与苯乙烯的接枝共聚物，其中约含丁二烯 30%、苯乙烯 45%，可由乳液或本体聚合法生产。1964 年，由意大利马朱克利赛璐珞公司投产。MBS 树脂的突出特点是透明，耐紫外光老化。MBS 树脂可用注射、模压、挤出和吹塑等方法制得，可作为户外器材、透明罩壳、电器和机械产品外壳和零件。

五、聚甲基丙烯酸甲酯（PMMA）

聚甲基丙烯酸甲酯是以甲基丙烯酸甲酯（MMA）为单体聚合得到的一种热塑性树脂，为非结晶高聚物，分子量高达 100 万。

1927 年，德国罗姆—哈斯公司的化学家在玻璃板间将丙烯酸酯加热聚合，生成黏性橡胶状夹层，得到安全玻璃。直到 1930 年左右，R. Hill 用浇铸聚合甲基丙烯酸甲酯，才得到了性能很好的聚甲基丙烯酸甲酯树脂，宣布了聚甲基丙烯酸甲酯树脂的诞生。

聚甲基丙烯酸甲酯为无色透明体，其透光率在塑料中是最优秀的，透光率大于 92%，故俗称有机玻璃；密度 1.19 g/cm³，为刚性树脂，具有较高的强度和韧性；化学稳定性良好，耐气候性特别优异。其低温使用性能和耐热性良好，在低温（-50~-60℃）和高温 100℃左右，其冲击强度变化很小。此外，聚甲基丙烯酸甲酯的电绝缘性能优良，耐电弧；染色性好，可染成各种鲜艳颜色，加入荧光剂可制成荧光塑料，加入珠光剂可制成珠光塑料。其缺点是表面硬度低，耐摩擦性差，表面易产生划痕。

聚甲基丙烯酸甲酯的应用非常广泛。利用其良好的透明度和耐气候性，可制作汽车挡风玻璃、游泳池材料、照明灯具、广告招牌、飞机及船舰的舷窗玻璃、车灯面罩、工厂的防震玻璃等。在电器、仪表领域，可制造各种透明构件，如视镜、仪表盘、仪表外壳等。利用其良好的色泽和外观，可加工成各种日用产品，如牙刷、文具、纽扣、皂盒、糖果盒等。

六、聚酯树脂

聚酯树脂是由二元醇和二元酸缩聚得到的聚合物总称，其主要品种有聚对苯二甲酸乙二醇酯（PET）、聚对苯二甲酸丁二醇酯（PBT）、聚芳酯等。聚酯树脂是一类性能优异、用途广泛的工程塑料,目前,也广泛应用于日常生活领域。

(一) 聚对苯二甲酸乙二醇酯(PET)

聚对苯二甲酸乙二酯是一种结晶型树脂,玻璃化温度69℃,软化温度范围230~240℃,熔点255~260℃,具有优良的成纤性、抗张强度、抗冲击强度、耐磨性和抗蠕变性,电绝缘性能优良。聚对苯二甲酸乙二醇酯最先由英国J.R.温菲尔德于1941年采用对苯二甲酸二甲酯与乙二醇缩聚制得,由于它有良好的成纤性能,英国ICI公司于1948年进行了工业化的试验研究,得到了聚酯纤维;同年由美国杜邦公司制得PET薄膜;1976年,杜邦公司开始用PET生产饮料瓶,从而开创了PET全新的应用领域,其产量也迅速增加。

PET可加工成纤维、薄膜、塑料包装容器等制品。聚酯纤维是合成纤维的重要品种。聚酯薄膜一般厚度为4~400 μm,其强度高,尺寸稳定性好,且具有良好的化学稳定性和介电性能,广泛用作支持体,如各种磁带和磁卡等。目前,90%的磁带基材为PET薄膜。这种薄膜还用于感光材料的生产,可作为照相胶卷和X光胶片的片基,此外,还广泛用作电机、变压器和其他电子电器的绝缘材料。

PET已越来越多地用于制造饮料瓶和包装桶。聚酯瓶的优点是质量轻(只有玻璃瓶重量的1/9~1/15),机械强度大,不易破碎,携带和使用方便,透明度好,表面富有光泽,无毒,气密性好,生产成本低,且废旧瓶可再生使用。目前,PET瓶不仅应用于饮料包装,还用于食用油、调味品、药品、化妆品以及含酒精饮料的包装。

玻璃纤维增强的PET塑料也有重大发展,1984年杜邦公司开发了一种超韧性玻璃纤维增强PET,它具有优异的刚性、冲击韧性和耐热性,熔体流动性好,易加工成形状复杂的制品,主要用于汽车构件、体育器材、电器制品、浴缸、防弹护甲、船体和优异的建筑材料。

(二) 聚对苯二甲酸丁二醇酯(PBT)

聚对苯二甲酸丁二醇酯具有优良的综合性能,玻璃化温度36~49℃,熔点220~225℃。与PET相比,PBT低温结晶速度快,成型性能好。在力学性能和耐热性方面,PBT虽不如聚甲醛和聚酰胺,但用玻璃纤维增强后,其力学性能和耐热性能显著提高。PBT热变形温度高达210℃,超过玻璃纤维增强的尼龙-6;其吸水性在工程塑料中是最小的;制品尺寸稳定性好,且容易制成耐燃型品种,价格也较低。PBT的缺点是成型收缩不均匀,制品易发生翘曲。

PBT最早由美国塞拉尼斯公司于1967年开始研制,1970年实现工业化生产。此后十几年间发展速度很快,到1984年,已跃居为五大工程塑料之一。PBT在开发初期主要用于汽车制造中代替金属部件,后由于阻燃型玻璃纤维增强PBT等品种的问世,故大量用于制作电器制品,如电视机用变压器部件等。

七、聚碳酸酯(PC)

聚碳酸酯是一种性能优良的热塑性工程塑料,有脂肪族、脂肪芳香族和芳香族聚碳酸酯三类,其中最具实用价值的为芳香族聚碳酸酯。以双酚A(4,4′-二羟基二苯基丙烷)型聚碳酸酯使用最为普遍，该树脂无毒、无嗅、透明（片厚 2 mm 时，透光率达 90% 左右），具有突出的抗冲击能力，是工程塑料中最优秀的品种之一；耐蠕变和尺寸稳定性好；具有良好的介电性能、耐热性、耐寒性和成型加工性能。

1953 年，联邦德国法本拜耳公司 H. 施内尔等首先发明双酚 A 型聚碳酸酯，并于 1958 年实现工业化生产。

聚碳酸酯可用注射成型、挤出和热成型等加工方法制成板、管、棒等型材和各种制品，也可用吹塑、流延等方法制成薄膜。聚碳酸酯的模塑制品尺寸稳定性好，精确度高，可广泛用于齿轮等机械零件、汽车零部件、电动工具外壳、电气仪表零件、照相机机体、光盘等。利用聚碳酸酯的透明性，可制作透明食品盒、防弹玻璃、公共场所门窗玻璃、室外照明灯罩等。由于聚碳酸酯的抗冲击强度高，故可制作安全防护用的面盔、安全帽、机械防护罩以及飞机的挡风罩、座舱盖和仪表板等。此外，聚碳酸酯在医疗卫生和食品工业等方面也有广泛应用，如制作包装食品和药品的薄膜，也可制作外科医疗器械等。

八、聚酰胺（PA）

聚酰胺俗称尼龙，是分子主链的重复结构单元中含有酰胺基的一类热塑性树脂，包括脂肪族聚酰胺、脂肪-芳香族聚酰胺及芳香族聚酰胺。脂肪族聚酰胺品种多、产量大、应用广泛，主要用作纤维，也可用作塑料。芳香族聚酰胺又称聚芳酰胺，主要用作纤维，俗称芳纶。聚酰胺是最重要的工程塑料，产量在五大通用工程塑料中居首位。

聚酰胺为角质状、半透明或乳白色结晶性树脂，作塑料用的聚酰胺分子量一般为 1.5 万～2 万。聚酰胺具有良好的机械性能，抗张强度高，良好耐热性、耐磨损性、阻燃性和自润滑性，易于加工成形；缺点是吸湿性强，光稳定性、热稳定性较差。

最早工业化生产的聚酰胺品种是聚酰胺-66（尼龙-66）。美国杜邦公司 W. H. 卡罗瑟斯于 1937 年公布第一个专利，制得聚酰胺纤维（尼龙丝）样品，并于 1939 年开始工业化生产。当时聚酰胺主要用于生产纤维、绳索和包覆材料。第二次世界大战中，这些材料在军事方面的应用使其得到了很大发展。战后该树脂开始用作塑料。1941 年，聚酰胺-6 在德国投入生产，随后又开发了聚酰胺-610 等品种。1972 年，美国杜邦公司实现了芳香族聚酰胺的工业生产。目前，工业生产的聚酰胺塑料主要有聚酰胺-66、聚酰胺-6、聚酰胺-610、聚酰胺-1010、聚酰胺-11、聚酰胺-12 和共聚酰胺等。在聚酰胺中加入添加剂后，得到增强、耐磨、微晶、防老化等不同的改性品种。聚酰胺的成型方法有注塑、挤出、模压、浇铸等。

聚酰胺树脂中的主要品种是聚酰胺-6 和聚酰胺-66，占绝对主导地位。聚酰胺-66 的合成单体是己二酸、己二胺，聚酰胺-6 的单体是己内酰胺。此外，由于芳香族聚酰胺具有优异的力学性能，故其越来越受到人们的重视。芳香族聚酰胺是由芳香族二甲酰氯和芳香族二胺在低温条件下经溶液聚合生产的。

聚酰胺塑料制品广泛用作各种机械和电器零件，其中包括轴承、齿轮、滑轮泵叶轮、叶片、高压密封圈、密封垫、阀座、衬套、输油管、贮油器、绳索、传动带、砂轮胶黏剂、电池箱、电器线圈、电缆接头等。此外，包装袋、食品用薄膜的产量也相当大。

九、聚氨酯树脂（PU）

聚氨酯树脂是指在高聚物的主链上含有重复的—HNCO—O—基团的树脂，通称聚氨基甲酸酯，简称聚氨酯。PU通常由二异氰酸酯（或多异氰酸酯）、二元醇（或多元醇）为单体聚合而成，或由芳香族二胺等经逐步加成聚合而成。聚氨酯含有强极性氨基甲酸酯基团，调节配方中异氰基和羟基的比例，可以制得热固性聚氨酯和热塑性聚氨酯。热塑性聚氨酯分子结构为线形，热固性聚氨酯分子结构为体型。体型结构中由于交联密度不同，可呈现硬质、软质或介于两者之间的性能，具有高强度、高耐磨和耐溶剂等特点。

1937年，O. 拜耳首先制备了聚氨酯。1943年，德国法本公司开始生产混炼型聚氨酯橡胶。20世纪50年代，实现了浇铸型聚氨酯橡胶、软质聚氨酯泡沫塑料、热塑性聚氨酯橡胶和聚氨酯纤维的工业化生产。此后，聚氨酯迅速发展。目前，聚氨酯产量仅次于聚乙烯、聚氯乙烯、聚苯乙烯、聚丙烯和酚醛树脂，居第六位。

聚氨酯制品主要以聚氨酯泡沫塑料为主，此外，还有聚氨酯橡胶、聚氨酯纤维、涂料、胶黏剂等。

聚氨酯泡沫塑料是产量最大的泡沫塑料产品，相对密度大多在 $0.03\sim0.06\ \text{g/cm}^3$，热导率仅为软木或聚苯乙烯泡沫塑料的40%左右，有足够的强度、耐油性和粘接能力，是优良的防震、隔热、隔声材料。聚氨酯软质泡沫塑料弹性好，是理想的坐垫、床垫材料。

聚氨酯橡胶按其加工方式分混炼型、热塑型和浇铸型三类。聚氨酯橡胶的物理性能和力学性能优异，在很宽的硬度范围内断裂伸长率达到600%～800%；耐磨性能好，为天然橡胶的2～10倍；耐油性和耐臭氧性也比普通橡胶好。聚氨酯橡胶广泛应用于制造胶辊、胶轮、弹性传动件、皮带、设备衬里、减震材料、汽车零部件、密封制品以及胶鞋带等。

聚氨酯涂料分双组分和单组分两种。双组分聚氨酯涂料为聚醚型，是将多异氰酸酯和聚醚两组分溶液直接混合使用。单组分聚氨酯涂料为不饱和聚酯型，包括油改性型、湿固化型和封闭型三种。聚氨酯涂料采用喷雾、电沉积、浸渍等方法施工，涂层耐磨，耐汽油、油脂、水和无机酸蒸汽，具有高绝缘性和黏附力，长期色泽鲜艳，适宜于－50～130℃下使用，可用于化工和电信仪表、水池、船舶和飞机零件、混凝土建筑结构、地板、家具、运动器具等。

聚氨酯胶黏剂一般由多异氰酸酯和含羟基聚酯化合物双组分体系组成，可以含有固化引发剂、粉末填充剂（氧化钛、氧化锌）和溶剂（丙酮、醋酸乙酯、氯代烃）。应用前将两组分直接混合，贮存期为1～3 h，固化时间在室温下不少于24 h。这种胶与各种材料均具有较高的黏结力，固化后对水、矿物脂、燃料、芳烃、大气均稳定，故应用于航空和空间技术、建筑、机械等的金属、塑料、玻璃、陶瓷结构的连接，以及聚合物薄膜的复印材料，鞋底和鞋面的粘接等。

十、氨基树脂

氨基树脂是指由分子中含有两个及以上氨基基团的化合物（脲、三聚氰胺、苯胺）和醛（甲醛）为单体，经缩聚制得的一类高分子树脂。氨基树脂的主要品种有脲-甲醛树脂、三聚氰胺-甲醛树脂和苯胺-甲醛树脂。

（一）脲醛树脂（UF）

脲醛树脂是由尿素和甲醛经缩聚反应制得的热固性树脂。脲醛树脂成本低廉，染色性好，表面硬度高，不易燃烧，无嗅、无味、耐油、抗霉、耐寒，具有良好的高温使用性能，遇热不易变形，有较好的电绝缘性。脲醛塑料制品表面有光泽，断面结构细致。纯净的脲醛树脂呈无色半透明状，加入二氧化钛后成为不透明的纯白色，加入各种颜料及染料可以制得各种鲜艳色泽的制品，其外观很像大理石，形同玉石，故俗称"电玉"。脲醛树脂在醋酸条件下，或在100℃的沸水中蒸煮，会使游离甲醛析出，对人体健康极为有害，故电玉制品不宜用作饮食用具。

用脲醛树脂压塑粉为主要原料，用模压、注射成型法，可制成各种开关、插座、插头等电气器件以及机械手柄、仪表外壳、旋钮等制品。脲醛树脂也广泛加工成胶黏剂，该类胶黏剂主要用于木材加工行业中，如生产胶合板和人造板等产品。

（二）密胺树脂（MF）

密胺树脂又称密胺-甲醛树脂，是由三聚氰胺（1,3,5-三氨基-2,4,6-三嗪）和甲醛为单体，经缩聚制得的热固性树脂。密胺树脂外观和手感都很像陶瓷，表面硬度高，光泽好，吸水性低，可在沸水中使用，无毒、无味、自熄、耐酸、耐碱，具有良好的力学性能，耐冲击强度高，在−20～100℃下性能稳定，能在110℃高温下连续使用，能抵抗食用油、果汁、酒等物质的沾污。

密胺塑料对人体无害，可广泛用于制作杯、碗、碟、筷、汤勺等各种餐具，也常用作盛放食用油、酱油、醋等的容器，还可制造日用电器的绝缘器件，如灯罩、点火器、开关、电动机构件等。

第三节 塑料制品及检验

一、塑料制品

（一）塑料薄膜

塑料薄膜是塑料制品中的拳头产品，其产量高、品种多、用途广，与工农业生产和人们的日常生活关系密切。塑料薄膜按用途不同，可分为工业用膜、农业用膜、包装用膜和其他用途膜四类；按生产工艺不同，常分为吹塑膜、压延膜、拉抻膜、流延膜等若干类；按原料不同，又可分为PE膜、PVC膜、PP膜、PS膜、PET膜等若干类。

1. 农用塑料薄膜

农用塑料薄膜是指应用于农业生产中的一类塑料薄膜，是一类重要的农业生产资料。农用塑料薄膜按用途不同可分为农用大棚膜和农用地膜两类。农用大棚膜有PVC吹塑膜和PE吹塑膜两种。农用地膜多为厚度很薄的PE吹塑膜。此外，为解决大棚内水滴烂秧问题，人们开发了无滴大棚膜，在近些年得到了广泛的应用。

(1) 农用大棚膜。

农用大棚膜是目前农业生产中非常重要的塑料薄膜。按树脂原料不同，农用大棚膜可分为 PVC 吹塑膜和 PE 吹塑膜两个品种。其中，PE 吹塑膜的综合使用性能更好一些，其用量也越来越大。这两种塑料薄膜的性能特点如下。

① 聚氯乙烯薄膜的机械强度较大，抗老化性能较好，弹性好，拉伸后易复原。聚乙烯薄膜的机械强度约为聚氯乙烯薄膜的 70% 左右，韧性和回弹性稍差，透光率和表面老化性能不及聚氯乙烯薄膜。但聚乙烯薄膜的机械强度随时间增长而下降的速度比聚氯乙烯薄膜小。

② 在聚氯乙烯薄膜大棚内，当水蒸气增多时，容易附着在薄膜上，形成水滴，滴落在秧苗上，造成烂秧。在聚乙烯薄膜大棚内，情况就要好得多，这是由于聚乙烯薄膜的表面光滑，当棚内水蒸气形成水滴时，能沿着膜壁流入土壤中。

③ 聚氯乙烯薄膜和聚乙烯薄膜损坏后，都可用热焊法和胶黏剂修补。但用胶黏剂修补聚乙烯薄膜的效果不如修补聚氯乙烯薄膜好。

④ 聚氯乙烯薄膜容易黏附灰尘，洗涤也比较困难，使用时间一长，它的透光性能往往要比聚乙烯薄膜差，从而影响棚内温度。

⑤ 聚氯乙烯薄膜洗净后，如果水渍没有揩干或晾干就收藏保管，则容易在薄膜表面上形成白色水渍印。在折叠堆放时，如果不在聚氯乙烯薄膜上撒些滑石粉，则一旦天热或受重压，就容易使薄膜黏附在一起。而聚乙烯薄膜则没有这些缺点，洗涤、收藏都比较方便。

⑥ 聚乙烯薄膜比重小，仅为聚氯乙烯薄膜的 76% 左右。这样原来需用一百公斤聚氯乙烯薄膜覆盖的土地面积，改用聚乙烯薄膜后，只需 80 kg 左右就可以了。

⑦ 聚氯乙烯薄膜在制造时使用的辅助材料的品种和数量较多，生产工序也较多，工艺较难控制。聚乙烯薄膜成型加工方便，可用吹塑法生产门幅较宽的薄膜，在使用时可省去不少拼接薄膜的劳力和时间。

(2) 无滴大棚膜。

虽然农用塑料薄膜具有较好的保温性能，能在塑料薄膜大棚内造成比露天高的温度，但在冬春季节，由于大棚内外的温度差异较大，棚内的水蒸气容易在大棚薄膜内表面上凝结成细小的雾珠，这些雾珠又会凝结成水膜，最后聚集成小水珠，滴落在土壤和秧苗上。聚乙烯薄膜凝聚水珠的现象要轻些，但也会形成一层阻挡光线的雾珠。薄膜附着了雾珠和水膜后，不仅会影响它的透光性能，阻碍光线进入大棚，而且会造成棚内温度的降低。此外，冷的水滴直接落在秧苗上，也容易造成烂秧。这些情况对农作物的生长是不利的。

为了解决这个问题，薄膜制造厂在薄膜配方中添加了一种或几种表面活性剂，使水与薄膜之间的表面亲和力大为减弱。这样，大棚内的水蒸气就不能附着在薄膜上，而是顺着膜壁流到土壤中，从而保持了薄膜原有的透明度。这种加有表面活性剂的塑料薄膜称为无滴薄膜。据测试，使用无滴薄膜的塑料薄膜大棚，比使用一般薄膜的大棚可提高温度 2~4℃，对紫外线的透光率也提高 1%~5%。用无滴薄膜育秧，可使秧苗生长快，质量好，成活率高，不易烂秧。

但是，也不是所有农作物的育苗栽培都要使用无滴薄膜。例如，一些地区的水稻育秧，要求温度低一点，且使用薄膜的时间较短，故也可以用有滴薄膜。这时如果使用无滴薄膜，反而会因薄膜透光量较多而使大棚内的温度过高，以致烧伤秧苗。此外，使用无滴薄膜时，还要注意大棚内温度的变化，加强管理，以适应农作物生长的需要。

2. PVC 压延膜

PVC 压延膜是将 PVC 树脂与增塑剂、稳定剂等助剂混合、塑化后，利用三辊或四辊压延机压延制成的薄膜。薄膜上可以压花或印花，具有非常好的外观效应。薄膜用途很广，可以通过剪裁、热合加工成包装袋、雨衣、桌布、窗帘、充气玩具等。PVC 压延膜与 PVC 吹塑膜相比，抗张强度偏低，耐热性、耐老化性较差，故不适合在户外使用。

3. PE 吹塑包装膜

低密度 PE 总产量的一半以上经吹塑制成了薄膜。低密度 PE 柔性好，延展性好，无毒、无害，化学稳定性好，价格低廉，非常适合于加工薄膜，这种薄膜有良好的透明性和较好的抗拉强度。PE 吹塑膜除广泛应用于农业生产以外，还广泛用作包装薄膜。PE 吹塑包装膜广泛用作食品、日用工业品、医药、化工品的包装材料。自 20 世纪 70 年代以来，高密度 PE 薄膜也得到了迅速发展，它的强度高、韧性好、耐低温，并有良好的加工性。

PE 黑白膜复合包装薄膜是近年来开始广泛应用的一种新颖包装薄膜。因该薄膜具有优秀的热封性能，独特的避光阻氧功能，利于贮存运输及相对低廉的价格等优点，故大量应用于鲜奶的包装上。PE 保鲜包装黑白膜一般由 3~4 层不同的聚乙烯加黑白母料共挤复合而成。

4. 可自动降解包装薄膜

为避免废弃包装对环境造成的污染，人们开发出了可自动降解的包装薄膜。这类包装薄膜是用小麦蛋白或玉米、红薯淀粉，添加甘油、聚硅油等，经混合、热压而成。该薄膜为半透明状。该包装物废弃后埋入泥土，可在较短的时间内被生物降解。

5. 气调包装薄膜

气调包装薄膜主要用于包装新鲜水果、蔬菜等农副产品，能明显延长被包装的新鲜水果、蔬菜的保鲜期，较好地解决这类产品易腐烂、不易长途运输的难题。这种保鲜性能很好的包装薄膜是一种透气膜，它能选择性透过二氧化碳和氧气，自动调整包装内的气体成分，从而控制被包装物的呼吸强度，达到防腐、保鲜的目的。此外，该薄膜用有机化学剂浸渍，能吸收对果蔬成熟起促进作用的乙烯，延缓果蔬的成熟。同时，该薄膜中含有微量缓慢释放的杀真菌剂，故还能阻止真菌的生长。一般来讲，采用该薄膜包装的果蔬保鲜期可延长一倍左右。

（二）人造革与合成革

人造革、合成革为塑料涂层制品，是将高分子材料涂敷于纤维材料上，经塑化后制成的一类复合材料。人造革与合成革是一类外观、手感似皮革，并可代替皮革使用的塑料制品，由于其成本低廉，应用非常广泛。

1. 人造革

人造革是将聚氯乙烯树脂涂敷于纤维材料（各类织物、纸张等）上，经塑化后制成的一类复合材料。它是以聚氯乙烯树脂为主体，配入适量的增塑剂、稳定剂、着色剂制成聚氯乙烯糊状物，然后涂敷于纤维材料上，经加热塑化、凝胶后，再轧光或轧纹而成。

人造革质地柔软，富有弹性，耐摩擦，耐弯折性较好，最高使用温度65℃左右，不易燃烧，耐酸、耐碱，可以洗涤。其制品色泽、花纹多样，但缺点是制品接缝处较粗糙，透气性较差，低温发硬。

(1) 人造革的生产。

人造革的生产方法主要有直接涂覆法、转移涂覆法、压延贴合法和挤出贴合法四种。

直接涂覆法是将胶料用刮刀直接涂覆在经预处理的基布上，然后入塑化箱进行凝胶化及塑化，再经压花、冷却等工序，即得成品。此法可生产各种布基的普通人造革、贴膜人造革和发泡人造革。

转移涂覆法又称间接涂覆法，是将糊料用逆辊或刮刀涂覆于载体（如不锈钢带）上，经凝胶化后，再将布基在不受张力下复合在经凝胶化的料层上；然后经塑化、冷却并从载体上剥离，并进行后处理制得。此法适于生产针织布或无纺布基泡沫人造革和普通人造革。

压延贴合法是将树脂、增塑剂及其他配合剂计量后，投入捏合机中混合均匀；再经塑炼后，送至压延机压延成所需厚度和宽度的薄膜，并与预先加热的基布贴合；然后经压花、冷却，即得成品。此法可生产不同布基的各种人造革。为了提高基布与薄膜的贴合效果，常在基布上先涂一层胶黏剂。

挤出贴合法是将树脂、增塑剂及其他配合剂在捏合机中混合均匀，经炼塑后，由挤出机挤成一定厚度与宽度的膜层；然后在三辊定型机上与预热的基布贴合，再经预热、贴膜、压花、冷却，即得成品。此法用于制造较厚的产品，如地板革、传送带等。

(2) 人造革的种类。

人造革分为有衬底人造革和无衬底人造革两类。无衬底的人造革是直接由压延机压延成一定厚度的软质薄片，再压上花纹而成。

按用途不同，可将人造革分为普通人造革、发泡人造革和绒面人造革三类。

普通人造革又称不发泡人造革，多以平布、帆布、再生布为底基，用直接涂覆法制成。由于涂层密实以及糊料能渗入基布的孔隙中，所以成品手感较硬、耐磨，主要用于制作耐磨包装材料，建筑装饰材料等。

发泡人造革通常多以针织布为底基，面层糊料中含有发泡剂及其助剂，在凝胶化时发泡形成微孔结构，因而成品质轻、手感丰满、柔软。发泡人造革多用转移涂覆法生产，常用于制作手套、包、袋、服装及家具。

绒面人造革俗称人造麂皮，其品种繁多，生产方法也多种多样。例如，人造革凝胶化后的微孔面层，经砂辊研磨后即可制成磨面绒面革；涂覆层经起毛辊起毛并拉伸，可制得卷曲绒面革，适于用作运动鞋的包头和镶边材料；在涂层糊料中加入可溶性盐（如食盐），凝胶化后再用水将盐溶去，可使面层呈微孔状而有绒面感；用静电植绒法，将0.5～1 mm长的合成纤维短绒植于涂布黏结剂的聚氯乙烯人造革上，可制得植绒面革，适于制作包装袋及装饰品。

2. 合成革

合成革是将聚氨酯微孔弹性树脂涂敷于可溶性复合纤维针织底基布或无纺布上制得的

复合材料。合成革模拟了天然革的结构，并可作为其代用材料的塑料制品。合成革通常以经浸渍的无纺布为基底层、微孔聚氨酯层作为胶面层复合而成。合成革的正、反面都与皮革十分相似，并具有一定的透气性，比普通人造革更接近天然革，故广泛用于制作鞋、靴、箱包和球类等。合成革经表面处理后可制成各种不同的花色品种，如光面革、绒面革、搓纹革、压花革、双色饰面革和衣用软革等。合成革的弹性体中形成微细小孔，这些孔互相连接，由表及里形成坚韧而富有弹性的微孔层，成为合成革的表层，并与底基构成整体。同时，由于无纺布纤维交织形成的毛细管作用有利于湿气的吸收和迁移，故合成革具有类似天然革的良好吸水性和透湿性。

1965年日本可乐丽公司研制成两层结构的合成革，取消了中间织物，以改善成品的柔软性。现代，合成革品种繁多，各种合成革除具有合成纤维无纺布底基和聚氨酯微孔面层等共同特点外，其无纺布纤维品种和加工工艺各不相同。例如，采用丁苯或丁腈胶乳底基浸渍液，以得到无纺布纤维与聚合物间的特殊结合，结构层次不同，有三层、两层和单层结构等。

合成革的特点是弹性和机械强度好，透气性和透湿性较好，耐水，制品尺寸稳定，低温下质地柔软，耐磨、耐油等。目前，合成革已被广泛用来代替天然皮革制作服装、手套、箱包、鞋子等制品。

（三）塑料容器

塑料容器是与人们日常生活关系非常密切的包装材料，其用途很广，品种很多。塑料容器按树脂品种不同，有PVC容器、PE容器、PP容器、PS容器、PMMA容器、PET容器、PC容器等；按用途不同，有食品包装用塑料容器、化工品包装用塑料容器、日用器皿等；按外形不同，分为塑料瓶、塑料提水桶、塑料包装桶、塑料盆、塑料盒、塑料包装箱等。

1. 塑料瓶

塑料瓶具有良好的抗冲击强度，优异的化学稳定性，质轻，成本低，易于成形，且外形美观，因此，应用越来越广泛。适于加工塑料瓶的树脂很多，如PET、PE、PVC、PP、PS、PC、PMMA等。塑料瓶的用途很广，既可以包装饮料、食品，也可以用于药品、化妆品等商品的包装。

（1）PET瓶：PET瓶是目前使用最广泛的饮料瓶。它的透明度好，强度高，密封性好，适于盛装各种液体饮料。但PET瓶不耐高温，变形温度约为60℃。

（2）PE瓶：高密度聚乙烯（HDPE）和低密度聚乙烯（LDPE）均可以吹塑成塑料瓶，它们的不同之处主要在于HDPE瓶的硬度、熔点、抗冲击强度较LDPE瓶好。PE瓶半透明或不透明，化学稳定性好，能耐各种腐蚀性溶液，故多用于化妆品、洗涤用品、药品的包装。

（3）PP瓶：PP瓶除用于各种果汁的包装外，还常用于日用化工品的包装。PP瓶的气密性好，质轻，强度高，耐热性极佳，耐热温度可达120℃。

（4）PC瓶：PC瓶的透明度好，强度高，韧性好，可在沸水中蒸煮消毒，通常用于儿童奶瓶。

2. 塑料提水桶

塑料提水桶是一种与人们日常生活关系密切的家庭日用品，常用于家庭盛水、洗衣、收纳物品等。塑料提水桶按原料不同，分为 PE 提水桶、PP 提水桶和改性 PS 提水桶等。其中，PE 提水桶的强度好，成本低，应用最为广泛。PE 提水桶的桶身和桶盖多采用低压 PE 或低压 PE 与高压 PE 混合，经注射成型加工而成；提环为 PP 环或金属环。塑料提水桶的规格通常按容量为标准划分。

3. 塑料包装桶

塑料包装桶是一种与人们日常生活关系非常密切的包装容器。它具有重量轻、不易碎、耐腐蚀、可再回收利用的特点。塑料包装桶的应用非常广泛，品种也很多。塑料包装桶按原料不同，分为 PVC 桶、PE 桶、PP 桶、PET 桶、PC 桶等；按用途不同，分为民用包装桶和工业用包装桶；按桶口直径不同，分为大口包装桶和小口包装桶，桶品直径不大于 70 mm 的为小口径包装桶，大于 70 mm 的为大口径包装桶。

民用塑料包装桶主要用于盛装水、食用油、酱油、食醋、酒等。民用包装桶必须用无毒塑料加工制成。工业用塑料包装桶主要用于盛装液体或粉末状化工原料，如涂料等。塑料包装桶的规格通常按容量为标准划分。

（四）泡沫塑料

泡沫塑料也称为多孔塑料，是指内部具有无数微孔的塑料。泡沫塑料质轻、隔热、吸音、防震、耐腐蚀，可广泛用作保温、隔音、包装等材料。绝大多数的合成树脂均可加工成泡沫塑料产品，如聚苯乙烯、聚氯乙烯、聚氨酯树脂等都是应用广泛的发泡树脂。

1. 泡沫塑料的类别

泡沫塑料按其密度不同，分为低发泡、中发泡和高发泡泡沫塑料三类。密度小于 $0.1\ g/cm^3$ 的称为高发泡泡沫塑料，密度为 $0.1\sim0.4\ g/cm^3$ 的称为中发泡泡沫塑料，密度大于 $0.4\ g/cm^3$ 的称为低发泡泡沫塑料。

泡沫塑料按泡孔的结构不同，分为开孔型泡沫塑料和闭孔型泡沫塑料。泡沫塑料内各个气孔是相互连通的称为开孔型泡沫塑料。如果气孔是互相隔离的，则称为闭孔型泡沫塑料。闭孔型泡沫塑料有良好的漂浮性。

泡沫塑料按其硬度不同，分为软质泡沫塑料、半硬质泡沫塑料和硬质泡沫塑料。如按弹性模量为标准，在 23℃ 和 5% 相对湿度时，弹性模量高于 686 MPa 的称为硬质泡沫塑料；弹性模量在 68.6~686 MPa 的称为半硬质泡沫塑料；弹性模量小于 68.6 MPa 的称为软质泡沫塑料。

2. 常见的泡沫塑料

常见的泡沫塑料主要包括聚氨酯、聚苯乙烯和聚烯烃泡沫塑料三大类。其中聚苯乙烯发泡制品难降解，回收困难，是世界公认的"白色污染"，联合国环保组织已于 2005 年建议在全世界范围内停止它的生产和使用。以聚氨酯为基础的发泡塑料，由于在发泡过程中会产生有毒的异氰酸酯等物质，且不易回收，故也应限制它的发展。相对而言，聚烯烃泡沫塑料，尤其是聚丙烯泡沫塑料存在更多的优点。聚丙烯泡沫塑料具有优良的耐热性，最高使用温度可达120℃，常温下具有较高的拉伸强度和冲击强度，且具有优异的耐微波性，加工成本低等，故越来越引起人们的高度重视。聚丙烯泡沫塑料作为发泡 PS 的优良替代品，在日本、美国、德国等世界发达国家得到了大力发展。

（1）聚氨酯泡沫塑料：软聚氨酯泡沫塑料具有良好的弹性，主要用于加工各种坐垫、床垫等产品，还经常用作精密器械、仪器的防震包装材料。硬质泡沫塑料一般采用黏度较低的聚醚型树脂发泡成聚氨酯泡沫体，用于管道保温、冷藏仓库的绝热层、冰箱隔热层、建筑物保温材料等。

（2）聚氯乙烯泡沫塑料：聚氯乙烯泡沫塑料大部分是软质微孔塑料，主要用于建筑隔音材料、发泡人造革、拖鞋等产品。

（3）聚苯乙烯泡沫塑料：聚苯乙烯泡沫塑料具有无臭、无毒、不受微生物侵蚀、对湿气稳定等特点，又是极佳的绝缘材料，因此除作防震包装材料外，还被广泛地应用于冷冻、冷藏、保温隔热材料，有时还用于浮漂设备、浮标、救生器材等。

二、塑料的品种鉴别

塑料品种的鉴别方法很多，如感官鉴别、燃烧鉴别、化学溶解鉴别、相对密度鉴别、显色鉴别、裂解气相色谱鉴别等。在这些鉴别方法中，有的是简易鉴别法，有的则需要复杂的仪器设备，有的只能定性鉴别，有的可准确定量鉴别；且每一种方法都有其难以避免的缺点，不同方法适宜的塑料品种也有差别。在日常生活工作中，可根据鉴别样品、目的等的不同，选择适宜的鉴别方法。

（一）塑料品种的感官鉴别

塑料品种的感官鉴别是利用人的感觉器官，根据不同塑料品种外观特征的不同进行品种鉴别的方法，是一种简易鉴别法，其鉴别结果的准确性较低。

1. 初步判定塑料制品所属大类

通过感官鉴别，可初步判定塑料制品所属大类是热塑性塑料，还是热固性塑料。

（1）热固性塑料质地坚硬，大多不透明，受热时不会变软。例如，酚醛塑料只能是黑色或棕色；氨基塑料富有光泽，外观似瓷器，色彩鲜艳。

（2）热塑性塑料受热时会变软，质地大多柔软或强韧而富有弹性，少数制品质地坚硬；多呈透明或半透明状态，少数制品不透明。

2. 较准确地判定具有特定外观特征的塑料制品的品种

通过感官鉴别，可较准确地判定具有特定外观特征的塑料制品的品种。

（1）聚乙烯与聚丙烯制品在外观上非常类似，均为软制品或半硬制品。低密度聚乙烯制品较软，聚丙烯制品较硬，未着色时均呈乳白色半透明，用手摸制品表面均有滑腻的蜡状感觉；因比重均小于1，故均可漂浮在水面上，而其他大多数塑料制品在水中多沉底。聚乙烯塑料在沸水中显著变软，而聚丙烯塑料在沸水中仍然较硬，几乎不会发生变形。

（2）聚苯乙烯、有机玻璃、聚对苯二甲酸乙二醇酯制品在外观上非常类似，均为硬制品，光泽和透明度都很好，类似于玻璃，染色制品色泽鲜艳。但 PS 制品敲击声清脆，有金属般的敲击声，其他硬性树脂制品的敲击声均比较沉闷。PS 制品性脆，易断裂。有机玻璃制品摩擦时能产生水果香味,且表面硬度低,用手指甲可以在制品表面画出痕迹。

(3) 氯乙烯硬制品、改性 PS、酚醛塑料、氨基塑料制品均为硬制品,大多不透明。氨基塑料制品具有瓷器般的光泽;酚醛塑料制品光泽较暗,且断面不够致密;聚氯乙烯硬制品在曲折处会出现白化现象。

(4) 赛璐珞制品有独特的樟脑味。

(5) PET 制品多为透明度很好的瓶类、桶类制品,质地坚硬。

(6) 农用塑料薄膜不是高压聚乙烯制品,就是聚氯乙烯制品。聚乙烯薄膜拉伸时有细颈产生,在水中不沉底;聚氯乙烯薄膜拉伸时无细颈产生,拉伸处变白,在水中沉底。

(二) 燃烧鉴别

燃烧试验鉴别法是将少量塑料试样在酒精灯上燃烧,观察塑料的燃烧特征,根据其燃烧特征的不同区分塑料品种的方法。常见塑料的燃烧特征参见表 6.1。

表 6.1 常用塑料的燃烧特征

塑料名称	燃烧难易	离火后是否自熄	火焰的特点	塑料的变化状态	气 味
聚氯乙烯	难	离火即灭	黄色,下端绿色有白烟	软化	刺激性酸味
聚乙烯	易	继续燃烧	上端黄色,下端蓝色	熔融滴落	与燃烧蜡烛的气味相似
聚丙烯	易	继续燃烧	上端黄色,底部蓝色少量黑烟	熔融、滴落膨胀	石油味
聚苯乙烯	易	继续燃烧	橙黄色,浓黑烟	转化、起泡	特殊的香味
有机玻璃	易	继续燃烧	浅蓝色,顶端白色	融化、起泡	强烈的花果臭味,腐烂的水果臭味
ABS	易	继续燃烧	黄色,冒黑烟	转化烧焦	特殊香味
尼龙	缓慢燃烧	慢慢熄灭	黄色,顶端黄色	熔融、滴落	特殊的羊毛、指甲烧焦味
硝化纤维素	极易	继续燃烧	黄色	迅速完全燃烧	无味
电木	难	熄灭	黄色火焰	颜色变深有裂纹	木材和酚味
电玉	较难	熄灭	黄色,顶端蓝色	膨胀、有裂纹,燃烧处变白	特殊的甲醛刺激气味

用燃烧法进行塑料检验时,必须用无烟火焰。检验时用镊子夹小块塑料,放在火焰中燃烧,然后离开火源,仔细观察塑料在燃烧过程中的各种状态和气味,进行检验。

练习与思考

1. 名词解释:塑料、合成树脂、增塑剂、稳定剂、热塑性塑料、热固性塑料。
2. 低压 PE 与高压 PE 在性能特点上有哪些不同?
3. 何谓人造革?何谓合成革?其性能特点有哪些不同?

4. 试比较 PS 与 PMMA 树脂的外观特点。

5. PP 树脂的性能特点是什么？

6. MF 树脂的性能特点是什么？

7. PVC 树脂的性能特点是什么？

8. 试比较 PE 大棚膜与 PVC 大棚膜的特点。

9. PC 容器具有哪些特点？

10. 有两块外观完全相同的塑料薄膜，已知一块为 PE 膜，另一块为 PVC 膜，试用三种简易方法鉴别之。

11. 有两块外观完全相同的硬质塑料板，已知一块为 PVC 板，另一块为 PMMA 板，试用三种简易方法鉴别之。

12. 有两块外观完全相同的塑料薄膜，已知一块为 PE 膜，另一块为 PP 膜，试用一种简易方法鉴别之。

第七章 纺织纤维

本章学习目的

> 纺织纤维是纺织品的原材料,是决定纺织品性能、特点、用途的最基本因素,也是学习"纺织品商品学"的基础。通过本章的学习,读者应该了解纺织纤维的分类;掌握日常生活中常用的纺织纤维的性能、特点、用途;掌握纤维品种鉴别的基本方法,为"纺织品商品学"的拓展学习奠定一个良好的基础。

第一节 纺织纤维的分类

一、纺织纤维的分类

纺织纤维种类很多,通常按来源和化学组成不同进行分类。纺织纤维按来源不同,分为天然纤维和化学纤维两大类。

天然纤维是指取自于自然界,在自然界中天然存在着的纤维。天然纤维按来源不同又分为植物纤维、动物纤维和矿物纤维三类。矿物纤维在日用纺织业中应用很少,常用的天然纤维主要有棉、麻、动物毛、天然丝四类。

化学纤维是指以天然高分子材料或合成高分子材料为原料,经纺丝工艺获得的纤维。化学纤维的种类很多,应用范围也非常广泛,不仅在日用纺织业中,在航空、航天、军工、新材料等领域中也被广泛使用着。化学纤维按高聚物来源不同,又分为人造纤维、合成纤维两类。人造纤维是指采用天然高分子材料加工制成的纤维,合成纤维则是指采用合成高分子材料加工制成的纤维。

人造纤维按化学组成不同又分为人造纤维素纤维和人造蛋白质纤维两类。在日常生活中,应用最为广泛的人造纤维是黏胶纤维。

合成纤维按分子结构不同又分为聚烯烃纤维、聚酯纤维、聚酰胺纤维、聚氨酯纤维等若干类。在日常生活中,应用最为广泛的合成纤维有涤纶、锦纶、腈纶、维纶、丙纶、氨纶等。

纺织纤维分类的具体内容如图 7.1 所示。

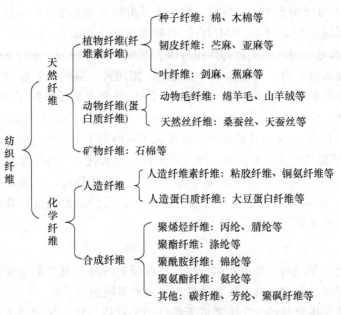

图 7.1 纺织纤维的分类

二、新型纺织纤维

纺织纤维是人类使用历史最悠久的材料之一。在 20 世纪 30 年代之前，人类使用的纺织纤维主要是天然纤维，其品种较少，性能也不够全面。后来随着合成高分子材料工业的飞速发展，人们把化学纤维的生产与应用发展到了一个近似不可思议的高度，研制生产了许多性能各异的化学纤维品种。在此基础之上，服装面料也日新月异，服用性能也不断得到改善，极大地丰富了人们的生活。到了 20 世纪 80 年代，随着人们对环保、时尚理念的更加关注，人们越来越注重新型纺织纤维品种的开发，新型纺织纤维品种越来越多，应用也越来越广泛。目前，新型纺织纤维的研究主要集中在三方面。

（一）绿色环保型纤维

自 20 世纪 80 年代开始，在纺织纤维生产、加工、消费过程中的生态学问题越来越受到公众的关注。由于天然纤维生产过程中农药和化肥的大量施用，合成纤维制品在自然界中难以降解，普通纺织品染整过程中对环境的污染等一系列问题，促进了人们对环保纤维的开发。例如，利用天然纤维资源（如竹纤维、大麻纤维等）获取绿色环保型纤维，利用生物技术生产天然彩色纤维（如彩色棉、彩色桑蚕丝）等。目前，随着民众环保意识的逐渐加强，环保型绿色纺织品越来越受到消费者的关注。

1. Lyocell 纤维

Lyocell 纤维被誉为 21 世纪绿色纤维，是一种新型再生纤维素纤维，中文商品名称有"天丝"、"木浆纤维"等。

Lyocell 纤维采用木浆为原料生产，生产工艺采用了溶剂循环封闭式的干湿法纺丝技术路线，是一种不经化学反应而生产再生纤维素纤维的新工艺。它是利用 N-甲基吗啉-N-氧化物（NMMO）对纤维素的溶解特性，将纤维素溶解得到黏度适宜的纺丝液，经干喷湿纺法纺丝，后经低温水浴或 H_2O/NMMO 体系凝固成形，制成 Lyocell 纤维。

Lyocell 纤维是一种性能优良的纺织纤维。其织物富有光泽，纯 Lyocell 织物具有珍珠般的光泽，手感柔软光滑，具有良好的吸湿性、服用性、染色性和生物降解性。优良的悬垂性，使织品极富动感，具有很好的装饰性。Lyocell 纤维的干态强度和湿态强度均非常优良。干强接近于涤纶纤维；湿强下降小，约为干强的85%，这使得 Lyocell 纤维耐机械和化学处理的能力很强。Lyocell 纤维的断裂伸长率在湿态下的变化也很小，湿态断裂伸长率约为17%，从而使其产品具有良好的尺寸稳定性。这些优点弥补了常规黏胶纤维的缺陷。

Lyocell 纤维生产过程中，氧化胺溶剂可99.5%循环利用。该溶剂毒性极低，基本不污染环境，且 Lyocell 纤维整个生产过程的低能耗、无污染的优点是常规黏胶纤维无法比拟的，是真正的绿色环保纤维。

2. 竹纤维

竹纤维是近几年刚刚开发成功的一种新型纤维素纤维，其产品备受国内市场关注。竹纤维分为竹原纤维和竹浆纤维（竹黏胶纤维）两种不同类型。

竹原纤维是采用独特的生产工艺从天然竹子中直接分离出来的纯天然竹纤维，不含任何化学添加剂，具有无毒、无污染、抗菌、防臭、保健等优良特性，是一种具有"呼吸功能"的纤维，其制品被业内专家誉为21世纪最具发展前景的健康面料。我国的竹资源十分丰富，竹原纤维是继棉、麻、丝、毛后，新开发的一种纯天然纺织原料。纯天然竹原纤维的提取、加工技术为我国独创，在国际上处于领先水平。竹原纤维可以纯纺，也可与其他纤维混纺，主要用于生产夏季服装面料。

近几年市场上出现的竹纤维面料有很多是以竹黏胶纤维为原料制造加工的，其性能与普通黏胶纤维接近。

（二）仿真型差别化纤维

差别化纤维在日本称为新合纤。根据开发差别化纤维最初的目的，可以将其分为仿真型差别化纤维和功能型差别化纤维两种主要类型。差别化纤维通常是以常规合成纤维经改性处理后得到的，在质感和性能等方面得到了明显的改善。

仿真型差别化纤维通常是以常规合成纤维（主要是涤纶）为素材，采用物理或化学的纤维改性技术，使合成纤维的质感和性能发生改变，使合成纤维具有类似于天然纤维织物风格和良好服用性能的改性合成纤维。与常规合成纤维相比，仿真型差别化纤维的最大特点是风格新颖，具有丝绸、苎麻、精纺呢绒等天然纤维织物的风格特征；手感舒适，具有柔软、蓬松、丰厚、滑糯、干爽等舒适的手感；外观高雅、华贵、优美，产品档次明显提高。

随着差别化纤维技术的发展，仿真型差别化纤维已经从早期模仿天然纤维时代，进入到合成纤维自身发展时期，其独特的风格和良好的服用性能被消费者接受，功能性也在不断提高。目前，开发仿真纤维的差别化技术主要体现在合成高聚物分子结构改性；纺丝成形过程中差别化技术；牵伸过程中差别化技术；假捻变形、空气变形和网络过程中的混纤技术等方面。

（三）功能型纤维

功能型纤维一般是指具有某些特殊功能的纤维，例如具有高强力，具有高模量，能耐高温，具有优良的电学性能，具有良好的卫生、防护性能等。功能型纤维的种类很多。

1. 抗静电纤维

在日用纺织纤维中，合成纤维的吸水性较差，表面电阻率较高，因此在使用过程中很容易积聚摩擦静电，静电现象比较严重。服装静电一方面影响了服装的服用性，另一方面在某些特定的作业场所还可能导致重大的安全事故。开发抗静电纤维也就成了纺织业不可推卸的责任。

抗静电纤维是指不易积聚静电荷的纤维，其在 20℃时，体积电阻率应小于 $10^{12}\Omega$ 或静电荷逸散半衰期小于 60 s。这类纤维主要用于加工各种特种作业服装、地毯、矿山输送带、汽车内饰用品和特殊无尘、无菌、无静电工作服等。

目前生产抗静电纤维采用的加工方法有：添加导电填料法；用抗静电剂进行表面处理；用亲水性聚合物整理剂处理；与含导电或抗静电性能的聚合物复合纺丝或共混纺丝；与抗静电单体共聚。

(1) 添加导电填料法。

这类方法是将无机导电填料掺入聚烯烃材料基体中。目前以用炭黑填充的应用为最广，这是因为炭黑原料易得、价廉、导电性能持久稳定。炭黑本身的体积电阻为 $0.1\sim10.2\Omega$，在树脂复合物中，当炭黑粒子与粒子间相互接触形成网状网络或炭黑粒子间隙为几个 10^{-8} cm 时，就可形成导电通路。因此，由炭黑填充制成的复合型抗静电高分子材料是目前用途较广、用量较大的一种抗静电材料。此外，也可以采用金属类填料，如金属粉末（Ag、Cu、Al、Ni 等）、金属纤维（铜纤维、铝纤维、不锈钢纤维、合金纤维等）和金属氧化物。

(2) 添加抗静电剂法。

抗静电剂的作用机理是在材料表面形成导电层，降低其表面电阻率，从而使产生的静电荷迅速泄漏；或者赋予材料表面一定的润滑性，降低摩擦系数，以抑制和减少静电荷的产生。

抗静电剂的极性、与基材的相容性及它在材料中的分散性均影响抗静电效果。根据抗静电剂分子中的亲水基能否电离和离子化特征，可将抗静电剂分为阳离子型、阴离子型、两性型、非离子型和高分子型。通常，极性基材应选择离子型抗静电剂，而非离子型抗静电剂更适于弱极性或非极性聚合物。

2. 高吸湿、吸水纤维

基于纤维吸湿、吸水机理以及水分在纤维和纤维集合体中传递方面研究所取得的成果，开发高吸湿、吸水纤维具有两方面的目的。一是为了提高合成纤维织物的吸湿、导湿性，改善其服用性。二是为了开拓纺织纤维新的应用领域，如医疗和卫生用纺织品、农用纺织品、过滤和透析材料或其他工业用纺织品。

CoolMax 是杜邦公司独家研究开发的吸湿排汗型纤维，其截面形状独特，呈四管状，为中空纤维，而且纤维的管壁还透气。正是由于这种纤维的独特物理结构，使得该纤维具有很好的毛细效应，导致它具有良好的吸湿、排汗、透气特性，可随时将皮肤上的汗湿抽离皮肤，并传输到面料表面迅速蒸发，从而使皮肤保持干爽和舒适。通过对 CoolMax 功能性纤维面料与其他面料干燥速率的比较，发现无论在短时间或较长时间内，CoolMax 功能性纤维面料的干燥速率都明显好于其他面料，CoolMax 功能性纤维面料的干燥速率约为棉的两倍。

3. 抗菌防臭纤维

抗菌防臭纤维具有抑制和杀灭细菌，防止因细菌分解人体分泌物而产生的异味，防止疾病传播等功效。目前开发的抗菌防臭纤维主要是利用常规合成纤维（涤纶、锦纶、腈纶等），通过抗菌防臭剂整理制成。在众多抗菌防臭剂中，含金属氧化物微粒的抗菌效果比较突出。例如，在涤纶中添加一定量的氧化锌、氯化银、氧化铜、氯化亚铜、硫酸铜等微粒，其产品的初期灭菌率、10 次洗涤后的灭菌率都很高，对大肠杆菌、枯草杆菌、鼠伤寒沙门菌、金黄葡萄球菌、肺炎克雷伯氏杆菌等均具有良好的消毒作用，并可抑制细菌生长。

第二节 棉 纤 维

一、棉纤维的品种

棉花属锦葵科棉属，有多个品种。目前世界各国栽培的棉花主要有四个品种，即陆地棉、海岛棉、亚洲棉和彩棉。

（一）陆地棉

陆地棉又称细绒棉，因最早在美洲大陆种植而得名。其纤维长度为 23~33 mm，细度为 0.15~0.2 tex，单纤维强力为 2.94~4.41 cN，色泽洁白至乳白，有丝光，纺纱性良好，应用广泛。陆地棉植株的环境适应力强，在世界绝大多数地区均能正常生长，是世界上四个棉花栽培品种中产量最高的品种，占世界棉纤维总产量的 85%，在我国约占 93% 左右。

（二）海岛棉

海岛棉又称长绒棉，原产美洲西印度群岛，后传入北美洲东南沿海群岛种植，故而得名。其纤维长度为 33~64 mm，细度为 0.12~0.14 tex，单纤维强力为 3.92~4.9 cN。海岛棉纤维特长，细而柔软，色泽乳白或淡黄，富有丝光，品质优良，是生产 10 tex 以下细纱的原料。现种植海岛棉的国家主要有埃及、苏丹、美国、摩洛哥及中亚各国，我国在新疆等棉区有少量种植。海岛棉对环境的适应能力较差，产量也较陆地棉低。

（三）亚洲棉

亚洲棉又称粗绒棉，原产于印度，在我国种植已有两千多年的历史，故又称中棉。其纤维长度为 15~24 mm，细度为 0.25~0.4 tex，单纤维强力为 4.41~6.86 cN。亚洲棉纤维粗短，纺纱性能差，光泽较暗，使用价值较低。目前，国内已很少种植。

（四）天然彩色棉花

天然彩色棉花的纤维中含有天然色素，从而使纤维呈现不同的彩色，故天然彩色棉花又简称为"彩棉"。它是利用现代生物工程技术选育出来的一种新型棉花品种。

野生彩棉早已存于自然界中,但由于产量低、纤维短,故而不适应纺织工业的要求,生产上很难直接利用。世界上许多国家自20世纪50年代就开始研究开发彩棉,目前,在这一研究领域走在最前列的是美国。彩棉主要的研究手段是利用野生彩棉作为亲本,进行驯化、改良,同时运用生物工程技术、航天育种技术进行新品种的选育和开发。截至目前,美国、埃及、阿根廷、中国、印度等多个国家正在研究开发、种植彩棉,主要品种有棕色棉、绿色棉、红色棉、紫色棉、褐色棉、蓝色棉等。我国科技工作人员开发的彩棉新品种,其品质已达到、甚至超过陆地棉。

彩棉织物像普通棉织物一样具有良好的服用性,且色泽自然,洗涤和风吹日晒也不会变色和褪色。用这种棉花织成的布不需要染色,一方面防止了印染业对环境的污染,最大限度地保护了环境,另一方面降低了生产成本。目前,彩棉织物存在的主要问题一是色彩不够鲜艳,二是色彩不够丰富。

二、棉纤维的形成和结构

棉纤维为单细胞纤维,每根纤维是由一个细胞发育而成的。棉花开花后,胚珠授粉,胚珠开始发育,最终胚珠发育成棉籽,其表皮细胞发育成棉纤维。

棉纤维的生长发育分为两个阶段。其中,前期为伸长期,时间持续25~30天,在这一时期细胞逐渐伸长,但细胞壁增厚很小,形成一个中空薄壁细长的圆管细胞;后期为增厚期,时间持续亦为25~30天,在这一时期通过光合作用产生的纤维素在初生胞壁内壁上由外向内逐渐淀积,细胞壁开始逐渐增厚,形成次生细胞壁,最终发育成正常成熟的棉纤维。

在放大镜下观察正常成熟的棉纤维,其纵向呈扁平带状,其上存在不规则的沿纤维长度方向不断改变转向的180°天然转曲。

棉铃吐絮前,纤维内含有较多水分,棉纤维呈管状结构,横截面呈圆形。当棉铃裂开吐絮后,棉纤维干涸瘪缩,胞壁产生扭转,横截面变为腰圆形。

棉纤维的横截面由许多同心层组成,大致可分为三层,分别是初生层、次生层和中腔。

初生层为棉纤维的外层,是棉纤维在伸长期形成的细胞壁。初生层主要由蜡质、果胶、网状原纤组成,其厚度很薄,约为$0.1\sim0.2\,\mu m$,重量只占纤维重量的2.5%~2.7%。初生层与棉纤维的表面性质密切相关,例如,棉蜡使棉纤维具有良好的适宜于纺纱的表面性能,但在棉纱、棉布漂染前要经过煮炼以除去棉蜡,以保证染色均匀。

次生层是棉纤维在加厚期由填充纤维素而成的部分,该层基本由若干同心环状层叠的纤维素薄层构成。次生层决定了棉纤维的主要物理机械性质。

中腔是棉纤维生长停止后遗留下来的内部空隙。当次生胞壁厚时,中腔就小;次生胞壁薄时,中腔就大。中腔截面仅为棉纤维截面总面积的1/10左右。中腔内留有少数原生质和细胞核残余物,对棉纤维颜色有影响。

三、棉纤维的性质

棉纤维的色泽通常为白色、乳白色或淡黄色,光泽较绵羊毛、桑蚕丝略暗。

棉纤维细而短,手感柔软。由于棉纤维的主要成分是纤维素,其分子链上存在大量亲水性羟基,再加之纤维中存在很多孔隙,因此棉纤维具有优良的吸湿性和芯吸效应,能大量吸收人体的汗水,并散发到织物表面,使穿着者感到舒适。所以棉纤维的服用性很好,且不易产生静电。

棉纤维的吸水性良好,在水中几乎能吸收其本身重量 1/4 的水分。吸水后纤维的横截面会变大,长度变短,所以棉织物的水稳定性较差,易缩水,在裁剪加工前应进行预缩,以避免制成品的尺寸变小。在棉织品的染整过程中,为改善棉纤维的皱缩、尺寸不稳定的缺点,常对棉织物进行免烫整理。

棉纤维强度一般,耐磨性较差,所以棉织品的穿着牢固度不是很好。棉纤维吸湿后强力增加,因此棉织物耐水洗性良好。

棉纤维的弹性较差,使用过程中和洗后容易起皱。

棉纤维的耐热性良好,可用热水浸泡和蒸汽熨烫或烘干,但不宜在 100℃ 以上长时间处理,熨烫温度可达 190℃ 左右。

棉纤维耐酸性较差,在浓硫酸、浓硝酸等强脱水性酸中极易分解,被迅速碳化后破坏;在稀酸溶液中随时间的延长,会引起纤维素的水解,使性能下降。所以,棉织物应避免使用酸性洗涤剂洗涤。

棉纤维耐碱性良好,在碱性溶液中浸泡,性能一般不会明显下降。棉纤维在浓度为 18%～25% 的氢氧化钠溶液中可发生溶胀,使纤维直径变粗,长度缩短,此时,若施加外力拉伸,会使纤维素分子发生重新排列,结晶度提高,宏观上表现为纤维的外观光泽提高,使其具有桑蚕丝般的外观光泽,同时纤维强度也有所增加,这种加工过程称为丝光,所得到的制品称为丝光制品。若不对在烧碱溶液中的棉织物施加张力,任其收缩,则能使织物紧密、丰厚,富有弹性,保形性好,此过程称碱缩。碱缩工艺主要用于针织物的整理。

棉纤维易受真菌等微生物的损害,在温度、湿度合适时易发生霉变。

棉纤维染色性能良好,可以采用多种染料颜色,色彩也非常丰富,但色牢度较差。

四、棉纤维的质量指标

棉纤维使用价值的高低主要取决于纤维长度和品级。纤维越长,品级越高,使用价值也越高。我国棉花的业务检验包括长度、品级、含水、含杂四项内容,其中以长度和品级确定棉花的价格,以含水、含杂确定棉花的重量。

棉花的品级根据棉花的成熟度、色泽、轧工质量等因素确定,共分为 7 级,7 级以下为级外棉。棉纺原料一般用 1～5 级,称为纺用棉。品级评定采用品级条件和实物标准相结合的方法确定。

(一)长度

纤维长度是指纤维伸直时(但不能产生拉伸伸长)两端间的距离,单位为 mm。一般细绒棉的纤维长度在 25～33 mm,长绒棉多在 33 mm 以上,不同品种、不同产地的棉纤维长度有很大差别。由于一批原棉中每根纤维长短差异很大,任何一个长度指标都不能反映纤维长度的全貌,故只能在不同的场合采用不同的指标来表示纤维长度的特征。目前,普遍使用的长度指标有平均长度、主体长度、品质长度和短绒率四个。

(1) 平均长度：是指纤维长度的平均值，一般用重量加权的平均长度表示。

(2) 主体长度：是指一批棉样中含量最多的纤维长度。在棉花贸易中，一般用主体长度作为纤维的长度指标。

(3) 品质长度：又称右半部平均长度或有效长度，是指长度大于等于主体长度的那一部分纤维的重量加权平均长度。它是确定棉纺工艺参数时使用的长度指标。

(4) 短绒率：是指样品中纤维长度短于某一长度界限（一般为 12.7 mm）的纤维重量与样品总重量的百分比。它是衡量棉纤维长度整齐度的一项指标。

棉纤维的长度是衡量棉纤维质量的重要指标。棉纤维的长度与成纱质量关系极为密切，当其他条件相同时，纤维越长，成纱质量越高。在保证成纱具有一定强度的前提下，棉纤维越长，纺出的纱极限细度越细；反之，纺出纱的极限细度越粗。纤维长度的整齐度对纱线的影响也不可忽视，原棉中短绒率高于 15%，成纱强度将显著下降。纤维长度越长，长度整齐度越高时，细纱的条干均匀度越好。

(二) 细度

纤维的细度是指纤维横截面积的大小。由于棉纤维的品种与生长条件不同，其截面形态与大小的差异性很大。例如，长绒棉的纤维周长小，表现出的截面面积较小，细度较细，品质优良；细绒棉周长较长绒棉大，表现出的截面面积较大，纤维较粗。棉纤维在棉铃裂开之前，纤维截面呈圆环形；但裂开以后，纤维中的水分大部分被蒸发，纤维截面因纤维干涸压扁而呈不规则的腰圆形，很难准确测定棉纤维截面积的大小。鉴于此，棉纤维的细度很难用纤维直径、周长、横截面积等直接指标来衡量。在生产实践中，通常采用一些间接指标来衡量棉纤维的细度。棉纤维的细度评价指标通常有公制支数（N_m）、丹尼尔（D）和号数（N_t）。

(1) 公制支数：是指在公定回潮条件下，单位重量（g）纤维具有的长度（m）。其公式为：

$$N_m = \frac{L}{G}$$

式中：N_m——公制支数；

L——纤维总长度；

G——纤维的重量。

公制支数是用一定条件下规定重量的纤维总长度来描述细度。对同一种纤维来讲，规定重量的纤维越长，其细度肯定也越高。公制支数是定重制单位，N_m 愈大，表示纤维愈细。

(2) 丹尼尔：简称旦，是指在公定回潮条件下，9000 m 长纤维所具有的重量克数。丹尼尔是用一定条件下规定长度的纤维重量来描述细度。它是一个定长制单位，D 愈小，纤维愈细。丹尼尔主要用于衡量长丝的细度，有时也用于衡量棉纤维的细度。

(3) 号数：又称特克斯，是指在公定回潮条件下，1000 m 长纤维所具有的重量克数。号数也是一个定长制单位。号数通常用于衡量纱线的细度，有时也用于衡量棉纤维的细度。

纤维细度与成纱质量及纺纱工艺关系极为密切。当其他条件不变时，纤维愈细，成纱强度愈高。在保证成纱具有一定强度的条件下，纤维越细，可纺成的纱线也越细。一定细度的棉纤维，可纺纱的最细细度有极限值，这是因为成纱的断面内包含的纤维根数多时，纤维之间接触面积大，纤维之间滑脱的机会小，成纱强度提高。纤维的细度对成纱的条干均匀度也有着显著的影响，纤维越细，成纱的条干均匀度越好。

（三）成熟度

棉纤维的成熟度是指纤维胞壁的加厚程度。胞壁愈厚，成熟愈好。正常成熟的棉纤维，截面粗、强度高、弹性好、光泽好，并有较多的天然转曲。

成熟度高低与成纱质量、纺纱工艺等关系密切。

(1) 成熟度高的棉纤维能经受打击，易清除杂质，不易产生棉结与索丝。

(2) 成熟度高的棉纤维吸湿性好，强度高，弹性较好。

(3) 成熟度高的棉纤维在加工过程中飞花和落棉少，成品制成率高。

(4) 成熟度高的棉纤维吸色性好，织物染色均匀，薄壁纤维吸色性差，容易在深色织物上呈现白星，影响外观。

(5) 成熟度中等的棉纤维较细，成纱强度高。成熟度过低的棉纤维成纱强度不高。成熟度过高的棉纤维偏粗，成纱强度亦低，但加工成织物厚实，耐磨性较好。

棉纤维的成熟度通常用成熟度系数表示。成熟度系数是指棉纤维中段截面恢复成圆形后，相应于双层壁厚与外径之比的标定值。其值域为 0.0～5.0，成熟度系数等于 0.0 时，表示最不成熟的纤维；成熟度系数等于 5.0 时，表示最成熟的纤维。一般正常成熟的细绒棉，其成熟度系数为 1.5～2.0；成熟度系数小于 0.75 的纤维一般定义为未成熟纤维。在棉花检验中，一般用 200 根纤维的平均成熟度系数和未成熟纤维的百分率两个指标来衡量棉纤维的成熟情况。

（四）强度

纤维的强度也是衡量纤维质量的重要指标，纤维的强度在很大程度上决定了成纱的强力，进而影响着织品的使用牢固度。衡量棉纤维强度的指标主要有单纤维强力、相对强度和断裂长度。

(1) 单纤维强力：是指拉断一根纤维所需要的力，单位为厘牛顿（cN）。细绒棉纤维的单纤维强力约为 3.5～4.5 cN。一般粗纤维单纤维强力较高，细纤维单纤维强力较低。然而，单纤维强力并不是只取决于纤维的粗细，还与棉花的类别、品种等因素有关。例如，长绒棉纤维细度比细绒棉高，而单纤维强力却不比细绒棉低，长绒棉的单纤维强力一般在 4～6 cN，比同等粗细的细绒棉要高出很多。

由于单纤维强力受纤维细度的影响，为便于不同细度纤维的强度比较，常用相对强度和断裂长度来描述纤维的强度指标。

(2) 相对强度：是指拉断单位细度纤维所需要的力，单位为厘牛顿/分特克斯（cN/dtex）。

(3) 断裂长度：是指当纤维的重量等于其单纤维强力时纤维的总长度，单位为 km。细绒棉的断裂长度一般为 21～25 km，长绒棉的断裂长度一般在 30 km 以上。

（五）天然转曲

在棉纤维的生长发育过程中，微原纤是沿纤维轴向螺旋式填充的。由于受昼夜变化、温度、光照强度等因素的影响，微原纤的填充是不均匀的，这样就在纤维内部储存了一定的扭转弹力，经晒棉后由于扭转弹力的释放使纤维呈扭转状态。

棉纤维的天然转曲也是衡量纤维质量的指标。棉纤维上存在的天然转曲有效地增大了纤维表面的摩擦系数，从而提高了棉纤维成纱时的抱合力，提高了纱线的强度。棉纤维的转曲较多时，纤维间的抱合力也越大。

棉纤维天然转曲的多少一般用天然转曲率表示。天然转曲率是指单位长度（1cm）内扭转180°的次数。棉纤维天然转曲率的高低取决于多个因素，例如，成熟正常的棉纤维转曲最多；薄壁纤维转曲很少；过成熟纤维外观呈棒状，转曲也少；不同品种的棉纤维，转曲数也有差异，长绒棉的天然转曲率较高，细绒棉的较低。一般细绒棉的转曲率为每厘米39～65个。

（六）原棉的水分、杂质与疵点

原棉中的水分和杂质含量会影响到棉花的有效重量，因此，它们也是影响棉花贸易的重要指标。

原棉中的水分含量通常用回潮率表示。我国原棉的回潮率一般在8%～13%。原棉的回潮率过高，在储存过程中容易霉变，在扎花和纺纱过程中易扭结，除杂效率也下降。

杂质是原棉夹杂的非纤维性物质，主要包括砂土、棉花枝叶、铃壳、棉籽、杂草、树叶等。各种杂质对棉纺工艺及成纱的质量影响不同。在原棉的杂质检验中，既要重视杂质的含量，又要注意杂质的种类。原棉中杂质含量用含杂率表示，含杂率是指样品中各类杂质总重量与样品重量的百分比。

疵点是原棉中存在的有害于纺纱的纤维物质，主要有索丝、棉结、不孕籽、破籽、黄根、僵片、带纤维籽屑等。

杂质与疵点的存在，既影响原棉的有效重量，也影响纺纱工艺和纱线的质量，特别是细小疵点对纱线质量影响很大，且在棉纺过程中难以排除，从而影响棉织品的外观。

第三节　麻　纤　维

一、麻纤维的种类

麻纤维有若干种，根据纤维所取的部位不同，分为韧皮类麻纤维和叶类麻纤维两类。韧皮类麻纤维主要取自某些双子叶麻类植物的茎皮，如苎麻、亚麻等；叶类麻纤维主要取自某些单子叶麻类植物的叶子，如剑麻、蕉麻等。日用纺织业中应用价值最高的是苎麻和亚麻，其他麻纤维多用于加工包装材料。目前，由于加工工艺的提高，剑麻、黄麻等纤维也逐渐应用于日用纺织业中，且织品别具风格，受到了不少消费者的欢迎。

（一）苎麻

苎麻属于苎麻科苎麻属中的一种多年生宿根草本植物，有白叶种苎麻和绿叶种苎麻两个栽培品种，其中，白叶种苎麻的适用性较强，纤维品质也较好。苎麻原产于中国，中国也是世界上苎麻的主产地，故苎麻有"中国草"之称。中国苎麻产地集中在长江流域。

苎麻纤维是初生韧皮纤维，存在于麻茎的初生韧皮部内。其纤维细、强度高、色泽银灰是麻纤维中色泽最浅的一种，光泽也较其他麻纤维好。苎麻单纤维长，可利用单纤维进行纺纱。苎麻具有凉爽、挺阔、吸湿、透气的特性，适宜作夏季衣料。

苎麻纤维的横截面呈椭圆形或扁平形，有中腔，且粗细不均。纤维纵向没有或少有捻转，纤维表面有明显条痕和结节。

（二）亚麻

亚麻属于亚麻科亚麻属，为一年生草本植物，有长茎亚麻和多枝亚麻两个栽培品种，做纤维使用的为长茎亚麻。亚麻主要产于前苏联、法国、比利时和爱尔兰等地。我国的亚麻主要产区为黑龙江省和吉林省。

亚麻纤维的品质仅次于苎麻，纤维细长，色泽较浅，纺纱性良好。

亚麻单纤维横截面大多呈多边形，纤维壁较厚，具有明显的中腔，纤维较平直，无捻转，末端纤维尖细。

二、麻纤维的性质

日用纺织用麻纤维一般由多个纤维细胞借助细胞间质并和而成。由于细胞间质中含有较多的色素，故麻纤维的色泽较深，染色性较差，不易染成鲜艳的浅色。又由于麻纤维横截面不规则，纤维表面的反光、折光性较差，故纤维光泽暗淡。麻纤维是日用纺织纤维中外观光泽最差的纤维。

麻纤维中由于含有较多的果胶质和木质素，故纤维挺硬，手感不够柔软和丰满。麻纤维的断裂伸长率低，弹性差，织品易产生折痕，因此保存时不宜重压，褶裥处也不宜反复熨烫。

麻纤维的吸湿性好，放湿速度也快，且吸水后纤维的硬度会降低，服用性提高；再加上麻纤维的导热速度也快，能迅速将皮肤表面的热量传递到外部空间中，所以麻纤维是热带地区很好的夏季用服装面料，其穿着凉爽，出汗后不贴身。

麻纤维拉伸强度远高于棉纤维，且湿态强度明显大于干态强度，所以制品坚固耐用，耐水洗。麻纤维是天然纤维中强度最高的纤维。

麻纤维的耐热性比棉纤维好，熨烫温度可达200℃，一般需加湿熨烫。

麻纤维的主要化学组成与棉纤维相同，都为纤维素纤维，所以两者的化学稳定性也类似。

麻纤维的耐光性很好，耐霉变性也好于棉。

亚麻和苎麻的性能较为接近。苎麻断裂强度略大于亚麻，苎麻吸湿性也比亚麻稍好，但苎麻的折叠处比亚麻更易被破坏，因此应减少褶裥。苎麻色白光泽好，染色性能优于亚麻，更易获得较多的色彩。

第四节　天然丝纤维

一、天然丝纤维的种类

天然丝纤维又称蚕丝纤维，是由各种蚕的幼虫吐丝形成的天然蛋白质纤维。天然丝纤维的种类较多，常分为家蚕丝和野蚕丝两类。

家蚕丝即桑蚕丝，是天然丝纤维中应用最广泛的一种。日常生活中人们使用的天然丝织品大多是桑蚕丝织品。

野蚕丝种类较多，有柞蚕丝、蓖麻蚕丝、樟蚕丝、天蚕丝等，其中应用比较广泛的是柞蚕丝。

在20世纪90年代之前，柞蚕丝的产量还很高，应用也非常广泛。但由于柞蚕丝存在泛黄、水渍、色泽差等难以克服的缺点，使其应用受到了很大的限制，目前应用已越来越少。

天蚕丝是以天蚕茧为原料缫制而成的丝。天蚕的故乡是我国大兴安岭的原始森林。天蚕丝呈天然的浅绿色，色彩自然。天蚕丝反光较强，具有别具特色的优雅光泽；手感柔软，丝质独特优美；再加之产量极低，因而是天然丝纤维中的极品，被誉为蚕丝中的"绿色宝石"，其开发应用前景十分广阔。天蚕丝的单丝截面为不规则的扁平形，也有椭圆形及其他不规则形状。由于不同断面形状的单丝纤维组合在一起，使组成纺织用单丝纤维的微细纤维的聚集状态是疏松的，形成了许多平行于纤维轴的微细长形空孔，以及相当数量的缝隙，因此天蚕丝纤维的蓬松性、柔软性好，具有优良的吸湿、排湿性能。天蚕丝由于构成微细纤维的结晶结构与桑蚕丝不同，故其化学稳定性也优于桑蚕丝。天蚕丝拉伸强度明显高于桑蚕丝和柞蚕丝，其丝织物坚牢、不皱。此外，天蚕丝的交织性能良好。利用天蚕丝优良的丝纤维特性和高雅、柔和的特点，可制成高档、华贵的织物面料和刺绣用线。

二、桑蚕丝

（一）桑蚕丝的形成

桑蚕丝是由桑蚕幼虫体内的绢丝腺分泌出的丝液凝固而成。绢丝腺是透明的管状器官，左、右各一条，分别位于食管下面虫体的两侧，呈细而弯曲的管状。绢丝腺由吐丝口、输丝管、贮丝部和泌丝部四部分构成。泌丝部分泌出丝素蛋白和丝胶蛋白，丝胶蛋白包覆在丝素蛋白周围，输送到贮丝部储存。贮丝部分泌出色素，使丝胶染色。丝素、丝胶一起进入输丝管，左、右两条绢丝腺在蚕虫头部合并，经吐丝口将丝液吐出体外。丝液在输丝管分泌出的酸性物质的作用下凝固成丝。

桑蚕幼虫老熟后停止进食，开始吐丝结茧。每个蚕茧是由一根丝由外而内缠绕而成。蚕虫最初吐出的丝缠绕在茧的最外侧，呈不规则的网状，且丝细而脆弱，称为茧衣。茧衣里面是茧层。茧层结构较紧密，蚕丝排列规则，粗细均匀，形成十多层重叠密接的薄丝层，是组成蚕茧的主要部分，占全部重量的70%～80%。茧层由丝胶粘连在一起，形成一个整体，其间存在许多微小的空隙，使茧层具有一定的透气性与透水性。最里层茧丝的纤度最细，结构松散，叫蛹衬。茧衣和蛹衬部分的丝质较差，不能缫丝，只能做绢纺原料使用。

（二）缫丝

缫丝即蚕丝的缫制，是指以蚕茧为原料生产出纺织用生丝的加工过程。其工艺流程为剥茧→选茧→煮茧→缫丝→复整。

1. 剥茧

在蚕茧外面的一层茧衣，纤维细而脆弱，丝缕杂乱，不能用于缫丝，必须先行剥去。剥茧是在剥茧机上进行的。

2. 选茧

每批蚕茧都存在着茧型大小、茧层厚薄、色泽等差异，为此，需按照工艺设计的要求进行选茧分类，剔除原料茧中不能缫丝的下脚茧，如双宫茧、薄皮茧、破头茧、黄斑茧、油污茧、深色茧、烂茧等。

3. 煮茧

干茧茧层内的茧丝借丝胶黏连成为一个整体，胶着力较大，在缫丝时很难抽取成丝。通过煮茧，膨润和溶解表面丝胶，使丝缕之间的胶着力降低，保证缫丝时茧丝能连续不断地顺序离解，便于缫丝。目前，使用较多的是循环式蒸汽煮茧机。煮茧工序的适当与否，对缫丝的产量、质量有密切的关系。

4. 缫丝

煮熟的蚕茧经过理绪，理清丝头，找出正绪后喂入缫丝机上，若干根茧丝在缫丝机上合并，借丝胶的粘连，形成生丝。生丝的细度由茧丝的合并数和单根茧丝的纤度来确定，如要缫制 2.3 tex（20/22D）生丝时，一般要用 7～9 根茧丝合并。

缫丝的方法很多，按缫丝蚕茧沉浮的不同，可分为浮缫、半浮缫、沉缫三种。蚕茧的浮沉主要取决于煮茧后茧腔内吸水量的多少。将煮熟茧缫成生丝，要经过索绪、理绪、集绪、捻鞘、络交、卷取、干燥等工序。

5. 复整

在复摇机上，把缫制的生丝制成一定规格的丝绞，再经整理包装，成为丝纺原料。

（三）桑蚕丝的形态结构

构成蚕茧的茧丝是由两根平行的单丝黏合而成的。每根单丝的内部为丝素蛋白（丝朊），表面包裹着一层丝胶蛋白。每根单丝的横截面呈半椭圆形或略呈三角形。

生丝是由数根茧丝依靠丝胶黏合而成的。由于这数根茧丝在缫制过程中呈随机排列，所以生丝的横截面结构是不固定的，没有特定的形状，有的呈近似三角形，还有的呈椭圆形、四角形、多角形、不规则圆形、扁平形等。但大部分生丝呈椭圆形或略呈三角形，占65%～73%。

（四）桑蚕丝的分类

桑蚕丝按加工工艺不同分为生丝、熟丝、加工丝、绢丝四类。

1. 生丝

生丝是指缫制完成后未经任何处理的丝。机械缫制而成的称为厂丝，手工缫制而成的称为土丝。生丝表面丝胶层较厚，且厚度不够均匀。生丝的强度好，富有弹性，但色泽、光泽较熟丝差。用生丝织成的织物称为生货绸，也叫生织绸。

2. 熟丝

生丝经精炼后形成的丝称为熟丝。在精炼过程中，生丝表面的丝胶大部分被脱掉。由于天然丝中的色素主要存在于丝胶中，因此熟丝的色泽洁白，光泽自然柔和，外观效应特好。但熟丝的强度、弹性、热稳定性、化学稳定性等内在指标较生丝略差。用熟丝织成的织物称为熟货绸，也叫熟织绸。

3. 加工丝

加工丝也称为捻线丝，是指用两根及以上的丝加捻后得到的丝线。

4. 绢丝

绢丝也称为绢纱，是以缫丝下脚料和不能缫丝的废茧为原料，经加工形成的以丝短纤维为原料纺成的纱。用绢丝织成的织物称为绢或绢绸。

（五）桑蚕丝的性质

桑蚕丝是高档的纺织原料，纤维细而柔软，表面光洁顺滑，光泽柔和，手感柔软，富有弹性。桑蚕丝织品具有柔软舒适的触觉感，夏季穿着凉爽，冬季暖和，卫生性好，服用性好。采用不同组织结构，桑蚕丝可加工成各种厚度和风格的织物，桑蚕丝织物可以轻薄似纱，也可以厚实丰满。

桑蚕丝的强度与棉近似，高于羊毛，但湿态强度很低，故不宜用波轮式洗衣机洗涤，最好手洗。桑蚕丝有良好的弹性，其断裂伸长率和弹性恢复率均优于棉纤维和麻纤维。桑蚕丝的耐磨性较差。

桑蚕丝的吸湿性好，洗涤后容易起皱，洗后需熨烫。

桑蚕丝为蛋白质纤维，其耐酸稳定性和耐碱稳定性都不是很好，酸和碱都会导致桑蚕丝纤维水解。桑蚕丝的耐酸性小于羊毛，而耐碱性稍强于羊毛，洗涤时最好使用中性洗涤剂洗涤。桑蚕丝不耐盐水侵蚀，所以夏季丝绸服装宜勤洗勤换。桑蚕丝不耐氧化剂，织品不宜用漂白剂处理。桑蚕丝经醋酸处理后，织物会更加柔软滑润，富有光泽，所以洗涤丝绸服装时，最后漂清时在水中加入少量白醋，能改善外观和手感。

桑蚕丝的耐光性很差，在日光下纤维易泛黄，且强度会显著下降，弹性也变差，其织品在洗涤后不易在强光下暴晒。

桑蚕丝的耐热性不好，但稍优于羊毛，熨烫温度为160～180℃，宜用蒸汽熨斗熨烫，且一般要用垫布，以防烫黄和水渍。

桑蚕丝的染色性能良好，可以采用多种颜料染成各种鲜艳的色泽，但其色牢度较低，水洗和日晒均易导致褪色。

第五节 毛纤维

一、毛纤维的种类

毛纤维属于天然蛋白质纤维。毛纤维的种类较多,目前,日用纺织业中所采用的动物毛纤维大致有山羊绒、马海毛、羊驼毛、兔毛等几种。

(一) 山羊绒

山羊绒又称羊绒,是一种高原山羊进入冬季后身上分生出的绒毛。该品种山羊主要生长在高寒的草原上,广泛分布于我国的内蒙古、新疆、青海等地。我国是世界羊绒生产大国,羊绒产量占世界总产量的50%以上,其中又以内蒙古生产的羊绒品质最好,产量也最高。羊绒的性能好,产量低,故羊绒有"软黄金"的美称。

羊绒纤维最显著的特点是纤细、柔软、质轻、保暖性好,其织品手感特别柔软、滑糯,光泽柔和。与同样厚度的绵羊毛面料相比,羊绒面料的重量要轻很多,穿着特别舒适。羊绒纤维表面鳞片张角小,鳞片紧抱着毛干,排列比较规整,纤维表面非常滑润,织成的毛衫具有很强的滑爽感。羊绒纤维不易传热,纤维细而空隙多,保暖性强,因此羊绒织品穿着特别暖和。羊绒纤维细而略短,如果纱线支数、捻度、织物结构、编织密度搭配不当,则很容易起毛起球,故穿着时应格外注意,尽量避免摩擦。羊绒纤维的强度低,耐磨性差,织品的使用牢固度较差。

(二) 马海毛

马海毛是指安哥拉山羊身上的被毛,得名于土耳其语,意为"最好的毛",原产于土耳其的安哥拉省。

由于安哥拉山羊目前尚无法完全实现人工圈养,只能在丘陵灌木中生长,而且只有在8岁之前的羊所产羊毛才能达到纺织标准,因此马海毛的产量较低,应用也受到了限制。目前世界上马海毛主要的生产国有南非、美国、土耳其、阿根廷等。我国西北的中卫山羊毛也属于马海毛类。

马海毛是一种异质毛,夹杂有一定数量的髓毛和死毛。质量上等的马海毛髓毛含量不超过1%。市场上虽同为马海毛,但质量差异很大。

马海毛的细度约为25 μm左右,长度约150~200 mm。其截面呈圆形,表面鳞片少,约为细羊毛的一半,鳞片重叠程度低,具有蚕丝般的柔和的光泽;毛干卷曲小,外观较平直。马海毛的毛质轻而有蓬松特性。

马海毛强度高,耐磨性好,富有弹性,不易毡缩。

马海毛是一种高档的毛制品的原料。马海毛面料手感滑挺,呢面光泽足,表面光滑,具有优良的回弹性、耐磨性和强度。目前,市场上的主要马海毛织品有长毛绒、顺毛大衣呢、提花毛毯等呢绒面料以及针织毛衫等。

(三) 羊驼毛

羊驼毛又称驼羊毛，纤维长达 20～40 cm，有白、褐、灰、黑等十多种天然色泽，是特种动物纤维中天然色彩最丰富的纤维。因羊驼毛有 90% 产于秘鲁，故又称"秘鲁羊毛"。羊驼毛有两个品种：一种纤维卷曲，具有银色光泽；另一种纤维平直，卷曲少，具有近似马海毛的光泽。羊驼毛常与其他纤维混纺。

羊驼毛来自一种叫"羊驼"（亦称阿尔巴卡）的动物，这种动物主要生长于秘鲁的安第斯山脉。安第斯山脉海拔 4500 m，昼夜温差极大，阳光辐射强烈，大气稀薄，寒风凛冽。在这样恶劣的环境下生活的羊驼，其毛发一方面要能够抵御极端的温度变化，另一方面还要有效地抵御日光辐射。羊驼毛纤维含有显微镜下可视的髓腔，因此它的保暖性能优于羊毛和马海毛。

在市场上见到的"阿尔巴卡"即指羊驼毛。"苏力"也是羊驼毛，多指成年羊驼毛，纤维较长，色泽靓丽；而"贝贝"多为羊驼幼仔毛，相对纤维较细、较软。羊驼毛面料手感爽滑，保暖性很好。

(四) 兔毛

日用纺织业中使用的兔毛主要为安哥拉兔毛。安哥拉兔原产于中东，后经法国、德国、原苏联、日本等先后培育成各自的品种。我国自 20 世纪 20 年代开始培育长毛兔，且发展迅速，主要产区为华东各省农村。

兔毛为异质毛，其中绒毛是上等的纺织原料。绒毛细度大多在 10～15 μm，约占 80% 左右，有浅波状卷曲，约 2～3 个/cm。粗毛刚直无卷曲，细度一般在 30～120 μm。兔毛长度在 10～120 mm，大多数集中在 25～45 mm。绒毛和粗毛都有髓质层，含有空气，保暖性强。兔毛的比重小，粗毛的相对密度为 0.96，绒毛的相对密度为 1.12。兔毛强度较低，绒毛为 1.59～2.74 cN/dtex。

兔毛纤维细长，色泽洁白如雪，光泽明亮，柔软蓬松，保暖舒适，是针织毛织品的优良原料。兔毛纤维表面光滑，表面摩擦系数较低，且卷曲较少，成纱时纤维之间的抱合力小，使得成纱强度低，耐磨性差，易脱毛，故兔毛纤维不易加工成纯纺纱，而多与羊毛或其他纤维混纺。

二、绵羊毛

在毛纺工业中，由于绵羊毛产量高，品质好，可纺性好，适应性强，所以绵羊毛的应用最为广泛。人们日常生活中使用的毛织品绝大多数是绵羊毛织品，人们日常生活中所说的"羊毛"也指的是绵羊毛。

(一) 绵羊毛纤维的形态结构

绵羊毛纤维的纵向形态呈弯曲波纹形，表面包覆一层鳞片。鳞片的形态有三种：环状鳞片、瓦状鳞片、龟裂纹状鳞片。细羊毛鳞片多呈环状，粗羊毛鳞片多呈瓦状或龟裂纹状。鳞片的根部附着于毛干，尖端伸出毛干的表面而指向毛尖。粗羊毛鳞片较稀，表面平滑，反光强，光泽亮。细羊毛反光弱，光泽柔和。

绵羊毛纤维的横截面形态因细度而变化，越细越圆。细羊毛的横截面近似圆形，粗羊毛的横截面呈椭圆形，死羊毛横截面呈扁圆形。羊毛纤维截面从外向内可以分为鳞片层、皮质层、髓质层三层。

1. 鳞片层

鳞片层由角质化了的扁平状角蛋白细胞组成，包覆在毛干的周围。鳞片是毛纤维所独有的表面结构，是绵羊毛良好的纺纱性、缩绒性的基础。鳞片层的主要作用是保护毛纤维免受外界因素的破坏。

2. 皮质层

皮质层在鳞片层的里面，是动物毛纤维的主要组成部分，是决定纤维物理、化学性质的基本物质。皮质层由正皮质细胞与偏皮质细胞组成。正、偏皮质细胞在毛纤维中的分布状态，影响着纤维卷曲形态。在皮质层中，有的毛纤维还含有天然色素，这也是有的毛纤维呈现不同颜色的原因。

3. 髓质层

髓质层由结构松散和充满空气的角蛋白细胞组成，细胞间相互联系较差。髓质层的存在使羊毛纤维强度、弹性、卷曲、染色性等变差，纺纱工艺性能变差。细羊毛一般无髓质层。

（二）绵羊毛纤维的分类

对于绵羊毛纤维，由于羊的品种、产地不同，品质也有很大差异。因此，对羊毛纤维的分类也主要是按产地、品种等不同进行分类。

1. 按产地不同分类

按产地不同，绵羊毛分为进口毛和国产毛两类。

中国是一个畜牧业大国，草原面积广阔，羊毛的产量处于世界的前列，羊毛的品质也较好。新疆、内蒙古、青海、甘肃等地是我国羊毛的主要产区。由于国内牧区分布广泛，牧区条件差异很大，故羊毛品质差异也较大，质量也不够稳定。

世界绵羊毛的主产地是澳大利亚，此外，新西兰、阿根廷、南非等国的羊毛产量也较高。在我国，人们所称的"澳毛"就是指产于澳大利亚的羊毛。澳毛多属于美利奴绵羊毛。美利奴绵羊原产于西班牙，是毛质最为优良、也是产毛量最高的羊种，在世界上享有盛誉。澳大利亚绵羊毛占世界总产量的30%左右，毛纤维质量较好，品质支数多在60～70支；毛纤维的卷曲多，卷曲形态正常，手感弹性较好；毛丛长度整齐，多为7.5～8 cm；含脂率多为12%～20%，杂质少，洗净率高，一般为60%～75%。

2. 按绵羊品种不同分类

按绵羊品种不同，绵羊毛分为土种毛和改良毛两类。

土种毛是指从土种绵羊身上取得的毛。土种毛多为异质毛，长度、细度均不够均匀，品质较差，主要用于加工毛毯、地毯、毛毡等物品。

改良毛是指从改良绵羊身上取得的毛。改良毛为同质毛，长度、细度较均匀，品质好，应用广泛，是毛纺业的主要原料。

3. 按纤维形态结构分类

按纤维形态结构不同,绵羊毛分为细绒毛、粗绒毛、粗毛、两型毛、发毛和死毛。

(1) 细绒毛:直径在 30 μm 以下,无髓质层,鳞片多呈环状,卷曲多,光泽柔和。

(2) 粗绒毛:直径在 30~52.5 μm,一般无髓质层,卷曲较细绒毛少。

(3) 粗毛:直径在 52.5~75 μm,有髓质层,卷曲很少。

(4) 两型毛:同一根毛纤维上存在显著的粗细不匀,兼有绒毛和粗毛的特征,有不连续的髓质层。

(5) 发毛:直径大于 75 μm,纤维粗长,有髓质层,无卷曲,在毛丛中常形成毛辫。

(6) 死毛:除鳞片层外,几乎全是髓质层,色呆白,光泽差,纤维粗而脆弱,易断,无纺织价值。

4. 按毛丛中纤维的类型分类

按毛丛中纤维的类型不同,绵羊毛分为同质毛和异质毛两类。

同质毛的毛丛由同一类型毛纤维组成,纤维的细度、长度基本一致。其品质好,是毛纺业的主要原料。

异质毛的毛丛是由两种及以上类型毛纤维组成,同时含有细毛、粗毛、两型毛、死毛等。其长度、细度均不够均匀,品质较差,主要用于加工毛毯、地毯、毛毡等物品。

(三) 绵羊毛纤维的性质

绵羊毛纤维的色泽洁白,光泽自然、柔和,手感丰满,富有弹性,服用性好,保暖性好。绵羊毛织品是性能优良的中、高档服装面料。

绵羊毛纤维的强度低,在日用纺织纤维中其断裂强度仅略高于氨纶。绵羊毛纤维的弹性好,弹性恢复率高,这在一定程度上弥补了其使用牢固度低的缺点,使其耐用性略好于棉纤维和天然丝纤维。绵羊毛织品的保形性好,是加工高档外衣的优质面料。绵羊毛纤维的湿态强度低,故其织品不宜用波轮式洗衣机洗涤。

绵羊毛纤维具有优良的吸湿性能,其吸湿能力是日用纺织纤维中最高的一种。绵羊毛纤维不易产生静电,抗污力较好。

绵羊毛纤维的导热系数小,且纤维又因卷曲而使织物蓬松,内部空气含量高,所以保暖性好。尤其经过起绒、缩绒整理的粗纺毛织物,其保暖性更好,是冬季使用的理想服装面料。此外,因绵羊毛不易传导热量,故采用细号高捻度纱线织造而成的织品被称为"凉爽羊毛",是夏季的高档服装用料。

绵羊毛纤维为蛋白质型纤维,其耐酸稳定性和耐碱稳定性都不是很好,对氧化剂也很敏感,所以应选择中性洗涤剂洗涤,不宜使用漂白剂漂白。

绵羊毛纤维的耐热性不好,尤其不耐湿热,因此,熨烫温度不宜过高,一般在 160~180℃,熨烫时间不宜过长。

绵羊毛纤维的耐光性不好,只略高于天然丝,在日光下纤维易泛黄,且强度、弹性也会下降。

绵羊毛纤维不易霉变,但易发生虫蛀,故其织品在储存过程中要注意防虫。

绵羊毛纤维在染色时能与染料良好结合,故染色性好,染色牢固高,色彩鲜艳。

在湿热条件下，给绵羊毛纤维施加揉搓等机械外力，会导致其发生毡缩，致使长度缩短，厚度增加，纤维之间更加紧密。所以毛织物不宜机洗，应该干洗或用手在较低温度下轻柔水洗。在市场上标有"机可洗"的绵羊毛织品，都是经过破坏鳞片，或填平鳞片等的特殊加工处理，以使绵羊毛不再具有缩绒性能，所以可用洗衣机水洗。同样原理，绵羊毛织品经过湿热定形处理后，可得到所需要的服装造型，且保形性好。

绵羊毛纤维的纺纱性好，既可以纯纺，也可以混纺；既可以纺成粗号纱，用于加工春、冬季用服装面料，也可以纺成细纱，用于加工夏季用服装面料。

棉花、苎麻、桑蚕丝和绵羊毛四大天然纤维的性能比较参见表7.1。

表7.1 四大天然纤维的性能比较

性能指标	棉	苎 麻	桑蚕丝	绵羊毛
断裂强度（cN/dtex） 干态 湿态	2.6～4.3 2.9～5.6	4.9～5.7 5.1～6.8	3.0～3.5 1.9～2.5	0.9～1.5 0.67～1.43
断裂伸长率（%）	3～7	1.5～2.3	15～25	25～35
弹性恢复率（%）	74（2%）	48（2%）	54～55（8%）	99（2%）
耐磨性	尚好	一般	一般	一般
密度（g/cm³）	1.54	1.54～1.55	1.33～1.45	1.32
回潮率（%） （20℃，65%相对湿度）	7	13	9	16
耐日光性	强度稍有下降	强度几乎不下降	强度显著下降	发黄，强度下降
耐热性	良好	好	较差	较差
耐酸性	耐酸性良好，浓硫酸、浓硝酸可使其分解	耐酸性良好，浓硫酸、浓硝酸可使其分解	耐酸性差，在强浓酸中会分解	耐酸性差，但略好于桑蚕丝
耐碱性	耐碱性良好	耐碱性略好于棉	耐碱性略好于绵羊毛，在强碱中分解	耐碱性差，弱碱对其有损伤，在强碱中分解

（四）绵羊毛纤维的质量指标

1. 细度

绵羊毛纤维的细度是衡量其品质和使用价值的重要指标。绵羊毛纤维的截面近似圆形，故一般用直径大小来表示其细度，单位为μm。

绵羊毛纤维的细度，随羊的品种、年龄、性别、毛的生长部位和饲养条件的不同，有较大的差别，最细的绵羊毛直径为$7\mu m$，最粗的直径可达$240\mu m$。

绵羊毛纤维的细度表示方法主要有品质指数、平均直径、公制支数三种。

（1）品质指数：是毛纺业生产活动中长期沿用下来的一个指标，指根据当时的纺纱设备和纺纱技术水平，以及对毛纱的品质要求，把各种细度的绵羊毛实际可能纺得的纱的支数。目前，在商业贸易及毛纺工业中的工艺设定中仍然采用这一指标。随着纺纱技术的改进，这一指标逐渐失去了原来的重要意义。现在绵羊毛的品质指数仅表示绵羊毛的细度在某一直径范围之内。

(2)平均直径：羊毛细度常以直径表示。由于羊毛粗细不匀，故一般采用一组纤维的平均直径来表示。

(3)公制支数：是指在公定回潮条件下，单位重量（g）纤维具有的长度（m）。

2. 长度

由于天然卷曲的存在，绵羊毛纤维的长度分自然长度和伸直长度。自然长度是指纤维在自然卷曲状态下两端间的距离，它主要用来表示毛丛长度，常在收购或选毛后搭配时采用这一指标。伸直长度是指消除弯曲后的长度，在毛纺生产中，多使用这一指标来评定羊毛的品质。

绵羊毛纤维的长度受绵羊品种、性别、年龄、饲养条件、剪毛次数、羊身上的部位等因素的影响。细羊毛长度一般为6～12 cm，半细羊毛一般为7～18 cm。

3. 卷曲

绵羊毛在自然状态下，沿长度方向存在波纹形弯曲，这些弯曲称为毛波或卷曲。一般以每厘米的卷曲数来表示绵羊毛卷曲的程度。不同品种、类型、粗细的绵羊毛，其弯曲的形状和密度是不同的。卷曲的多少，对判断羊毛细度和均匀度有极大的参考价值。

羊毛的卷曲形状分为弱卷曲、正常卷曲和强卷曲三种。弱卷曲绵羊毛的卷曲弧度浅半圆形，卷曲较少，半细羊毛的卷曲多属于这一类型。正常卷曲绵羊毛的卷曲弧度近似半圆形，细羊毛的卷曲大部分属于这种类型。强卷曲绵羊毛的卷曲弧度的波幅较高，细毛羊腹毛多属这种类型。绵羊毛卷曲形态与羊毛正、偏皮质细胞的分布情况有关。

卷曲是羊毛的重要工艺特性，卷曲排列愈整齐，愈能使毛波形成紧密的毛丛结构，可以更好地预防外来的杂质和气候的影响，羊毛的品质愈好。

卷曲是体现绵羊毛用途和织品品质特征的重要指标。例如，粗纺呢绒适宜用强卷曲绵羊毛加工；夏季用轻薄织品适宜用弱卷曲绵羊毛加工；强卷曲绵羊毛加工成的织品呢面丰满，手感弹性好；弱卷曲绵羊毛加工成的织品呢面光洁平整，手感爽滑。

4. 摩擦性和缩绒性

绵羊毛的表面有鳞片，鳞片的根部附着于毛干，尖端伸出毛干的表面而指向毛尖。由于鳞片的指向这一特点，绵羊毛沿长度方向的摩擦，随摩擦方向的不同，摩擦系数也不同。逆鳞片摩擦时的摩擦系数比顺鳞片摩擦时要大，这一摩擦差异是羊毛缩绒的基础。顺鳞片和逆鳞片的摩擦系数差异愈大，绵羊毛缩绒性愈好。

绵羊毛的缩绒性，是指绵羊毛在湿热条件下，经机械力作用，纤维集合体逐渐收缩紧密，并相互纠缠、交编毡化的性能。毛织物或散纤维受外力反复作用时，纤维产生变形，纤维间产生相对移动。由于绵羊毛具有方向性摩擦效应，使纤维始终保持根端向前的运动方向，每根纤维带着和它缠结在一起的纤维按一定方向缓缓蠕动，因而使纤维紧密纠缠毡化。此外，良好的拉伸与回弹性是绵羊毛的重要特性，也是促进羊毛缩绒的因素。当外力反复作用时，羊毛时而受到拉伸，时而回缩，形成相互移动，有利于纤维纠缠，导致纤维密结。羊毛的波纹结构，使羊毛具有稳定性卷曲，卷曲导致纤维根端的前进并非直线前进，而是方向不定，使蠕动爬行的纤维交叉穿插纠缠，形成致密而又不易散开的结合体。因此，羊毛的缩绒性是纤维各项性能的综合反应。

利用羊毛的这一特性，可使羊毛织品长度缩短，厚度和紧度增加，表面形成丰满的绒毛层，使外观优美，手感丰满柔软，保暖性好。利用羊毛的这一特性，也可使松散的绵羊毛纤维结合成具有一定强度、形状、密度的毡片。

5. 脂汗和杂质

绵羊毛纤维是一种含杂质较多的天然纤维。绵羊毛的脂汗是绵羊皮肤的分泌物，覆盖在绵羊毛的表面上，主要由羊毛蜡和汗质组成。绵羊毛纤维上油脂的多少影响绵羊毛的耐风蚀性。脂汗少，耐风蚀性差，引起鳞片裂缝，纤维的性能变坏。绵羊毛油脂的多少用含脂率表示。含脂率是指样品中的脂类物质含量与样品重量的百分比。

汗质是绵羊汗腺的分泌物，其主要组成成分是无机盐。一般来讲，细羊毛中汗质的含量要高于粗羊毛。

绵羊毛中含有较多的泥沙、尘土、粪便、植物质等杂质，其中危害最大的是带有钩刺的植物质，如牛蒡籽、苜蓿籽等。

净毛率是衡量绵羊毛品质，影响绵羊毛交易的重要指标，是指将原毛经洗涤，除去油脂、汗质、杂质后的净毛重量与原毛重量的百分比。

第六节 化学纤维

一、化学纤维的分类

（一）按高聚物的来源分类

按高聚物来源不同，通常将化学纤维分为人造纤维、合成纤维两类。

1. 人造纤维

人造纤维是指采用天然高聚物为原料，经过化学处理与机械加工制得的纤维，又称再生纤维。人造纤维按化学组成不同又分为人造纤维素纤维和人造蛋白质纤维两类。人造纤维素纤维是指利用自然界中广泛存在的纤维素（来源于棉短绒、木材、竹子、芦苇等原料）制得的纤维，如黏胶纤维、铜氨纤维、醋酸纤维等。人造蛋白质纤维是指利用自然界中广泛存在的蛋白质（来源于大豆、花生、牛奶等原料）制得的纤维，如大豆蛋白纤维、牛奶蛋白纤维等。

2. 合成纤维

合成纤维是指利用煤、石油、天然气等为原料，经过化学合成与机械加工而制得的纤维。合成纤维的种类很多，按分子结构不同又分为聚烯烃纤维、聚酯纤维、聚酰胺纤维、聚氨酯纤维等若干类。在日常生活中，应用最为广泛的合成纤维有涤纶、锦纶、腈纶、维纶、丙纶、氨纶等。

（二）按纤维的外观形态分类

化学纤维是人工加工而成的纤维，可根据需要而加工成各种不同的长度和细度，以适应纺织加工和品种的要求。化学纤维按纤维的外观形态不同，常分为长丝、短纤维两类。

1. 长丝

长丝是指在加工过程中，纤维不经切断，形成类似天然丝的外观形态。长丝又分为单丝、复丝、变形丝等若干类。

（1）单丝：纤维较粗，在织造过程中采用单根丝做经丝或纬丝。

（2）复丝：纤维较细，在织造过程中采用两根及以上的丝并和做经丝或纬丝。复丝织品的外观效应要更好一些，所以日常生活中使用的化纤丝织品大多数为复丝织品。

（3）变形丝：是指经过变形加工的化纤长丝。变形丝又分为捻回性和非捻回性两种。捻回性变形丝呈规则的螺旋形，以假捻法加工为主。非捻回性变形丝呈波形、圆形及各种不规则的卷曲形。

2. 短纤维

短纤维是指在加工过程中，将纤维按一定长度切断，形成类似棉纤维、毛纤维的外观形态。短纤维按长度和细度不同，又分为棉型化学短纤维、毛型化学短纤维、中长型化学短纤维三类。

（1）棉型化学短纤维：长度33～38 mm，细度与棉近似。这种类型的纤维既可纯纺，也可与棉混纺。

（2）毛型化学短纤维：长度64～114 mm，细度与绵羊毛近似，一般用于粗梳毛纺的长度为64～76 mm，用于精梳毛纺的长度为76～114 mm。这种类型的纤维通常用于与动物毛纤维混纺，偶尔也用于纯纺。

（3）中长型化学短纤维：长度51～76 mm，细度介于棉和毛之间。这种类型的纤维应用非常广泛，它既具有棉型纤维织物布面光洁平整、质地细腻、织纹清晰的特点，也具有毛型纤维织物手感丰满、弹性好的特点。

（三）按纤维的横截面形态分类

化学纤维按纤维的横截面形态不同，可分为圆形纤维、异形纤维和复合纤维三类。

1. 圆形纤维

圆形纤维的横截面形态呈圆形，是应用最为广泛的一类化学纤维。

2. 异形纤维

随着精密加工技术的提高，喷丝头上的纺丝孔可以加工为非圆形（异形），用异形喷丝孔可仿制非圆形横截面的化学纤维。纤维截面形态的改变可以改善纤维的光泽、手感、弹性等性能，从而改变织品的风格特点。异形纤维的横截面有三角形、多角形、三叶形、多叶形、哑铃形、椭圆形、L形、圆中空和异形中空等多种。不同类型的异形纤维具有不同的性能。例如，三角形纤维有强烈的闪光；五角形纤维有显著的羊毛感，具有良好的抗起球性；五叶形纤维具有桑蚕丝般柔和的光泽；L形纤维有良好吸湿性；中空纤维比重轻，保暖性好。

3. 复合纤维

复合纤维在同一根纤维截面上存在两种或两种以上不相混合的聚合物。它是20世纪60年代发展起来的物理改性纤维。利用复合纤维制造技术可以获得兼有两种聚合物特性的双组分纤维、永久卷曲纤维、超细纤维、空心纤维、异形细纤维等多种改性纤维。其生产工艺是使两种不同品种的聚合物形成两股细流，在贴近喷丝头入口处汇合，从同一喷丝孔中挤出凝固成纤维。根据两种组分在纤维横截面上配置的不同，复合纤维又分为皮芯型、并列型、海岛型和裂片型等。通过两种高分子材料的复合，可以使其性能得到互补，从而获得性能更加完美的纺织纤维。

二、化学纤维的主要品种

（一）黏胶纤维

黏胶纤维是人造纤维素纤维的主要品种，以木材、竹子、棉短绒、芦苇等为原料。首先将原料中的天然纤维素碱化，形成碱纤维素；再通入二硫化碳生成磺酸纤维素酯；然后将磺酸纤维素酯溶解于稀碱液内，得到黏稠的纺丝液（又称为黏胶）；最后，黏胶经湿法纺丝和后处理，即得到黏胶纤维。

根据制造工艺和性能不同，黏胶纤维常分为普通黏胶纤维、高湿模量黏胶纤维和强力黏胶纤维等不同品种。高湿模量黏胶纤维具有强度高、延伸度低、湿模量高和耐碱性好等特点，基本上克服了普通黏胶纤维的缺陷。其织物牢度、耐水洗性、形态稳定性均接近于优质棉。波里诺西克纤维就是高强高湿模量黏胶纤维的一种，又称富强纤维或富纤。强力黏胶纤维的强度高，抗拉伸变形性好。

黏胶纤维既可加工成短纤维，也可加工成长丝。黏胶短纤维既可以加工成棉型，也可以加工成毛型或中长型，其中棉型黏胶应用最为广泛。棉型黏胶常称为人造棉。黏胶短纤维既可以纯纺，也可以与其他纤维混纺。黏胶长丝又称为人造丝，分为有光人造丝、无光人造丝和半光人造丝三种光泽类型。

黏胶纤维具有天然纤维素纤维的基本特点，手感柔软，表面光洁，透气性好，穿着舒适。

黏胶纤维吸湿性好，20℃、65％相对湿度时的回潮率可达12％～14％，穿着凉爽舒适，不易产生静电，且染色性好，色泽鲜艳，色牢度好。

黏胶纤维的强度低，耐磨性不好，故织品的使用牢固度较差。黏胶纤维的弹性较差，易发生变形和起皱，织品的保形性差。黏胶纤维的湿态强度约为干态强度的55％～65％，因此不耐水洗。黏胶纤维的湿模量较低，易发生缩水变形。

黏胶纤维的化学稳定性、耐热性与棉类似，耐光性略低于棉。

（二）涤纶

涤纶是聚酯纤维的典型代表，合成单体是对苯二甲酸和乙二醇，学名为聚对苯二甲酸乙二醇酯。1941年英国的J.R.温菲尔德和J.T.迪克森以对苯二甲酸和乙二醇为原料在实验室内首先成功合成了这种纤维，命名为特丽纶（Terylene）。1953年美国开始生产商品名为达可纶（Dacron）的聚酯纤维。随后，聚酯纤维在世界各国得到迅速发展，1960年其产量超过腈纶纤维，1972年又超过锦纶纤维，成为合成纤维的第一大品种。

涤纶的强度高，耐摩擦，普通涤纶的抗张强度为3.8～5.7 cN/dtex，高强型涤纶的抗张强度可达 7~8 cN/dtex，在日用纺织纤维中仅次于锦纶。涤纶纤维具有优良的弹性和弹性回复性，因此，其织品外观挺括，不易起皱，保形性好，经久耐穿。

涤纶纤维最大的缺点是吸水性很差，20℃、65%相对湿度时的回潮率仅为 0.4%。由于吸湿性差，故涤纶制品的穿着舒适性低，易产生静电和吸尘；但易洗快干，洗可穿性良好。

涤纶纤维的染色性差，需采用特殊染料和工艺条件染色，且一般须在高温或有载体存在的条件下用分散性染料染色。但涤纶染色后的色泽鲜艳，色牢度高。

涤纶的耐酸性和耐碱性优良，在 96% 的硫酸中会分解，不耐浓碱的高温处理。利用这一性能对涤纶进行加工，纤维表面被部分腐蚀，重量减轻，细度变细，可产生桑蚕丝般的风格特征，是仿真丝的方法之一，称为碱减量处理。

涤纶的耐热性良好，热定形工艺可使涤纶服装形成永久性褶裥和造型，提高服装的形态稳定性。涤纶的熨烫温度为 140~150℃。

涤纶具有优良的耐光性能，在耐日光性试验中，强度几乎不下降。涤纶的耐日光性仅次于腈纶。

涤纶纤维的应用非常广泛，既可加工成短纤维，也可纺成长丝；既可以纯纺，也可与棉、毛、丝、麻等天然纤维及其他化学纤维混纺或交织。涤纶织物适用于男女衬衫、各类外衣、室内装饰织物等。由于涤纶具有良好的弹性和蓬松性，故其也可用作絮棉。在工业上利用涤纶的高强度，常用于制作轮胎帘子线、运输带、消防水管、缆绳、渔网等。

（三）锦纶

聚酰胺纤维是用聚酰胺类高分子聚合物纺制而成的合成纤维，包括脂肪族聚酰胺纤维、含有脂肪环的脂环族聚酰胺纤维、含芳香环的脂肪族聚酰胺纤维三类，其中主要品种是脂肪族聚酰胺纤维。脂肪族聚酰胺纤维在我国称为锦纶，有多个品种，其主要品种是锦纶-66 和锦纶-6。

1935 年美国化学家 W. H. 卡罗瑟斯用己二胺、己二酸首次合成了聚酰胺-66，两年后又发明用熔融纺丝法制造聚酰胺-66 纤维的技术，产品名称定为尼龙（Nylon）或尼龙-66。1938 年德国的 P. 施拉克发明了聚酰胺-6 制造技术，1941 年实现了工业化生产。随后，聚酰胺-4、聚酰胺-7、聚酰胺-9、聚酰胺-11、聚酰胺-610、聚酰胺-1010 等品种也相继问世。

聚酰胺纤维在中国称为锦纶，英美称为尼龙，德国称为贝纶（Perlon），苏联称为卡普纶（Капрон），日本称为阿米纶（Amilan）。

锦纶-6 的合成单体是己内酰胺，学名为聚己内酰胺。锦纶-66 的合成单体是己二胺和己二酸，学名为聚己二酰己二胺。尼龙-66 的熔点为 255~260℃，软化点约 220℃。尼龙-6 的熔点为 215~220℃，软化点约 180℃。两者的其他性质类似。

锦纶最突出的特点是强度高，耐磨性好，抗张强度最高可达 8.4 cN/dtex，其强度和耐磨性是日用纺织纤维中最好的一种。锦纶的弹性模量及弹性回复性不如涤纶，故保形性较涤纶差，外观不够挺括。

锦纶的吸水性是合成纤维中最好的一种，与维纶近似，在 20℃、65% 相对湿度时的回潮率为 3.5~5.0%。但锦纶的吸水性仍不及天然纤维和人造纤维，故服用性仍然较差，在潮湿高温下舒适性差。其染色性在合成纤维中是较好的，可以用酸性染料和其他染料直接染色。

锦纶的比重小于涤纶等纤维，所以穿着轻便。

锦纶的耐光和耐热性能较差。锦纶-66的耐热性和初始模量高于锦纶-6。在纺丝过程中，常需添加光稳定剂和热稳定剂来改善锦纶的耐光和耐热性能。

锦纶的耐碱性很好，但不耐酸，可溶于15％以上的硫酸、盐酸和硝酸中。

锦纶的耐日光性较差，在阳光下易泛黄和强力下降。

锦纶纤维的用途很广，长丝可制作袜子、内衣、衬衣、运动衫、滑雪衫、雨衣等；短纤维可与棉、毛和黏胶纤维混纺，混纺织物具有良好的耐磨性和强度。锦纶纤维还可以用作尼龙搭扣带、地毯、装饰布等，在工业上主要用于制造帘子布、传送带、渔网、缆绳、篷帆等。

（四）腈纶

腈纶是用丙烯腈（85％以上）和第二、第三单体共聚得到的高分子聚合物，经纺丝得到的合成纤维，学名为聚丙烯腈纤维。目前，腈纶的总产量仅次于涤纶和锦纶。腈纶纤维在美国的商品名有奥纶（Orlon）、阿克利纶（Acrilan）、克丽斯纶（Creslan）、泽弗纶（Zefran），在英国的商品名有考特尔（Courtelle），在日本的商品名有毛丽龙（Vonnel）、开司米纶（Cashmilan）、依克丝兰（Exlan）、贝丝纶（Beslon）。

改性腈纶纤维中丙烯腈含量一般为40％～60％，主要有两个品种。一种是丙烯腈与氯乙烯共聚纤维，国外商品名为维荣N或可耐可龙，中国称为腈氯纶。另一种是丙烯腈与偏二氯乙烯共聚纤维，国外商品名为维勒尔，中国称为偏氯腈纶。这两种共聚物都能溶于丙酮，大多采用湿法纺丝。纤维兼有聚丙烯腈纤维和聚氯乙烯纤维的性能，质轻，保暖，耐气候性和化学稳定性好。

腈纶纤维的主要特点是蓬松性好，手感柔软丰满，且导热系数低，质地轻，故保暖性好。

在合成纤维中，腈纶的强度和耐磨性较低，弹性良好，反复拉伸后弹性降低，易出现"三口（领口、袖口和下摆处）松弛"现象。

腈纶的吸湿性低于锦纶，易产生静电；染色性较好，色泽鲜艳、稳定。

腈纶最突出的优点是耐日光性和耐气候性特别好。腈纶的耐热性良好，熨烫温度为130～140℃。腈纶的化学稳定性良好，耐酸，耐碱，能溶于98％的浓硫酸中。

腈纶酷似羊毛，故又被称为"人造羊毛"。腈纶以毛型短纤维为主，主要用来与羊毛等纤维混纺，也可用来纯纺。由于其特有的热延伸性，所以腈纶适用于制作膨体纱、混纺毛线、针织物和人造毛皮等制品。

（五）丙纶

丙纶的合成单体是丙烯，学名为等规聚丙烯纤维。丙纶的原料来源丰富，生产工艺简单，产品价格相对于其他合成纤维低廉。丙纶是合成纤维中发展较晚的一种纤维。

丙纶的强度、弹性和耐磨性都比较好，织品经久耐用，不易起皱，尺寸较稳定。

丙纶的吸湿性极差，故在使用过程中容易产生静电，染色困难。

丙纶的最大特点是轻，它的比重最小，仅为0.91。

丙纶的超细纤维具有良好的芯吸作用，能更快地传递汗水，使皮肤保持舒适感。

丙纶具有优良的化学稳定性，但耐热性差，100℃以上开始收缩，熨烫温度为90～

100℃，最好采用蒸汽熨烫。此外，丙纶的耐光性和耐气候性也较差。

（六）氨纶

聚氨酯弹性纤维在我国称为氨纶，国外商品名有"莱卡"（Lycra）、Estane、Spanzelle、Opelon 等。

氨纶纤维最典型的特点是：具有高延伸性，断裂伸长率 500%～700%；低弹性模量，200%伸长时的拉伸力为 0.04～0.12 cN/dtex；极高的弹性回复率，200%定伸长时的弹性恢复率为 95%～99%。

聚氨酯弹性纤维一般不单独使用，而是少量地掺入织物中，以长丝、短纤维、包芯纱等形式与其他纤维混合。尽管氨纶在织物中含量很小，但其却能大大改善织物弹性，使服装具有良好的尺寸稳定性，改善合体度，使服装既能紧贴人体，又能伸缩自如。氨纶的应用越来越广泛，主要用于加工高档西装面料、泳装、运动装、弹力衫、牛仔装、袜子等。

氨纶的强度低，耐气候性和化学稳定性好，耐热性差，水洗和熨烫温度不宜过高，熨烫温度一般不要高于 110℃，且应快速熨烫。

（七）维纶

维纶的合成单体是醋酸乙烯，学名聚乙烯醇缩甲醛纤维，又称维尼纶。

维纶的外观和手感与棉花颇为相似，故有"合成棉花"之称。维纶的强度和耐磨性优于棉花，它与棉花的 1∶1 混纺织物比纯棉织物的耐用性高 0.5～1 倍。维纶的吸湿性较好，含水率高于其他合成纤维，20℃、65%相对湿度时的回潮率为 4.5%～5%；比重 1.26～1.30，比棉花小，故穿着轻便；热传导率较低，保暖性较好；化学稳定性和耐日光性较好，耐海水腐蚀性好。维纶的主要缺点是耐热水性较差，在湿态 110～115℃时有明显的变形和收缩，在水中煮沸 3～4 h，织物明显变形并发生部分溶解。维纶熨烫时宜干熨，熨烫温度为 120～140℃。此外，维纶的弹性不佳，在使用过程中易产生折皱；染色性较差，色泽不鲜艳；高温下的力学性能较差。

维纶的产品以短纤维为主，主要用于与棉、黏胶纤维等混纺，也可纯纺。维纶主要用于制作工作服、军用服装、装饰布、汗衫、运动衫及各种类型的渔网等。

以上介绍的几种主要化学纤维的性能比较参见表 7.2 和表 7.3。

表 7.2 主要化学纤维的性能比较一

性能指标	锦纶-66			涤纶			腈纶
	短纤维	长丝		短纤维	长丝		短纤维
		普通	强力		普通	强力	
干态断裂强度（cN/dtex）	3.1～6.3	2.6～5.3	5.2～8.4	4.2～5.7	3.8～5.3	5.5～7.9	2.5～4.0
断裂伸长率(%)	16～66	25～65	16～28	35～50	20～32	7～17	25～50
弹性恢复率（%）(3%)	100 (4%)			90～95	95～100		90～95
耐磨性	优良			优良（仅次于锦纶）			一般
密度（g/cm3）	1.14			1.38			1.14～1.17

(续表)

性能指标	锦纶-66			涤纶			腈纶
	短纤维	长丝		短纤维	长丝		短纤维
		普通	强力		普通	强力	
回潮率（%）（20℃，65%相对湿度）	4.2~4.5			0.4~0.5			1.2~2.0
耐日光性	纤维发黄，强度显著下降			强度几乎不下降			强度几乎不下降
耐热性	一般			优良			优良
耐酸性	耐酸性差，在15%以上的强酸中可分解或溶解			耐酸性优良，在96%的硫酸中会分解			优良
耐碱性	优良			优良			优良

表7.3 主要化学纤维的性能比较二

性能指标	维纶	丙纶		氨纶	黏胶纤维	
	短纤维	短纤维	长丝	长丝	普通	强力
干态断裂强度（cN/dtex）	4.0~7.5	2.6~5.7	4.0~7.0	0.4~0.9	2.0~2.7	3.0~4.6
断裂伸长率（%）	12~26	20~80	20~80	450~800	15~24	8~20
弹性恢复率（%）（3%）	70~85	96~100	96~100	95~99（50%）	60~80	
耐磨性	良好	良好		良好	较差	
密度（g/cm3）	1.26~1.30	0.90~0.91		1.0~1.3	1.5~1.52	
回潮率（%）（20℃，65%相对湿度）	4.5~5.0	0~0.1		0.4~1.3	12~14	
耐日光性	强度稍有下降	强度显著下降		强度稍有下降，稍发黄	强度下降	
耐热性	不耐湿热	差		差	与棉类似	
耐酸性	较差	优良		良好	与棉类似	
耐碱性	优良	优良		优良	与棉类似	

第七节 纺织纤维的品种鉴别

纺织纤维的品种较多，不同纤维的性能和特点各不相同，用途也不尽相同，且价格差异很大，因此在纺织品生产管理和经营活动中，常常要对各种状态下的纤维材料进行品种鉴别。纤维的品种鉴别是利用纤维的各种外观形态或内在性质的差异，运用相应的技术方法将其区别开来的活动。纤维鉴别的一般步骤是：先确定大类；再分出品种；然后再做进一步的验证。纤维鉴别的方法很多，既有简易鉴别法，也有实验室方法。在日常生活中和实验室中应用比较广泛的方法有感官鉴别、燃烧鉴别、显微镜鉴别和化学溶解鉴别。每一种鉴别方法都有其固有的优点和缺点,在实际应用时,常常需要多种方法联合使用,以提高鉴别的准确性。

一、感官鉴别

每一种纺织纤维都具有特定的外观形态,尤其是天然纤维。由于不同纤维外观形态的不同,导致了感官特征有一定的差别。在日常生活中,可以利用这些差别来区分纤维的品种。

纤维品种的感官鉴别主要采用视觉鉴别和触觉鉴别来实现。视觉鉴别主要通过观察纤维的色泽、光泽、长短、粗细、曲直以及织品的表面光洁度、悬垂性等不同实现。触觉鉴别主要通过触摸纤维或织物的柔性、弹性、丰满性、手感温度、强度等不同来区分。

(一) 天然纤维的感官特征

(1) 棉纤维细而柔软,长度较短,具有天然转曲;色泽不够洁白,光泽偏暗,纤维上附有较多的杂质和疵点;成纱条干不够均匀;织品表面不够光洁,弹性、悬垂性较差。

(2) 苎麻和亚麻纤维长短不齐,粗细不匀;光泽暗淡,色泽银灰;成纱条干不够均匀,存在纤维皮削;织品表面不够光洁,杂质、疵点较多;手感挺硬,弹性、悬垂性差,手感温度低。

(3) 绵羊毛纤维长而卷曲,蓬松、柔软、富有弹性;色泽洁白,光泽柔和,手感温暖;织品表面光洁、平整,手感挺括、丰满、富有弹性。

(4) 桑蚕丝手感柔而富有弹性,光泽柔和,色泽洁白;织品质地轻薄,表面细腻、光洁,手感爽滑,富有弹性;柔性好,悬垂性好。

(二) 化学纤维的感官特征

对于化学纤维而言,人造纤维与合成纤维较易区分。因为人造纤维湿强力较低,故可以根据手拉干、湿强力的变化加以判别。例如,黏胶纤维的外观与蚕丝极为相似,可将黏胶纤维和桑蚕丝浸水,然后进行拉伸。黏胶纤维不能充分延伸而极易拉断,且黏胶纤维的断裂处较为整齐;而蚕丝的断裂强力在干、湿态时没有明显的差别,其断裂伸长率高于黏胶纤维,且在断裂处蚕丝有单纤维呈游离状态,断裂处也参差不齐。

合成纤维的感官特征不像天然纤维那样具有典型性,各品种之间的形态特征差别很小,故不能单纯使用感官鉴别法准确地区分,而需要借助其他鉴别方法才能做出比较准确的鉴别。几种常见合成纤维的感官特征参见表 7.4。

表 7.4 常见合成纤维的感官特征

纤维种类	感官特征
涤纶	纤维强度高,弹性好,吸湿性极差;织品表面光洁,手感挺括、爽滑;涤纶丝织品光泽较亮,柔性、悬垂性较桑蚕丝织品差
锦纶	纤维强度高,延伸性好,手感较其他合成纤维软,不够挺括
腈纶	较为蓬松,温暖,手感与羊毛类似,光滑而干爽,毛感强;用手揉搓时会产生"丝鸣"的响声
维纶	形态与棉纤维类似,但不如棉纤维柔软,弹性较差
丙纶	质轻,几乎不吸湿;手感挺括、光滑,手摸有蜡状感
氨纶	最显著的特征是弹性和延展性特别好,伸长度在合成纤维中是最大的,其断裂伸长率可达800%

二、燃烧鉴别

由于不同纤维的化学组成不同,其燃烧特征也就存在着一定的差异,可以通过这些燃烧特征的不同来区分纤维的品种。燃烧鉴别法是纺织纤维品种鉴别最常用的方法之一。此方法简单易行,不需要特定的仪器设备,随时随地都可进行,且易于掌握,鉴别准确度较高。该鉴别方法在日常生活中被人们广泛地使用着。

在观察纤维燃烧特征时应重点关注以下几个方面。

(1) 纤维靠近火焰时的状态。观察试样缓慢靠近火焰时,试样在火焰边缘的反应,如有无发生收缩及熔融现象等。

(2) 纤维在火焰中的状态。观察纤维在火焰中燃烧的难易程度,火焰的颜色、大小,燃烧速度,烟雾的多少与浓淡,燃烧时有无爆鸣声等。

(3) 燃烧时的气味。观察纤维在燃烧时散发出的气味种类与强弱。

(4) 纤维离开火焰时的状态。纤维离开火焰后,是否继续燃烧,是否有延燃或引燃等。

(5) 燃烧后灰烬的状态。观察纤维燃烧后灰烬的颜色和性状,用食指和拇指搓捻一下灰烬,是否易被捻碎等。

主要纺织纤维的燃烧特征参见表7.5。

表7.5 主要纺织纤维的燃烧特征

纤维名称	燃烧难易	燃烧状态	燃烧气味	灰烬特征
棉纤维	易燃	遇火迅速燃烧,离开火焰后继续燃烧,明火熄灭后可延燃,火焰橙黄色,少量灰白色烟	烧纸味	灰烬少,能保持纤维形态,手触即碎,呈灰黑色细软粉末
麻纤维	易燃	遇火迅速燃烧,离开火焰后继续燃烧,明火熄灭后可延燃,火焰橙黄色,灰蓝色烟	烧纸味	灰烬稍多,呈灰黑色粉末状,似草木灰
竹原纤维	易燃	遇火迅速燃烧,离开火焰后继续燃烧,火焰橙黄色,灰白色烟	烧纸味	灰烬少,呈灰黑色粉末状
毛纤维	可燃、自熄	遇火先卷曲,后冒烟,然后起泡燃烧,燃烧缓慢,离开火焰后会自熄,火焰橙黄色,黑色烟	烧羽毛的焦臭味	灰烬多,呈松脆而有光泽的黑色块状,用手易捻碎
丝纤维	可燃、自熄	遇火先卷曲成团,后燃烧,燃烧缓慢,离开火焰后会自熄	烧毛发的焦臭味	灰烬呈松而脆的黑色颗粒状,用手易捻碎
黏胶纤维	易燃	燃烧性状与棉类似,但燃烧稍快,燃烧时还发出轻微哔哔声	烧纸味	灰烬少,不易保持纤维形态,手触即呈灰色粉末状
醋酯纤维	易燃	遇火软化熔融燃烧,燃烧速度快,并产生火花,离开火焰后继续燃烧	醋酸味	灰烬有光泽,呈硬而脆不规则黑块,可用手指压碎
铜氨纤维	易燃	遇火迅速燃烧,离开火焰后继续燃烧	烧纸味	灰烬少,呈灰白色

(续表)

纤维名称	燃烧难易	燃烧状态	燃烧气味	灰烬特征
Tencel 纤维	易燃	遇火迅速燃烧，离开火焰后继续燃烧	烧纸味	灰烬少，呈浅灰色或灰白色
涤纶	可燃、有时会自熄	遇火后卷缩、熔融燃烧，明亮的黄色火焰，顶端有黑烟，燃烧时有熔融物滴落，离开火焰后有时会自熄	略带芳香气味	灰烬呈硬而黑的圆球状，用手指不易压碎
锦纶	可燃、有时自熄	遇火后卷缩、熔融燃烧，燃烧缓慢，有熔融物滴落，产生小气泡，火焰很小，呈蓝色，有白烟，离开火焰后有时会自熄	芹菜香味	灰烬呈浅褐色圆珠状，坚硬不易压碎
腈纶	可燃	遇火后软化、收缩、熔融燃烧，燃烧缓慢，火焰呈黄白色并有闪光，离开火焰后继续燃烧，但燃烧速度缓慢	类似烧煤焦油的鱼腥（辛辣）味	灰烬呈脆性不规则的黑褐色块状或球状，用手指易压碎
维纶	可燃、有时自熄	遇火后软化并迅速收缩，纤维颜色由白色变黄到褐色，缓慢燃烧，开始时火焰很小，无烟，当纤维大量熔融后，产生较大的深黄色火焰，冒黑烟，离开火焰后缓慢地停燃	有电石气般的刺鼻臭味	灰烬呈松而脆的不规则棕黑色硬块，用手指可压碎
丙纶	易燃	遇火后卷缩、熔融呈蜡状，随后燃烧，有熔融物滴落，火焰呈蓝色，冒黑色浓烟，离开火焰后能继续燃烧	有类似烧蜡烛的气味	灰烬呈不定型硬块状，略透明，呈黄褐色，不易压碎
氯纶	难燃、自熄	遇火后软化、熔融，然后燃烧，燃烧困难，冒黑色浓烟，离开火焰后立即熄灭	有刺激性的氯气味	灰烬呈不定型的黑褐色硬球状，不易压碎
氨纶	难燃、缓慢自熄	遇火后边卷缩、边熔融、边燃烧，燃烧速度缓慢，火焰呈黄蓝色，离开火焰后缓慢熄灭	特殊臭味	灰烬呈黑褐色硬块，手指可压碎

三、显微镜鉴别

天然纤维都具有特定的形态特征，借助于显微镜，通过观察纤维的纵向形态和横截面形状，可以比较准确地区分天然纤维。显微镜鉴别既可以区分大类，又可以分清大类中的具体品种。例如，麻纤维的品种有若干个，纵向观察都具有横节竖纹的特征，再经切片，通过横截面形状的不同进一步区分是苎麻，还是亚麻或黄麻等。

对于化学纤维来讲，由于其形态特征是由纺丝工艺决定的，没有特定的形态，故用显微镜鉴别法准确区分相应的品种难度较大，结果也不够准确。

主要纺织纤维的形态特征参见表 7.6。

表 7.6　主要纺织纤维的形态特征

纤维种类	纵向形态	横截面形态
棉纤维	扁平带状，有天然转曲	腰圆形，中间有空隙
苎麻	纤维表面有明显条痕和结节，没有或少有捻转	近似椭圆形或扁平形，有中腔，且粗细不匀
绵羊毛	有鳞片，呈波纹状	圆形或近似圆形
桑蚕丝	平直、光滑、透明	多为椭圆形或近似三角形
黏胶纤维	有纵向条纹	近似椭圆形，边缘有明显锯齿
合成纤维	平直、光滑	圆形、近似圆形或其他不规则形状

四、化学溶解鉴别

化学溶解鉴别是利用纤维在不同化学溶剂中的溶解情况不同区分纤维品种的一种鉴别方法。这是一种实验室方法，在纺织品生产管理和正规的纺织品检验中应用比较广泛。通常是先用感官鉴别、燃烧鉴别等简易鉴别法初步鉴定后，再用化学溶解法加以证实。化学溶解鉴别不仅用于区分纤维品种，还可以用于纤维组成分析。

主要纺织纤维的化学溶解特性见表 7.7。

表 7.7　主要纺织纤维的化学溶解特性

纤维种类	盐酸 20%	盐酸 37%	硫酸 60%	硫酸 70%	硫酸 98%	氢氧化钠 5%	甲酸 85%	二甲苯	冰醋酸	间甲酚	二甲基甲酰胺
棉	I	I	I	S	S	I	I	I	I	I	I
麻	I	I	I	S	S	I	I	I	I	I	I
毛	I	I	I	I	I	S	I	I	I	I	I
桑蚕丝	SS	S	S	S	I	S	I	I	I	I	I
黏胶纤维	I	S	S	S	S	I	I	I	I	I	I
醋酸纤维	I	S	S	S	S	CS	S	I	S	S	S
涤纶	I	I	I	I	I	I	SS	I	I	S 加热	S
锦纶	S	S	S	S	S	I	S	I	S	S	S
腈纶	I	I	I	SS	S	I	I	I	I	I	S
维纶	I	S	S	S	S	I	S	I	I	I	I
丙纶	I	I	I	I	I	I	I	I	S	I	I
氯纶	I	I	I	I	I	I	I	I	I	I	I
氨纶	I	I	SS	CS	S	I	I	I	S	CS	S

注：S—溶解，CS—大部分溶解，SS—微溶，I—不溶解。

练习与思考

1. 纺织纤维是如何分类的？
2. 衡量棉纤维的质量指标有哪些？
3. 简述棉纤维的性能特点。
4. 何谓丝光棉制品？

5. 麻是如何分类的？其代表品种有哪些？
6. 何谓生丝？何谓熟丝？它们有何不同？
7. 简述桑蚕丝纤维的性能特点。
8. 简述绵羊毛纤维的性能特点。
9. 化学纤维是如何分类的？
10. 简述涤纶纤维的性能特点。
11. 简述锦纶纤维的性能特点。
12. 简述黏胶纤维的性能特点。
13. 用燃烧法鉴别棉、绵羊毛、涤纶、锦纶四种纤维。
14. 用感官鉴别法鉴别毛型黏胶纤维、绵羊毛、毛型涤纶三种纤维。

第八章 纱线、织物与服装

本章学习目的

通过本章的学习,读者应该了解纱线形成的基本工艺和纱线的分类,掌握纱线的质量指标;了解织物的基本组织和织物的分类,掌握与日常生活关系比较密切的织物类别的特点和用途,掌握纺织品的性质和品质评价指标;了解服装的分类、质量认证,掌握服装的号型、标签及图形标志,掌握西服的质量要求及服装的选购方法。

第一节 纱 线

纱线是指纺织纤维经纺纱工艺纺制而成的具有一定强度、细度,且长度能满足织布要求的产品。通常将由短纤维借加捻抱合力互接纺制而成的称为单纱,简称纱;由两根或两根以上的纱合并加捻而成的称为股线,简称线。纱线的品质和外观在很大程度上决定了织物的性能和外观特征,并直接影响着服装的外观、性能和品质。

一、纱线的生产

纺织纤维的种类很多,不同纤维的外观特征存在着较大的差异,不可能将这些纤维在同一套工艺设备上加工成纱,因此产生了不同的纺纱工艺系统。纺纱工艺系统通常按使用的纤维不同,分为棉纺、麻纺、毛纺、绢纺等类别。在此主要以传统的环锭式棉纺系统为例,简要介绍纱线的形成过程。

环锭式棉纺系统是一种传统的纺纱系统。由于其成纱质量好,故环锭式棉纺系统仍然是目前广为使用的纺纱系统。其基本加工工序如下。

(一)原棉选配

根据棉纱的用途及对其品质性能的要求,将原棉按长度、细度、强力等性能以及产地、批号等进行选配。选配的目的是合理利用原料,稳定质量,降低成本。

(二)开清棉

开清棉是指把原料按选配的比例从棉包中取出,混合均匀,开松成蓬松状态,除去部分杂质和疵点,然后集合成一定宽度、厚度、重量的棉片,并卷绕成棉卷的工艺过程。开清棉是在开清棉联合机上完成的。开清棉联合机是一系列机械的集合,包括从棉包中抓取棉块的抓棉机，初步进行开松并混合的混棉机、开棉机，以及进一步开松和清洁原棉的清棉机等。清棉机可安装成卷装置以制成棉卷供梳棉机使用，也可不装成卷装置，直接以散状纤维团、纤维束形式，通过管道，用气流输送并分配给梳棉机。

开清棉的主要作用有以下三点。

（1）混棉：将选用的不同品级的原棉充分混合，以保证成纱品质的稳定。

（2）开松：利用钢针、锯齿、刀片等扯松、打松机件对纤维进行撕扯和打击，松解纤维间的联结，将其分散成较小的纤维束。

（3）除杂：依靠打击机件对纤维的打击，使纤维和杂质、疵点获得大小不同的冲量，利用纤维与杂质、疵点的比重、大小、形态等的不同，借助气流、振荡等作用，配合除尘棒，使纤维与杂质、疵点相互分离。

（三）梳棉

梳棉也称为粗梳，指利用梳棉机上表面具有钢针或锯齿的工作机件梳理纤维，把纤维块或纤维束分梳成为单纤维状态，同时除去开清棉时所不能清除的细小杂质、疵点及部分短绒，最后制成棉条输出。梳棉机输出的棉条俗称生条。生条有规律地盘放在条筒中。生条的质量较差，其中仍含有少量的杂质，纤维大部分仍呈弯曲状态。

（四）精梳

为了纺制号数细、品质好的高档纱，还需要经过精梳加工。把20根左右生条经牵伸、并合制成小棉卷，这一过程又称为精梳准备工序。把小棉卷喂入精梳机，利用不同的针排分别对纤维进行进一步梳理，充分去除短纤维和杂质，制成精梳棉条。经过精梳的棉条，纤维整齐度和洁净度得到很大提高，能纺制成品质良好、号数较细的精梳棉纱。

（五）并条

生条在长片段上不匀率较大，且纤维伸直度较差，大部分纤维都呈卷曲状态，并有部分小纤维束存在，若直接用于纺纱，必然影响成纱质量。为了保证成纱质量，生条是不能直接进行粗纺的，必须经过并条加工。把6~8根棉条并列喂入罗拉式并条机，经牵伸把棉条拉细并汇集成一根新条。生条经并合后，条干的均匀性和结构获得改善，制成更均匀的棉条。在牵伸过程中利用纤维间的摩擦力使纤维伸直平行。并条工序一般有2~4道。并条制得的棉条俗称熟条，其粗细与生条相似。由于并条时将若干根生条并列喂入，有混合作用，以不同的纤维条按规定比例在并条机上混合，故也称为条子混合，简称混条。

（六）粗纱

粗纱工序是指在粗纱机上把熟条牵伸拉细，加以合适的捻回，使须条稍为捻紧，并绕在筒管上制成粗纱的加工过程。并条工序所生产的条子虽然在形态、不匀率及纤维伸直度等方面已经初步具备了直接纺纱的条件，但是，条子的定量还较大，故必须施以上百倍的牵伸才能把它抽长拉细到所要求的号数。目前，一般的细纱机还没有这么大的牵伸能力。因此，在纺纱过程中，加一粗纱工序，一方面分担部分牵伸，另一方面进一步提高纤维的伸直平行度。同时，粗纱工艺把所得粗纱卷绕成适合细纱机喂入的适当形式，以符合细纱机对喂入形式的要求,从而更好地提高细纱机的效益。

(七) 细纱

细纱工序是纺纱的最后一道工序。把喂入细纱机上的粗纱进一步拉细,形成所需细度的须条;然后将牵伸后的须条加上一定的捻度,使之具有良好的力学性能;最后将其卷绕在纱筒上得到成品纱。细纱的细度、光泽等物理性质和强力等力学性质应符合以后加工和产品的要求。

二、纱线的分类

由于构成纱线的纤维原料和加工方法不同,故纱线的种类繁多,形态和性能各异,其分类的方法也多种多样。常见的纱线分类方法有如下几种。

(一) 按纱线的原料种类和纤维组成分类

按纱线的原料种类和纤维组成不同,纱线分为纯纺纱和混纺纱两类。

1. 纯纺纱

纯纺纱是指由一种纤维原料加工制成的纱线,如纯棉纱线、纯羊毛纱线、纯苎麻纱、绢纱、涤纶纱等。其中,绢纱是用缫丝下脚料和不能缫丝的废茧为原料,经煮丝、梳理、切割得到废丝短纤维,然后以这些短纤维为原料纺制而成的纱。

2. 混纺纱

混纺纱是由两种或两种以上的纤维混合后纺制而成的纱线。例如,涤纶与棉混纺而成的涤/棉纱,绵羊毛和毛型涤纶混纺而成的毛/涤纱等。

(二) 按纱线结构分类

根据纱线结构不同,纱线分为简单纱线和复杂纱线两类。

1. 简单纱线

简单纱线包括单纱和股线。单纱主要为织造用纱,应用最为广泛,梭织物中的纱织品和半线制品中的纬纱,以及做针织内衣使用的汗布等织物均采用单纱织造。股线既可用作织造用线,也用作绣花线、缝纫线等。

2. 复杂纱线

复杂纱线是指具有较复杂的结构和特殊外观的纱线。复杂纱线的种类较多,如花式纱、包芯纱、包缠纱等。

(三) 按纺纱工艺分类

根据纺纱工艺不同,可分为环锭纱、自由端纱、自捻纱、包缠(芯)纱等若干类。

1. 环锭纱

环锭纱按梳理工序不同又分为普梳纱和精梳纱。普梳纱也称粗梳纱,是指未经精梳处理的纱,其表面光洁度、条干均匀度较差,细度较粗。精梳纱一般采用品质优良的纤维原料,纺制时在普梳基础上增加了精梳工序。经精梳处理后,纤维在纱线中的排列更加平直,纱线强力提高,光泽改善,疵点减少。精梳棉纱常用来织制高档纯棉织物,如高档府绸、高档针织品等;精梳毛纱主要用来织制轻薄型毛织物,如派力司、凡立丁等。

2. 自由端纱

自由端纱是采用自由端纺纱工艺系统加工而成的纱。

3. 自捻纱

自捻纱是采用自捻纺纱工艺系统纺成的纱,通常利用搓捻辊对须条产生周期性正反向假捻度。成纱上出现周期性无捻点,因而纱线的强度较低,一般合股成股线后再织造。

4. 包缠(芯)纱

包缠(芯)纱是在成纱过程中把一种纤维包缠在纱芯(芯丝)上制成的纱线。这是一种新型的纺纱方法。部分纤维包缠在纱芯外的称为包缠纱,部分纤维包缠在芯丝外的称为包芯纱。包缠(芯)纱一般是由两种纤维组成,也有三种纤维组成的包芯线。例如,将短纤维包缠在长丝外面作纱芯再缠以另一种长丝,或用一长丝内芯缠以长丝外芯,再用短纤维包覆。包芯纱线因有这种特殊结构而兼具多种纤维的特性,例如,用涤纶长丝为芯丝,外缠黏胶短纤维形成的包芯纱,其织品既具有良好的力学性能,又具有良好的舒适性;用氨纶长丝为芯丝加工制成的弹力包芯纱,可用于制造优质弹力衫、袜子等织物。

(四)按纱线的后整理工艺分类

按后整理工艺不同,纱线可分为本色纱、丝光纱、烧毛纱、漂白纱、染色纱等。

1. 本色纱

本色纱又称原色纱,是指纺纱完成后未经任何整理的纱。本色纱的色泽保持了纤维原有色泽状态。

2. 丝光纱

丝光纱是指经丝光工艺处理的棉纱。丝光纱的外观光泽和色泽明显好于普通棉纱。

3. 烧毛纱

烧毛纱是经烧毛整理的纱线。烧毛是将纱线或织物迅速通过火焰或炽热的金属表面,烧去表面茸毛的工艺过程。纱线和短纤维织物的表面往往存在很多纤维茸毛,会影响织品的表面光洁度和染整工艺效果。根据产品的要求,有的纱线(如绢丝)和大部分短纤维织物要经过烧毛工艺处理,使表面光洁、平整、匀净,织纹清晰。

4. 漂白纱

漂白纱是指以原色纱为原料,经煮练、漂白而成的纱。

5. 染色纱

染色纱是指以原色纱为原料,经煮练、染色制成的色纱。

三、纱线的质量指标

(一)纱线的细度

纱线的细度是指纱线的粗细程度,是衡量纱线品质的重要指标。纱线细度直接影响着织品的厚度、透气性、强度、耐磨性等指标，从而影响着织品的风格特点和用途。例如，细纱线织出来的织品质地轻薄，透气性好，穿着凉爽舒适，手感柔软，表面细致、光洁，悬垂性好，飘逸、美观。

纱线的细度常用号数（特克斯）、公制支数来衡量。在国际贸易中，也常用英制支数来衡量。

1. 号数（特克斯）（Nt）

号数是指在公定回潮条件下，1000 m 长纱线所具有的重量克数。该表示方法为定长制，号数越大，纱线越粗。

目前我国棉纱线和棉型化纤、混纺纱线的细度，多用号数表示。

股线的号数，以组成股线的单纱标称号数乘股数来表示，如 14 tex×2。当股线中单纱的公称号数不同时，以单纱的标称号数相加来表示，如 16 tex+18 tex。

2. 公制支数（Nm）

公制支数是指在公定回潮条件下，1 g 重的纱线所具有的长度米数。公制支数属定重制，支数越高，纱线越细。

目前我国毛纱及毛型化纤纯纺、混纺纱线的细度，多用公制支数表示。

股线的公制支数，以组成股线的单纱的公制支数除以股数表示，如 26/2、50/2 等。如果组成股线的单纱的支数不同，则把单纱的支数并列，用斜线分开，如 24/28。

3. 英制支数（Ne）

英制支数是指在公定回潮率 9.89% 时，1 磅重的棉纱所具有的长度为 840 码的倍数。英制支数也属定重制，支数越高，纱线越细。

（二）纱线的捻度和捻向

纱线的捻度和捻向对织物的外观、服用性、坚固耐用性都有较大的影响。

1. 捻度

捻度是指纱线单位长度上的捻回数。棉纱线及棉型化纤纱线等号数制捻度，是以 10 cm 长度内的捻回数表示；英制支数制捻度，是以 1 英寸长度内的捻回数表示；精纺毛纱线及化纤长丝的捻度，是以 1 m 长度内的捻回数表示。捻度的大小对纱线的强度、耐磨性、柔性等有很大的影响。一般来讲，捻度越大，强度、耐磨性越高，手感柔性、弹性、丰满性越差。针织用纱捻度一般偏小，梭织用纱捻度一般偏大。

2. 捻向

捻向是指纱线加捻的方向。捻向分两种：Z 捻（右捻）和 S 捻（左捻）。如果纺纱时自上而下，顺时针加捻，得到的纱线为 S 捻纱；若自上而下，逆时针加捻，得到的纱线为 Z 捻纱。股线捻向的表示方法中，第一个字母表示单纱的捻向，第二个字母表示股线的捻向。在纺纱过程中，由于细纱接头的习惯，单纱捻向以 Z 捻居多。股线可以与单纱同向加捻，也可以反向加捻，通常采用反向加捻。

纱线的捻向对织物的外观和手感有一定的影响。经纬纱采用不同捻向，织物表面经、纬纱纤维倾斜方向相同，使织物表面反光一致，光泽较好；在交织点上，纤维倾斜方向近乎垂直，而不相密贴，因而织物显得松厚柔软。经纬纱采用相同捻向，织物表面经纬纱纤维倾斜方向垂直，在经纬交织点处纤维倾斜方向近乎一致而相互嵌合，因而织物较薄，身骨较好，组织点清晰，但织物光泽则不及经纬捻向不同的织物。精纺毛织物和化纤中长纤维织物，常用若干根 S 捻和 Z 捻纱线相间排列，织物表面因反光不同而产生隐条、隐格等效应。

（三）纱线的含水量

纱线，尤其是天然纤维制成的纱线，具有良好的吸湿性。纱线中水分含量的多少，随周围环境的温湿度而变化。纱线是按重量计价的商品，水分含量的多少直接影响着纱线的有效重量，因此，在纱线贸易中，对纱线中的水分含量应有明确的约定。此外，棉纱线还是易发霉的产品，故棉纱线中水分含量的高低还影响着纱线的储存性。描述纱线含水量高低的指标有两个：回潮率和含水率。

（四）纱线的细度偏差

纱线的细度偏差是指纱线的实际细度与设计细度（标称细度）之差，又称纤度偏差、支数偏差。细度偏差是评价纱线及化纤长丝品质的指标之一。

纱线的细度偏差通常用重量偏差表示。对棉型纱线来讲，重量偏差是指 100 m 纱线的实际干重与设计干重之差占设计干重的百分比。在纱线的质量标准中，对重量偏差规定了允许范围，若超出了规定范围，则说明纱线的实际细度与设计细度不符，纱线偏粗或偏细。

（五）纱线的条干均匀度

纱线在长度方向上较短片段内粗细或重量的均匀程度称为条干均匀度。纺织品的质量与纱线条干均匀度密切相关。用不均匀的细纱织造时，在织物上会出现各种疵点和条档，影响外观质量。针织生产对细纱均匀度的要求，一般比机织更为严格。在针织加工中，细纱条干不匀或存在纱疵，会使正常的成圈过程受到破坏，有时还会引起断针。此外，细纱条干不匀，会使纺纱和织造的断头率提高。

纱线的条干均匀度通常用纱线的重量不匀率表示。重量不匀率是以纱条单位长度重量变化来表示纱条粗细不匀的指标。它是纱线品质评定中分等的基本指标。根据所采用的细度单位不同，重量不匀率分为号数不匀率、纤度不匀率和支数不匀率。

测定纱线重量不匀率时，通常测 20～30 个片段。测得各段重量后，用平均差系数或均方差系数表示。在纺纱中常用的条干均匀度测定方法主要有切段称重法、黑板条干目测法和仪器检测法三种。

（六）纱线外观的疵点

纱线上的疵点种类很多，常分为纱线粗细均匀度方面疵点、纱线光洁度方面疵点、纱线杂质和污染方面疵点三类。

纱线粗细均匀度方面的疵点主要有粗细节纱、大肚纱等。

纱线光洁度方面的疵点主要有糙节、毛羽等。

纱线杂质主要是指附着在纱线上的非纤维物质，如棉纱中的棉籽壳、棉叶碎片、棉铃片,毛纱中的草刺、毛屑等杂物。纱线污染是指生产和管理中管理不善造成的污渍,如油污、水渍等。

第二节 织 物

一、织物与织物组织

纺织品即纺织工业产品,又称织物,包括各类梭织物、针织物、无纺织物及各种线(如缝纫线、包装用线、绣花线、绒线)和带。其中与日常生活关系最为密切的是梭织物和针织物。

(一)梭织物与梭织物组织

梭织物也称机织物,是由两组及两组以上相互垂直的纱线,按一定规律编结而成的制品。与布边平行的纱线称为经纱。与布边垂直的纱线称为纬纱。经纱与纬纱相互交错,彼此沉浮编结成织物的规律称为机织物组织。机织物组织种类很多,通常根据复杂程度不同分为原组织、变化组织、联合组织和复杂组织。

1. 原组织

原组织包括平纹组织、斜纹组织和缎纹组织三种,故又称三原组织。原组织是最基本的机织物组织,其他组织大多是从原组织演化而来的。

在平纹组织中,经纱与纬纱之间的交织最为频繁,织物中纱线的弯曲最多,纱线间及纱线中纤维间的抱合力最大,织品的强度高,耐磨性好。由于用纱密度不是很大,故织品较为轻薄,手感柔性、弹性、丰满性较差。由于织品表面全部为孤立组织点(周围四个组织点均为与之相反的组织点),故表面反光差,织品表面光泽较暗。例如,棉布中的各种平布、府绸,丝织品中的纺类、纱类、绉类等织物多是采用平纹组织织造。

在斜纹组织中,经纱与纬纱之间的交织较平纹组织少,用纱密度明显提高,织品强度高、耐磨性好,质地厚实。布面呈现由浮长线构成的左向或右向倾斜织纹。如各种斜纹布、单面华达呢等织物就是采用斜纹组织编结而成的。

在缎纹组织中,经纱与纬纱之间的交织次数最少,纱线间及纱线中纤维间的抱合力很小,织品的强度低,耐磨性差,表面易起毛起球。但缎纹组织中用纱密度可以很大,故织品较为厚实,质地柔软,手感丰满。由于织品表面全部为浮长线所覆盖,故表面反光一致,织品表面富有光泽。如各种缎、直贡呢等织物就是采用缎纹组织编结而成的。

2. 变化组织

变化组织是在原组织基础之上,改变组织参数得到的一类组织。例如,麻纱采用的重平组织,仿麻织物采用的方平组织,哔叽、双面华达呢、双面卡其采用的二上二下双面斜纹组织,缎纹卡其(克罗丁)使用的急斜纹组织等均为变化组织。变化组织又可分为平纹变化组织、斜纹变化组织和缎纹变化组织三类。

3. 联合组织

联合组织是由两种或两种以上原组织或变化组织联合而成的组织。用这类组织织造的织物表面具有一定的小花纹效应，如皱纹呢采用的绉组织等。

4. 复杂组织

复杂组织是指由三组及以上的纱线进行交织的组织，如圆筒组织、双层组织、毛巾组织、纱罗组织等均为复杂组织。

(二) 针织物与针织物组织

针织物是指由纱线在编织针上弯曲成圈，线圈相互串套编织而成的织物。按编结方法不同，针织物可分经编针织物和纬编针织物两类。经编是将一组或几组纱线沿经向喂入编织机的所有工作针上，纱线沿经向同时弯曲成圈，线圈相互串套编织成织物的编结方式。纬编是由一根或几根纱线沿纬向喂入编织机的工作针上，纱线沿纬向顺序弯曲成圈，线圈相互串套编织成织物的编结方式。

针织物的组织可分为原组织、变化组织和花色组织三类。

1. 原组织

原组织是针织物的基本组织，如纬编平针组织、罗纹组织，经编编链组织、经平组织、经缎组织等。

2. 变化组织

变化组织是由两个或两个以上的原组织复合而成的组织，如纬编的变化平针组织、双罗纹组织，经编的经绒组织和经斜组织等。

3. 花色组织

花色组织是利用线圈结构变化或另外编入一些辅助纱线来形成花色效应的组织，如提花组织、集圈组织、衬垫组织、毛圈组织、添纱组织、长毛绒组织等。

二、织物的分类

织物的品种很多，分类方法也有许多种。日常生活中常用的织物分类方法主要有如下三种。

(一) 按织造方法分类

按织造方法不同，织物可分为梭织物、针织物和无纺织物三类。

1. 梭织物

梭织物的布面有经向和纬向之分。当织物经纬向的原料、纱支和密度不同时，织物呈现各向异性。不同的交织规律及后整理工艺可形成不同的外观风格。梭织物的结构稳定，布面平整，适合各种裁剪、加工方法。梭织物花色品种繁多，使用牢固度好，耐洗涤性好；但手感柔性、丰满性、延展性不如针织物。

2. 针织物

针织物又分为针织成衣和针织坯布两类，如羊毛衫、针织手套、袜子等就属前者。针织坯布经裁剪、缝制而成各种针织品，如针织内衣、汗衫、背心等。针织物的生产效率高，质地柔软，延伸性好，具有良好的抗皱性和透气性，穿着舒适，能适合人体各部位的外形；但尺寸稳定性、使用牢固度较差，容易钩丝。针织物适宜制作内衣、童装和运动服等，也常用作各种装饰用布。

3. 无纺织物

毡类织物是早期的无纺织物，它是将绵羊毛交错叠放，经压制与整理，借助于绵羊毛的缩绒性，利用纤维间相互勾结、粘连而成的织品。随着现代织造工艺的发展，以任何一种纺织纤维为原料，经过黏合、熔合或其他化学、机械方法加工均可得到无纺织物。这种纺织物不经传统的纺纱、梭织、针织等工艺过程，故也称非织造织物。这种加工方法因生产效率高、成本低而得到迅速发展。无纺织物的尺寸稳定性、使用牢固度很差，一般不能单独做服装面料使用，常用作服装衬料、工业用布、包装用布等。

（二）按原料组成分类

按原料组成不同，织物可分为纯纺织物、混纺织物和交织物三类。

1. 纯纺织物

纯纺织物是指由一种纤维原料加工而成的织品，如纯棉织物、纯苎麻织物、桑蚕丝织物、纯毛织物等。这类织物体现了其组成纤维的基本性能。

2. 混纺织物

混纺织物是指由两种或两种以上纤维形成的混纺纱织造而成的织物。混纺织物的特点体现了所组成原料中各种纤维的优点，从而提高了织物的综合性能。混纺分为两组分（二元）混纺和三组分（三元）混纺。参与混纺的纤维形态最好接近，性能应互补。混纺织物的品种很多，如涤/棉混纺织物、涤/毛混纺织物、毛/涤/黏纺织物等。

3. 交织物

交织物是指经纱（丝）和纬纱（丝）分别采用不同原料的纱（丝）加工而成的织物。交织多发生于丝织品中。也可以经、纬纱中一组为长丝，另一组为纱交织。交织物的基本性能由不同种类的纱线（丝）决定，具有经、纬向各异的特点。

（三）按印染加工和整理方式分类

按印染加工和整理方式不同，织物可分为原色织物、漂白织物、染色织物、色织物、混色织物、印花织物等若干类。

1. 原色织物

原色织物是指采用原色纱为原料织造，织造完成后未进行任何印染、整理的布，也称本色布。原色织物保持了原料纤维原有的色泽状态。原色织物多为印染厂的原料，除用作棉被里子布使用的本色中平布等品种之外，较少在市面上零售。

2. 漂白织物

漂白织物是以原色布为原料，经炼漂加工后得到的织物。漂白织物的主要特点是色泽洁白、布面匀净，常见的品种有漂白棉布、漂白麻布、漂白针织汗布等。

3. 染色织物

染色织物指以本色布为原料，经匹染加工的织物。染色织物的主要特点是布面呈单一色泽。这类织物品种很多，如各色棉布、各种精纺或粗纺素色呢绒等。

4. 色织物

色织物是指用染色纱线织造而成的织物。通过变化经纬纱的交织方式，配合不同色泽，可以交织出多种不同花形和色泽的产品，如各种彩条、彩格织品及提花织物。

5. 混色织物

在毛织物中，为了得到独特的色彩效应，先将纤维（毛条）染色，然后将不同色泽的纤维按一定比例混合均匀，纺成混色纱，再用混色纱织造而成的织物即为混色织物，如法兰绒、派力司等。

6. 印花织物

印花织物是指以本色布经过炼漂加工后，再进行印花而成的织物。印花织物的品种很多，如花哔叽、印花绸等。

7. 其他

其他是指采用特殊整理工艺得到的，具有独特效应的轧花织物、烫花织物、发泡起花织物以及功能性整理织物等。

此外，纺织品还可以按品质、用途、使用季节等标志进行分类。

三、棉织物

棉织物是指以棉纱线为原料加工而成的梭织物，统称棉布。棉织物用途广泛，除用作服装外，还大量用作床单、被罩等床上用品。

棉织物品种很多，通常分为本色布、漂白布、色布、色织布、花布、绒布等若干类。棉织物具有棉纤维所具有的性能特点，质地柔软，吸水性、透气性、卫生性、服用性好，强度偏低，弹性、保形性差。棉布非常适合做内衣和床上用品。随着加工工艺的提高，棉织品经丝光、防缩、防皱等整理后，外观、尺寸稳定性、保形性等指标得到明显的改善，加之人们回归自然意识的加强，棉织品也越来越多地用作外衣面料。

棉织物既可用纱织造，也可用线织造。日常生活中使用的棉品多为纱织品或半线制品。织造使用的组织结构也多种多样，多采用平纹及变化组织、斜纹及变化组织、绒组织等进行织造。例如，采用平纹组织织造而成的中平布、细平布、府绸，采用斜纹组织织造而成的斜纹布、哔叽、华达呢、卡其，采用复杂组织织成的毛巾布、灯芯绒、平绒，采用缎纹组织织造而成的直贡呢、横贡缎等。

四、毛织物

毛织物是指用动物毛纤维为原料或以动物毛纤维与其他纤维混纺（交织）而成的织品，俗称呢绒。毛织物具有动物毛纤维所具有的优良特性，外观光泽自然，颜色莹润，手感丰满、舒适，重量范围广，品种风格多样，织品挺括，有很好的弹性，不易皱折，吸湿性、保暖性、保形性好。毛织物主要用作外衣面料。毛织物种类很多，应用非常广泛。

（一）按使用的纱线及生产工艺分类

按使用的纱线及生产工艺不同，毛织物可分为精纺呢绒、粗纺呢绒、长毛绒、驼绒四类。

1. 精纺呢绒

精纺呢绒采用支数较高的精梳毛纱织造而成。精纺呢绒所用原料的品质较高，纤维长而细，梳理平直，纤维在纱线中排列整齐，纱线结构紧密。精纺呢绒的经纬纱多采用双股线，多为半线制品或线制品。产品的主要特点是质地细密，呢面平整、光洁，织纹清晰，色彩柔和，手感柔软，富有弹性，是制作各式高档服装的面料。精纺呢绒的主要品种有毛花呢、毛华达呢、毛哔叽、啥味呢、凡立丁、派力司、女衣呢、贡呢、马裤呢等。

2. 粗纺呢绒

粗纺呢绒采用粗梳毛纱织造，织造完成后多数产品经起绒、缩绒整理，在织品表面形成一层平整、丰满的绒毛层。产品的主要特点是绒毛密结，不露或半露地纹，质地厚实，手感丰满，保暖性好。粗纺呢绒主要用作冬季服装面料，主要品种有麦尔登、海军呢、制服呢、法兰绒、大衣呢等。

3. 长毛绒

长毛绒是经纱起绒（毛）的立绒毛织物，为棉地毛绒织品，正面有密集的直立毛纤维均匀覆盖，绒毛高度一般在 3～20 mm，绒面丰满平整，富有膘光，手感柔软、丰满，保暖性很好。长毛绒主要用于制作大衣、棉衣衣里、衣领、冬帽内衬等。

长毛绒采用五组纱线织造。两组地经和两组地纬均为棉纱，分别交织形成织品的地；另一组为起毛用经纱，多为毛纱。织造时起毛纱串套于上、下两层地布之间，得到双层绒坯布。经剖绒机割绒，就成两幅长毛绒坯布，再经后整理加工，即得成品长毛绒。

4. 驼绒

驼绒是与长毛绒类似的产品，也为棉地毛绒织物，所不同的是驼绒是在针织机上加工而成的针织品。驼绒因织物绒面外观与骆驼的绒毛相似而得名。驼绒的织品特征与长毛绒类似，但易变形，适宜制作冬季棉衣的衬里。

（二）按原料分类

按原料组成不同，毛织物可分为纯毛呢绒和混纺呢绒两类。

1. 纯毛呢绒

纯毛呢绒包括以下三种情况：① 使用100％绵羊毛加工而成的织品；② 采用不同种类的天然动物毛混纺得到的织品；③ 以绵羊毛或其他动物毛为主要原料，配入少量（精梳产品中羊毛纤维含量≥95％，粗梳产品中非毛加固纤维的总含量≤7％）的化纤（如氨纶）加工而成的织品。

纯毛呢绒外观光泽自然柔和，手感爽滑、丰满，具有很好的弹性和保形性，是加工高档服装的面料。尤其是混入了少量氨纶的面料，品质更加优良。

2. 混纺呢绒

混纺呢绒是指用天然动物毛与化学纤维混合后纺成的混纺纱织造而成的织品。混纺呢绒具有动物毛纤维与混入的化学纤维的双重优点。例如，毛/涤混纺织品既具有毛纤维的良好外观色泽、手感、弹性、服用性、吸水性，又具有涤纶的高强度和高耐磨性。混纺呢绒相互取长补短，实现了织品性能的优化，同时，又降低了生产成本和产品价格。

在对混纺呢绒命名时，一般将混纺比大的纤维放在前面。例如，采用40%的绵羊毛与60%的毛型涤纶混纺得到的华达呢，应称为"涤/毛华达呢"。当混纺比相同时，命名时按"天然纤维/合成纤维/人造纤维"的顺序排列。例如，采用绵羊毛、毛型涤纶、毛型黏胶等比例混纺得到的华达呢，应称为"毛/涤/黏华达呢"。

五、丝织物

丝织物是指用天然丝或化纤长丝为原料加工而成的织品，俗称丝绸。丝织物质地轻薄，绸面平整、光洁，富有光泽，手感滑爽，穿着舒适。丝织物品种繁多，日常生活中应用比较广泛的分类方法有如下三种。

（一）按原料分类

按原料不同，丝织品可分为真丝绸（桑蚕丝绸）、柞丝绸、绢丝绸、交织绸、人造丝绸和合纤丝绸六类。

1. 真丝绸

真丝绸是以真丝（桑蚕丝）为原料加工而成的织品。它体现出桑蚕丝纤维所具有的性能特点，具有柔和的光泽，滑爽而柔软的手感，轻盈飘逸、华丽的外观，良好的吸湿性、透气性和服用性，是丝织品中的佳品。

2. 柞丝绸

柞丝绸是指用柞蚕丝织造而成的织品。其绸面光泽柔和，手感柔软，富有弹性，吸湿性、透气性良好，化学稳定性、使用牢固度均优于真丝绸。柞丝绸的缩水率大，经过防缩整理的成品绸缩水率约为2%左右。柞丝绸易产生泛黄、水渍等难于克服的缺点，这在某种程度上影响了它的使用。

3. 绢丝绸

绢丝绸是指用绢纱织造而成的织品，分为纯绢丝织物和交织绢丝织物。根据绢丝原料的不同，还可分为桑蚕绢丝织物、木薯蚕绢丝织物和柞蚕绢丝织物等。绢丝织物以平纹素色和绉组织织物为主，常见品种有绢丝纺、新华呢等。新华呢采用绢丝作经纬，以绉组织织造而成，绸面呈绉效应，织物外观如呢，质地坚牢。

4. 交织绸

交织绸是用两种不同原料的丝做经纬交织而成的织品。交织绸一般多用桑蚕丝与半光黏胶长丝交织，一方面两者之间的性能特点近似，相互匹配性好，织品的外观及使用性能与真丝绸非常近似；另一方面大大降低了产品的成本。

5. 人造丝绸

人造丝绸是以人造丝为原料加工而成的织品。在日常生活中应用最为广泛的是黏胶长丝丝绸，如做服装里子使用的美丽绸等。

6. 合纤丝绸

合纤丝绸是用合成纤维长丝为原料加工而成的织品。随着化纤纺丝工艺水平的提高，化纤长丝的品质越来越好，这些长丝被越来越广泛地利用到丝织品加工中，使丝织物花色品种更加丰富多彩。利用化纤长丝的高强度、高弹性，可以大大提高丝织品的坚固耐用性。在日常生活中应用最为广泛的是涤纶丝绸。

（二）按绸面的花色特征及染整工艺分类

1. 素织绸

"素"即不"花"，是指基于相对简单的组织（原组织及变化组织）、表面素洁、不提花的丝织物。

2. 提花绸

提花绸是指采用提花组织织成的绸，根据花形大小和复杂程度可分为大提花绸和小提花绸两类。小提花绸多用相对简单的组织为地，其上起结构简单的小花，花纹以几何图案为主，花色相对单一。大提花绸多以经面缎纹为地，其上起诸如山水、花鸟之类的大花，花纹图案复杂，形象生动逼真，花色丰富。

3. 印花绸

印花绸是指用印花机在坯绸上印花后得到的绸。绚丽多彩的丝绸是精致的印染工艺的结晶，印花工序在丝绸的后整理过程中起着举足轻重的地位。通过印染整理，将人们喜爱的花色图案完美地展现在坯绸上，使人们的生活更加丰富多彩。

4. 染色绸

染色绸是指采用匹染工艺染色后得到的绸，即素色绸。

5. 闪色绸

闪色绸是指采用不同色泽的经、纬丝织造而成的绸。绸面呈现多彩的闪色效应，风格独特。

6. 扎染绸

用棉纱线根据设计要求，按一定的方式，在坯绸的一定部位上进行结扎，然后进行染色，即得扎染绸。由于结扎部位与非结扎部位的吸色量不同，故在绸面上形成了特定的花纹和色彩效应。

（三）按丝织品的外观特征和传统名称分类

按丝织品的外观特征不同，结合传统名称，可将丝织品分为纱、罗、绫、绢、纺、绡、绉、锦、缎、绨、葛、呢、绒、绸十四个小类。在此，仅介绍比较重要的几个类别。

1. 绸

绸是丝织物中最重要的一个小类，是指采用原组织及变化组织，或同时混用几种基本组织和变化组织（纱、罗、绒组织除外），无其他各类丝织物特征的，质地紧密的各种花、素织品。绸类织物品种繁多，其原料、组织、织品特征各异。常见的品种有塔夫绸、鸭江绸、大绸、美丽绸等。

(1) 塔夫绸：是丝织品中的传统高档品，为真丝熟织绸。它以高档厂丝为原料，以平纹或平纹小提花组织织造。塔夫绸的经丝采用复捻熟丝，纬线采用并合单捻熟丝，用丝密度高，且经密大于纬密；绸面细洁光滑、平挺美观，光泽好，织品紧密，手感较挺硬，折叠重压后易产生折痕。塔夫绸的花色很多，有素色塔夫绸、闪色塔夫绸、条格塔夫绸和提花塔夫绸等。

(2) 鸭江绸：利用手工缫制的特种柞蚕丝和普通柞蚕丝织造而成，是中国的传统丝织物。鸭江绸绸面粗糙，风格独特，分平纹和提花两种。提花鸭江绸的花形大方，具有浮雕效应，是高贵的服装和装饰用绸。鸭江绸以35旦柞蚕丝作经，特种柞蚕丝作纬，也可以将两种丝相间排列作经纬或经纬全部使用特种柞蚕丝。

2. 绉

绉类织物是丝织品中的重要类别，其最基本的特点是织品表面存在不同形态的细小皱纹。绸面光泽柔和，手感柔软而富有弹性。绉的品种很多，有轻薄透明类似蝉翼的乔其绉，薄型的双绉、碧绉，中厚型的缎背绉、留香绉，厚型的柞丝绉等。其中薄型和中厚型品种是做衣衫、连衣裙等夏季服装的优质原料。

织品表面皱纹的形成方法有多种，例如，利用强捻丝线在织物中的收缩效应形成皱纹；用绉组织使织物产生绉效应；采用两种不同伸缩性能的原料交替排列交织，使其产生不同收缩量而形成绉效应。

真丝绉具有悠久的历史，主要是用强捻丝线产生绉效应。由于坯绸精炼后，丝线去除了丝胶，导致发生卷缩与扭转，经纬交织点发生不规则的轻微位移，从而形成皱纹。织物组织一般采用平纹，也可采用斜纹或缎纹组织（如斜纹绉、缎背绉等）。

(1) 双绉：以桑蚕生丝为原料，经丝采用无捻单丝或弱捻丝，纬丝采用强捻丝，织造时纬线以两根左捻线和两根右捻线依次交替织入。织造组织为平纹。经精炼整理后，织物表面形成略微凹凸的鳞状皱纹。绸面光泽柔和，手感柔软，透气性好，穿着凉爽、舒适，抗皱性能良好。双绉主要用作夏季衣衫、裙装等。

(2) 碧绉：利用螺旋形丝线作纬织成的丝织物，经炼染后纬丝收缩成波曲状，使织物表面形成水浪波纹，也称印度绸。从织物外观分，有素色碧绉、条子碧绉和格子碧绉。碧绉质地轻薄、柔软、透气，常用来制作夏季服装。碧绉织造时经线不加捻，纬线采用几根单丝反复合并加捻形成的螺旋线。例如，经线采用2根20/22D桑蚕丝并合，纬线采用4根20/22D桑蚕丝组成的螺旋线［先把3根20/22D桑蚕丝合并加S向、17.5捻/cm，再与1根20/22D桑蚕丝合并加Z向、17.5捻/cm，前者因反向加捻而解捻伸长、张力松弛，后者受到加捻作用而张紧，一张一弛，较粗的丝线（抱线）就均匀地围绕在较细的丝线（芯线）上，形成螺旋形线］，以平纹组织交织，经精炼整理后呈现水浪形皱纹。

3. 纱

纱最基本的特点是织品表面存在细密的微小沙孔，质地特别轻薄，半透光，透气性很好。沙孔的形成方法有两种，一是采用低密度平纹组织，以强捻丝线作经纬，借助后整理时丝线产生的退捻效应形成均匀分布的孔眼；另一种方法是采用绞纱组织织造。纱分不提花的素纱和提花的花纱两种。花纱中，在平纹地上起绞经花组织的称实地纱，在绞经地上起平纹花的称亮地纱。纱类织物适用于加工舞台装、女童装和窗帘等装饰品。

(1) 乔其纱：以桑蚕生丝、黏胶长丝为原料。用强捻丝线作经纬，经、纬均以两根 S 捻、两根 Z 捻相间排列，以低密度平纹交织。绸坯经练漂或染整后，由于经纬丝的退捻作用引起绸身收缩，绸面产生细微均匀的皱纹和明显的细小沙孔。织品质地轻薄，状似蝉翼。

(2) 莨纱：表面乌黑光滑，类似涂漆，有透孔小花的丝织物，又称香云纱。莨纱的主要产地在中国广东省顺德等地，已有近百年生产历史。因利用薯莨液凝胶涂于绸面，经后加工而成产品，故名莨纱。此外，还有莨绸等品种。莨纱具有挺爽、柔软、透气、清凉和易洗易干、免烫等特点，适于制作夏季服装。莨纱是用桑蚕丝作经纬丝，在平纹地上以绞纱组织提花织成坯绸，经煮练、脱胶、上莨、过乌、水洗等加工而成。上莨是用薯莨的液汁（含有胶质、丹宁酸等）多次涂于练熟的坯绸上并晒干，使织物表面黏聚一薄层黄棕色的胶状物质。过乌是用含有铁盐的泥土涂于织物表面，使胶状物变成黑色。莨纱的缺点是表面漆状光泽耐磨性较差，揉搓后容易脱落，因此只宜用清水浸洗。莨纱吸汗后宜及时洗清，否则易生白色汗渍。

4. 缎

缎的基本特征是地组织全部或大部分采用缎纹组织。经丝用精炼丝加弱捻，纬丝一般为不加捻的生丝或精炼丝。缎的品种很多，有软缎、硬缎、九霞缎、明霞缎等。

(1) 软缎：以生丝为经、人造丝为纬的缎类丝织物。由于真丝与人造丝的吸色性能不同，故匹染后经、纬异色，在经密不太大时具有闪色效果。软缎有花、素之分。素软缎采用八枚经面缎纹组织交织。花软缎在八枚经缎组织上起纬花，纬花采用纬二重组织。软缎经丝为 20/22D 桑蚕丝，根据需要既可用单根做经，也可用 2 根并合；纬丝用 120D 有光黏胶丝。素软缎素净无花，适宜做舞台服装和刺绣、印花等工艺加工的坯料。花软缎花形样多取材于牡丹、月季、菊花等自然花卉，经密小的品种适宜用较粗壮的大型花纹，经密大的品种则可配以小型散点花纹，纹样地清花明，生动活泼，一般用作旗袍、晚礼服、棉袄等面料。

(2) 库缎：用真丝色织的传统缎类丝织物。库缎原是中国清代官营织造生产的，进贡入库以供皇室选用，因此而得名，亦称贡缎。库缎的主要产地是南京、苏州，尤以南京生产的为优。库缎有花、素之分。库缎的经、纬紧度较大，质地紧密、厚实、挺括，缎面平整光滑，不易沾灰尘。库缎的纹样以传统风格的团花为主，主要用作服装材料和装饰材料。

5. 纺

纺是质地轻薄坚韧、绸面细洁的平纹丝织物，主要用于制作服装，还可加工制作扇面等。按原料不同，纺可分为真丝纺（如杭纺、电力纺等）、人造丝纺（如有光纺、无光纺）、合纤丝纺（如锦纶丝纺、涤纶丝纺）、交织纺（如富春纺、华春纺）等。

电力纺用桑蚕丝织造，20 世纪初因电动丝织机取代了脚踏织机而得名。电力纺具有质地缜密、坚韧、轻薄等特点，适宜制作夏季服装，如衣衫、裙装等，也常用于服装的里料。电力纺的规格很多，主要区别在于织物的单位重量，轻的仅 $17.5\ g/m^2$，一般在 $36\sim 70\ g/m^2$。真丝纺的经、纬丝均用 20/22 旦桑蚕丝，单根或数根并合，织物需经精炼、染色或印花整理。

6. 锦

锦是中国传统的高档提花丝织物。古代有"织采为文"、"其价如金"之说，故名为锦。锦的品种繁多，织造方法各不相同，生产工艺要求都很高。例如，采用重经组织经丝起花的经锦，采用重纬组织的纬锦，采用双层组织的双层锦等。锦以精炼染色的桑蚕丝为原料，还常使用金银线，现代也用人造丝为原料生产。锦主要用作服装面料和室内装饰，如挂屏、靠垫、床罩、被面、领带、女式棉袄及少数民族袍服面料。中国的名锦有以经锦为代表的蜀锦、以妆花缎为代表的南京云锦和苏州宋锦等。

（1）云锦：中国南京生产的传统提花多彩丝织物，因其富丽豪华、花纹绚丽如云而得名。云锦主要包括妆花、库锦、库缎三大类，其中库缎不属于锦类织物。云锦的图案布局严谨庄重，纹样题材有大朵缠枝花和各种云纹等；风格粗放饱满，典雅雄浑；质地一般都比较紧密厚重。大部分云锦品种都使用各种金银线，妆花和库锦中有些品种甚至以金线浮长作纹样背景。

云锦的代表品种是妆花。妆花也是中国古代织锦技术最高水平的代表，它以经面缎纹（多用七枚缎）或加强缎纹为地组织，地纬和片金线用通梭织造，彩色花纬一般用纬管或小梭子挖花。妆花用一种经线兼地组织和花纬的正面固结；花纬背面不固结，成长浮线形式抛过；再结合分区换色的方法，使之在经、纬方向上都可呈现逐花异色的效果。妆花的纹样设计、图案组合和配色方法都有独特的技法，例如，采用饱满大花配美丽枝干衬以变幻云纹（如行云、卧云、七巧云、如意云等）；运用主体花的色晕和陪衬花的调和，以达到宾主呼应、层次分明、花清地白、锦空匀齐的效应。

（2）织锦缎：是在经面缎地上起三色以上纬花的传统丝织物。织锦缎是19世纪末在中国江南织锦的基础上发展而来的，表面光亮细腻，手感丰厚，色彩绚丽悦目，主要用作女式高级服装，也常用于制作装饰用品。现代织锦缎按原料可分成真丝织锦缎、人造丝织锦缎、交织织锦缎（经用桑蚕丝、纬用人造丝）等类别。

织锦缎属重纬织物，由一组经丝与三组纬丝交织。其基本结构是：经丝与甲纬交织成八枚缎，乙、丙纬组合十六枚缎衬背；甲纬除与经丝交织成缎地外，也可起花，乙、丙纬专门起花，相互配合和衬托。由于配色方法不同，织锦缎的外观可显示不同彩色效应。织锦缎的纹样和处理手法多变，其中尤以中国传统民族纹样（如梅、兰、竹、菊、龙凤呈祥、福寿如意等）使用较多，也有用变形花卉和波斯纹样的。

（3）古香缎：是由织锦缎派生出来的一个品种，虽然也属于纬三重织物，但在结构、风格上有很大的变化。如八枚经缎由甲、乙纬组合而成，丙纬以十六枚缎或二十四枚缎在背后接结。古香缎的质地虽比织锦缎薄，但结构仍然紧密。古香缎纹样一般都以亭台楼阁、花鸟鱼虫或人物故事为主题，色彩风格也较淳朴，用途与织锦缎类同。

六、织物的性质及品质评价指标

（一）坚固耐用性

织物的损坏因素很多，其中最基本的是拉伸、弯曲、顶裂与摩擦等机械力作用所致。此外，在洗涤时织物受到水、皂液等的作用；外衣穿用时受到阳光照射，内衣则与汗液起作用；有些工作服还与化学试剂或高温等发生作用。可见，织物的损坏是由于在使用过程中受到机械的、物理的、化学的以及微生物等各种因素的综合作用所造成的。织物在一定使用条件下抵抗损坏的性能，称为织物的坚固耐用性。

织物的坚固耐用性与织品所用纤维及纱线性质有关，也与织物本身的结构特征有关。当所用纤维及纱线性质相同时，织物结构的不同往往会给这些机械性质带来很大差异。织物的拉伸、撕裂、耐磨和顶破等各项性能的好坏直接影响制品的坚固耐用性能。

1. 拉伸断裂性能

拉伸断裂性能主要用拉伸强度、断裂伸长率等指标描述。拉伸强度是指拉断一定尺寸织物试样所需要的负荷，单位为 N。断裂伸长率是指试样被拉断时的伸长量占试样原长度的百分率。

2. 撕裂性能

军服、篷帆、降落伞、吊床等织物，在使用中更易受到集中负荷的作用，使制品局部损坏而破裂；织物被物体勾住，局部纱线受力断裂而形成裂缝；织物的局部被握持，以致织物被撕成两半等。织物受到的这些损坏，通常称为撕裂（撕破）。目前，我国在经树脂整理的棉型织物及毛织品的质量要求中，规定了织物抗撕裂性能的指标。

织物的抗撕裂性能用撕裂强度表示，它是指一定尺寸织物试样按规定方法而撕破成一定长度裂缝所需要的最大负荷，单位为 N。

测定撕裂强度的方法很多，在我国国家标准中规定了三种试验方法，即单缝法（又称单舌法）、梯形法和落锤法。

3. 耐磨性能

衣着用织物经常与周围所接触的物体发生摩擦。虽然导致织物在使用中损坏的因素很多，但实践证明，磨损是损坏的主要原因。磨损是指织物与另一物体由于反复摩擦而使织物逐渐损坏的过程。耐磨性就是织物抵抗磨损的特性。

织物在磨损时的状态特征有多种形式，如平磨、曲磨、折边磨等。

（1）平磨：是对织物试样以一定的运动形式作平面摩擦，它模拟衣服袖部、臀部、袜底等处的磨损形态。

（2）曲磨：是使织物试样在弯曲状态下受到反复摩擦，它模拟衣裤的肘部与膝盖的磨损状态。

（3）折边磨：是将试样对折后，对试样的对折边缘进行磨损，它模拟了上衣领口、袖口与裤脚折边处的磨损状态。

耐磨强度的高低，可以用标准磨料摩擦织物试样直至出现指定特征（如纱线断裂两根或出现破洞）所需的次数表示；也可以用试样承受一定摩擦次数后某些性质变化率（如试验前后强度变化率、重量变化率等）来表示。

4. 顶破（顶裂）性能

将一定面积的织物四周固定，从织物的一面施加垂直作用力使其破坏称为顶破，又称顶裂。顶破与衣着用织物的膝部、肘部、手套及袜子等的指端受力情况相似。顶破试验可提供织物多向强伸特征的信息。目前，我国把顶破强度作为考核部分针织物品质的指标，对鞋面帆布也要考核其顶破强度。国家标准中规定，顶破试验采用弹子式顶破试验机进行。

（二）服用性、卫生性

服用性即织物穿着的舒适性，它与卫生性一起，是反映织物品质的重要性质。织物的服用性和卫生性常通过透气性、透湿性、透水性和防水性、吸水性、保温性等性能体现出来。

人体穿着衣服后，身体与环境之间仍处于不断地能量、物质交换中。人体的舒适感觉取决于人体本身产生的热量、水分等与周围环境之间的交换平衡。服装在能量交换中起着调节作用。舒适时最佳的皮肤平均温度为33℃，如果相应于各种活动而选择适当的衣服，即使处于较冷空气中，这一平均温度也是可以保持的。在比较不利的气温条件下，当皮肤温度高于或低于该最佳温度时，则人体通过皮肤循环的调节或汗液蒸发来达到体温的调节，以达到适当的舒适感。服装在能量交换中一般是通过热、湿的传递过程而发生调节作用的。

1. 透湿性

人体通过皮肤蒸发汗液而不断散失水分。水分通过服装材料时有液态和气态两种。如果汗液在皮肤表面蒸发并以水蒸气方式透过织物，则主要是通过织物内的间隙向外扩散，这时织物内空隙中的空气仍保持其热阻。如果皮肤表面水分以液态方式通过芯吸作用传递到织物表面，并在织物表面上蒸发而到达空气层，则会使舒适度降低，其原因之一就是润湿的织物表面会被皮肤的感觉神经所察觉，使人感到衣物滑腻，皮肤不适。另外，由于水分充满织物内间隙后，空隙内不再保存凝滞空气，从而使织物热绝缘能力明显下降，使人感到湿冷难受。

织物能被水蒸气透过的特性称为透湿性或透水汽性。透湿性常用透湿量衡量。透湿量是指一定温度下，在织物试样两面的单位水蒸气压差（或水蒸气浓度差）作用下，单位时间内透过单位面积试样的水分量。

2. 透水性和防水性

液态水从织物一面渗透到另一面的性能称为织物的透水性。有时也采用与透水性相反的指标——防水性来表示织物对液态水透过时的阻抗特性。透水性从两方面与舒适性有关。一方面是来自外界的水（如雨水等），织物应阻止其到达人体，故常对织物进行防水整理来提高其防水性；另一方面，人体表面会产生汗液，此时则要求汗液能尽快透过织物有效排出而使人感到舒适。

3. 透气性

织物能被空气透过的特性称为透气性，通常用透气量表示。透气量是指织物试样两面在规定的压力差下，单位时间内、单位面积上透过的气体量。

4. 保温性

保温性是指织物能够阻止人体热量通过自身向外界传递的性能，也称保暖性或隔热性。保温性常用保温性测试仪测定。衣着材料实质可看做是一个由纤维材料、空气和水分组成的混合体。不同纤维材料的导热系数相差不大，约为静止空气导热系数的2～3倍，水的导热系数大约是静止空气的27倍。因此，衣着材料的保温性主要取决于其内部所合的静止空气的量。一般来讲，材料厚且蓬松，则含气量大，保温性好，如起绒、起毛的织物和毛皮含气量大，保温性明显要好。

（三）形态、美学性

织物的装饰性、美学性也是反映织物品质的重要性质。织物的装饰性、美学性与织物的形态是密切联系在一起的，常通过刚柔性、悬垂性、抗皱性和免熨性、抗起球性、尺寸稳定性、染色牢度等性能体现出来。

1. 刚柔性

织物的刚柔性是指织物的抗弯刚度和柔软度，是用于反映织品风格的重要指标。例如，西装用织物要求挺括，保形性好；内衣用织物要求手感柔软，穿着舒适；夏季女装用织物要求飘逸、柔美。

织物的刚柔性通常用抗弯刚度描述。抗弯刚度是指织物抵抗其弯曲方向形状变化的能力。刚柔性的测定方法很多，其中最基础的方法是斜面法，现在常用织物风格仪进行测定。

2. 悬垂性

织物在自然悬垂状态下能形成平滑和曲率均匀的曲面的特性，称为良好的悬垂性。某些衣着用或生活用织物，特别是裙类织物、舞台帷幕等，应具有良好的悬垂性。悬垂性直接与刚柔性有关，弯曲刚度大的织物，悬垂性较差。织物悬垂性的测定方法有很多，最常用的是伞式法。

3. 抗皱性和免熨性

在搓揉织物时发生塑性弯曲而形成褶皱的性能称为折皱性。织物抵抗由于搓揉而引起的弯曲变形的能力称为抗皱性。有时，抗皱性也被理解为当卸去引起织物折痕的外力后，由于织物的急、缓弹性而使织物逐渐回复到起始状态的能力。从这个含义上讲，抗皱性也可称为折痕回复性。

由抗皱性差的织物做成的衣服，在穿着过程中容易起皱，从而严重影响织物的外观。此外，因沿着弯曲与皱纹产生折边磨损，会加速衣服的损坏。毛织物具有良好的抗皱性，所以抗皱性是评定织物具有毛型感的一项重要指标。

抗皱性的测定是将一定形状和尺寸的试样用一个装置对折起来，并在规定的负荷（10N 或 30N）下保持一定的时间（5 min 或 30 min）；折痕负荷卸除后，让试样经过一定的回复时间（15 s 或 30 min），然后测量折痕的回复角，用回复角的大小表示抗皱性。

织物的免熨性又称洗可穿性，一般是指织物经洗涤后，即使不熨烫或稍加熨烫也很平挺，形状稳定，具有良好的抗皱性。织物免熨性的测定方法，目前国内外采用较多的有拧纹法、落水变形法和洗衣机洗涤法。

4. 抗起球性

织物在使用过程中经摩擦，其表层会呈现许多毛茸，称为"起毛"；若这些毛茸在继续使用中不能及时脱落而相互缠绕在一起，便会形成许多球形小粒，即称为"起球"。抗起球性是指织物对使用中起毛、起球的抵抗能力。测定抗起球性时，通常用起球仪模拟上述起毛、起球过程作用于试样，再根据试样起毛、起球的严重程度与标准样照对比评级。

评级共分5个级差，其中1级最差，5级最好。

5. 尺寸稳定性

对织物制品而言，通常最重要的是织物的水洗尺寸稳定性，也叫缩水率。织物的经、纬向缩水率并不相同。所谓经（纬）向缩水率是指水洗前后织物试样经（纬）向的长度差与水洗前试样经（纬）向长度的百分比值。导致织品缩水的原因主要有两个：一是因纤维吸湿后引起膨胀变形，使织品中纱线直径变宽，相应引起纱线在织品中弯曲程度加大，从而使织品面积缩小；二是织品在生产加工时不断受到各种外力的拉伸作用，使经纬纱来不及恢复原状，故使织品中存在着潜在的收缩力，一旦遇水则会引起收缩。

6. 染色牢度

染色牢度是指染色织物在使用过程中，抵抗各种化学和物理作用，并能保持原来色泽的能力。染色牢度指标分为耐光色牢度、耐气候色牢度、耐洗色牢度、耐摩擦色牢度、耐汗渍色牢度、耐刷洗色牢度、耐熨烫色牢度等。染色牢度的高低，通常根据试样试验前后颜色变化的程度或贴衬织物试样的沾色程度确定，用等级表示。其中，耐光色牢度和耐气候色牢度共分为8级，以1级最差，8级最好；其他染色牢度分为5级评定，以1级最差，5级最好。

第三节　服　　装

服装是指以各种织物为主要原料，按照一定的款式和尺寸，经裁剪、缝制等工序加工而成的，对人体起着各种保护、装饰、美化作用的制品。

一、服装的分类

服装的品种特别多，其原料、用途、穿用对象、款式等各不相同，因而服装的分类方法也就有多种。

（一）按服装的功能分类

1. 礼服

礼服是指用于出访、迎宾、婚丧喜庆等活动，在参加正式的宴会、晚会、庆典时所穿的服装。礼服按性别分为男子礼服和女子礼服两类。

（1）男子礼服：男子礼服因穿着时间、功能、场合不同，分为第一礼服、正式礼服、日常礼服三个等级。

第一礼服属最高级别，分为夜间穿的燕尾服和白天穿的大礼服。燕尾服的结构形式、材料要求和配饰标准均很严格，风格优雅，充满艺术和人文气息。随着时代变迁，礼服由繁变简，过去必须穿第一礼服的场合现多允许穿正式礼服。

正式礼服亦称塔多士礼服，是一种无燕尾的礼服。正式礼服的式样为：枪驳领或青果领，有缎面覆盖；门襟一粒纽扣，圆下摆；口袋为缎面双开线无袋盖形式；后摆不开衩。裤子与上衣同料，衬衫为白色双翼领礼服衬衫，配黑领结。春、秋、冬季常用黑色或深冷色调，夏季上衣用白色。

日常礼服是形式变化较多的一类礼服。黑色是日常礼服中常见的颜色，通常采用双排四扣、枪驳领式样。在礼仪性较明显的场合，如对服装没做特别要求时，穿日常礼服较为合适。

男子礼服规范受时间、场合、目的制约，要求较明确。此外，男子礼服的服装式样、颜色、配饰较少受流行影响，比较程式化。男子礼服的规范至今仍被国际社会所接受，成为社交着装的国际惯例。

(2) 女子礼服：女子礼服因穿着时间不同分为晚礼服、晨礼服。

晚礼服是女子夜间社交场合穿着的礼服，具有豪华、坦露、标新立异的特点，带有很强的炫耀性，整体风格雍容华贵。

女性用于白天正式场合穿着的礼服称为晨礼服，一般是高贵的裙装，也可以是高档套装，非暴露式样，裙长不过脚踝骨。穿着晨礼服一般需佩戴比较讲究的首饰，同时要注意与服装配套的鞋、帽、手套、提包等的协调。晨礼服的整体风格是典雅、庄重。

2. 生活服装

生活服装指日常生活中穿用的服装，又分为家居服、外出服。

(1) 家居服：是指在家庭环境中穿着的服装，如家常服、浴衣、睡衣等。家居服的特点是穿着方便，宽松舒适，款式简单实用，色彩柔和温馨。

(2) 外出服：是指非工作的闲暇时间穿用的服装，如街市服、旅游服、休闲服等。这类服装穿着较为随意，是一类最能体现穿着者个人个性和品位的服装。

3. 工作服装

工作服装是一泛称，包括防护服、标识服和办公服三大类。

(1) 防护服：是指保证专业人员在一般或特殊工作环境下能正常工作，确保生命安全的服装，如炼钢服、防化服、潜水服、飞行服、宇航服等。

(2) 标识服：是指具有明显标识作用的工作服装，分职业服和团体服。

职业服是指公职人员按照制度规定穿用的，具有特定式样和标志的服装，亦称制服。此类服装特点是造型严肃大方，款式统一、醒目，服装整体风格适合职业特点，配有专用标识以说明穿用者的职业权限和身份，如军服、警服、海关服等。

团体服是指团体内部具有鲜明特征或标志的统一着装，广泛应用于商业、餐饮业、证券业等。学校、公司等的统一着装也属团体服。团体服是企业形象设计的重要内容，有统一的着装不仅具标识作用，而且具有整体美、秩序美，能够强化团体凝聚力，并能使着装者行为规范化，提高工作效率。

(3) 办公服：是指白领职员工作时间穿用的服装。办公服应端庄、简约，具有时代气息；同时应强调服装与工作环境的协调，与工作性质相适应，与穿着者的气质和外在形象相统一，表现着装者的工作能力，敬业精神。

4. 运动服装

运动服装分为竞技运动服装和运动便装。

(1) 竞技运动服装：是指专业运动员、裁判员在运动训练和比赛时穿着的服装。竞技运动服装按实际用途有入场服、裁判服和比赛服三类。在这三类中又有各专项运动服，如体操服、滑冰服、击剑服、游泳衣等。竞技运动服的特点是简练、舒适、防护，不同项目有不同的要求。

(2) 运动便装：是指适合于普通民众在进行体育运动时穿着的服装。运动便装的特点是：强调运动功能性，造型简洁；衣身宽松合体，便于运动；色彩图案强调动感、节奏和对比；易洗免烫，强度高，吸湿性好等。

(二) 按款式分类

按款式不同，服装可分为西装、中式服装、衬衫、裤类、裙装等若干类。西服在下文将着重介绍。

(1) 中式服装：是指具有中国传统服装风格，起源于中国的服装款式，如中山服、唐装、旗袍等。

(2) 衬衫：衬衫因穿用场合及功能不同，又分礼服衬衫、普通衬衫和时装衬衫。

(3) 裤类：按适体程度分为适体型、紧身型、宽松型；按长度分为短裤、七分裤、长裤、内裤等；按功能分有马裤、健美裤、运动裤、西裤、牛仔裤等。

(4) 裙装：裙装按整体结构不同，分为连衣裙和半裙两类。

(三) 按穿用对象分类

按穿用对象不同，服装可分为婴儿及儿童装、男装、女装、中老年装四类。

(1) 婴儿及儿童装：是指供婴儿和儿童穿用的服装。在国家标准 GB/T 1335.3—1997《服装号型 儿童》中，将婴儿及儿童服装按身高分为三类：身高 52～80 cm 的婴儿服装；身高 80～130 cm 的儿童装；身高 135～155 cm 的女童装和身高 135～160 cm 的男童装。

(2) 男装：是指供成年男性穿用的服装。

(3) 女装：是指供成年女性穿用的服装。

(4) 中老年装：是指专为中老年人设计的服装。

古今中外，男装与女装在风格、造型、色彩、面料、纹样、装饰等方面有明显的区别。总体来讲，男装注重做工，女装注重色彩、款式的变化。

(四) 按穿着季节分类

按服装的穿用季节不同，常分为春秋装、冬装和夏装。现代服装品种很多，有的季节性很强，如冬季的呢绒大衣、棉衣，夏季的连衫裙、短袖衫等；有的季节性不是很明显，如衬衫等，一年四季都可穿用。

(五) 按服装的面料分类

按制作服装的面料不同，服装可分为棉服装、呢绒服装、丝绸服装、化纤服装、皮革服装、裘皮服装等。

（六）按着装层次分类

按着装层次不同，服装可分为内衣、外衣、大衣。内衣按功能不同又分为贴身内衣（汗衫、背心、针织内衣、针织内裤等）、补正内衣（文胸、腹带、束腰等）和装饰内衣（指贴身内衣与外衣之间的衬装，如衬衫、打底衫、衬裙等）。

二、服装号型

服装号型标准是为指导服装工业化生产和方便消费而制定的服装尺寸规格标准。我国于1980年首次颁布服装号型标准，目前执行的服装号型标准是一个标准系列，包括GB/T 1335.1—1997《服装号型 男子》、GB/T 1335.2—1997《服装号型 女子》和GB/T 1335.3—1997《服装号型 儿童》。

（一）号型定义

号是指人体总高度，以cm为单位表示，是设计和选购服装长度的依据。

型是指人体的上体胸围或下体腰围，以cm为单位表示，是设计和选购服装肥瘦的依据。

体型是以人体的胸围与腰围的差数为依据划分的，可分为四类，体型分类代号分别为Y、A、B、C。体型又分男子体型、女子体型两个系列。体型分类及代号参见表8.1。

表8.1 体型分类及代号

性别	体型	胸围与腰围的差数/cm	性别	体型	胸围与腰围的差数/cm
男子	Y	17～22	女子	Y	19～24
	A	12～16		A	14～18
	B	7～11		B	9～13
	C	2～6		C	4～8

在胸围相同的情况下，Y体型表示腰围细，属瘦体；A体型表示标准体型；B体型表示腰围较粗，属较胖体；C体型表示腰围粗，属胖体。

（二）号型系列

服装号型系列是以各体型中间体为中心，向两边依次递增或递减组成。一般而言，身高以5 cm分档组成系列，胸围以4 cm分档组成系列，腰围以4 cm、2 cm分档组成系列。此外，身高与胸围搭配组成5·4号型系列，身高与腰围搭配组成5·4或5·2号型系列。例如，男子A型中间体上装号型为170/88A，其5·4号型系列为160/80A、165/84A、170/88A、175/92A、180/96A。男子5·4号型和5·2 A号型系列参见表8.2，女子5·4和5·2 A号型系列参见表8.3。

表 8.2 男子 5·4 号型和 5·2 A 号型系列

胸围\身高\腰围	155			160			165			170			175			180			185		
72				56	58	60	56	58	60												
76	60	62	64	60	62	64	60	62	64	60	62	64									
80	64	66	68	64	66	68	64	66	68	64	66	68	64	66	68						
84	68	70	72	68	70	72	68	70	72	68	70	72	68	70	72	68	70	72			
88	72	74	76	72	74	76	72	74	76	72	74	76	72	74	76	72	74	76	72	74	76
92				76	78	80	76	78	80	76	78	80	76	78	80	76	78	80	76	78	80
96							80	82	84	80	82	84	80	82	84	80	82	84	80	82	84
100										84	86	88	84	86	88	84	86	88	84	86	88

表 8.3 女子 5·4 号型和 5·2 A 号型系列

胸围\身高\腰围	145			150			155			160			165			170			175		
72				54	56	58	54	56	58	54	56	58									
76	58	60	62	58	60	62	58	60	62	58	60	62	58	60	62						
80	62	64	66	62	64	66	62	64	66	62	64	66	62	64	66	62	64	66			
84	66	68	70	66	68	70	66	68	70	66	68	70	66	68	70	66	68	70	66	68	70
88	70	72	74	70	72	74	70	72	74	70	72	74	70	72	74	70	72	74	70	72	74
92				74	76	78	74	76	78	74	76	78	74	76	78	74	76	78	74	76	78
96							78	80	82	78	80	82	78	80	82	78	80	82	78	80	82

（三）号型标志

标准规定，服装上必须标明号型。号型的表示方法为：号在前，型在后，号与型之间用"/"分开，后接体型分类代号。套装中的上、下装应分别标明号型。例如，某件男装上号型标志为 170/88A，其中 170 是号，88 是型，A 是体型。

（四）号型的应用

服装的号型标志，表示该服装适用于身高、胸围和腰围与之接近，胸围与腰围的差数在此范围之内的人群穿用。

例如，某件女上装的号型标志为 165/88A，表示该上装适合于身高 163~167 cm、胸围 86~90 cm、胸围与腰围的差数在 14~18 cm 范围之内的成年女士穿用。消费者如能正确识别服装号型，即可购买到合体的服装。

三、服装的使用说明

（一）纺织品和服装使用说明的主要内容

产品的使用说明是向使用者传达如何正确、安全使用产品的信息，通常以使用说明书、标签、标志等形式表达。为保护消费者的利益，在 GB 5296.4—1998《消费品使用说明 纺织品和服装使用说明》中对纺织品和服装使用说明中应标注的内容做了明确的规定。纺织品和服装使用说明中应明确标注如下内容。

（1）制造者的名称和地址。

（2）产品名称。

（3）产品号型和规格。

（4）采用原料的成分和含量。

在纺织品和服装使用说明书、标签上，应按 FZ/T 01053 标准规定标明其采用原料的成分和含量。例如，棉纤维含量为 100% 的产品，标记为 100% 棉或纯棉；蚕丝纤维含量为 100% 的产品，标记为 100% 蚕丝或纯蚕丝（注明蚕丝种类）；羊绒含量为 100% 的产品，标记为 100% 羊绒（由于羊绒纤维中的形态变异及非人为混入羊毛的因素，羊绒纤维含量达 95% 及以上的产品，可标记为 100% 羊绒）；绵羊毛纤维含量为 100% 的产品，标记为 100% 羊毛；精梳产品中羊毛纤维含量为 95% 及以上，其余为加固纤维时，可标记为纯毛（其中绒线、20.8 tex 以上的针织绒线和毛针织品不允许含有非毛纤维）；粗梳产品中加固纤维和可见的、起装饰作用的非毛纤维的总含量不超过 7%，羊毛纤维含量为 93% 及以上时，可标为纯毛。

（5）洗涤方法。

洗涤方法包括水洗、氯漂、熨烫、干洗和干燥等。洗涤方法必须采用 GB/T 8685—2008 中规定的图形符号表示。生产厂商根据服装的性能和要求，选用必需的图形符号。洗涤方法图形符号的颜色一般是：标签底色为白色，图形符号为黑色，符号"×"也可为红色，以使其更加醒目。同一使用说明上的图形符号应采用相同的颜色，并保持其清晰易辨。当图形符号满足不了需要时，可用简练文字予以说明，但不得与图形符号含义的注解并列。图形符号应按照水洗、氯漂、熨烫、水洗后干燥的顺序排列。

（6）使用和贮藏条件及注意事项：使用不当，容易造成产品本身损坏的产品，应标明使用注意事项。有贮藏要求的产品应简要标明贮藏方法。

（7）产品使用期限：需限期使用的产品，应注明生产日期和有效使用期，按年、月、日顺序标注日期。

（8）产品标准编号。

（9）产品质量等级：产品标准中明确规定质量（品质）等级的产品，应按有关产品标准的规定标明产品质量等级。

（10）产品质量检验合格证明：国内生产的合格产品，每单件产品（或销售单元）应有产品出厂质量检验合格证明。

（二）使用说明的图形符号

为方便消费者的使用，更加直观地表示纺织品和服装的使用方法及使用注意事项，在 GB/T 8685—2008《纺织品 维护标签规范 符号法》中，明确规定了纺织品和服装使用说明和标签中应采用的图形符号。纺织品和服装使用说明基本符号和具体描述符号参见表 8.4。

表 8.4 纺织品和服装使用说明基本符号和具体描述符号

序号	名称	图形符号	说明
1	水洗	▽	用洗涤槽表示水洗程序
2	漂白	△	用三角形表示漂白程序
3	干燥	□	用正方形表示干燥程序
4	熨烫	⌒	用手工熨斗表示熨烫程序
5	专业纺织品维护	○	用圆形表示（不包括工业洗涤的）专业干洗和专业湿洗的维护程序
6	不允许的处理	×	在五个基本符号基础上叠加的叉号"×"，表示不允许执行这些符号代表的程序
7	缓和处理	—	在五个基本符号基础上叠加一条横线，表示与未加横线的相应符号相比，该程序的处理条件较为缓和
8	非常缓和处理	=	在五个基本符号基础上叠加两条横线，表示其处理条件更加缓和
9	处理温度	··	在干燥和熨烫符号上叠加的圆点，表示处理程序的温度

（1）表 8.4 中所列的图形符号，可根据不同的使用对象选用。

（2）水洗图形符号中，洗涤槽中的数字表示最高洗涤温度，如图 8.1（1）表示最高洗涤温度为 70℃；洗涤槽下面的横线表示洗涤程序须缓和，如图 8.1（2）所示；洗涤槽上叠加"手形"图形，表示洗涤方式为手洗，如图 8.1（3）所示。

(1)　　　　(2)　　　　(3)

图 8.1 水洗图形符号

（3）漂白符号上叠加两条斜线（如图 8.2 所示），表示只允许氧漂，即不允许使用含氯漂白剂漂白。

图 8.2　氧漂图形符号

（4）干燥图形符号参见表 8.5 所示。

表 8.5　干燥图形符号

符　号	程　序	符　号	程　序	符　号	程　序
｜	自然干燥，悬挂晾干	╱｜	自然干燥，在阴凉处悬挂晾干	⊙	可使用翻转干燥，常规温度（排气口最高温度 80℃）
‖	自然干燥，悬挂滴干	╱‖	自然干燥，在阴凉处悬挂滴干	⊙	可使用翻转干燥，较低温度（排气口最高温度 60℃）
—	自然干燥，平摊晾干	╱—	自然干燥，在阴凉处平摊晾干	⊠	不可使用翻转干燥
=	自然干燥，平摊滴干	╱=	自然干燥，在阴凉处平摊滴干		

（5）熨烫图形符号中，添加不同个数的圆点，表示不同的熨烫温度（参见表 8.6）。

表 8.6　熨烫图形符号

符　号	熨烫程序
熨斗（三点）	熨斗底板最高温度为 200℃
熨斗（两点）	熨斗底板最高温度为 150℃
熨斗（一点）	熨斗底板最高温度为 110℃

（6）纺织品专业维护程序符号参见表 8.7。

表 8.7　纺织品专业维护程序符号

符　号	维护程序	符　号	维护程序
Ⓟ	常规干洗，使用四氯乙烯和符号 F 代表的所有溶剂的专业干洗	⊗	不可干洗
Ⓟ̲	缓和干洗，使用四氯乙烯和符号 F 代表的所有溶剂的专业干洗	Ⓦ	专业湿洗；常规湿洗
Ⓕ	常规干洗，使用碳氢化合物溶剂的专业干洗	Ⓦ̲	专业湿洗；缓和湿洗
Ⓕ̲	缓和干洗，使用碳氢化合物溶剂的专业干洗	Ⓦ̳	专业湿洗；非常缓和湿洗

（三）使用说明的形式及要求

1. 使用说明的形式

根据产品的特点，可采用以下使用说明形式：

(1) 直接印刷或织造在产品上的使用说明；

(2) 缝合、粘贴或悬挂在产品上的标签；

(3) 直接印刷在产品包装上的使用说明；

(4) 粘贴在产品包装上的标签；

(5) 随同产品提供的资料。

2. 使用说明的要求

(1) 使用说明上的文字应清晰、醒目，图形、符号应直观、规范，文字、图形符号的颜色与背景色或底色应为对比色。使用说明所用文字应为国家规定的规范汉字，可同时使用相应的汉语拼音、外文或少数民族文字，但汉语拼音和外文的字体大小应不大于相应的汉字。

(2) 产品的号型或规格、采用原料的成分和含量、洗涤方法等内容应采用耐久性标签。耐久性标签能永久性地附在产品上，且位置要适宜。其中，采用原料的成分和含量、洗涤方法宜组合标注在一张标签上。

(3) 使用说明应附在产品上或包装上的明显部位或适当部位。在产品本身上的使用说明应大小适宜，并缝在易见之处。产品包装上的使用说明以单件包装为单位。吊牌形式的使用说明以单件产品为单位，并挂在产品的明显部位。

四、服装质量及安全认证

目前，国际上有多种纺织品、服装认证检验，如国际羊毛局的羊毛认证检验、国际环保纺织协会的 Oeko-Tex Standard 100 认证检验、日本的优质产品 "Q"（Quality）标记认证检验、日本通商产业省的"SIF"标记认证检验等。其中最为重要、影响最大的是纯羊毛认证检验和 Oeko-Tex Standard 100 认证检验。

（一）Oeko-Tex Standard 100 认证

Oeko-Tex Standard 100 认证是目前国际上最权威、影响最广的生态纺织品认证，属于安全认证范畴。当今社会，纺织品、服装中有害物质对人体产生的危害越来越受到人们的重视，纺织企业对环境的影响也越来越受到人们的关注，发达国家对进口纺织品、服装的生态要求也进一步提高，Oeko-Tex Standard 100 认证已成为纺织品进入发达国家市场的通行证，取得 Oeko-Tex Standard 100 认证也已成为我国纺织企业步入国际市场的必然选择。

在 20 世纪 80 年代，为协助消费者购买安全的家居纺织品和成衣，奥地利纺织研究中心提供了一套名为 OTN-100 标准，用以检验纺织品、成衣及地毯中的有害物质及含量。此后，1992 年欧洲 11 家检验机构共同创立了欧洲环保纺织协会（Oeko-Tex），在此基础之上成立了国际环保纺织协会（International Association for Research and Testing in the Field of Textile Ecology，简称 Oeko-Tex Association）。该协会制定了一套专为测试纺织品、服装中有害物质的检验方法和标准，名为"Oeko-Tex Standard 100"，或称生态纺织品标准 100，用以评价和预防纺织品及成衣对人体健康的影响。

Oeko-Tex Standard 100 用以测试纱线、面料、服装及其辅料等产品的生态环保性能。Oeko-Tex Standard 100 中规定了在纺织品、服装上可能存在的已知有害物质的种类和含量，需要测试的项目包括 pH 值、甲醛、可萃取重金属、杀虫剂/除草剂、含氯苯酚、可分解芳香胺染料、致敏染料、有机氯化导染剂、有机锡化物（TBT/DBT）、PVC 增塑剂、色牢度、有机挥发气体、气味等。

Oeko-Tex Standard 100 认证的级别分为四级。

（1）婴儿用品（一级认证）：是对除皮制衣物外，一切用来制作婴儿及两岁以下儿童服装的织物、原材料和附件的认证。标准对婴儿和初学走路孩子的产品规定了非常严格的条件，如甲醛的限定值是 20 ppm。而同皮肤直接接触的产品（如床上用品、内衣、衬衫及宽松的上衣）的甲醛限定值是 75 ppm，不与皮肤直接接触的产品（如套装、外套等）和家用装饰品（如桌布、装饰织物、窗帘、床垫等）的甲醛含量只需低于 300 ppm。

（2）直接接触皮肤的产品（二级认证）：穿着时，大部分材料直接接触皮肤的织物，如上衣、衬衣、内衣等。

（3）不接触皮肤的产品（三级认证）：指穿着时，只有小部分直接接触皮肤，大部分没有接触到皮肤的织物，如填充物、衬里等。

（4）装饰材料（四级认证）：用来缝制室内装饰品的一切产品及原料，如桌布、墙面遮盖物、家具用织物、窗帘、室内装潢用织物、地面遮盖物等。

如果纺织品经协会授权检验机构测试，符合标准所规定的条件，则申请企业可获得授权在其产品上使用"信心纺织品，通过有害物质检验"的 Oeko-Tex Standard 100 标签。

Oeko-Tex Standard 100 在附录 3 中明确规定了标志的式样和应记述的内容。该标志可以使用单一的语言文字，也可以同时使用多种语言文字。标准规定，所使用的标志应在其下方标明认证号码和认证授权机构名称。申请者在被授权许可后，可以在其产品上使用一个或多个 Oeko-Tex Standard 100 标志。

在标志设计时，可使用下列颜色：绿色、草绿色、黄色、硫黄色。该标志可由申请者自己制作，但必须报批。若向 Oeko-Tex 授权的广告代理商订购，则无须报批。如图 8.3 所示为使用多种语言文字的 Oeko-Tex Standard 100 标志图例。

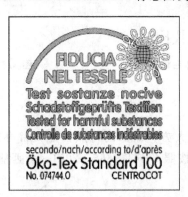

图 8.3　Oeko-Tex Standard 100 标志图例

（二）国际羊毛局"羊毛标志"认证

国际羊毛局的"羊毛标志"认证属于质量认证。凡羊毛制品达到国际羊毛局规定的品质要求（如强力、色牢度、耐磨、可洗性等），经该局核准，可使用"羊毛标志"。"羊毛标志"已成为国际市场上闻名的纺织标志。

国际羊毛局（International Wool Secretariat，IWS）成立于 1937 年，由当时世界主要羊毛生产国澳大利亚、新西兰、乌拉圭和南非发起成立。IWS 的总部设在英国伦敦，在世界各地设置了约 30 个分支机构。国际羊毛局是国际上有关羊毛及羊毛织品的权威机构。国际羊毛局为非营利机构，主要任务是研究提高羊毛制品质量和生产加工技术，扩大羊毛制品消费量，提高羊毛对其他纤维的竞争地位。世界许多毛纺生产技术的重大发明和革新，多是在国际羊毛局组织下研制成功的。该组织还通过各地分局，向世界各国"羊毛标志"持有者免费提供技术服务和新产品的技术资料，以及今后一两年内流行品种、款式、颜色、时装趋势预测等，其目的在于传授羊毛制品的制造技术，提高产品质量，扩大羊毛制品的销售量。

"羊毛标志"由国际羊毛局拥有，并进行管理。IWS 有一套从申请到使用"羊毛标志"的严格管理程序，并有许多具体措施用以维护"羊毛标志"的高质量特性。"羊毛标志"包括两个："纯羊毛标志"和"混纺羊毛标志"。

"纯羊毛标志"是国际羊毛局为了保持天然优质纤维的身份，于 1964 年设计的由三个毛线团组成的标志。纯羊毛标志是优质和纤维含量的承诺，证明产品是用纯新羊毛制作。"纯"象征着用 100% 的羊毛，"新"指羊毛制品中不使用再生毛。

"混纺羊毛标志"是 1971 年对羊毛含量 60% 以上的混纺产品设计的认证标志。

凡纯毛制品和含毛 60% 以上的混纺产品，只要达到国际羊毛局制定的品质标准要求，并经国际羊毛局核准，就可使用上述两种羊毛标志。它的应用范围包括男女服装、地毯、家庭用品、毛毡等各种工业和消费产品。

如图 8.4 所示是国际羊毛局纯毛标志，如图 8.5 所示是国际羊毛局混纺羊毛标志。

图8.4 国际羊毛局纯毛标志

图8.5 国际羊毛局混纺羊毛标志

五、西服质量要求

西装具有典雅、庄重、大方、潇洒的特点，是日常办公、社交活动中经常穿用的服装。西装的品质要求很高，按照GB/T 2665—2001《女西服、大衣》标准规定，西服应达到下列质量要求：

（一）原材料规定

（1）面料：按有关纺织面料标准选用符合西装质量要求的面料。

（2）里料：采用与面料性能、色泽相适合的里料，特殊需要除外。

（3）辅料：衬布采用适合所用面料的衬布，其收缩率应与面料相适宜；垫肩采用棉或棉型化纤等材料；缝线采用适合所用面辅料、里料质量的缝线，钉扣线应与扣的色泽相适宜，钉商标线应与商标底色相适宜（装饰线除外）；纽扣、附件采用适合所用面料的纽扣（装饰扣除外）及附件，纽扣、附件经洗涤和熨烫后不变形、不变色。

（二）经纬纱向技术规定

（1）前身：经纱以领口宽线为准，不允斜。

（2）后身：经纱以腰节下背中线为准，倾斜不大于0.5 cm；条格料不允斜。

（3）袖子：经纱以前袖缝为准，大袖片倾斜不大于1.0 cm，小袖片倾斜不大于1.5 cm（特殊工艺除外）。

（4）领面：纬纱倾斜不大于0.5 cm；条格料不允斜。

（5）袋盖：与大身纱向一致，条格料左右对称。

（6）挂面：以驳头止口处经纱为准，不允斜。

（三）对条对格规定

（1）面料有明显条、格，且宽度在1.0 cm及以上的应符合表8.8中规定。

表8.8 条格面料对条对格规定

部 位	对条对格规定
左右前身	条料对条，格料对横，互差不大于0.3 cm
手巾袋与前身	条料对条，格料对格，互差不大于0.2 cm
大袋与前身	条料对条，格料对格，互差不大于0.3 cm
袖与前身	袖肘线以上与前身格料对横，两袖互差不大于0.5 cm

(续表)

部 位	对条对格规定
袖缝	袖肘线以下,前后袖缝格料对横,互差不大于 0.3 cm
背缝	以上部为准,条料对称,格料对横,互差不大于 0.2 cm
背缝与后领	条料对条,互差不大于 0.2 cm
领子、驳头	条格料左右对称,互差不大于 0.2 cm
摆缝	袖窿以下 10 cm 处,格料对横,互差不大于 0.3 cm
袖子	条格顺直,以袖口为准,两袖互差不大于 0.5 cm

注:特别设计不受此限。

(2) 面料有明显条、格,且宽度在 0.5 cm 及以上的,手巾袋与前身条料对条,格料对格,互差不大于 0.1 cm。

(3) 倒顺毛、阴阳格原料,全身顺向一致(长毛原料,全身上下顺向一致)。

(4) 特殊图案面料以主图为准,全身顺向一致。

(四) 拼接规定

西服耳朵皮允许两接一拼,其他部位不允许拼接。

(五) 色差规定

袖缝、摆缝色差不低于 4 级,其他表面部位高于 4 级。套装中上装与裤子的色差不低于 4 级。

(六) 外观疵点规定

成品各部位(按 GB/T 2665—2001 中 3.8 规定划分)只允许疵点一处(优等品前领、驳头不允许出现疵点)。疵点主要包括粗纱、大肚纱、毛粒、条痕(折痕)、斑疵(油、锈、色斑)等。

(七) 缝制规定

(1) 针距密度应符合表 8.9 的规定。

表 8.9 针距密度规定

项 目	针距密度	备 注
明暗线	3 cm 12~14 针	特殊需要除外
包缝线	3 cm 不少于 9 针	
手工针	3 cm 不少于 7 针	肩缝、袖窿、领子不低于 9 针
手拱止口、机拱止口	3 cm 不少于 5 针	
三角针	3 cm 不少于 5 针	以单面计算
锁眼	细线 1 cm 12~14 针	
	粗线 1 cm 不少于 9 针	
钉扣	每孔不少于 8 根线	缠脚线高度与止口厚度相适应
	每孔不少于 4 根线	

(2) 各部位缝制线路顺直、整齐、平服、牢固;主要表面部位缝制皱缩按《男西服外

观起皱样照》规定,不低于 4 级。

(3) 上下线松紧适宜,无跳线、断线;起落针处应有回针;缝份宽度不小于 0.8 cm。
(4) 领子平服,领面松紧适宜。
(5) 纳袖圆顺,前后基本一致。
(6) 滚条、压条要平服,宽窄一致。
(7) 袋布的垫料要折光边或包缝。
(8) 袋口两端应打结,可采用套结机或平缝机回针。
(9) 袖窿、袖缝、底边、袖口、挂面里口等部位叠针牢固。
(10) 锁眼定位准确,大小适宜,扣与眼对位,整齐牢固;钮脚高低适宜,线结不外露。
(11) 商标、号型标志、成分标志、洗涤标志位置端正、清晰准确。
(12) 各部位缝纫线迹 30 cm 内不得有两处单跳和连续跳针,链式线迹不允许跳针。

(八) 成品主要部位规格极限偏差规定

成品主要部位规格极限偏差应符合表 8.10 的规定。

表 8.10　成品主要部位规格极限偏差规定

序　号	部位名称	允许偏差/cm
1	衣长	±1.0
2	胸围	±2.0
3	领大	±0.6
4	肩宽	±0.6
5	袖长	±0.7

(九) 外观质量规定

外观质量应符合表 8.11 的规定。

表 8.11　外观质量规定

部位名称	外观质量规定
领子	领面平服,领窝圆顺,左右领尖不翘
驳头	串口、驳口顺直,左右驳头宽窄、领嘴大小对称,领翘适宜
止口	顺直平挺,门襟不短于里襟,不搅不豁,两圆头大小一致
前身	胸部挺括、对称,面、里衬伏贴
袋、袋盖	左右袋高、低、前、后对称,袋盖与袋宽相适应,袋盖与大身的花纹一致
后背	平服
肩	肩部平服,表面没有褶,肩缝顺直,左右对称
袖	缩袖圆顺,吃势均匀,两袖前后、长短一致

(十) 整烫外观规定

(1) 各部位熨烫平服、整洁,无烫黄、水渍、亮光。
(2) 覆粘合衬部位不允许有脱胶、渗胶及起皱。

(十一)理化性能要求

(1) 干洗后收缩率符合表 8.12 的规定。

表 8.12 干洗后收缩率规定

部位名称	干洗后收缩率
衣长	≤1.0%
胸围	≤0.8%

(2) 干洗后起皱级差应符合表 8.13 的规定。

表 8.13 干洗后起皱级差规定

等级	优等品	一等品	合格品
干洗后起皱级差	≥4	≥4	≥3

(3) 覆黏合衬部位剥离强度大于等于 6N/2.5 cm×10 cm。

(4) 成品耐干洗色牢度、耐干摩擦色牢度允许程度应符合表 8.14 的规定。

表 8.14 耐干洗色牢度、耐干摩擦色牢度允许程规定

项目	优等品	一等品	合格品
耐干洗变色	≥4～5	≥4	≥3～4
耐干洗沾色	≥4～5	≥4	≥3～4
耐干摩擦沾色	≥4	≥3～4	≥3

(5) 成品摩擦起毛、起球允许程度应符合表 8.15 规定。

表 8.15 摩擦起毛、起球允许程度规定

项目	优等品	一等品、合格品
精梳(绒面)	≥3～4	≥3
精梳(光面)	≥4	≥3～4
粗梳	≥3～4	≥3

(6) 成品的甲醛含量、pH 值、可分解致癌芳香胺染料、异味和耐水色牢度等指标符合 GB 18401—2010 标准规定:甲醛含量≤300 mg/kg;pH 值 4.0～9.0;耐水(变色、沾色)色牢度、耐酸汗渍(变色、沾色)色牢度、耐碱汗渍(变色、沾色)色牢度、耐干磨色牢度均大于等于 3 级;可分解致癌芳香胺染料检测呈阴性;无异味。

(7) 成品主要部位纰裂程度,优等品、一等品、合格品均小于等于 0.6 cm。

六、服装的选购

服装是生活必需品,与人们的日常生活关系非常密切。掌握服装的选购方法,能够有效地保护消费者的利益。服装的选购应从以下三个方面着手。

(一)检查服装标签和使用说明书

在标准 GB 5296.4—1998《消费品使用说明 纺织品和服装使用说明》中明确要求,服装

或包装上必须有规定形式和要求的标签及使用说明书，且标志的内容应与产品的实际情况相符。消费者在选购服装时，一方面要检查标签及使用说明书标注的内容是否全面，另一方面要重点检查标注与实际是否相符。目前，标实不符现象比较普遍，尤其以纤维成分及含量标实不符最为严重。例如，用涤纶、腈纶毛型纤维替代羊毛；用黏胶长丝替代真丝；用仿麻型差别化涤纶替代亚麻或苎麻纤维；实际为羊毛混纺产品，但标注为纯毛产品；等等。

（二）检查剪裁、缝制质量

服装主要部位的剪裁、缝制误差小，不能出现长短、肥瘦、外形等明显不对称现象，且长短、肥瘦应与号型相符。

针迹密度均匀、细密，不得有空针、漏针、跳针等现象。走线顺直、圆滑，不得有明显的歪斜，要符合服装造型的需要；线路整齐，不重叠，无抛线；针迹清晰好看，缝制的起止回针要牢固，搭头线的长度要适宜，无脱线现象；缝线松紧要与面料厚薄、质地相适应，不得出现线缝皱缩。

此外，还应看拼接和夹里。拼接主要看裤腰、下裆拼角处拼接是否合理，内部如挂面、领里等拼接是否符合要求。对有夹里的衣服应检查夹里的长短和肥瘦，以及里、面是否平伏。

（三）检查外观质量

产品外观整洁、平伏，折叠端正，左右对称，各部位熨烫平整，无漏烫，无死褶，产品上无线头、纱毛，各部位符合标准要求。线与面料相适应，色泽、质地、牢度、缩水率等方面应大致相同，以能保证服装的内在质量与外观质量为准。纽扣的色泽应与面料色泽相称。服装表面无明显色差，色差的检查应重点关注上衣领、袋盖及贴袋、裤侧缝等部位。服装表面无明显疵点。

对服装里料进行检查时，应重点关注里料的类型是否与面料相符，里料的质地紧密度，里料的平伏情况。然后，将衣服里子翻出，用双手轻拉袖窿、摆缝、袖子等部位缝接处，看缝制线路的针距是否过稀，针眼是否较大，有无毛头露出；再用手仔细摸一下里料各部位的缝接处，判断是否顺滑、内部有无疙瘩等；看看缝边宽窄是否均匀一致，是否过窄等。

上衣可分别从前、后和侧面检查。从前面检查领头、驳头是否平伏，翘与平是否适当，胸部是否饱满圆顺，止口是否顺直，口袋的位置、大小是否规整，贴袋与盖是否平伏。从后面检查领圈是否挺括、平顺，后身是否平整光洁，肩胛处是否伏帖、舒适。从侧面检查肩缝是否直顺，两肩是否对称、伏贴，下摆开叉处是否自然、有无搅豁等。

裤子可分别从平面和腰头检查。先看平面，将裤子挺缝对齐、摊平，不应有吊趋现象；侧面口袋是否平伏，有无袋垫外露现象；裤子下裆缝与后缝的交叉处是否平直；两裤脚大小是否一致、平贴。后看腰头是否平直，后袋是否帖服，门、里襟的配合是否合适、平顺，裤带小襻的位置是否准确，缝制是否认真等。

练习与思考

1. 纱线是如何分类的?
2. 纱线的质量指标有哪些?
3. 梭织物的基本组织有哪些?其组织特点是什么?
4. 棉织物是如何分类的?棉织物的特点是什么?
5. 毛织物是如何分类的?
6. 粗纺呢绒有什么特点?
7. 丝织物是如何分类的?
8. 绸、纺、绉、缎、锦的特点各是什么?
9. 服装是如何分类的?
10. Oeko-Tex Standard 100 认证需要测试的项目是哪些?
11. 服装的号型是如何确定的?
12. 服装说明书及标签的内容包括哪些?
13. 你能识别服装洗涤的图形标志么?
14. 西服的质量要求有哪些?
15. 如何选购服装?

第九章 家用电器

本章学习目的

通过本章的学习，读者应该了解电视机、电冰箱、空调器、微波炉、洗衣机的分类、基本结构和工作原理；掌握这些家用电器的选购方法及使用注意事项。

第一节 电 视 机

一、电视基础知识

电视机是电视广播系统的终端部件，是指能够把电视台发出的无线（或有线）电视信号接收下来，通过一系列放大和处理，将图像和伴音重现出来的装置。

（一）模拟电视与数字电视

电视是通过电信号远距离传送图像和声音的设备。用于承载图像和声音的电信号分为两种：模拟信号和数字信号。使用模拟信号来录制、存储、传输、播放图像和声音的电视系统称为模拟电视。使用数字信号来录制、存储、传输、播放图像和声音的电视系统称为数字电视。因此，根据接收和处理的信号不同，电视机可分为模拟电视机和数字电视机两类。数字电视是数字化信息革命的产物，与模拟电视相比，数字电视提供了更高清晰的图像和更高保真的声音。从节目制作、传输到接收，数字电视的工作原理和模拟电视都不相同。同时，数字电视是计算机化了的电视，与计算机技术融为一体，可通过计算机将图像和声音信息进行处理加工。

应该说明，除了模拟电视机和数字电视机外，目前还有一种被称为数字化电视机的电视机。它与模拟电视机没有本质的区别，只是采用了数字芯片，把模拟电视信号进行数字化处理。数字化电视机接收的仍然是模拟电视信号，但它能使图像与伴音质量得到明显提高，在现阶段成为提高电视水平的一个有效途径。但数字化电视机只是一种过渡产品，最终必然会被数字电视机取代。

（二）彩色电视三基色原理

彩色电视是根据色度学的三基色原理设计而成的。三基色原理是指自然界中的任何彩色都可用三种基色光按一定比例相加而成，这三种基色即红色（R）、绿色（G）和蓝色（B）。同等强度的红光、绿光和蓝光分别进行混色就可以得到黄光（红加绿）、紫色光（红加蓝）、青光（蓝加绿）、白色光（红加绿加蓝）。在红绿相加中，如果加大红光的比例或减小绿光的比例就会得到橙色。由三基色可获得自然界中的任何色彩。彩色电视系统为了能与黑白电视系统兼容，所以在发射端先把图像分解为红、绿、蓝三种基色信号，并把三个基色信号转换成一个亮度信号 Y 和两个色差信号（R-Y）和（B-Y），然后传送这一亮度信号和两个色差信号。其中，亮度信号可以被黑白电视机接收，实现兼容；而两个色差信号能代表图像的色彩，在彩色电视机中可利用这三个信号恢复彩色显像管所需要的红、绿、蓝三基色。

（三）彩色电视机的制式

彩电广播系统中，根据彩色信号的不同处理方法，形成了不同的彩色电视制式。目前世界上有三种电视广播制式，它们不能互相兼容，并被不同的国家采用。

（1）NTSC 制式：1954 年由美国发明（美国制式），为正交平衡调幅制。加、美、日、韩等国均采用该制式。

（2）PAL 制式：1963 年由西德确定（西德制式），为逐行倒相正交平衡调幅制。德、英、意和中国均采用该制式。

（3）SECAM：1963 年由法国确定（法国制式），为调频逐行轮换制。法、俄、东欧等国均采用该制式。

彩色电视机是在黑白电视机的基础上发展起来的，并可与黑白电视机兼容。我国黑白电视采用 D（VHF 频段）和 K（UHF 频段）标准，彩电制式是 PAL-D/K 制。

（四）彩色电视机的规格

彩色电视机通常按屏幕对角线的长度划分规格，包括 14 英寸、21 英寸、25 英寸、29 英寸、32 英寸、34 英寸、42 英寸等若干个规格。彩色电视机也可以"cm"为单位划分为 35 cm、51 cm、54 cm、63 cm、74 cm、86 cm 等规格。

（五）电视机的分类

电视机的种类很多，分类方法也有若干种。

按显示屏幕的长宽比不同，电视机可分为 4∶3 屏幕电视机和 16∶9 屏幕电视机两类。

按照录制、存储、传输、播放的系统信号的处理方式不同，电视机可分为模拟电视机和数字电视机两类。

按显示器件不同，电视机可分为显像管电视机（CRT）、等离子电视机（PDP）、液晶电视机（LCD）和背投电视机等。其中，等离子电视机和液晶电视机可做的较薄、较轻，统称平板电视机，是近几年发展起来的新型电视机，取代现有的显像管电视机已成事实。

二、彩色电视机的基本结构与工作原理

电视机按显示器件不同分为若干种，不同电视机的结构和工作原理有很大的差别。现阶段，最常见的彩色电视机为显像管（CRT）彩色电视机，其技术已非常成熟，社会的拥有量也最大。在此，以显像管电视机为例，简要介绍电视机的基本结构和工作原理。

显像管电视机由显像管（CRT）、电路部分、外壳三部分构成。

CRT 全称为 Cathode Ray Tube，中文译作"阴极射线管"，是电视机的显像器件。CRT 将图像电信号转换成光信号，使图像还原在屏幕上。CRT 主要由电子枪、偏转线圈、荫罩、荧光粉层及玻璃外壳五部分组成。

CRT 的基本工作原理：当在 CRT 各电极上加上相应的电信号后，电子枪发射高速电子束，该电子束轰击到屏幕上涂覆的荧光粉上，使荧光粉发光。该电子束在垂直和水平偏转线圈控制之下，按一定的规律发生偏转（扫描）。通过亮度信号调节电子束的功率，就会在屏幕上形成明暗不同的光点，由此形成各种图案和文字。

电视机电路主要由高频头、公共通道、伴音通道、电源电路、扫描电路、解码矩阵电路、功率放大电路等组成。

三、彩色电视机的选购

（一）外观质量

外形美观大方、色彩协调，机壳平整光洁，无变形、损伤、裂纹等疵点，配件齐全，各开关、按键操作轻便自如。荧光屏无划伤、气泡、麻点等疵点，荧光粉涂布均匀，屏幕色泽均匀一致，不应有局部发黄、发黑、亮暗不均等疵点。

（二）光栅质量

接通电源，置频道于空档，对比度调至最小，亮度调至中等偏暗，色饱和度调至最小，观察荧光屏上的光栅。要求光栅布满屏幕，雪花噪点分布均匀清晰；扫描线应细而清晰且间隔均匀，互相平行；光栅应无暗角、暗边、卷边，整幅光栅亮度应均匀，并随亮度的调节而均匀变化，扫描线不应有倾斜、弯曲或呈波浪形；调节色饱和度，光栅仍然是白色，不应有底色和局部色斑。关机后，屏幕中心应无亮点停留。

（三）图像质量

将频道选择开关调到一个有图像的频道上，观察图像。要求图像稳定，图像无左右抖动、影移、上下跳动和闪烁等现象；图像应清晰，细节分明，无回扫线、毛刺、镶边和雾状现象；亮度和对比度调节范围大，作用明显；图像应色彩鲜艳真实。

电视机接收彩条信号时，彩条的顺序应正确，荧光屏上依次为白、黄、青、绿、紫、红、蓝、黑 8 种颜色的竖条，不应有彩色失真。各彩条应色彩鲜明，间隔分明，稳定不变。将色饱和度由小调到大，此时图像上的彩色只能产生由淡到浓的变化，而不应有颜色的变化。亮度和对比度的调节不应引起彩色色调变化，图像轮廓与彩色应能很好地重合，无错位和镶边现象。

（四）声音质量

在选购电视机时，除了检查图像质量外，同时还要注意电视机的伴音质量，因为电视机伴音质量的好坏将直接影响电视节目的感染力和艺术效果。电视机的伴音质量是用不失真输出功率来表示的。不同规格的电视机，其不失真输出功率也不同。

选购电视机时，把电视机调到有节目的频道上，直接对电视节目的声音进行鉴别和判断。伴音质量好的电视机声音悦耳动听、无杂音，音质优美和立体感强；音量开大时，声音洪亮，无失真、无伴音干扰图像的现象；音量降至最小时，扬声器应无声。可对两个声道分别进行检查，即关闭一个声道检查另一个，再将平衡调节调至中间试验，两个声道都应音质优美、洪亮。

四、电视机的使用和维护

消费者应懂得如何正确使用彩色电视机，并能在日常生活中进行正确的维护和保养，这样才能延长彩色电视机的使用寿命。

（一）电视机的使用

（1）观看电视的环境亮度及距离。在观看电视的房间里应有适当的照明亮度，这样既能保证良好的图像质量，又能保护视力。观看电视一般以荧光屏宽度尺寸的 5～6 倍距离为最佳。

（2）电视机应放置在避免阳光直射，远离热源和磁场的地方。阳光曝晒不仅影响收看，而且还会使荧光粉老化，发光率下降，电视机寿命缩短。观看电视时一定要去掉防护布罩，以免影响散热。

（3）观看电视时亮度不宜过大，否则既伤害眼睛，也缩短电视机的使用寿命。

（4）非专业维修人员请勿随意打开电视机后盖。电路中有高压，在通电状态下，不可用手触及机内电路元件，以免发生触电或电击等意外。如果有金属异物不慎从电视机散热孔中掉进机内，应及时请维修人员打开后盖，将其取出，否则会造成短路，烧坏元器件。

（5）不能让雨水等液体流进机内。任何液体流入机内都将导致电路漏电或引起元器件损坏。

（6）雷电时最好不要收看电视，同时应拔出电源插头及室外天线插头，避免因雷电瞬间冲击而造成电视机损坏。

（7）电视机如长时间不收看，不能设置在遥控关机状态。因为遥控关机后，电视机电源部分电路仍在正常工作，既浪费电，又容易损坏电视机。

（二）电视机的日常保养

（1）电视机在不用时，可用防尘布罩住，以防止落入灰尘。防尘罩宜用天然棉纤维或防静电罩，不要用合成纤维制品，防止产生静电。

（2）避免划伤、撞击屏幕。尤其是平板电视屏幕比较脆弱，要避免强烈的冲击和振动，不要对荧屏表面施加压力。

（3）可用软布擦拭电视机的外壳和屏幕，以去除灰尘。如果干擦不能除去，可用湿的软布擦，也可以用中性洗涤剂擦拭，但不能用酒精、汽油等有机溶剂。擦拭时不能让液体流入电视机内部。

（4）电视机即使长期不用，也最好每隔一段时间开一次，以驱除里面的潮气。在阴雨潮湿的天气，更应每天开机，以防止里面的元件受潮损坏。

五、新型电视机

新型电视机是相对于传统显像管电视而言的一类电视机,主要是以液晶(LCD)电视机、等离子(PDP)电视机为主。新型电视机已逐渐成为市场主流产品。目前,市场上又出现了有机发光电视机(OLED)。传统的显像管电视机将逐渐被淘汰。

（一）等离子（PDP）电视机

PDP 的全称为 Plasma Display Panel,中文译作"等离子显示屏"。等离子(PDP)电视机的成像器件是等离子显示屏,它是在两张超薄的玻璃板之间注入混合气体,并施加电压,利用荧光粉发光成像的设备。与显像管电视机相比,等离子(PDP)电视机具有分辨率高、屏幕大、超薄、色彩丰富、鲜艳等特点。

等离子是一种利用气体放电的显示技术,其工作原理与日光灯很相似。它采用了等离子管作为发光元件。屏幕上每一个等离子管对应一个像素,屏幕以玻璃作为基板,基板间隔一定距离,四周经气密性封接形成一个个放电空间。放电空间内充入氖、氙等混合惰性气体作为工作媒质。在两块玻璃基板的内侧面上涂有金属氧化物导电薄膜作为激励电极。当向电极上加入电压,放电空间内的混合气体便发生等离子体放电现象。气体等离子体放电产生紫外线,紫外线激发荧光屏。当使用涂有三原色（也称三基色）荧光粉的荧光屏时,荧光屏发出的光则呈红、绿、蓝三原色,从而显现出图像。

等离子是一种自发光显示技术,不需要背景光源,因此没有 LCD 显示器的视角和亮度均匀性问题,而且实现了较高的亮度和对比度。而三基色共用同一个等离子管的设计也使其避免了聚焦和汇聚问题,从而可以实现非常清晰的图像。与 CRT 和 LCD 显示技术相比,等离子的屏幕越大,图像的色深和保真度越高。除了亮度、对比度和可视角度优势外,等离子技术也避免了 LCD 技术中的响应时间问题,而这些特点正是动态视频显示中至关重要的因素。等离子显示器无扫描线扫描,因此图像清晰稳定无闪烁,不会导致眼睛疲劳。等离子也无 X 射线辐射。

（二）液晶（LCD）电视机

LCD 的全称为 Liquid Crystal Display,中文译作"液晶显示"。液晶（LCD）电视机的成像器件是液晶板,是采用"背光"(Backlight)原理,使用灯管作为背光光源,通过辅助光学模组和液晶层对光线的控制来达到较为理想的显示效果。与传统的阴极射线管（CRT）相比,LCD 电视机具有占用空间小、低功耗、低辐射、无闪烁、降低视觉疲劳等特点。

液晶是一种规则性排列的有机化合物,它是一种介于固体和液体之间的物质。液晶本身并不能发光,液晶显示屏需要强大的背光系统,就像马路边林立的灯箱一样。在背光光源的照射下,通过电压控制液晶分子排列,从而改变透射到屏幕上的光强度来显示图像。

液晶面板主要是由两块无钠玻璃夹着一个由偏光板、液晶层和彩色滤光片构成的夹层所组成。偏光板、彩色滤光片决定了有多少光可以通过以及生成何种颜色的光线。液晶被灌在两个制作精良的平面之间构成液晶层,这两个平面上列有许多沟槽,单独平面上的沟槽都是平行的,但是这两个平行的平面上的沟槽却是互相垂直的。简单地说,就是后面的平面上的沟槽是纵向排列的话,前面的平面就是横向排列的。位于两个平面间液晶分子的排列会形成一个 Z 轴向 90°的逐渐扭曲状态。背光光源(常用冷阴极荧光灯作背光光源)发出的光线通过液晶显示屏背面的背光板和反光膜,产生均匀的背光光线,这些光线通过后层平面时会被液晶进行 Z 轴向的扭曲,从而能够通过前层平面。如果给液晶层加电压,则将会产生一个电场,液晶分子就会重新排列,光线无法扭转,从而不能通过前层平面,以此来阻断光线。

简言之,液晶屏中有上百万的液晶分子,它们就像三明治一样悬浮在上下两块玻璃板中间;在这块液晶三明治后面是背光板;由液晶决定是否允许光线通过,并且由滤光板决定显示哪种颜色。

液晶(LCD)电视机和等离子(PDP)电视机都属于平板电视机,都有令人满意的厚度,已在销售市场占主导地位。它们就像双胞胎,虽然表面上十分相像,但本质上却有很大差别。其中两者的最大区别在于使用的面板不同,也就是说,它们的成像原理大不一样。PDP 电视机是依靠高电压来激活显像单元中的特殊气体,使它产生紫外线来激发荧光物质发光;而 LCD 电视机则是通过电流来改变液晶面板上的薄膜型晶体管内晶体的结构,使它显像。PDP 电视机的优点是对比度高、层次分明、可视角度大、响应速度快,弱点是功率大、比较费电。LCD 电视机的优点是低功率、低辐射、色彩好,缺点是反应时间慢、动态图像易出现拖尾、层次感亮度稍差。

第二节 电 冰 箱

一、电冰箱的分类

(一) 按制冷原理分类

电冰箱按制冷原理不同,可分为电机压缩式电冰箱、吸收式电冰箱、半导体电冰箱等类别。

目前,电机压缩式电冰箱占世界家用电冰箱的 90%~95%,是目前市场的主流产品。吸收式电冰箱是以氨—水—氢混合溶液作为制冷剂,以热源(煤气、煤油、电等)作为动力,通过吸收—扩散过程达到制冷目的的设备。它是一种早期的电冰箱,目前较少使用。

半导体电冰箱是利用当 PN 结上通以正向直流电时产生的珀尔帖效应(Peltier Effect)实现制冷的电冰箱。现在许多电子电路和微型仪器常采用该方法散热。随着半导体技术的进步,也许这种电冰箱能主导未来的电冰箱市场,但是目前技术尚未过关。

(二) 按功能分类

1. 冷藏电冰箱

冷藏电冰箱没有冷冻功能,专供冷藏食品、饮料及药品等,储存温度为 2~10℃。

2. 冷冻电冰箱

冷冻箱也称电冰柜，专门用来贮藏冻结食品，温度一般为－12～－18℃，不具备0℃以上冷藏保鲜功能，贮存食品时间较长。冷冻电冰箱又根据门的开启方式不同，分为卧式和立式两种，卧式采用顶开门，立式采用侧开门。

3. 冷藏冷冻电冰箱

冷藏冷冻电冰箱兼备冷藏保鲜功能和冷冻功能。冷藏室温度为0～10℃，冷冻室温度在－7℃以下。

（三）按箱体外形分类

电冰箱按箱门的多少，分为单门电冰箱、双门电冰箱、多门电冰箱。单门、双门电冰箱结构简单，适合普通家庭使用。门越多，功能越齐全，结构越复杂，耗电量也越多，越适合高层次生活水平的家庭使用。

（四）按制冷方式分类

按制冷方式不同，可将电冰箱分为直冷式电冰箱和间冷式电冰箱两类。直冷式电冰箱又称有霜电冰箱，但安装了自动除霜系统的直冷式电冰箱内也不会结霜。间冷式电冰箱又称无霜电冰箱。

1. 直冷式电冰箱

直冷式电冰箱的冷冻室、冷藏室分别配备独立的蒸发器，冷冻室与冷藏室之间无气体交换通道，蒸发器直接从箱内空气和食品中吸收热量，从而达到制冷目的。直冷式电冰箱的冷却速度快，噪声低，箱内空气流速低，食品干缩慢。但直冷式电冰箱的冷冻室内会结霜，需要定期进行除霜操作。

2. 间冷式电冰箱

间冷式电冰箱的蒸发器多采用翅片盘管结构，装于冷冻室内，利用与蒸发器配套安装的风扇所产生的冷风进行制冷。间冷式电冰箱的冷冻室与冷藏室之间存在气体交换通道，冷冻室内的冷风通过该通道进入冷藏室，使冷藏室冷却。间冷式电冰箱冷冻室内食品蒸发出的水分会随时被冷风带入冷藏室，并转化为露水排出，故冷冻室内不会结霜。该冰箱箱内温度均匀，不需除霜，但其噪声稍大，耗电量稍多，食品易干缩，冷冻速度也较慢。

我国生产的电冰箱绝大多数是直冷式电冰箱，间冷式电冰箱的产量很小。

二、电机压缩式电冰箱的结构与工作原理

（一）电机压缩式电冰箱的结构

电机压缩式电冰箱由箱体系统、制冷系统、控制系统三部分构成。

箱体系统包括箱体、箱门、储物架（盒）等部分。箱体和箱门均为三层结构，外层用薄钢板加工制成，内层用工程塑料（多用ABS塑料）采用模压（或注塑）工艺加工制成。

在上述两层之间填充了聚氨酯泡沫,起到隔热、保温作用。箱体与箱门之间使用磁性胶条密封,以防止冷气的对流散失。

制冷系统是由压缩机、冷凝器、干燥过滤器、毛细管、蒸发器等部件构成的密闭循环系统,内部充注了制冷剂。当接通电源后,压缩机运转,推动制冷剂在该系统内循环往复运动,从而完成制冷。干燥过滤器用于过滤制冷剂中的杂质和水分。毛细管用来调节进入蒸发器中的制冷剂量,起到节流、降压作用。热交换器为冷凝器和蒸发器,其中蒸发器安装在电冰箱内部,起到吸热作用;冷凝器一般安装在电冰箱的背面,或与冰箱外壳钢板采用一体化设计。制冷系统如图 9.1 所示。

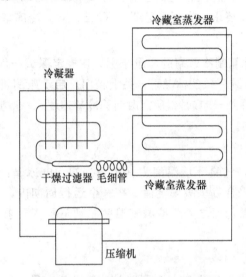

图 9.1　电机压缩式电冰箱制冷系统

控制系统主要包括温度控制、过压或过流保护、变频控制(变频电冰箱)等电路。

(二)电机压缩式电冰箱的工作原理

自然界中的物质均有三种状态,即气态、固态和液态,且在一定条件下,三态可以互相转化。液体由液态变为气态时会吸收很多的热量,即液体汽化吸热。电冰箱就是利用了液体汽化吸热来实现制冷的。

压缩机运转之后,吸入来自蒸发器的低温、低压的气体制冷剂,经压缩后成为高温、高压的过热气体,排入冷凝器中;在冷凝器中通过向环境放热,逐步凝结成高压、低温液体;这些高压、低温液体流经干燥过滤器,除去杂质和水分,再流入毛细管节流降压,然后缓慢流入蒸发器中汽化;汽化时会吸收箱内空气和被冷却物品中的热量,使温度降低到所需值,达到制冷目的。汽化后的气体制冷剂又被压缩机吸入,至此,完成一个循环。就这样,冰箱利用电能做功,借助制冷剂的物态变化,把箱内蒸发器周围的热量传送到箱外冷凝器中放出,如此周而复始不断地循环,即达到制冷目的。

三、电冰箱的选购和使用

(一) 电冰箱的质量指标

1. 冷却性能

冷却性能是电冰箱负荷制冷能力的指标。其测试方法是:在规定测试条件下,在环境温度为15℃和32℃时,调温装置在可调范围内调于任意点上,并按容积每升放置1 kg冷冻负荷物;使电冰箱运行,达到稳定状态后(冷藏室温度变化每2 h低于1℃),测定冷藏室和冷冻室的负荷温度。要求:冷藏室温度为(3±1)℃,冷冻室应达到各星级的规定值。

2. 冷却速度

冷却速度是反映电冰箱制冷效率的质量指标。在规定测试条件下,在环境温度为(32±1)℃时,待箱内外温度大致一致的情况下,关上箱门,启动压缩机连续运行,使冷藏室温度降到10℃,冷冻室温度降到−5℃时,所需时间称冷却速度。一般要求冷却速度不应超过3 h。测试时,箱内不置负荷物。

3. 冷藏室温度波动范围

在规定测试条件下,试验环境温度为(32±1)℃,电冰箱内冷藏室温度稳定在(3±1)℃,冷冻室负荷温度符合各星级规定值。在一个运行周期内,在冷藏室中心部位测试点上,其温度的最高值与最低值之差为冷藏室温度波动范围。要求冰箱的温度波动范围不得大于1℃。

4. 耗电量和输入功率

在规定条件下,电冰箱24 h的耗电量为该冰箱日耗电量。输入功率是指压缩机的电动机正常运转时的消耗功率。上述两项实测值不应超过标定值的15%。

5. 启动性能

启动性能是指在电源电压允许的波动范围内,电冰箱的启动能力。

6. 噪声

电冰箱在运行中,不应产生明显噪声和振动。在消音室内,距电冰箱1 m处,用声级计"A"计权网络测量电冰箱运行时的噪声,应不高于54dB。

7. 冷冻能力

冷冻能力是指具有冷冻功能的四星级以上电冰箱,在24 h内,能冻结到−18℃的食物重量。

8. 耐泄漏性能

用灵敏检漏仪检查制冷系统,制冷剂不应泄漏。

(二) 电冰箱的选购

电冰箱的选购一般应从以下几方面考虑。

1. 电冰箱的品牌、结构形式和容积的选择

电冰箱品牌的选择应根据厂家的社会声誉、产品质量、市场价格及售后服务等因素来

考虑。

电冰箱的结构形式选择主要是箱门多寡、功能多少的选择,以及直冷式与间冷式的选择等。

电冰箱容积的选择应根据家庭人口和食品来源情况来考虑。一般按 50~70L/人的标准配备,3~4 口家庭以 165~250L 为宜。条件好的家庭,电冰箱的容积还是选得稍大些为好。

2. 电冰箱功能的选择

电冰箱按控制方式和功能不同分成两大类:普通电冰箱和智能电冰箱。普通电冰箱是指采用机械式温控器的电冰箱。智能电冰箱是指采用模糊控制器作为冰箱控制系统的电冰箱。普通电冰箱操作简单,经济实用,价格低,适用于普通家庭。智能电冰箱最为突出的优点就是人性化设计,让消费者用起来得心应手。智能电冰箱结构复杂,功能比较多。

3. 冷冻能力与耗电量的选择

耗电量是人人关心的问题,它与冷冻能力有关。选择时可参考冰箱铭牌上标注的技术数据,应选购冷冻能力较大、耗电量较省的电冰箱。

4. 电冰箱的整体结构与外观质量的选择

电冰箱的外形要求美观大方,高宽比例协调;把手、商标、装潢要造型新颖,装饰性好;表面色彩淡雅光洁,整体色泽协调。

电冰箱的外观不应有明显的缺陷,表面漆膜应颜色一致,无明显的流疤、划痕、麻坑、漏涂、砂粒、裂纹、脱落等缺陷;电镀件表面应光洁明亮,光泽均匀一致,不得有露底、划伤等疵点。

电冰箱的箱门转动应灵活;箱门门封磁条平直,四周严密,关闭箱门,用一片 200 mm×50 mm×0.08 mm 的纸条(也可用 1 元钱纸币代替)垂直插入门封的任何一处,不应自由滑落;磁性门封应有足够的吸力(能承受 5 kg 左右拉力);敲击内外壳体,没有不实之声。

此外,还应检查压缩机,确定生产厂家、型号等,不能购买没有明显标记的压缩机所组装的冰箱。

5. 电冰箱制冷系统的检查

进行电冰箱制冷系统的检查时,可让电冰箱运行 20 min 后,开门观察蒸发器。直冷式电冰箱有一层均匀薄霜,用手摸蒸发器各个内表面有冻黏感觉,证明冰箱制冷性能良好。间冷式电冰箱可以根据其温度下降来判断。

通电后,压缩机应立即启动,运转声轻微,无异常声响。温控器置中间挡,启动电冰箱运行 30 min,观察冷冻箱,其箱内壁应结薄霜,用手摸时,应有冰黏的感觉,冷凝器应比较热。在冷冻室和冷藏室内各放置一支温度计,将冰盒盛上水,放入冷冻箱内,温度控制器置最冷挡,关上箱门,开机 2 h,冷冻室温度应达到各星级标准,冷藏室温度应达到 5℃左右,冷冻室冰盒内的水应结成实冰。可根据冷冻室结霜状况,判断制冷剂是否不足:如果冷冻室内壁结霜均匀,且充满各处,则说明制冷剂充足;如果有局部不结霜或结冰不实,则说明制冷剂不足。

(三) 电冰箱的使用

为了确保储存食物的卫生，提高电冰箱的使用寿命，降低耗电量，人们应正确使用电冰箱。

1. 贮藏和冷冻食物的注意事项

(1) 热的食物绝对不能放入电冰箱内，必须自然冷却到室温后再放入冰箱内保存。

(2) 存放食物不宜过满、过紧，要留有空隙，以利于冷空气对流，减轻压缩机负荷，延长使用寿命，节省电量。

(3) 为确保食物卫生，不可将生食、熟食混放在一起。应按食物存放时间、温度要求，合理利用箱内空间。不要把食物直接放在蒸发器表面，而应放在器皿里，以免冻结在蒸发器上，不便取出。

(4) 鲜鱼、肉要用塑料袋封装，在冷冻室贮藏。贮藏蔬菜、水果时，要把外表面水分擦干后再放入冷藏箱内贮藏。

(5) 不能把瓶装液体饮料放进冷冻室内，以免冻裂包装瓶。瓶装液体饮料应放在冷藏箱内或门档上，以 4℃ 左右温度贮藏为最好。

(6) 存贮食物的电冰箱不宜同时储藏化学药品。

(7) 要尽可能地减少电冰箱开门次数，尽量缩短电冰箱开门的时间，并定时为电冰箱除霜，以节省电能。

(8) 家用电冰箱没必要追求过低的冷冻温度。一般来讲，将冷冻室温度调节在 -12～-18℃ 时就足可满足家庭储藏的需要，否则会加大耗电量，缩短压缩机寿命。

2. 安全使用电冰箱的要点

(1) 电冰箱在搬运过程中只能直立搬运，倾角不得大于 30°。

(2) 电冰箱应放在干燥通风的地方，离墙至少 20 cm，并防止阳光直射，不能靠近热源。

(3) 电冰箱要采用有接地或接零保护的三相电源插头。当断开电源后，5 min 之内最好不要重新接通电源。

(4) 千万不可将酒精、汽油及其他挥发性易燃物品存放在电冰箱内，以免引起爆炸、火灾等事故。

(5) 为了防止电冰箱制冷剂泄漏引发事故，一旦发现电冰箱制冷不正常，或直接观察到冷凝管有油状物泄出时，就要及时进行维修。

第三节 空 调 器

一、空调器的分类

(一) 按结构分类

空调器按结构不同，可分为整体式和分体式两类。

整体式空调器主要是窗式空调,现已逐渐退出市场。

分体式空调器分为两个部分。一部分安装在室内,称为室内机组,主要是由蒸发器、离心风机、电器控制元器件等组成;另一部分为室外机组,主要由冷凝器、轴流风扇和电机压缩机等组成。室内机组和室外机组用密闭管路连接,内充制冷剂。室内机组按其安装方式又分为壁挂式、吊顶式、嵌入式、台式和落地式(立柜式)等。分体式空调器的运行噪声小,冷凝器散热效果好,制冷效率高,机组安装、维修较为方便。

(二)按功能分类

空调器按功能不同,可分为单冷型空调器(冷风型空调器)和冷暖两用型空调器两类。

1. 单冷型空调器

单冷型空调器只具有制冷功能,只能在夏季用于降温,有些机型还具有除湿功能。单冷型空调器结构简单,主要由压缩机、冷凝器、干燥过滤器、毛细管以及蒸发器等组成。单冷型空调器环境温度适用范围为18~43℃。

2. 冷热两用型空调器

冷暖两用型空调器既可制冷,又可制热。根据其制热方式不同,冷暖两用型空调器又有电热型、热泵型和热泵辅助电热型之分。

(1)电热型空调器:电热型空调器在室内蒸发器与离心风扇之间安装有电热器。夏季使用时,可将冷热转换开关拨向冷风位置,则其工作状态与单冷型空调器相同;冬季使用时,可将冷热转换开关置于热风位置,此时,只有电风扇和电热器工作,压缩机不工作。由于电热型空调器在冬天制热时是靠电热元件获取热量,故其制热效率不如热泵型空调器。电热型空调器的特点是:制冷系统与制热系统分别工作在夏、冬二季;空调器使用寿命长;故障率低;维修方便。

(2)热泵型空调器:热泵型空调器的室内制冷或制热是通过电磁四通换向阀改变制冷剂的流向来实现的。它在压缩机吸、排气管和冷凝器、蒸发器之间增设了电磁四通换向阀,可使蒸发器与冷凝器的功能互换。即夏季提供冷风时,室内热交换器为蒸发器,室外热交换器为冷凝器;冬季制热时,通过电磁四通换向阀换向,室内热交换器为冷凝器,而室外热交换器转为蒸发器,从而使室内得到热风。热泵型空调器的特点是:调整、改变功能方便;制热效率高;经济效益高,是发展最快的品种。热泵型空调器的不足之处是,当环境温度过低(一般低于5℃)时不能使用。

(3)热泵辅助电热型空调器:热泵辅助电热型空调器是在热泵型空调器的基础上增设了电加热器,从而扩展了空调器的工作环境温度。它是电热型与热泵型相结合的产品,环境温度适用范围为-5~43℃。热泵辅助电热型空调器克服了当环境温度低于5℃时热泵制热效率降低的缺点。

二、空调器基本结构与工作原理

(一)空调器的基本结构

空调器一般由制冷系统、风路系统、电气系统、箱体与面板四部分组成。

制冷系统是空调器制冷降温部分，由制冷压缩机、冷凝器、毛细管、蒸发器、电磁换向阀、过滤器和制冷剂等组成，是一个密封循环系统。

风路系统是空调器内促使房间内空气流动、加快热交换及加速冷凝器冷却的部分，由离心风机、轴流风机等设备组成。

电气系统是保证空调器内压缩机、风机等安全运行和实现温度调节、控制的部分，由电动机、温控器、继电器、电容器和加热器等组成。

箱体与面板是空调器的框架、各组成部件的支承座和气流的导向部分，由箱体、面板和百叶栅等组成。

（二）空调器的工作原理

空调器制冷系统的组成和工作原理同电冰箱相似。空调器制冷系统的主要部件包括压缩机、冷凝器、节流装置（膨胀阀或毛细管）和蒸发器，各个部件之间用管道连接起来，形成一个封闭的循环系统。空调器的制冷原理主要包括以下四个过程。

压缩过程：从压缩机开始，制冷剂气体在低温、低压状态下进入压缩机，在压缩机中被压缩，提高气体的压力和温度后，排入冷凝器中。

冷凝过程：从压缩机中排出的高温、高压气体，进入冷凝器中，将热量传递给外界空气或冷却水后，凝结成液体制冷剂，流向节流装置。

节流过程：又称膨胀过程，冷凝器中流出来的制冷剂液体在高压下流向节流装置，进行节流减压。

蒸发过程：从节流装置流出来的低压制冷剂液体流向蒸发器中，吸收外界（空气或水）的热量而蒸发成为气体，从而使外界（空气或水）的温度降低。蒸发后的低温、低压气体又被压缩机吸回，再进行压缩、冷凝、节流、蒸发，依次不断地循环和制冷。

三、空调器的选购和使用

（一）空调器选购时应考虑的因素

在选购空调器时，一般应考虑下列因素。

1. 空调器的类型

按结构不同，空调器可分为整体式空调器和分体式空调器两类。整体式空调器目前已被市场淘汰。分体式空调器按室内机组形式不同，又分为壁挂式、吊顶式、嵌入式、台式和落地式（立柜式）等。分体式空调器噪声小，结构新颖，室内机组结构多样化，美观而实用，功率有大有小，但安装比较麻烦。近年来，由于生产厂家的售后服务质量不断提高，分体式空调器已成为市场主流。

随着人们居住面积的增大，分体式空调器中的家用中央空调成为发展趋势之一。家用中央空调实际上是大型（商用）中央空调系统的小型化，既具备大型中央空调的豪华、环保等优点，又兼顾普通分体式空调器的灵活方便，并且完全满足了高档装修的要求。系统通过冷热水管或风管将由一台主机产生的冷（热）量送到不同的房间，实现对多个房间的温度、湿度调节。

2. 适用的环境温度

适用环境温度的选择是指根据不同的环境温度来选择空调器。如果家住北方，冬季居室内有良好的取暖设施；或家住低纬度地区，冬季无须取暖，则可选购单冷型空调器。否则，应兼顾夏季制冷、冬季取暖的两种需要，选用有冷热两用型空调器。

冷热两用型空调器有电热型、热泵型和热泵辅助电热型三种。热泵型以节能、舒适而优于电热型，但它只适合在0℃以上的环境中使用。带有除霜器的热泵型空调器可在室外－5℃以上的环境中使用。若低于－5℃时，宜选用热泵辅助电热型空调器。近些年生产的变频空调器，由于采用了新的除霜方法，可以在－15℃以上的环境中工作。

3. 制冷量和制热量

空调器主要是用于排除空调房间内多余的热量（制冷）。排除多余热量所需的冷量称为制冷负荷（制冷量）。空调器制冷量的选择应根据房间的面积、房间的密封情况、房内人员的多少、房内产生热量的大小、开门次数和阳光照射程度等因素而定。对一般舒适性空调，以室内温度26~28℃，相对湿度50%~70%的要求为适宜，可按$174\sim225\ W/m^2$（$150\sim220\ kcal/h$）的制冷量来选择空调器。热泵型空调器的制热量一般大于制冷量。在我国江南地区，房间所需制热量一般低于夏季所需制冷量，因此，一台热泵型空调器的制冷量若能满足用户要求，则其制热量一般也能满足要求。

4. 产品功能档次

产品功能档次主要是指选用定速空调器，还是选用目前高档次的变频模糊空调器的问题。

定速空调器空运转时，压缩机转速恒定不变，是目前在市场上数量最多的空调器。定速空调器已得到社会的肯定，广泛应用于家庭和公共场所。定速空调器操作简单，经济实用，价格低。它的缺点是被控房间温度波动性较大。

变频空调器能根据不同的环境温度自动改变供电频率，从而改变压缩机的转速，改变输出制冷量来达到调节室温的目的。这种空调器调节的温度波动性小、舒适性好。它是近年来的新产品，是空调器发展的方向，但它的价格稍高。

（二）空调器的质量鉴别

1. 外观质量鉴别

空调器的造型应美观、新颖、色调淡雅、颜色均匀，应与室内色调协调；加工应精细，无边角、毛刺，部件配合紧凑、安装牢固、机壳无脱漆、露底、划痕、锈蚀、裂纹等现象；配件、附件完备无损伤；导风板应能上下左右调整，松紧适度、灵活自如，且能在任何位置定位，不应自行移位；过滤网拆装应方便，过滤网无破损；旋钮应转动灵活，落位不松脱、不滑动，按键动作可靠、不松动；电脑控制的空调器，遥控器、线控器上的各功能选择键动作应轻快灵活，无卡键、接触不良等现象，且控制动作准确；电源线、电源插头应符合规范。

2. 性能鉴别

接通电源，开启开关，并用试电笔测试壳体是否带电。然后进行性能测试。

（1）风扇运行性能：风扇运行时应开停自如、运行平稳、无异常声响；低风挡运行时噪声小，高风挡运行时噪声稍大。

（2）控温性能：包括温度设定和温度控制两个方面。以制冷为例，按动遥控器设定温度，当设定温度低于室温时，制冷机组不应运行，仅有风扇转动；当设定温度高于室温时，制冷机组才会启动（指示灯亮）；运行一段时间后，当室温达到设定值时，压缩机应能停止工作，并进入间断运行状态，即运行一段时间后能自动启停，以保持室温在设定值上下。

（三）空调器的使用

（1）应经常清洗空气过滤网。过滤网能够过滤空气中的灰尘，若灰尘堵塞网孔，则会使进出风量减少，制冷效果变差。清洗前要先关闭空调器，切断电源，拔出电源插头。通常应使用两周就清洗一次过滤网，如果空气中尘埃较多，还应清洗得更频繁些。清洗后的空气过滤网要及时装回原位，不得在没有装空气过滤网的情况下开机运行空调器。

（2）注意通风。不要长时间关闭门窗使用空调器，而应定时关闭空调，开启门、窗通风，以保持室内空气的清新。

（3）空调器的设置温度不宜过低，过低则空调器的耗电量将增加。一般应设定在25～27℃较适宜，房间温度在26℃左右人体会感觉较为舒适。

（4）安装连接管不宜过长，室外机应置于易散热处，室内机与室外机的连接管应尽可能不超过推荐长度，以增强制冷效果。

（5）正确调节风向，把风向调节成自动摆动送风，可获得均匀的室温。

（6）开启空调时，应尽量不要让阳光和外界空气（特别是热风）进入室内，窗户要用窗帘或百叶窗遮挡阳光，门要随手关闭。

（7）长期不使用空调器时要断开电源，并采取保护措施。长期不使用空调器时应首先切断电源，再用防护罩罩着室外机部分，以避免其日晒雨淋、灰尘沉积，造成日后清洗和维护的困难。

第四节 微 波 炉

一、微波炉的分类

（一）按操作方式分类

按操作方式不同，可将微波炉分为机械控制式微波炉和电脑控制式微波炉两类。

机械控制式微波炉的优点在于操作简便，清楚明白，产品可靠性好，适于老人使用。

电脑控制式微波炉的优点在于能够精确控制加热时间，可根据加热食物的不同而有多种程序可供选择。高档微波炉还有一些附加功能，控制面板上无旋钮，只要轻触按钮和信息显示窗即可实现操作。电脑控制式微波炉的缺点是按键多，操作复杂不易掌握。

（二）按功能分类

按功能不同，可将微波炉分为普通微波炉、烧烤微波炉、光波微波炉、蒸汽微波炉、变频微波炉等多种。

(1) 普通微波炉：是指仅有微波加热一种功能的产品。

(2) 烧烤微波炉：是指在普通微波炉基础之上加装了石英烧烤管，从而使微波炉具备了类似烧烤的功能。

(3) 光波微波炉：又称光波炉，是现阶段的主流产品。光波微波炉的微波加热功能与微波炉没有区别，只是将微波炉内的石英烧烤管换成了效率更高的卤素管（即光波管）。卤素管能够迅速产生高温、高热，使加热效率更高，烤制而成的食品质量也好，且冷却速度也快。实质上，光波只是微波炉的辅助功能，只对烧烤起作用，没有微波，光波炉只相当于普通烤箱。光波炉应该是光波、微波组合炉，在使用中既可以微波操作，又可用光波单独操作，还可以光波、微波组合操作。

(4) 蒸汽微波炉：是使用经过特殊工艺处理的蒸汽烹调器皿，其上部的不锈钢专用盖子可以隔断微波和食物的直接接触，锁住食物中的水分和维生素；下部的水槽中加水之后，通过微波的加热产生水蒸气，利用水蒸气的热度及对流来加热烹调食物。这种间接的加热方式能使食物均匀熟透，同时保持食物中的原汁原味，并且防止食物碳化。

(5) 变频微波炉：给微波炉市场带来了新的技术革新浪潮。与普通微波炉相比，变频微波炉具有高效节能、机身轻、空间大、噪声低等优点。变频微波炉通过改变电源频率来控制火力大小，连续给食物加热，从而使食物受热更加均匀，营养流失更少，味道更好。

随着微波炉技术的不断发展，单一功能的微波炉逐渐被高智能化多功能微波炉所取代，消费者操作起来也更加简便。除了具有加热、解冻、炖煮、烧烤、消毒、保鲜等功能之外，多功能微波炉还增加了其他的功能，能对食物进行智能感知、自动调节，让微波炉的用途得到大幅度提升。

二、微波炉的结构与工作原理

(一) 微波的特性

微波是指频率为 $300 \sim 300 \times 10^3$ MHz 的电磁波，是无线电波中一个有限频带的简称。微波的波长在 1 m（不含 1 m）至 1 mm 之间，是分米波、厘米波、毫米波的统称。

微波可通过一些特殊电子器件，利用电子在磁场中的谐振运动来获得。可以产生微波的器件有许多种，主要包括两大类：半导体器件和电真空器件。电真空器件是利用电子在真空中运动来完成能量变换的器件，又称为电子管。在电真空器件中能产生大功率微波能量的有磁控管、多腔速调管、微波三极管、微波四极管、行波管等。目前，微波加热领域，特别是工业应用中使用的主要是磁控管及速调管。

微波呈现为穿透、反射、吸收三个特性。微波能顺利穿越玻璃、塑料、陶瓷材料而不被吸收，利用这个特性，可用这些材料制作微波加热容器。水和食物等物质能吸收微波而使自身发热。金属类材料则会反射微波，微波遇到金属材料就会被反射，效果就像镜子反射可见光一样，利用这一特性，可用金属材料作为微波的屏蔽体。例如，用金属材料制作微波炉的箱体，制作传输微波的波导；用金属网外加钢化玻璃制作炉门观察窗等。

微波比其他用于辐射加热的电磁波（如红外线、远红外线等）的波长更长，因此具有更好的穿透性。微波透入介质时，由于介质损耗引起的介质温度的升高，使介质材料内部、外部几乎同时加热升温,形成内热源状态,从而大大缩短了常规加热中的热传导时间;此外,在条件为介质损耗因数与介质温度呈负相关关系时,物料内外加热均匀一致。

微波具有选择性加热特性。物质吸收微波的能力,主要由其介质损耗因数来决定。介质损耗因数大的物质对微波的吸收能力强,相反,介质损耗因数小的物质吸收微波的能力也弱。由于各物质的介质损耗因数存在差异,故微波加热就表现出选择性加热的特点。物质不同,产生的热效果也不同。水分子属极性分子,介电常数较大,其介质损耗因数也很大,对微波具有强吸收能力;而蛋白质、碳水化合物等的介电常数相对较小,故其对微波的吸收能力比水小得多。因此,对于食品来说,含水量的多少对微波加热效果影响很大。

微波加热的热惯性小。一方面,微波对介质材料是瞬时加热升温,能耗也很低。另一方面,微波的输出功率随时可调,介质温升可无惯性地随之改变,不存在"余热"现象,因而极有利于自动控制和连续化生产的需要。

(二) 微波炉加热的原理

微波是一种电磁波,它以交变电场和磁场相互感应的方式传输。也就是说,微波的传输伴随着电能和磁能的相互转换。当微波照射到被加热介质上后,被加热介质中的极性分子(主要是水分子)在快速变化的高频电磁场作用下,其极性取向将随着外电场的变化而变化,使分子的运动加速,相互摩擦加强,从而产生内热。此时,微波场的场能转化为介质内的热能,使被加热介质温度升高,达到微波加热的目的。

用普通炉灶煮食物时,热量总是从食物外部逐渐进入食物内部的。而用微波炉烹饪时,由于微波的穿透性,可使食物内部、外部几乎同时加热升温,所以烹饪速度比其他炉灶快4~10倍,热效率高达80%以上。目前,其他任何炉灶的热效率均无法与微波炉相比。由于微波炉烹饪时间很短,因此能很好地保持食物中的维生素和食物固有的天然风味。

(三) 微波炉的基本结构

微波炉的外部结构如图9.2所示。

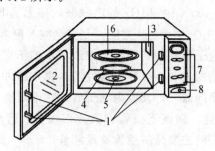

图9.2 微波炉的外部结构

1. 门安全连锁开关——确保炉门打开时微波炉不能工作,炉门关上时微波炉才能工作;2. 视屏窗——有金属屏蔽层,可透过网孔观察食物的烹饪情况;3. 通风口——排除烹饪时产生的热蒸汽;4. 转盘支承——带动玻璃转盘转动;5. 转轴——带动玻璃转盘转动;6. 玻璃转盘——承载被加热食品,加热时转盘转动,使食物受热均匀;7. 控制面板;8. 炉门开关

微波炉内部结构由炉腔、炉门、电气电路、磁控管、定时器、功率分配器、连锁微动开关、热断路器等部件组成(如图9.3所示)。

第九章 家用电器

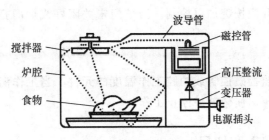

图 9.3 微波炉的基本结构

1. 炉腔

炉腔是一个微波谐振腔,是把微波能转变为热能对食品进行加热的空间。

2. 炉门

炉门是食品的进出口,也是微波炉炉腔的重要组成部分。炉门由金属框架和玻璃观察窗组成。观察窗的玻璃夹层中有一层金属微孔网,既可透过它看到食品,又可防止微波泄漏。

为了防止微波的泄漏,微波炉的开关系统由多重安全连锁微动开关装置组成。只要炉门没有关好,微波炉就不能正常工作,也就不会产生微波泄漏问题。

为了防止微波从炉门与腔体之间的缝隙中泄漏出来,绝大多数微波炉均采用抗流槽结构。抗流槽是在门内设置的一条异形槽结构,它具有引导微波反转相位的作用。在抗流槽入口处,微波会被它逆向的反射波抵消。抗流槽结构是防止微波泄漏的稳定可靠的方法。

3. 电气电路

电气电路分为低压电路、控制电路和高压电路三部分。高压变压器初级绕组之前至微波炉电源入口之间的电路为低压电路,主要包括保险管、热断路器保护开关、连锁微动开关、照明灯、定时器及功率分配器开关、转盘电机、风扇电机等。高压变压器次级绕组之后的电路为高压电路,主要包括磁控管、高压电容器、高压变压器、高压二极管等。电脑控制式的控制电路主要是指单片机控制系统。

4. 磁控管

磁控管是微波炉的心脏。它能产生频率为 2.45×10^9 Hz 的微波。磁控管工作时需要很高的脉动直流阳极电压和约 $3 \sim 4$ V 的阴极电压。由高压变压器及高压电容器、高压二极管构成的倍压整流电路为磁控管提供了满足上述要求的工作电压。

5. 定时器

微波炉一般有两种定时方式:机械式定时和电脑定时。定时器的基本功能是选择或设定工作时间。

6. 功率分配器

功率分配器用来调节磁控管的平均工作时间,即磁控管断续工作时"工作"与"停止"的时间比例,从而达到调节微波炉平均输出功率的目的。

7. 连锁微动开关

连锁微动开关是微波炉的一组重要安全装置。它有多重连锁作用,均通过炉门的开门按键或炉门把手上的开门按键加以控制。当炉门未关闭好或炉门打开时，连锁微动开关使微波炉停止工作。

8. 热断路器

热断路器是用来监控磁控管或炉腔工作温度的元件。当工作温度超过某一限值时，热断路器会立即切断电源，使微波炉停止工作。

三、微波炉的选购和使用

（一）微波炉的选购

微波炉是列入第一批国家强制性安全认证（CCC认证）目录的产品。消费者在选购微波炉时，一定要选择贴有"CCC"认证标志，并标有相应工厂代码和认证证书编号的产品，因为微波炉使用安全很重要。

在日常生活中，可以从以下方面选购微波炉。

1. 类型选择

市面上销售的微波炉有多种类型，功能也各不相同，家庭选购微波炉时应选择什么类型，应视家庭需要而定。从操作形式来看，电脑控制型的档次高，功能多，适合青年人使用；机械控制型的结构简单，便于操作，较适合老年人使用。从功能来看，可以选购带有烧烤功能的微波炉，也可选购带有杀菌功能的光波炉，此外还有蒸汽微波炉、变频微波炉等。

2. 品牌选择

一般应选择技术力量强、售后服务优良的专业生产厂家的产品。

3. 规格选择

目前，家用微波炉的微波输出功率有500 W、550 W、600 W、650 W、700 W、750 W、800 W等多种。微波输出功率就是微波炉的加热能力和加热速度。如果3～4人的家庭，500 W的微波炉足够用。如果是4人以上的家庭，或是想进一步加快烹饪速度，则500 W到800 W的微波炉更适合。微波炉的功率大并不意味着多耗电，因为烹饪时间大大缩短了。

4. 外观质量检查

微波炉的外观质量检查包括造型、色彩、外观疵点、零部件的质量检查等方面。要求外形美观大方，炉体周正，无变形，各部件无裂缝、损伤；色彩清新、协调；表面的涂层或镀层无机械损伤，且涂层牢固、无脱落；外观棱角处无论是金属件还是非金属件均不应有毛刺；面板要求平整无凹凸、无擦毛、无碰伤、无机加工痕迹，色泽均匀、光泽好，表面图案、字迹清楚；外壳、门无变形，部件合拢处无明显的缝隙，门开关平滑，与壳体接触平贴；窗玻璃无破损。

5. 运行情况检查

（1）插上电源插头。

（2）打开炉门，注意开门按键是否灵活。装上转盘架及转盘，把1杯水（约200 mL）放在炉腔内的转盘上，关上炉门。在炉门关好的情况下炉灯应不亮。

(3) 把功率调节器设定在高功率（HIGH）挡。

(4) 如果是微波输出功率为 600 W 的微波炉，则设定加热时间 2 min，然后启动微波炉。这时炉灯亮，用手表记下定时器启动时间。微波炉工作期间，不得产生异常噪声。

(5) 把手放在排风口上，有风则说明冷却扇或风扇工作正常，无风则说明微波炉有故障。观察转盘是否旋转，不旋转则说明微波炉有故障。

(6) 听到铃声或报警声，定时时间到，用手表判定时间是否准确。观察定时器旋钮是否回复到 O 位。此时，杯中的水应煮沸，否则说明微波炉有故障。

若上述的各项检查均正常，而且杯中的水煮沸，则说明该微波炉各方面都合格、正常。

(二) 微波炉的使用

微波炉是一种现代化厨房电器，使用不当不但不能对食物进行良好的加热，而且还可能损坏微波炉。在使用微波炉时，应注意以下事项。

(1) 微波炉要放置在平稳、通风良好的地方，后部应有不少于 10 cm 左右及顶部不少于 5 cm 的空间，以利于排气散热；且要远离带有磁场的家用电器，以免影响烹调效果。

(2) 微波炉内的食物不要放得太满，以不超过容积的 1/3 为好。食物也不要直接放在转盘上，而应用耐热的玻璃、陶瓷或耐热塑料容器盛放。绝对不能用金属或搪瓷容器盛放食物，也不宜用带有金属花纹的容器盛放。对于一些金属箔纸包装的食品，应先拆去包装，再放入微波炉中加热，否则反射的微波会损坏磁控管。

(3) 严禁用微波炉加热密封的食物（如袋装、瓶装、罐装食品）以及带皮、带壳的食品（如栗子、鸡蛋等），以免爆炸污染或损坏微波炉。

(4) 微波炉严禁空载使用。微波炉在没有放入食品时，严禁通电开机，以免损坏磁控管。

(5) 由于微波穿透能力有限，故对体积过大的食物应当均匀分解（肉类 3 cm 左右，其他食品 5~7 cm 为宜），以免食物生熟不均。在加热整只鸡鸭等大件食物时，最好加热一段时间后，将食物翻个身，以使各部位均匀加热。

(6) 微波炉在使用过程中，应切实保护好炉门，防止因炉门变形或损坏而造成微波泄漏。尤其不能在炉门开启时试图启动微波炉，这是十分危险的。

(7) 选择烹调时间宁短勿长，以免食物过分加热烧焦甚至起火。选择重复加热十分方便。

(8) 微波炉不要放在磁性物品的周围，以免影响加热效果；也不要放在电视机附近（应远离 2~3 m 之外），以免微波炉工作时对电视信号造成干扰。

(9) 在使用微波炉前，应注意检查炉门密封情况，观察玻璃窗是否完好，如有异常或破损，应立即停止使用，以防微波泄漏。

(10) 微波炉工作时，人员最好远离炉体。虽然有安全保险，但还是要防止万一发生微波辐射伤害人体。

(11) 操作时，不要把眼睛靠近观察窗进行观察，因为眼睛对微波辐射最敏感。

第五节 洗 衣 机

一、洗衣机洗衣原理

洗衣机洗涤衣物是利用机械力代替人工揉搓或棒打来达到洗涤目的的。它通过电动机正反转来带动波轮（或洗涤桶）转动，使洗衣桶内的水和衣物上下、来回翻滚，并形成涡流，从而形成冲刷和摩擦等作用，加速污垢的分散、乳化和增溶作用，达到洗衣的目的。机械力越强，洗涤效果越好，洗净度越高，但是磨损率也增大。

洗衣机洗涤衣物一般要经过预浸、预洗、洗涤、漂洗、排水、脱水和干燥等过程。

(1) 预浸：是将衣物在洗涤前先浸入水中预浸几分钟，使衣物、污垢湿润，纤维膨胀，易于洗涤。

(2) 预洗：是先加水，也可加入少量洗衣粉，开动洗衣机 2~3 min，洗去一部分水溶性污垢和固体灰尘，然后排水、脱水。

(3) 洗涤：是指加水和洗涤液，正式对衣物进行洗涤，它是洗衣过程中的主要步骤。洗涤的目的是使所有污垢完全脱离衣物，悬浮在洗涤液中。洗涤要根据不同的衣物，采用不同的方法，精细而较高档的衣物宜用轻柔洗，一般衣物宜用标准洗，较脏的粗衣物可以强洗。洗涤后排除洗涤液并脱水，尽量减少衣服中的残留洗涤液。洗涤过程可重复进行 1~2 次。

(4) 漂洗：是用水漂去经洗涤并脱水后衣物中残留的洗涤液和污垢。漂洗往往重复进行，以漂清为目的。漂洗的方法有蓄水漂洗、溢流漂洗、喷淋漂洗和顶淋漂洗等多种，对不同的衣物会收到不同的效果。

(5) 排水：是指将洗涤桶内的污水排出。

(6) 脱水：是使洗涤桶高速运转，借助离心力脱去衣物中的水分。

(7) 干燥：有些洗衣机有干燥功能，可在洗衣机内干燥衣物。

二、洗衣机的分类

(一) 按自动化程度分类

洗衣机按自动化程度不同，可分为普通洗衣机、半自动洗衣机和全自动洗衣机三种。

1. 普通洗衣机

普通洗衣机是指早期的单桶、双桶洗衣机。普通洗衣机的洗涤、漂洗和脱水三种功能之间的转换均需人工操作，省力不省时，使用不太方便，但其结构简单、价格便宜。

2. 半自动洗衣机

半自动洗衣机是指洗涤、漂洗和脱水三种功能之间，有任意两种功能转换，不需人工操作。例如，有的洗衣机洗涤和漂洗在同一个桶内自动完成，脱水则需人工帮助在另一个桶内完成；也有的洗衣机，洗涤在洗涤桶内完成，漂洗和脱水则都在脱水桶中完成，边喷淋、边漂洗，漂洗完成后自动转入脱水功能。

3．全自动洗衣机

全自动洗衣机是指洗涤、漂洗和脱水三种功能之间均能自动转换，无须人工介入。这种洗衣机一般采用套桶式结构，它具有体积小、容量大、磨损小、省时又省力的优点。这种洗衣机需安装程序控制器，自动完成进水、预浸、预洗、洗涤、排水、漂洗、脱水和报警等程序。

（二）按洗涤方式分类

洗衣机按洗涤方式不同，可分为波轮式洗衣机、滚筒式洗衣机、搅拌式洗衣机和喷流式洗衣机等。其中喷流式洗衣机日常应用较少，此处不作介绍。

1．波轮式洗衣机

波轮式洗衣机的主要特点是洗衣桶的底部有一只波轮，电动机带动波轮转动，衣物依靠波轮的转动而不断上下翻滚，从而达到洗净目的。

波轮式洗衣机的优点是结构简单，维修方便，洗净率高，洗涤时间短，洗涤品种多样，且价格便宜。同时，由于波轮式洗衣机的很多部件均采用工程塑料制造，故其重量轻、噪声小。波轮式洗衣机的缺点是衣物磨损率大，缠绕率高，用水量大，洗净的均匀性不够。

2．滚筒式洗衣机

滚筒式洗衣机主要在欧洲得到普遍使用。它的特点是有一个卧式盛水圆柱形外桶，桶中有一个可旋转的内桶。电动机带动内桶转动，使衣物上下翻滚、摔落，从而达到洗涤的目的。

滚筒式洗衣机的优点是洗涤均匀性好，不缠绕，衣物磨损率低，洗涤用水量少，且容易实现自动化。其缺点是洗净度低，洗涤时间较长，结构复杂，体积大，重量高，不易搬动，且价格较高。

3．搅拌式洗衣机

搅拌式洗衣机也称摆动式洗衣机，它是美国首先发明的，目前主要使用国家是美国和南美洲各国。搅拌式洗衣机的洗衣桶中心有一个三叶搅拌器，能带动洗涤液和衣物以不同的速度进行翻滚、旋转来完成洗涤工作。

搅拌式洗衣机的优点是洗涤衣物不容易缠绕，洗净率强，均匀性好，磨损小，洗涤容量大。其缺点是洗涤时间长，噪声大；此外，三叶搅拌器的回转机构复杂，加工困难，维修难度大，耗电量大，体积大，故在我国未得到推广应用。

搅拌式洗衣机外形看起来像波轮式洗衣机，但其洗涤方式不同。它的搅拌叶转角小于360°，洗衣桶底部不高速旋转，因此，它的水流力度与相互之间的摩擦力较小，洗净度介于波轮式洗衣机与滚筒式冷水洗衣机之间，其许多特点也介于波轮式洗衣机与滚筒式洗衣机之间。

以上三种洗衣机的优缺点比较可参见表9.1和表9.2。

表 9.1　三种洗衣机的洗净度、额定洗涤量、损衣率的比较

	洗净度	额定洗涤量	损衣率
波轮式	1.00	0.80	1.31
滚筒式	0.45	1.00	0.95
搅拌式	0.89	0.60	1.00

表 9.2　三种洗衣机的优缺点比较

特　点	波轮式	搅拌式	滚筒式
洗净度（水温 30℃）	1	2	3
洗净均匀性	3	2	1
缠绕率	3	2	1
损衣率	3	2	1
耗水量	3	2	1
耗电量	1	2	3
洗涤剂用量	2	2	1
洗涤时间	1	2	3
自动化程度	2	2	1
脱水率	1	2	2
噪声	1	3-2	2
结构简单程度	1	3-2	3

注：1 表示好，2 表示较差，3 表示最差。

三、洗衣机的选购和使用

（一）洗衣机的选购

目前，市场上的主流洗衣机有三种，即双桶洗衣机（XPB）、波轮全自动洗衣机（XQB）和滚筒全自动洗衣机（XQG）。这三种洗衣机各有优缺点，在购买时可从以下几个方面来考虑。

1. 洗净度与损衣率

滚筒式洗衣机是由滚筒作正反向转动，衣物利用凸筋举起，依靠引力自由落下，模拟手搓的洗涤方式。其洗净度均匀，损衣率低，衣服不易缠绕，可用于洗涤真丝及羊毛等高档衣物。滚筒式洗衣机还可对水加温，进一步提高洗涤效果，有利于保护衣服。波轮式洗衣机则不易用于洗涤高档衣物。

2. 水电的使用量

滚筒式洗衣机的洗涤功率一般在 200 W 左右。为了提高洗净度，滚筒式洗衣机具有加热洗涤功能，洗涤时间较长，因而耗电量大。波轮式洗衣机的功率一般在 400 W 左右，但因洗衣时间短，其耗电量要小于滚筒式洗衣机。在用水量上，滚筒式洗衣机约为波轮式洗衣机的 40%～50%。

3. 容量

目前,波轮式洗衣机的容量为 2~6 kg,滚筒式洗衣机的容量为 3~5 kg。为了使洗衣效果较为理想,实际投入的洗衣量只能按额定容量的 50% 投入,因此购买洗衣机时要适当考虑容量。尤其是波轮式洗衣机,一次洗衣量不宜过多,水量必须漫过衣服,否则对衣服磨损大,且洗净均匀性更差。

4. 外观质量检查

洗衣机的外形应美观大方,机体周正,无变形和裂纹;外壳平整、光洁、色彩均匀,涂层均匀、光亮,无脱落和划痕等疵点;面板上的各种按钮、开关应操作灵活,接触可靠。对波轮式洗衣机而言,拨动波轮运转应自如无杂音,波轮与底部轮槽之间的四周间隙应均匀,且不超过 2 mm。此外,洗衣机的检验合格证、使用说明书和随机零配件(进排水管等)应齐全。洗衣桶是洗衣机的一个重要部件,要选择以优质不锈钢为材质的洗衣桶,既耐腐蚀,对衣物又无损伤。用手摸洗衣机内筒,要光滑、无毛刺和凸起,内筒表面必须是无棱角的圆弧形,这样才不会对衣物造成磨损及勾丝。

5. 通电检查

接通电源,观察选择开关和指示灯工作是否正常;看机器运转是否正常,注意洗涤和脱水时是否有较大的噪声和震动,有无杂音;脱水时,打开桶盖,应能及时切断电源并立即制动;检查排水是否通畅,一般要求一桶水应在 2~3 min 内排净。

(二)洗衣机的使用

以波轮式洗衣机为例,使用洗衣机时应注意以下事项。

(1)首次使用洗衣机应仔细阅读使用说明书。每次使用前应做好准备工作,接好地线,放好排水管,装好进水管,并根据不同情况确定水位、洗涤方式及洗涤程序等。

(2)洗衣水的水温应控制在 60℃ 以下。

(3)一次洗涤衣物不要超出洗衣机的额定容量,洗衣量过多也会影响洗涤效果。

(4)洗衣时,应根据衣料的性质和脏污的程度,选择适当的洗涤强度,尽量减轻衣料的磨损。一般来讲,对棉布、化学纤维等适合中洗,黏胶纤维织品及天然丝绸、毛料等高档衣料宜用弱洗,对较脏的工作服、质地较厚的织物才需用强洗。

(5)洗衣桶的水量不能过少,少于规定水量时衣物漂浮不起,会与波轮直接摩擦,从而造成局部严重磨损。

(6)脱水桶旋转时,切勿将手伸入桶中。

(7)控制面板或其他有电元器件的部件,不可用水冲洗,应保持清洁干燥。

(8)每次用毕,应将桶内揩干,全部按钮、按键复位。

练习与思考

1. 如何选购电视机?

2. 简述液晶电视机的基本结构及成像原理。
3. 简述电机压缩式电冰箱的基本结构及工作原理。
4. 使用电冰箱时应注意什么问题?
5. 如何选购电冰箱?
6. 如何选购空调器?
7. 简述微波炉的加热原理。
8. 如何选购微波炉?
9. 使用微波炉时应注意什么问题?
10. 比较波轮式洗衣机、滚筒式洗衣机、搅拌式洗衣机的使用特点。

参 考 文 献

[1] 刘北林,白世贞. 商品学[M]. 北京:中国人民大学出版社,2006.
[2] 姚穆,周锦芳. 纺织材料学[M]. 第二版. 北京:中国纺织出版社,1990.
[3] 谢瑞玲. 商品学基础[M]. 北京:高等教育出版社,2000.
[4] 叶羽晴川. 功夫茶[M]. 北京:中国轻工业出版社,2005.
[5] 中国营养学会. 中国居民膳食指南(2011年全新修订)[M]. 拉萨:西藏人民出版社,2010.
[6] 万融. 商品学概论[M]. 北京:首都经济贸易大学出版社,2010.